"十四五"国家重点出版物出版规划项目

国家社科基金抗日战争研究专项工程项目"满铁资料整理与研究"（项目编号：17KZD001）成果

孙志鹏 著

满铁对『满蒙铁路网』的策划与攫取活动研究

满铁研究丛书

主 编 邵汉明
副主编 武向平

中国社会科学出版社

图书在版编目（CIP）数据

满铁对"满蒙铁路网"的策划与攫取活动研究／孙志鹏著. -- 北京：中国社会科学出版社，2025. 8.
（满铁研究丛书）. -- ISBN 978-7-5227-5279-2

Ⅰ. K265.610.7

中国国家版本馆 CIP 数据核字第 20250ZC616 号

出 版 人 季为民
责任编辑 单 钊
责任校对 李 锦
责任印制 李寡寡

出 版 中国社会科学出版社
社 址 北京鼓楼西大街甲 158 号
邮 编 100720
网 址 http://www.csspw.cn
发 行 部 010-84083685
门 市 部 010-84029450
经 销 新华书店及其他书店

印刷装订 北京君升印刷有限公司
版 次 2025 年 8 月第 1 版
印 次 2025 年 8 月第 1 次印刷

开 本 710×1000 1/16
印 张 18.5
字 数 288 千字
定 价 89.00 元

总　序

南满洲铁道株式会社，简称"满铁"，一个名称上看似专营铁路业务的民营企业，在日本侵华史上是一个特殊的存在，它实际上是一个集殖民统治、经济掠夺、情报搜集等活动于一体的巨无霸企业，不仅在日本史上独一无二，在世界史上也是罕见的。

满铁在近代中日关系史上占有重要地位。它成立于日俄战争后的1906年，是根据日本特殊立法而设立的"国策会社"，首任总裁是曾经担任中国台湾民政长官的有着"殖民地经营家"之称的后藤新平。他主张"举王道之旗行霸道之术"，提出"文装的武备"的殖民主义统治政策。九一八事变前，满铁是近代日本推行大陆扩张政策的中枢机构；九一八事变后，满铁更是凭借其雄厚的实力以及在中国东北特殊的地位，积极地配合关东军侵略东北。可以说，九一八事变是关东军与满铁共同作用的结果。

此后，伴随着日本侵略范围的扩大，满铁经营的范围也迅速向中国华北、华东、华南地区扩张，几乎控制了中国东北、华北的主要经济命脉，广泛涉及铁路、水运、煤炭、钢铁、森林、农牧、金融、学校、医院、旅馆等各个领域。满铁垄断了中国东北铁路网，掠夺了中国东北及华北大量的国防能源和经济资源，将中国东北变成了日本工业原料供应地，是日本对华经济掠夺和经济侵略的中心组织。

满铁在中国东北盘踞40年，发展规模达40亿日元，从业人员近50万人，其直接统治的满铁附属地近500平方公里。从九一八事变到1945年日本战败投降，满铁几乎参与了日本全部侵华活动。它是日本对中国进行全面侵略的重要工具，是在华时间最长、侵害最大的侵略会社。

情报搜集是满铁的一项重要职能,满铁调查部直属专业调查人员有2500余人。数十年间,满铁对中国的地质、矿产、土地、森林、港湾、农业、海运等展开了全面调查,并形成了庞大的调查报告书,广泛涉及当时中国的政治、经济、军事、法律、历史、文化、教育、民族、宗教、地理、自然科学等各个领域。1945年日本战败投降后,满铁档案资料除了部分被焚烧以外,绝大部分留在了中国东北。这些满铁资料包括文书档案、往复电报、调查报告、指令、命令等,涉及日本侵华的各种机密文件。这些资料分散于十几家档案馆、图书馆及研究机构中,其中,吉林省社会科学院所藏满铁资料最为丰富。这些当年服务于日本侵华的资料,成为今日确证日本侵略行为的罪证,成为历史研究的珍贵的第一手资料。

吉林省社会科学院长期以来致力于满铁资料的整理与研究。20世纪50年代末,满铁研究作为经济学重大课题被纳入国家科学发展规划。其后历经曲折,直到改革开放后的1987年,八卷本1000万字的《满铁史资料》终于面世。20世纪90年代,吉林省社会科学院正式建立满铁资料馆,该馆收藏满铁资料总计3万余册,大幅图表近3000幅。2016年,在吉林省社会科学院和中国社会科学院近代史研究所的共同主导下,满铁研究中心成立了,这是国内首个满铁研究实体机构。此后,满铁研究中心在满铁资料抢救、整理、研究方面发挥了重要的推动作用。为便利学界研究,满铁研究中心出版了大量馆藏的满铁对华"调查"资料,其中,由时任院长邵汉明发起并亲任主编的《近代日本对华调查档案资料丛刊》迄今已陆续有六辑出版面世,多达490册。

吉林省社会科学院不仅是国内的满铁资料中心,也是满铁研究重镇。前辈解学诗是中国满铁研究的重要奠基人,他先后出版了《满铁与中国劳工》《评满铁调查部》《满铁与华北经济》,并主编了《满铁内密文书》(30卷)、《满洲交通史稿》(20卷)。在他的带领下,满铁研究的后起之秀纷纷崛起。近年来,武向平著《满铁与国联调查团研究》、李娜著《满铁对中国东北的文化侵略》、王玉芹著《日本对中国东北医疗卫生殖民统制研究》等陆续面世,进一步丰富了满铁研究。

此次,吉林省社会科学院集结了满铁研究的精兵强将,以本院研究骨干为主体，吸纳东北相关高校和研究机构的研究者参与，组成了强有力的项目团队。该丛书对满铁展开了系统研究，涵盖满铁活动的众多面相，内容包括满铁对附属地的统治、满铁与日本关东军、满铁与"满洲"扩张论、满铁对东北矿产资源林业资源的调查与掠夺、满铁对铁路煤矿的垄断经营，以及对满铁重要人物、战后满铁会的研究等。通过这些研究，丛书比较完整地描绘出满铁的基本面貌，揭示了满铁在日本向中国东北扩张中的急先锋作用，与日本军方的紧密关系及其在日本对华各类资源掠夺中的重要作用。

依托吉林省社会科学院得天独厚的满铁资料收藏，这些研究建立在丰富而扎实的史料基础上。大量的第一手史料的发掘与使用，使得这些著作体现出浓郁的原创性。这一系统性的研究，将满铁研究又推向了一个新的阶段，在满铁研究的学术史上必将留下浓重的一笔。

祝贺丛书的出版，期待有更多的优秀成果面世，将满铁研究推向新的高峰，将日本侵华史研究推向新的高峰。

王建朗

2025 年 6 月 6 日

目　录

绪　　论

一　研究目的、方法与意义

（一）研究目的

铁路是近代帝国主义列强在推行殖民政策时的一种重要工具。首先，通过铁路的修筑，殖民者可以展示所谓的近代文明，对殖民现代性叙事进行铺陈渲染，以便获得殖民统治的"合理性"说辞。例如，在1876年的一份英国领事商务报告中就提到："兴办铁路和电报，乃是拯救贫困和挽救贸易衰微的唯一办法，乃是开发落后国家资源的一个手段，乃是使野蛮国家晋升为文明的先导者的唯一特效方法。这是在华英侨长久以来所抱有的主导见解。而且，中国人中的所谓'进步的思想家们'，亦大有同感。"① 其次，帝国主义列强更可以利用修筑铁路时强迫中国签订的条约或贷款合同，获得铁路及其沿线的种种特权，为殖民地或半殖民地的侵略行为披上"合法性"外衣。例如，大连全体满铁社员干事在1924年提出的一份意见书中表示："查满蒙土地20年前曾被目为不毛之地，但我社一经创建，开矿山、兴工业，茫茫荒野已化为富饶良田，人烟日益稠密，从渤海彼岸山东年年渡海来者不下数十万人。目前东三省财政在中国全国中已最为巩固。这是我国'资本'与中国'人力'相结合的结果，是所谓'日中共存共荣'已不只是口号，而是当前活生生的事实的证据。"② 同时，沙俄、日本等帝国主义列强在近代对中

---

① 宓汝成编：《中国近代铁路史资料（1863—1911）》第一册，中华书局1963年版，第37页。

② 《鉴于满铁的使命倾诉我们的衷情》（1924年7月8日），载苏崇民主编《满铁档案资料汇编》第二卷《巨型殖民侵略机构——满铁》，社会科学文献出版社2011年版，第134页。

国东北地区进行侵略的过程中，围绕铁路利权产生了种种竞争，甚至出现短暂的合作局面。

满铁作为日本的"国策会社"，先后策划或参与了"满蒙五路""满蒙借款五路""满蒙新五路""满蒙军事铁路网"等四个阶段的计划，协助日本军部势力攫取了"满蒙铁路网"的诸多利权，满铁本身也成为日本实施"大陆政策"的排头兵，冲锋在侵华活动的第一线，背负着重大的战争责任。

本书的研究目的主要是从满铁和"满蒙铁路网"的关系视角出发，在对大量中文和日文原始档案资料进行整理分析的基础上，结合国内外学界的研究现状，对从1906年满铁成立到1945年满铁覆亡这段历史时期满铁在"满蒙铁路网"计划上的策划与攫取活动进行较为深入的研究，力图阐释满铁在近代日本"大陆政策"的推行过程中，究竟扮演了什么样的角色，又是如何参与到侵华战争进程当中去的，满铁在实施"满蒙铁路网"计划之时又受到了国内和国际哪些因素的影响等，以期深化对这一时期的历史认识。

本书所要解决的主要问题包括：（1）满铁成立之前，中国东北地区的铁路修建过程以及帝国主义列强在东北的铁路竞争过程究竟是怎样的。（2）满铁成立后，日本如何实现对中国"南满"铁路及其支线的吞并和蚕食，满铁提出"满蒙五路"计划即第一阶段"满蒙铁路网"计划的因由和经过。（3）第一次世界大战期间，日本加快了对中国的铁路侵略，通过西原借款的方式在"满蒙"地区攫取了吉会铁路和"满蒙四路"等利权，可统称为"满蒙借款五路"即第二阶段"满蒙铁路网"计划。满铁虽因国内政治斗争而短暂地被排除在上述借款之外，但随后便开始谋夺"满蒙借款五路"的承建权，同时趁俄国发生革命之际觊觎中东铁路南部支线，满铁在其中又起到了什么样的作用。（4）20世纪20年代，日本通过支持奉系军阀势力，促使满铁提出"满蒙新五路"计划即第三阶段"满蒙铁路网"计划，后因皇姑屯事件和东北易帜的影响，日本攫取"满蒙新五路"计划归于失败，但也埋下了日本利用军事力量强夺"满蒙铁路网"的种子，满铁如何推进了上述计划。（5）九一八事变爆发后，关东军将"满蒙"铁路"委托"给满铁垄断经营，而满铁也在关东军的"指令"下策划了庞大的筑路计划,通过修筑"新线"和改良"国线"以及"接管"中东铁路等非法活动,强行构筑"满蒙军事铁路网"即第四阶段"满蒙铁路网"计划,以期实现"国防及开拓"的侵略目标,满铁与关东军以及"军事铁路网"的关系是怎样的。这是以往相关研究中虽有个案考察但未能在整体上予以系统研究的重要问题,通过对这些问题进行详细的梳理和分析,解析作为"国策会社"的满铁在日本侵华政策中如何利用一系列的铁路网计划对"大陆政策"实施助攻并参与其中的过程和实质,以补充目前相关研究领域的不足。

（二）研究方法

第一,文献实证研究法。在参阅大量中文和日文原始档案文献资料尤其是满铁档案的基础上,运用历时性的研究方法,梳理满铁策划和攫取"满蒙铁路网"的四个阶段,并通过个案研究和比较研究等方法对此过程中的关键节点和历史事件进行实证考察。考察在"大陆政策"和侵华战争的大背景下,满铁在日本对外侵略过程中所发挥的作用,弥补国内外关于满铁与"满蒙铁路网"整体研究上的不足。

第二,跨学科研究法。综合运用历史学、国际政治学等学科理论,采用文献研究、综合研究、个案研究、宏观分析、比较研究等方法,对中国和日本的档案史料进行详细解读和考证。在梳理清楚事实的基础上,把满铁与"满蒙铁路网"的研究放在动态的国内外政治和外交局势背景下,展开横向的综合比较和个案考察,避免静止的和孤立的武断分析,让研究内容由个案到综合、由小到大以及在全景视角下探索此时期的历史真实面貌,最终提出深层次的历史认识。

（三）研究意义

第一,学术意义。本书在史料、视角、方法上具有一定程度的学术意义。首先,本书在对满铁档案文献进行搜集、整理的基础上,汇总了大量中文和日文相关原始文献,对于满铁的系统性研究具有重要的文献整理价值和意义,新史料主要包括亚洲历史资料中心公布的大量有关满铁及中国东北地区各条铁路的原始档案、《日本外交文书》中涉及铁路交涉的史料、中国吉林省档案馆满铁史料馆馆藏的大量满铁档案等。其次,新视角主要是整体史视角,即与以往学界常常将研究重点置于某一时期的"满蒙"铁路交涉或某些铁路交涉个案不同,本书将自满铁成立至满铁覆亡约40年的历史作为一个整体,并根据其自身的演变历程,将其分为前后相续的四个阶段,尝试从"长时段"的视角对"满蒙铁路网"计划的出台、演变、扩张、破灭的过程进行整体分析,进而凸显"满蒙铁路网"计划以及日本侵华政策的连续性,证实满铁的战争责任。最后,新方法主要体现为跨学科和后殖民主义的研究方法,主要考察满铁策划和攫取"满蒙铁路网"的过程和实质,究明满铁在"满蒙"地区的铁路修筑活动,绝不是其宣传口号中所谓为了东北当地人民的利益或"共存共荣",而是为了对东北人民进行殖民统治并掠夺当地的丰富资源以协助日本的侵华战争。

第二,现实意义。首先,本书可以为日本外交政策史、中日关系史、东北地方史研究提供借鉴。通过本书相关内容的解读,可以比较全面地把握自1906年满铁成立到1945年日本战败和满铁覆亡这一过程中日本侵华政策的发展变化过程,以及在这一外交决策过程中满铁发挥的重要作用,从而为证实日本的"满蒙"侵略提供大量的历史证据。其次,本书以历史事实为前提,以还原历史真相为己任,详细阐释了满铁在"满蒙铁路网"的策划过程中所扮演的侵略者角色。这可以对当代日本右翼团体甚至个别学者不断叫嚣的所谓"满洲开发论""亚洲解放论""殖民现代性论"等错误历史观进行有力的反击,戳穿日本右翼势力的"历史修正主义"谬说,使得中日两国人民能够汲取历史的经验教训,真正做到以史为鉴,面向未来。

二 国内外研究综述

国内外学界对于满铁的研究始终不曾中断,并给予了高度重视,关于满铁资料的整理、编辑、成果出版、数字化史料的公开等都有了很大进展。此外,相关研究著作、学术论文可谓汗牛充栋。以下将对中国和日本学界具有代表性的学术观点进行大致的分析和整理。

（一）中国学界研究现状

20世纪50年代末,中国的满铁研究已经开始起步。当时是作为国家规划的经济史课题之一的学术工作进行的,首先从资料的整理工作做起，具体工作由吉林省社会科学院与吉林大学合作进行，编书组设在吉林省社会科学院，由解学诗先生担任组长。1964 年以后，吉林大学创设研究所，由苏崇民先生负责，编书工作进入分工合作阶段。70 年代初期，日本右翼言论大量出现以后，中国学界明确予以批判并集中力量进行学术专题研究，同时继续坚持资料整理工作。以下将从日本和满铁在东北的整体铁路计划、满铁与奉系军阀的铁路交涉、东三省五案交涉与"满蒙铁路网"计划、列强在中国东北的铁路竞争等四个方面，对学界前期成果进行大致梳理。

第一，日本和满铁在东北的整体铁路计划。国内学界对于满铁在东北铁路规划的研究，最早是从资料的整理开始做起。由解学诗先生担任负责人，在 1979 年出版了《满铁史资料》系列，其中第 2 卷《路权篇》共分四册，[①] 按照专题和时间顺序涵括了日、俄等帝国主义列强对我国东北铁路权益的尖锐争夺，日本帝国主义勾结中国反动派攫取东北大批铁路路权并破坏中国铁路建设，九一八事变后满铁霸占我国东北全部铁路交通等三个部分，详细收录了自满铁设立直至日本发动全面侵华战争时期满铁在中国东北的铁路网计划的扩张，是该研究领域的重要资料汇编。综合性的学术研究成果，当首推苏崇民先生的《满铁史》[②] 一书，它是一部全面分析并揭示日本帝国主义以满铁为工具从事侵华和掠夺行径的专著，并且被翻译成日文在日本发行，[③] 受到学界的广泛关注和好评。在该书中，苏崇民先生详细考察了满铁的设立、九一八事变前日本政府的"满蒙"政策和满铁经营方针的演变，以及九一八事变后满铁和关东军之间的铁路"委托经营"、军事铁路网的修建等，可谓无所不包，将满铁在中国的侵略活动予以系统梳理，其开创之功不可磨灭。

2011 年，由解学诗先生和苏崇民先生分别担任主编的《满铁档案资料汇编》共出版了 15 卷，其中第一卷是由苏崇民先生主编的《日本的

---

① 吉林省社会科学院《满铁史资料》编辑组编：《满铁史资料》第二卷，《路权篇》第一至第四分册，中华书局 1979 年版。
② 苏崇民：《满铁史》，中华书局 1990 年版。
③ 蘇崇民『満鉄史』、山下睦男、和田正広、王勇訳、葦書房、1999。

大陆政策与满铁》，① 收录了满铁与日本"大陆政策"之间的诸多资料，具有很高的史料价值；第四卷是由解学诗先生主编的《日本独占中国东北铁路交通》，② 这是在《满铁史资料》的基础上进行重新编排和补充而成，包括极力攫取新的侵华动脉、全面窃取"满蒙"路权和破坏中国铁路建设、日本攫取"满蒙新五路"和中国反帝护路运动高涨、日本占领东北和满铁垄断伪满铁路交通等四个部分，更加层次鲜明地凸显了日本及满铁在中国东北地区的铁路网计划。2013 年，再次由解学诗先生担任主编，出版了《满洲交通史稿》共 20 卷的系统资料集，③ 是满铁中心馆藏资料的影印件，资料价值极为珍贵，很多资料都是首次公开。

在东北地区进行满铁资料整理的同时期，中国社会科学院的宓汝成先生以铁路为中心，整理了中国的铁路建设资料集，代表性成果是《中国近代铁路史资料（1863—1911）》④ 和《中华民国铁路史资料（1912—1949）》⑤，在时间跨度上非常完整地涵盖了整个近现代时期，其中有很多内容都涉及了日本或者满铁对"满蒙铁路网"的策划与攫取活动。上述各种资料集的出版，汇集了大量档案和报纸资料，为学界今后的研究奠定了坚实的资料基础。

此外，不少学者也从总体上梳理了满铁与"满蒙铁路网"之间的关系。比如，任松在《"满铁"与日本独霸东北铁路权益》⑥ 一文中，简单梳理了满铁设立、"满蒙五路"计划和"满蒙新五路"计划以及九一八事变以后关东军和满铁关于铁路"委托经营"和新线建设的协定等内容，只是该文使用的原始资料较少。李淑云在《九一八事变前的东北铁路建设》⑦ 一文中，提到了利用日款修筑的铁路和东北地区的自建铁路。

---

① 苏崇民主编：《满铁档案资料汇编》第一卷《日本的大陆政策与满铁》，社会科学文献出版社 2011 年版。

② 解学诗主编：《满铁档案资料汇编》第四卷《日本独占中国东北铁路交通》，社会科学文献出版社 2011 年版。

③ 解学诗主编：《满洲交通史稿》，社会科学文献出版社 2012 年版。

④ 宓汝成编：《中国近代铁路史资料（1863—1911）》，中华书局 1963 年版。该资料集被列为中国社会科学院经济研究所中国近代经济史参考资料丛刊第七种。

⑤ 宓汝成编：《中华民国铁路史资料（1912—1949）》，社会科学文献出版社 2002 年版。

⑥ 任松：《"满铁"与日本独霸东北铁路权益》，《龙江社会科学》1995 年第 2 期。

⑦ 李淑云：《九一八事变前的东北铁路建设》，《辽宁大学学报》1999 年第 3 期。

宋金玲、刘素范在《九一八事变前后的满铁》① 一文中，认为满铁在通过攫取铁路利权而引发九一八事变的问题上，负有重要的责任。胡玉海在《近代东北铁路修筑权与铁路借款交涉》② 一文中，以中东铁路修筑权交涉、"满蒙五路"秘密换文、张作霖与山本条太郎的铁路问题交涉为中心，阐述了九一八事变前满铁对东北的铁路侵略状况，并认为铁路交涉是近代中国东北中外交涉的一个矛盾焦点，铁路开发和铁路借款是殖民主义者惯用的一种侵略方式，铁路开发的殖民色彩远远超过了它本身所具有的经济开发价值。张洁在《"九一八"事变后日本攫取中国东北铁路权探析》③ 一文中认为，九一八事变后满铁和关东军相互勾结并合谋东北路权，他们通过掠夺式经营和修建新铁路不断搜刮东北丰富的资源，形成了覆盖东北的铁路网，最后她认为日本夺取东北铁路路权对东北当地社会的自然发展过程造成了极大冲击，也加速了中国东北社会的畸形化进程。武向平在《满铁与国联调查团研究》一书中，以李顿调查团对东北的铁路调查为例，揭露了满铁与关东军之间相互勾结的关系，指出了满铁在日本侵华战争中发挥的协助作用。④ 在解学诗等人编集的《关东军满铁与伪满洲国的建立》一书中，以伪满洲国成立前后的历史事实为例，阐述了关东军与满铁在伪满时期的铁路"委托经营"计划和过程。⑤ 王凤贤、王希亮在《殖民语境下的"满蒙悬案"交涉》⑥ 一文中，认为日本在日俄战争之后利用攫取的"南满"铁路经营权，不断策划"满蒙铁路网"计划，把攫取铁路的魔爪也伸向了"北满"和内蒙古地区，先后梳理了"满蒙五路"、满铁培养线和"满蒙五路"延长线的计划，同时日本在交涉过程中臆造出"悬案"之说辞，利用军事和

　　① 宋金玲、刘素范：《九一八事变前后的满铁》，《北京交通大学学报》（社会科学版）2004 年第 3 期。

　　② 胡玉海：《近代东北铁路修筑权与铁路借款交涉》，《辽宁大学学报》（哲学社会科学版）2004 年第 3 期。

　　③ 张洁：《"九一八"事变后日本攫取中国东北铁路权探析》，《辽宁大学学报》（哲学社会科学版）2009 年第 6 期。

　　④ 武向平：《满铁与国联调查团研究》，社会科学文献出版社 2015 年版。

　　⑤ 解学诗主编：《关东军满铁与伪满洲国的建立》，社会科学文献出版社 2015 年版。

　　⑥ 王凤贤、王希亮：《殖民语境下的"满蒙悬案"交涉》，《学习与探索》2020 年第 7 期。

政治等手段，逼迫中国政府及东北当局就范，并由此在殖民经营的大背景下，透视出中日"满蒙悬案"交涉的不对等性，通过殖民语境的概念，将该领域的研究推向深入。贾小壮从"交通统治"的视角，以北宁路、中东路、吉会路等为例，阐述了日本殖民统治机构构建以满铁为中心的铁路网，"建立军事化的中国东北交通体系"①。

第二，满铁与奉系军阀的铁路交涉。在"满蒙铁路网"的专题研究中，尤以20世纪20年代满铁社长山本条太郎与奉系军阀张作霖、张学良父子的"满蒙"新五路计划为学界瞩目之事件，涌现出不少相关研究。任松在《张作霖与日本"满蒙铁路交涉问题"考略》② 一文中，利用日本外务省档案胶卷等原始文献，考察了日本在"东方会议"以后与张作霖父子的铁路交涉过程，并认为中国人民的反抗最终导致了日本的失败。习五一在《"满蒙铁路交涉"与日奉矛盾的激化》③ 一文中，通过对日本逼索筑路权、日本寻求美国贷款受挫、奉系的蘑菇战术、日本的艰难突破等四个方面的梳理，考察了日本的侵略扩张政策与奉系军阀在社会政治层面不可调和的矛盾，即国际侵华资本与国内本土资本之间日益激化的角逐。任松在《从"满蒙铁路交涉"看日奉关系》④ 一文中，认为"日奉关于满蒙铁路的交涉问题是日奉关系研究中最突出、最复杂的一个问题"，随后从日奉勾结实施"满蒙五路"计划、日本角逐东北路权与日奉提携、"满蒙新五路"与"密约"的签订等三个部分，分析了日奉交涉的经过以及密约签订的后果。范丽红、褚凤义在《"满蒙铁路悬案"交涉与日奉关系》⑤ 一文中，围绕"满蒙铁路悬案"问题，简单梳理了日奉交涉的过程。侯文强在《张作霖、张学良与东北铁路建设》⑥ 一文中，认为"张氏父子之所以如此重视铁路建设，与其巩固边防、抵抗外国侵略的考虑密切相关"。易丙兰在《田中

---

① 贾小壮：《日本对中国东北的殖民统治》，江苏人民出版社2022年版，第171—182页。
② 任松：《张作霖与日本"满蒙铁路交涉问题"考略》，《辽宁大学学报》（哲学社会科学版）1982年第3期。
③ 习五一：《"满蒙铁路交涉"与日奉矛盾的激化》，《近代史研究》1992年第5期。
④ 任松：《从"满蒙铁路交涉"看日奉关系》，《近代史研究》1994年第5期。
⑤ 范丽红、褚凤义：《"满蒙铁路悬案"交涉与日奉关系》，《兰台世界》2001年第2期。
⑥ 侯文强：《张作霖、张学良与东北铁路建设》，《南京政治学院学报》2003年第3期。

外交在东北——以 1927—1929 年的"满蒙悬案"交涉为中心》① 一文中，认为田中外交及其"满蒙"积极政策呈现出的多方参与、多地进行、多线并进的特点，造成了日本在对奉交涉中一定程度的无序状态，不过其总体目标仍然是为了贯彻东方会议的决议以解决"满蒙悬案"。

第三，东三省五案交涉与"满蒙铁路网"计划。东三省五案交涉是学界关注的另一个话题，因为此次交涉着实暴露了日本的"满蒙铁路网"计划及其野心。马东玉、邸富生在《论中日东三省五案交涉》② 一文中，梳理了自 1909 年 2 月日本驻华公使伊集院彦吉向清政府外务部提出交涉要求开始直到 1909 年 9 月为止的谈判过程，包括新法铁路案、大营路案、京奉路展修案、抚顺烟台煤矿案、安奉路沿线矿物案等五案，最终日本以外交讹诈和武力威胁等手段，迫使清政府签订了《中日东三省交涉五案条款》，正式启动了"满蒙铁路网"计划。李花子在《中日"间岛问题"和东三省"五案"的谈判详析》③ 一文中，详细梳理了自 1908 年 12 月 28 日至 1909 年 2 月 28 日之间，中国和日本举行的七次会谈，会谈期间日本将"间岛"问题和东三省"五案"问题捆绑在一起形成所谓"六案"，同时日本以承认"间岛"领土权属于中国作为筹码，妄图夺取朝鲜人的管辖裁判权和东三省"五案"利权，展示了中日交涉的艰难性和复杂性，以及日本对华政策的多变性和狡黠性。在此次谈判中，明显地暴露了日本策划和攫取"满蒙铁路网"的企图，可谓其滥觞。

第四，列强在中国东北的铁路竞争。铁路作为近代殖民主义的一个重要工具，是帝国主义列强十分注重的利权。因此，帝国主义列强围绕铁路在"满蒙"地区形成了多重竞争，其中尤其以美国介入东北铁路的竞争以及日本和俄国的斗争为研究重点。仇华飞在《诺克斯计划：美国与日俄在华利益的争夺》④ 一文中，通过对诺克斯计划产生的政治背景、

① 易丙兰：《田中外交在东北——以 1927—1929 年的"满蒙悬案"交涉为中心》，《兰台世界》2020 年第 3 期。

② 马东玉、邸富生：《论中日东三省五案交涉》，《北方文物》1987 年第 3 期。

③ 李花子：《中日"间岛问题"和东三省"五案"的谈判详析》，《史学集刊》2016 年第 5 期。

④ 仇华飞：《诺克斯计划：美国与日俄在华利益的争夺》，《同济大学学报》（社会科学版）2003 年第 3 期。

为诺克斯计划进行外交周旋、诺克斯计划失败的原因等三个方面的梳理，综合探讨了美国是如何通过诺克斯计划意图"均沾"日本和俄国在东北的铁路权益，最后认为"诺克斯计划是美国金元外交的一个转折点，是对日俄在东北势力范围的挑战"。高乐才在《日俄战争前后美国远东扩张政策与日美对中国东北铁路的争夺》① 一文中，认为美国在日俄战争之前为了向远东地区扩张，支持了日本的对俄战争，企图打破俄国在"满洲"的"关门"政策，日俄战争之后美国在中国东北攫取利益的行为却遭到日本的强烈反对，日、美在"满洲"利益的较量暴露了日本独霸"满洲"的野心，日、美矛盾进一步激化。高翠在《1909—1910年英国对待中国东北铁路问题的态度》② 一文中，认为在 1900 年前后，英国为了对抗在欧洲不断上升的德国威胁而开始实行"结盟外交"，在日、美、俄三国争夺"满洲"铁路的斗争中，对日本和俄国采取了妥协态度。王伟在《试论美国的东北铁路中立化计划》③ 一文中，认为"满洲铁路中立化计划"是美国资本入侵东北的产物，反映了这一时期的美、日矛盾和大国纵横捭阖的国际关系。梁大伟在《司戴德"满洲开发计划"研究》④ 一文中认为，司戴德（Willard Dickerman Straight，1880—1918）的"满洲开发计划"之所以失败，其直接原因一是当时纽约的金融实力尚不足以与伦敦相抗衡；二是在计划执行期间先后有三人担任美国总统，远东政策不够稳定；三是列强之间的利益之争无法调和。

总体上看，目前国内学界在满铁史和"满蒙铁路网"的研究领域，已经大致勾勒出了基本线索，对满铁史资料的整理也取得了重要成果。但是，关于满铁对"满蒙铁路网"的历次规划，如"满蒙五路"、吉会铁路和"满蒙四路""满蒙新五路""军事铁路网"等计划之间的延续性和变异性，尤其是铁路线的设计本身所蕴含的侵略意图等问题，尚缺少整体视野的观照，对于其中不少重要历史事件之间的关联还没有在总

---

① 高乐才：《日俄战争前后美国远东扩张政策与日美对中国东北铁路的争夺》，《东北师大学报》2004 年第 3 期。
② 高翠：《1909—1910 年英国对待中国东北铁路问题的态度》，《北京科技大学学报》（社会科学版）2009 年第 3 期。
③ 王伟：《试论美国的东北铁路中立化计划》，《社会科学战线》2011 年第 10 期。
④ 梁大伟：《司戴德"满洲开发计划"研究》，博士学位论文，吉林大学，2014 年。

体上进行把握。因此，在研究思路和资料运用上，还有进一步研究的空间和必要。

（二）日本学界研究现状

日本学界关于满铁的研究，大致可以分成两种观点：一种是尊重历史的观点，将历史实证作为学术研究的基本规范，真实地面对历史，阐述了满铁在中国东北的侵略历史以及作为"国策会社"的基本特征。另一种是歪曲历史真相的谬论，将历史修正主义作为饶舌强辩的理论工具，无视历史事实，肆意曲解史料，典型代表就是"满洲开发论"，口口声声主张满铁在东北的各种侵略行径是为了替中国人谋利益。例如，在满铁社员提交的一份意见书中，公然声称："通过满蒙开发最受其益者为中国人，彼辈倘知国人无任何领土或政治野心，自无不喜国人努力开发满蒙之理。……我过去之满蒙政策建立在国家权力之上，尤以武力为背景一事，在急欲获得大陆发展根据地之草创时期，故有其不得已者，但在现今及将来，此国家权力适足以为害国人。在满蒙之活动致使中国人视我满蒙发展为侵略，甚至对纯经济活动，亦竭力妨害犹恐不及。"①　这一观点被二战后的右翼学者继承，进而与"大东亚战争解放论""南京大屠杀否定论"等谬论一起构成了"右翼史观"，对此必须加以反驳。

日本学界最早对满铁进行系统研究的是安藤彦太郎及其领导的"满铁史研究会"。安藤彦太郎在《满铁：日本帝国主义与中国》②　一书中，以满铁为中心，系统深入地研究了中日关系史的演变，得出诸多有益的历史认识，该书可以被视为日本学界对满铁与中日关系历史进行科学研究的滥觞之作。安藤在阐述其写作初衷时，提到选取这个课题的目的是要考察日本资本主义殖民政策的特质，以便把握近代中日关系历史的整体结构。原田胜正在《满铁》一书中，从满铁的诞生、"大日本帝国"的生命线、"王道乐土"、总力战体制和满铁、"王国"的落日等角度，概述了满铁的发展历程。③　浅田乔二和小林英夫在《日本帝国主义的满

---

① 《关于日本的满蒙政策和满铁经营方针》（1921 年 11 月），苏崇民主编《满铁档案资料汇编》第二卷《巨型殖民侵略机构——满铁》，社会科学文献出版社 2011 年版，第 117 页。

② 安藤彦太郎编『満鉄：日本帝国主義と中国』、御茶の水書房、1965。

③ 原田勝正『満鉄』、岩波書店、1981。原田勝正『満鉄（増補）』、日本経済評論社、2007。

洲支配——以十五年战争为中心》一书中，阐述了九一八事变爆发后，满铁在日本对中国东北所推行的殖民政策中扮演了十分重要的角色，尤其是论述了满铁控制下的铁路线向"北满"、热河等地区不断延伸，进行了新线和干线的复线扩张，使满铁对中国的铁路统治由"南满"转向整个"满洲"地区并窥伺华北，从而论证满铁在日本对华殖民政策中的地位和作用。① 井上勇一在《东亚铁路国际关系史——日英同盟的成立及变化过程研究》一书中，详细阐述了东北亚铁路的帝国主义竞争与日英同盟的变化过程，其中还以满铁支线问题的交涉为中心，阐述了中、日和日、英关系的变化，将"满蒙铁路网"的研究纳入国际政治的视野。② 在另一本书中，井上勇一阐述了铁路与国家权力之间不可分割的关系。③ 塚濑进在《中国近代东北经济史研究——铁路铺设与中国东北经济的变化》一书中，从铁路铺设对中国东北经济的影响入手，阐述了在东北地区修建并开通铁路后，对中国东北地区的商业、农业和金融等方面都产生了重大影响和变化，着重分析了以殖民统治为目的的铁路网铺设对中国的影响。④ 高桥泰隆在《日本殖民地铁路史论——台湾、朝鲜、满洲、华北、华中铁路经营史研究》一书中，对七七事变爆发后，满铁为了谋求中国铁路的"统一"而采取的铁路网扩张计划，论证了满铁在整个侵华战争中的特殊作用。⑤ 小林英夫在《近代日本与满铁》一书中，将满铁与日本的对华侵略政策结合起来，论证了自原敬内阁至田中内阁时期"满蒙"政策的形成过程，突出了满铁在其间所发挥的作用。⑥ 佐藤篁之在《名为"满铁"的铁路公司》一书中，利用丰富的证

---

① 浅田喬二、小林英夫編『日本帝国主義の満州支配：十五年戦争期を中心に』、時潮社、1986。

② 井上勇一『東アジア鉄道国際関係史：日英同盟の成立および変質過程の研究』、慶応通信、1989。

③ 井上勇一『鉄道ゲージが変えた現代史：列車は国家権力を乗せて走る』、中央公論社、1990。

④ 塚瀬進『中国近代東北経済史研究：鉄道敷設と中国東北経済の変化』、東方書店、1993。

⑤ 高橋泰隆『日本植民地鉄道史論：台湾、朝鮮、満州、華北、華中鉄道の経営史の研究』、日本経済評論社、1995。

⑥ 小林英夫編『近代日本と満鉄』、吉川弘文館、2000。

言和图像资料，呈现了满铁的"慰安列车"和"装甲列车"实像，展示了满铁的非人道主义和侵略性质。① 天野博之在《满铁特快"亚细亚"的诞生：从发车前夜到终结的全貌》一书中，以满铁的"亚细亚号"特快列车为例，阐述了满铁连接南北"满洲"的计划。② 加藤圣文在《满铁全史》一书中，从"国策会社"满铁的诞生、"国策"的相克（松冈洋右与国家改造、山本条太郎与满铁中兴时代）、使命结束和新的"国策"（"满洲事变"和满铁转型）、满铁对于现代日本的意义等方面，阐述了满铁在第一任总裁后藤新平的主导下，不仅在铁路方面，还与报纸、旅店事业、调查机关合作，作为支配大陆的代名词而"君临天下"，但是实质上是"在表面伪装铁路经营，在暗中实行各种设施"的国家机关，满铁被政府和军部的意图所愚弄而不断迷失。③ 此外，日本学者在"满蒙铁路网"的个案研究上，偏重田中外交和币原外交即九一八事变前后的中日铁路交涉，如尾形洋一④、佐藤元英⑤、杉山照夫⑥、浜口裕子⑦以及芳井研一的系列研究⑧，也有学者关注中日铁路预约大纲的成立过程，如马场明⑨，他们都在不同程度上指出了满铁对"满蒙铁路网"的策划和攫取活动。

　　"满洲开发论"是战前日本政府和满铁以及战后日本学界部分学者及民间右翼团体在研究满铁史时的主要论调。1927 年，满铁社长安广伴

---

　　① 佐藤篁之『「満鉄」という鉄道会社：証言と社内報から検証する40年の現場史』、交通新聞社、2011。
　　② 天野博之『満鉄特急「あじあ」の誕生：開発前夜から終焉までの全貌』、原書房、2012。
　　③ 加藤聖文『満鉄全史：国策会社の全貌』、講談社、2019。
　　④ 尾形洋一「第二次幣原外交と満蒙鉄道交渉」、『東洋学報：東洋文庫和文紀要』57（3・4）、1976。
　　⑤ 佐藤元英「満蒙鉄道問題に関する第二次幣原外交の基本方針」、『中央史学』（11）、1988。
　　⑥ 杉山照夫「満州事変直前における満蒙鉄道懸案解決交渉」、『駒澤大学大学院史学論集』（43）、2013。
　　⑦ 浜口裕子「満鉄改組問題をめぐる政治的攻防——1930年代半ばを中心として」、『法学研究』（731）、2000。
　　⑧ 芳井研一「満蒙鉄道交渉と世論」、『人文科学研究』（68）、1985。芳井研一「第一次大戦後の満蒙鉄道問題」、『日本史研究』（284）、1986。芳井研一「満蒙鉄道問題の展開と田中内閣」、『人文科学研究』（69）、1986。
　　⑨ 馬場明「1910年代の満蒙鉄道問題」、『国学院雑誌』100（8）、1999。

太郎在回顾满铁成立二十周年之际，便宣称满铁的使命是"启发满蒙的文化，开拓天然的资源"①。20世纪20年代，大岛与吉的《满蒙铁路网》② 一书，将截至当时的"满蒙铁路网"分为"既成线"和"未成线"两大类，对"满蒙"铁路的铺设情况进行了梳理，并且认为对于"满蒙"应采取"积极手段"，先铺设"六大铁路"，谋划"欧亚联运"计划，但同时对"满蒙"铁路交涉的前途不抱乐观态度。这反映了大岛与吉对外交手段的失望，也暗示了欲解决"满蒙铁路网"问题须诉诸强硬手段的意向。大约同时期的《地学杂志》也刊文详列了"满蒙"的"既成线"和"施工中的铁路"线路14条，并展现出对吉会、洮昂等铁路的窥伺之心。③ 九一八事变后，在满铁太平洋问题调查准备会编写的《满蒙铁路网的发达》④ 以及星田信隆的《满蒙铁路网和交通问题》⑤ 两书中，都在无理地为关东军和满铁强占"满蒙"铁路辩解，竟然声称是为了"满洲交通的发达"。1940年，在山内利之编辑、满铁铁道总局资助出版的《满洲的铁路》一书中，公开声言满铁的"国策使命"是"铁路报国"和承担"开拓国防铁路"的功能。⑥ 这种"报国"和"国防"的观点在战后虽未成为主流，但也没有完全消灭，只是变换形态，转到了"经济开发"的论调上去。原满铁理事大藏公望在《满洲开发四十年史》的"序言"中声称："本书编纂的目的，并没有评论日本开发满洲功与罪的想法，是想脱离政治观点，记录日本人如何栉风沐雨挺身开发荒野的事实，如实记录下日本人发挥创造力和奋斗精神而留下的经验，对它加以研究与反省。一旦需要重新评价的时候，将从新的和平观点出发。本书对开发比较落后的地区，将具有可利用的价值。"⑦ 大藏公

---

① 南满洲铁道株式会社编『南満洲鉄道株式会社二十年略史』、南満洲鉄道株式会社、1927。

② 大岛与吉：《满蒙铁路网》，太平洋国际学会译，太平洋国际学会1931年版。日文原版参见：大島與吉『満蒙の鉄道網』、大阪屋号書店、1927。

③ 「満蒙の鉄道」、『地学雑誌』39（10）、1927。

④ 満鉄太平洋問題調査準備会編『満蒙鉄道網の發達』、南満洲鉄道株式会社、1931。

⑤ 星田信隆『満蒙鉄道網と交通問題』、満鉄鉄道總局弘報課、1932。

⑥ 山内利之編輯『満洲の鉄道』、満鉄鉄道總局弘報課、1940。

⑦ ［日］満史会编著：《满洲开发四十年史》，东北沦陷十四年史辽宁编写组译，1987年，第1页。

望作为当时满铁的重要干部，甚至在日本战败投降和满铁覆亡之后都对自身以及满铁在东北地区的侵略行径予以矢口否认，这种论调是必须予以纠正的，其方法便是通过历史实证，证实满铁在"满蒙"并非为了"开发"，而是殖民统治和资源掠夺。平山勉在《满铁经营史：作为株式会社的觉醒》一书中，尝试"重新定位满铁史"，即被视为"满洲"经营全方位的旗手的巨大殖民地企业——满铁，经历了"国策会社"的挫折和伪满洲国成立后的解体性重组，进而从对股票市场的对应中捕捉到了作为以铁路为中心的营利企业而觉醒的姿态，直到战争结束为止一直是高收益的企业机构，否定了满铁作为日本帝国主义先兵的形象，最后竟然提出超越"调查部历史观"的论调。① 很明显，把满铁作为以铁路为中心的营利企业的观点，无疑是"满洲开发论"的延伸与"殖民现代性论"的变种。

总之，日本学界在满铁史研究中呈现出两极分化的态势，即尊重历史和歪曲历史的观点同在，其中既有历史原因的影响，也有现实政治的投射。日本学界对满铁与"满蒙铁路网"关系的研究，总体上是置于近代日本"大陆政策"的脉络之上进行分析，研究重点偏向于个案研究，体现了日本学者的治学特色。但是，对于"满蒙铁路网"计划的演变过程还属于粗线条的描述，在综合研究方面尚有进一步推进的可能。而对于歪曲历史真相的右翼论调，需要在详细梳理档案资料的基础上，最大程度地还原历史真实，提供更多的证据反驳"满洲开发"等谬论，即运用"历史实证主义"对抗"历史修正主义"。

三　研究思路与框架

本书在对中文、日文满铁档案史料的搜集、整理基础上，以 1906 年满铁成立至 1945 年满铁覆亡为时间范畴，考察满铁对"满蒙铁路网"前后四个阶段的策划与攫取活动，全书共分五章内容。

第一章：帝国主义列强在中国东北的铁路竞争（1890—1905）。自 1890 年清政府筹建"关东铁路"开始，铁路便在"满蒙"地区成为国

---

① 平山勉『満鉄経営史：株式会社としての覚醒』、名古屋大学出版会、2019。

际关注和竞争的焦点。甲午战争后，俄国、英国等帝国主义列强开始加紧争夺中国路权，俄国先后铺设了西伯利亚铁路和中东铁路及其南部支线，英国则参与控制京奉铁路。日俄战争后，日本利用军事力量和外交手段侵夺了宽城子（长春）至大连的"南满"铁路，此后日本势力便正式介入"满蒙铁路网"的争夺之中。同一时期，由于美国的插手，"满蒙"地区的铁路国际争夺更加复杂化。

第二章：满铁的设立与策划"满蒙五路"（1906—1914）。1906年，在日本政府的主导下，设立了"南满洲铁道株式会社"，即满铁。满铁通过对"南满"铁路及其附属地的经营和管理，名义上的商业机构俨然化身为准行政机构，成为日本执行"大陆政策"最前沿的"国策会社"。随后，满铁便开始蚕食和侵占"南满"铁路各个支线，例如强行改筑安奉铁路、擅自架设鸭绿江桥、夺取大石桥至营口铁路等。1913年，满铁利用中、日围绕"满蒙悬案"交涉的时机，首次正式策划并提出了"满蒙五路"计划，包括四郑铁路、郑洮铁路、开海铁路、吉海铁路、抚顺至营盘（或山城子、兴京）铁路，目的是修筑"南满"铁路的横贯线或所谓的"营养线"。同时，满铁还利用"合办"名义，攫取了溪碱轻便铁路修筑权。

第三章：谋夺"满蒙借款五路"与觊觎中东铁路南部支线（1915—1924）。1915年，日本趁西方列强无暇东顾的"天佑良机"，强行提出"二十一条"，开始大规模实施此前的"满蒙五路"计划，例如四郑铁路借款合同的签订、夺取吉长铁路经营权等。随后，日本寺内正毅内阁通过西原借款的方式谋夺"满蒙"铁路，于1918年先后签订了吉会铁路和"满蒙四路"借款预备合同，攫取了五条重要的铁路路权，此即"满蒙借款五路"，是对"满蒙五路"计划的延续、修订和扩展。事后，因政治斗争而被排除在铁路借款利权之外的满铁向日本政府提出强烈抗议，并借内阁更替之机夺取了上述铁路的修筑及经营权。在1919年和1924年，满铁又先后攫取了四洮铁路和洮昂铁路经营权，促使"南满"铁路西部横贯线及其北向延长线的预期目标接近实现。同时，满铁再次利用"合办"名义攫取了天图、吉额两条轻便铁路修筑权，变相接近吉会铁路的预定目标。此外，趁着俄国国内发生革命之机，满铁开始觊觎中东铁路南部支线，谋夺滨黑铁路利权，通过签订材料供应合同渗入呼海铁路，最后在《中俄协定》《奉俄协定》成立的背景下，满铁的铁路网北向延伸计划暂时遭遇挫折。

第四章："满蒙铁路网"计划与攫取"满蒙新五路"（1925—1930）。1925年，满铁诱使中国北洋政府签订了吉敦铁路承造合同，基本实现了连接朝鲜和中国东北的吉会铁路，"大陆政策"得以推进。1927年，国民政府北伐之际，田中内阁召开东方会议，正式确立了"把满蒙与中国相分离"的侵略政策，力主尽快与张作霖进行"满蒙悬案交涉"，并在"山本·张作霖协约"的交涉过程中提出了"满蒙新五路"计划，包括吉会铁路、长大铁路、洮索铁路、吉五铁路、延海铁路，这五条铁路线显示了日本连接朝鲜和中国东北，以及横断中东铁路并为"北进"做准备的地理特征。"满蒙新五路"对于日本的"满蒙"政策和"北进"政策而言，战略意义非凡。但是，皇姑屯事件后，张学良接手东北政权并宣布东北易帜，日本失去了对东北的钳制，于是满铁和外务省假意向张学良重提铁路谈判，但因东北排日风潮高涨，无果而终。

第五章："军事铁路网"计划与满铁的消亡（1931—1945）。日本在外交讹诈手段未能奏效后，悍然发动了九一八事变，直接对东北实行了军事侵略，而满铁则在东北各省强行占领中国国有铁路，随后关东军与满铁之间便达成了一系列铁路协议，将"满蒙"铁路"委托"给满铁垄断经营。满铁也主动配合侵略政策，在关东军的"指令"下策划了长达七期的庞大的铁路网计划，通过修筑"新线"和改良"国线"构筑"满蒙军事铁路网"，以完成"国防及开拓"的侵略目标。伴随日本陆军"北进"政策的推进，满铁策划了对中东铁路的阴谋活动，随后在日本外务省的"斡旋"下，日本、苏联和伪满洲国非法地签订了"让售"中东铁路的协定，满铁则最终攫夺了中东铁路，完成了"满蒙铁路网"的整体布局。1941年，日本偷袭珍珠港挑起太平洋战争，在短暂的疯狂扩张后，便开始在战场上节节失利，日本天皇最终发布投降诏书。随着日本的战败，满铁也迎来了自身的覆亡，"满蒙铁路网"计划也随之烟消云散。

总之，自1906年满铁成立开始，便在"国策会社"的使命召唤下，为了构建"满蒙铁路网",满铁先后策划并完成了"满蒙五路""满蒙借款五路""满蒙新五路""满蒙军事铁路网"等计划,积极配合并参与日本的"大陆政策"。所以,满铁绝非纯粹的"株式会社",其战争责任不可推卸。

第一章

帝国主义列强在中国东北的
铁路竞争（1890—1905）

　　"柔缓侵略者，尝一冒殖民政略之名，掩饰其侵略性质；而今复冒铁路政略之名，其掩更增一层之巧。今一言说破之，铁路政略，即殖民政略也，殖民政略，即侵略主义也。"[1] 这是 1898 年《清议报》对当时欧洲列强在中国修筑铁路计划的评论，并将其总结为"柔缓侵略论"，可谓一针见血地指出了"铁路政略，即殖民政略"的本质。

　　铁路是近代帝国主义列强在推行殖民政策时的一种重要工具，因此帝国主义列强在对近代中国东北地区进行侵略的过程中，围绕铁路利权产生了种种竞争，甚至以互相承认势力范围的方法达成暂时的合作。在甲午战争以前，以俄国和英国的竞争为主，英国和俄国协定以长城为界，沙俄控制长城以北尤其是中国东北地区的铁路利权，在短时期内形成了排他性的优势；而英国控制长江流域的铁路。在日俄战争以后则变成以日本和俄国之间的竞争为主，因为俄国的军事失败，丧失了长春至大连段的"南满"铁路的经营权，从而"让与"日本，但是沙俄手中仍然保留了长春以北的中东铁路，即在"北满"地区仍然拥有强大的铁路势力。日本以"南满"铁路为基础，不断地扩张其势力，正式拉开了日本和俄国在中国东北地区近 40 年的铁路利权竞争时代序幕，直至日本战败。

---

　　[1] 《欧洲列强对中国用柔缓侵略论》（1898），横滨新民社辑印：《清议报全编》第 5 集（出版时间不详），第 105—106 页。

铁路对晚清中国而言，属于洋人的"奇技淫巧"，因此铁路在进入传统中国的过程中充满了曲折和反复。晚清中国接受铁路的过程，大概可以 1881 年和 1895 年为界划分成三个时期，即 1863—1880 年，中国对铁路的抵制和矛盾心态；1881—1894 年，中国自建铁路的开端；1895—1905 年，甲午战争后帝国主义列强在东北的铁路竞争。

第一节 铁路在晚清时期的曲折发展

一 命途多舛的铁路修筑

1863 年 7 月 20 日，以侨居在上海的英商为主的 27 家洋行，联合呈请钦差大臣、江苏巡抚李鸿章，要求允准修建一条上海至苏州间铁路的特许权。苏州与上海相距约 100 千米，当时苏州被太平军占领，但洋行认为清朝军队很快就可以恢复周围地区的秩序，并认为此时提出修建苏州至上海铁路的提议正合时机。他们构想：建筑此路，可仿照当时各国之筑路办法，由正在筹建之苏沪铁路公司（Shanghai and Soochow Railway Company）承办；这条铁路线以苏州河桥附近为起点，修筑一座弓格桥（lattice bridgw）跨过吴淞江，沿着新吴淞大道通达吴淞镇，再取道嘉定、太仓、昆山到达苏州，终点设在苏州大东门外；刚开始先修筑单轨，但是要把桥梁架得宽大一些，以备需要时可以铺设双轨；修筑该条铁路预计共需银 2140800 两，预计每年收入为 282500 两、支出 108400 两，每年可净得利润 174100 两。① 但是，当时也有外国人认为上述计划虽很快得到了一些进展，但一般来说未免过于忽视中国政府对外国势力在中国内地扩张所应有的反感。事实正是如此，李鸿章在接到英商的申请后，上书总理衙门称："承谕铁路与发铜线，事同一律，万难允许；可援照俄国前案驳斥，并密致通商各口岸，一体防范等因。查俄人所请设者，在天津已通商口岸，仅以传信为词，三国（英、美、法）所觊觎者，在苏州未通商地方，竟以开路为主；其用意似有深浅之殊，

---

① 宓汝成编：《中国近代铁路史资料（1863—1911）》第一册，中华书局 1963 年版，第 3—5 页。

其关系亦有轻重之别。……三国同声造请，必有为之谋者，未必尽出于商人，亦未必遽甘于绝望。……外托柔和，内怀阴狡。……如常胜军议定，该酋等或再要求，鸿章当力持定见，多方禁阻，并函致通商口岸，一体防范。"① 可见，李鸿章直接拒绝了英、法、美三国修建苏沪铁路的提议，反映出当时清政府官员在办理洋务时，始终担心洋人别有用意。

1865 年，总税务司赫德（Robert Hart）在《局外旁观论》中提出："凡有外国可教之善法，应学应办。即如筹银钱以便民，做轮车以利人行，造船以便涉险，电机以速通信。外国之好法，不止四条。然旁观劝行之意不在此，系在外国日后必请之事。"② 翌年，英国使馆参赞威妥玛（Thomas Francis Wade）提出《新议略论》，内称："各省开设铁道、飞线，以及五金煤炭各厂开采，水陆各军安设操练，……各等新法，中国如欲定意试行，各国闻之，无不心悦，……即如海关税务司，自设以来，内外既免生事，税饷亦见其增。……此则外国代谋变通之法，未必于中国有损，反可见为有益。……简言其理，进则可以兴而复强，止则必致衰而不振。"③ 针对英国人的提议，清政府要求各地方督抚陈述意见："所陈轮车、电机等事，虽多窒碍难行，然有为各国处心积虑所必欲力争之事，尤恐将来以保护洋商为词，即由通商口岸而起。……该督抚等俱应熟悉中外情形。应如何设法自强，使中国日后有备无患，并如何设法预防，俾各国目前不致生疑之处，……各就该处情形，亟早筹维。"④ 随后，各督抚纷纷上奏意见，但多数以拒绝洋人新法为主，例如三口通商大臣崇厚在奏折中称："轮车、电机等事，各海口洋人亦曾屡屡言之，中外地势不同，断非急切可办之事。且兴作铁路，必致扰民，有识者皆以为不可。然洋人执拗性成，凡事拒之甚坚者，彼必争之愈

① 《江苏巡抚李鸿章致总署函》（1864 年 2 月 16 日），宓汝成编《中国近代铁路史资料（1863—1911）》第一册，中华书局 1963 年版，第 4—5 页。

② 《总税务司赫德局外旁观论》（1865 年 9 月 18 日），（清）文庆等纂辑《筹办夷务始末（同治朝）》第四册，中华书局 1964 年版，第 1671 页。

③ 《英参赞威妥玛新议略论》，（清）文庆等纂辑《筹办夷务始末（同治朝）》第四册，中华书局 1964 年版，第 1679—1683 页。

④ 《廷寄》，（清）文庆等纂辑《筹办夷务始末（同治朝）》第四册，中华书局 1964 年版，第 1665—1666 页。

力。悉心详度，此等事彼族故神其说，以冀从听，尚非其最要之务。目下处以镇静，详审预防，以缓其意而徐图善策。"① 湖广总督官文奏称："至轮车电机等事，其显而易者，则垄断牟利也，其隐而难窥者，则包藏祸心也。"② 而且，常常被视为洋务派的江苏巡抚李鸿章也上书总理衙门，认为"铁路费烦事巨，变异山川，彼族亦知断不能允，中国亦易正言拒绝"③。可见，此时清政府高层官员对洋人以事事防范为主，对于自身并不了解的铁路修筑问题，总是担心洋人阴藏诈术，在对未知事物的恐惧中只是一味拒绝而已。1868 年 7 月，美国驻华代办卫三畏（Samuel Wells Williams）说道："他（曾国藩）从建筑铁路、内河通行汽船将使本国人民生计穷蹙的立场而反对这些事业，……是值得我们郑重考虑的。"④ 显然，中国人拒绝修筑铁路的用意也被美国人察觉了。

近代中国第一条铁路，修筑于同治初年。1865 年 7 月，英国人杜兰德在京师宣武门外的平地之上，铺设了一条长约 1 里的小铁路。"以小汽车驶其上，迅疾如飞。京师人诧所未闻，骇为妖物，举国若狂，几致大变。旋经步军统领衙门饬令拆卸，群疑始息。此事更在淞沪铁路行车之前，可为铁路输入吾国之权舆。"⑤ 但是，好景不长，这条小铁路很快就被拆除。与其命运相同者，还有吴淞铁路。

美国学者泰勒·丹涅特（Tyler Dennett）认为，清政府建筑铁路的再次努力是受到了 1872 年从日本横滨到东京铁路通车的刺激。"上海港口的运输问题与东京有些相似。外国船舶认为碇泊在距离外国租界地下游 12 英里的吴淞江中，比较便利。从这个碇泊处建一条铁路，通到这个城市，将会起到与横滨—东京间的类似作用。"⑥ 1872 年 12 月，英国

---

① 《崇厚奏议覆奕訢等英国呈递议论折》（1866 年 4 月 29 日），（清）文庆等纂辑《筹办夷务始末（同治朝）》第五册，中华书局 1964 年版，第 1709 页。

② 《官文奏议覆奕訢等英国呈递议论折》（1866 年 5 月 23 日），（清）文庆等纂辑《筹办夷务始末（同治朝）》第五册，中华书局 1964 年版，第 1720—1721 页。

③ 《江苏巡抚李鸿章致总署函》（1965 年 3 月 19 日），宓汝成编《中国近代铁路史资料（1863—1911）》第一册，中华书局 1963 年版，第 20 页。

④ United States Department of State：Papers relating to the foreign relations of the United States，1868，Volume I，Washington，D. C.：U. S. Government Printing Office，1868，pp. 516—517.

⑤ 李岳瑞：《春冰室野乘》，世界书局 1922 年版，第 204 页。

⑥ ［美］泰勒·丹涅特：《美国人在东亚》，姚曾廙译，商务印书馆 1959 年版，第 503 页。

在上海的侨民中，有一部分志同道合的人组建了一家小公司，名为吴淞道路公司（Woosung Railway Company），这个公司买下了上海到吴淞间长约 9.25 英里（约 14.89 千米）、宽约 15 码（约 13.72 米）的地皮。1874 年公司登记成立，总办事处设于伦敦，在中国的代理人是怡和洋行。1876 年 6 月 30 日，全线的半程即上海到江湾段正式通车并公开营业，这条铁路轨距 2.6 英尺（792.48 毫米）、轨重每码 26 磅（约 11.79 千克），因而只是试探中国人对铁路感觉的一条实验性的轻轨铁路。但是，中国官方对事先未经允许而铺设铁路之事深为不满，随后便通过英国驻华公使馆的汉文秘书梅辉立（William Frederrick Mayers）与英国驻沪总领事麦华陀（Walter Henry Medhurst）达成协议，要收购这条铁路。吴淞道路公司迫于压力，在一定条件下同意以 28.5 万两规平银将其出售给清政府。

1876 年 10 月 24 日，清政府和英商签订了《收赎吴淞铁路条款》，其中规定："铁路拟归中国买断，所有地段、铁路、火轮车辆、机器等项，由中国买断之后，即与从前洋商承办之公司无涉"；以一年为期限，由中国买断一切，价银全部付清；"此项办法，系两国和好，为保中国自主之权，期于中国有益而与洋商无损，故格外通融，由中国买断。以后如欲做铁路等事，应与中国先行商明，不得以现在办法援以为例"①。对于此事，英国领事在一份商务报告中指出："在目前情况下，中国当局不会允许把铁路交给非官方的地方人士的，自然，外国人如要取得一条铁路的管理权，只有通过一种非常机巧的交涉才可能实现。总之，在这个国家里，最近几年内不可能建筑铁路。"② 不过，也有不同的看法。《万国公报》曾对此事专门报道："吴淞铁路于是日停行。中国官宪于前一日将置买铁路公司等款，如数兑清。其火轮车亦于十四日午后不开行矣。惟此铁路不过小试其机。……第中国既知铁路有益国便民之利，他日廓其规模，照式筑造，各省皆可通行，未始非上海铁路为先导也。"③

---

① 《收赎吴淞铁路条款》，中华民国交通铁道部编《交通史路政编》第一册，交通铁道部交通史编纂委员会，（出版时间不详），第 8—9 页。

② 《铁路的建成和通车》（1872 年 12 月），宓汝成编《中国近代铁路史资料（1863—1911）》第一册，中华书局 1963 年版，第 38 页。

③ 《吴淞铁路停车》（1876），宓汝成编《中国近代铁路史资料（1863—1911）》第一册，中华书局 1963 年版，第 58 页。

对于在中国建造铁路一事，表现出一种乐观的心态，而事实也正是如此。但是，清政府筹建铁路的理由并非首先着眼于所谓文明传播，而是针对海防与经费筹措的现实问题。

1874 年，在日本出兵侵略中国台湾之后，曾与日本对阵的清政府部分官员意识到铁路在军事行动上的重要作用以及加强海防的意义。1874 年，李鸿章上书筹议海防："南北洋滨海七省自须联为一气，方能呼应联通。……有电线通报，径达各处海边，可以一刻千里；有内地火车铁路，屯兵于旁，闻警驰援，可以一日千数百里；则统帅当不至于误事，而中国固急切办不到者也。今年台湾之役，臣与沈葆桢函商调兵，月余而始定；及调轮船，分起装送，又三月而始竣，而倭事业经议定矣。设有紧急，诚恐缓不及事。"① 1875 年，福建巡抚丁日昌上奏道："日本前本弱国，自设轮路、电线、开矿、练兵、制器后，今乃雄居东方，眈眈虎视。前年窥台南，上年逼琉球不令进贡，今又威胁高丽使与通商。彼其志岂须臾忘台湾哉？既已断我手足，必将犯我心腹。而且台湾为东南七省尾闾，上达津沽，下连闽浙。台事果能整顿，则外人视之有若猛虎在山，不敢肆其恫吓。……故台强则彼有如芒刺在背，时存忌惮之心；台弱则彼视为奇货可居，各蓄吞噬之念。轮路开，……则兵事自强，而彼族之狡谋亦自息。"② 1876 年，李鸿章致函丁宝桢："中国积弱，由于患贫。西洋方千里数百里之国，岁入财赋动以数万万计，无非取资于煤、铁、五金之矿，铁路、电报、信局、丁口等税。酌度时势，若不早图变计，择其至要者，逐渐仿行，以贫交富，以弱敌强，未有不终受其弊者。"③ 可见，洋务派官僚鉴于台湾之役和海防的重要性，已经主张修筑铁路、架设电报线等，以图自强之策。但是，当时清政府中守旧派依然对此不予理睬，只是一味地指责洋务派丧权辱国，最后光绪皇帝听信漕督崧骏

---

① （清）李鸿章撰，吴汝纶编：《李文忠公奏稿》卷 24，《续修四库全书》编纂委员会编《续修四库全书》506（史部·诏令奏议类），上海古籍出版社 2015 年版，第 621 页。

② 《福建巡抚丁日昌奏折》（1876 年 1 月 12 日），中国科学院近代史研究所史料编辑室、中央档案馆明清档案部编辑组编《中国近代史资料丛刊·洋务运动（二）》，上海人民出版社 1961 年版，第 350—353 页。

③ 《李鸿章筹议海防折》（1874 年 12 月 10 日），宓汝成编《中国近代铁路史资料（1863—1911）》第一册，中华书局 1963 年版，第 78 页。

之言，驳回了李鸿章借洋款建造铁路的申请。①

二　中国自建铁路的开端

唐胥铁路是中国自建的第一条铁路，意义重大。随后，开平铁路、津沽铁路、津通铁路、台湾铁路、广九铁路等先后得以修筑或提上议程，中国终于开启了自建铁路的历程。但也并非一帆风顺，守旧势力依然视铁路为怪物，洋务派之间也存在种种利益纠葛，以种种借口阻挠铁路的修筑。但是，历史的车轮依然向前，铁路即将成为中国的一项重要的近代化事物。

1877 年，淞沪铁路被毁弃之后，轮船招商局总办唐廷枢认为轮船需要以烟煤为命脉，所以派员在开平一带寻找到烟煤矿区，随后呈请直隶总督李鸿章批准开采。开平煤矿，矿藏丰富，但是如果不能建设铁路，则煤炭的运输问题将十分棘手。1879 年，李鸿章让矿务局出资，自唐山到胥各庄修建一条铁路，以便运煤。同时，矿务局派该局工程师英国人金达（Kinder Claude William）负责监督修筑。筹办期间，因朝廷中有官员谏阻，奉旨收回成命。1880 年，矿务局因修路之议不成，乃谋开运河，东边由胥各庄起，西边到芦台。但是，从唐山煤井至胥各庄长约 7 英里（约 11 千米），地势陡峭不宜开河。唐廷枢遂再次请求修轻便铁路，鉴于以往经验声称以驴马拖载，才得到允许。关于轨距，有人主张用 2.5 英尺（762 毫米）车轨，还有人主张用 3.6 英尺（1097.28 毫米），但英国工程师金达认为将来有可能需要更换重轨，所以极力主张以 4.85 英尺（1478.28 毫米）为标准轨距。从此，这一轨距成为中国火车轨距的定例。

1881 年 6 月 5 日，是中国标准轨距铁路铺设之期，由总工程师薄内（R. R. Burnett）之妻在唐山钉下第一枚道钉，至 11 月工程竣工，每英里用款 3000 英镑。通车之时，以驴马拖车，但其引重力与平地几乎相同。1882 年，金达利用开矿机器的废旧锅炉，改造成一个小型机车，可以拖载百余吨煤，行驶于唐胥铁路之上。这是中国行驶机车铁路之始。此机车由薄内之妻以英国第一机车之名，命名为"中国之洛克提

① 赵尔巽等撰：《清史稿》第十六册（卷149，《交通志一》），中华书局 1977 年版，第 4428—4429 页。

（Rocket）"，即"中国之火箭"。行车不久，京城中的言官连续上书弹劾，声言"机车直驶，震动东陵，且喷出黑烟，有伤禾稼"，遂奉旨查办，勒令禁驶。后来唐廷枢力谋营救，几经波折，数月之后取消禁令，照常开驶。同年，矿务局总工程师薄内辞职，金达升任总工程师。1885年，经由天津税务司德国人德璀琳（Gustav von Detring）介绍，金达拜见直隶总督李鸿章，陈述延长唐胥铁路之必要，于是李鸿章奏请将唐胥铁路延展至芦台。最后，另外组织开平铁路公司，以伍廷芳为总理，招集商股25万元，命唐廷枢为经理，将唐胥轻便铁路买收。1886年开工，铁路接至芦台，同年竣工，于1887年通车。

对于开平铁路的修筑，西方报纸认为虽然此路接至开平，但眼下并无利益可沾。倘若以后扩充之，由开平至大沽，再由大沽至天津，则获利不浅矣。而且，津沽铁路一旦造成，将来准备接至山海关，再通此处及各炮台之处，或许随时计议，不拘成见。"此路若成，则京城可以环抱在内，从此苞桑巩固，而俄日两国知中国讲究武备，亦不敢生窥伺之心矣。"① 1884年，《北华捷报》报道："我们以很满意的心情宣称：从北方传来电讯，……在中国兴建铁路这件事，在原则上已经被［清政府］接受了。我们现在尚无更详细的报道，但可下结论说，上述新闻体现了德璀琳先生、直隶总督和在醇亲王支配下的总理衙门间最近一次磋商的结果。据说天津和北京之间的路线，可能在几天之内即加规划云。"② 1887年2月，海军衙门奏请允许建造津沽铁路，但后来由于津沽铁路经费不足，遂议借洋款，但未被朝廷允许。

1888年，津沽铁路股商申请接造津通铁路。首先提出，"当今时局最重要者莫过于海防，而海防最要者莫如经费"，随后阐述了修筑津通铁路的益处，其中指出："由津至京，每逢伏秋多雨，陆路则车马难行，河道水涨，既虞逆流行滞，水小虞浅阻，行路者多苦不便。即如近日赴试之士子，经营之商贾，无不盼望津通铁路早日接办。且沿途既设车站，市面渐

---

① 《西报载北省建造铁路消息》，宓汝成编《中国近代铁路史资料（1863—1911）》第一册，中华书局1963年版，第125页。
② 宓汝成编：《中国近代铁路史资料（1863—1911）》第一册，中华书局1963年版，第129页。

兴，商货麇集，所有轮车卸货之事，皆须另雇舟车，分运各城乡镇，往来如梭。以津沽已成之路情形推之，凡铁路之旁，其向业舟车者断断不至废业，且渐加多，小民生计更广。"① 1886 年春，张之洞上奏，请缓造津通铁路而改建腹省干线，其理由是："似宜先择四达之冲衢，首建干路，以为经营全局之计，以立循序渐进之基。至津通一路，其缓急轻重之宜，尚有宜加审查者。"② 此处需要注意的是，尽管张之洞阻止了津通铁路的修建，但并不是由于张之洞的守旧而阻止建造铁路，只是在他看来京城至两湖地区的铁路干线修筑才是当务之急，并非完全针对津通铁路。

第二节　甲午战争前后帝国主义列强争夺中国路权

一　中国筹建关东铁路

1882 年"壬午兵变"③ 和 1884 年"甲申政变"④ 后，清政府注意到日本对朝鲜的觊觎之心，于是开始筹谋阻止日本对朝鲜之侵略野心。同时，清政府注意到俄国正在修筑西伯利亚铁路，也产生了"东顾之忧"。

---

① 《津沽铁路股商请许接造津通铁路禀》（1888 年 9 月 25 日），宓汝成编《中国近代铁路史资料（1863—1911）》第一册，中华书局 1963 年版，第 143 页。

② 《张之洞请缓造津通改建腹省干路折》（1889 年 4 月 1 日），宓汝成编《中国近代铁路史资料（1863—1911）》第一册，中华书局 1963 年版，第 167 页。

③ "壬午兵变"又称"壬午军乱""壬午事变"，是指 1882 年 7 月 23 日（光绪八年即壬午年六月初九）在朝鲜发生的一次武装暴动。朝鲜王朝京军武卫营和壮御营的士兵因为一年多未领到军饷以及对由日本人训练的新式军队别技军的反感，而于 1882 年 7 月聚众哗变。大量汉城市民加入了起义队伍，起义士兵和市民焚毁日本公使馆，杀死几个民愤极大的大臣和一些日本人，并且攻入王宫，推翻了闵妃外戚集团的统治，推戴兴宣大院君李昰应上台执政。这次兵变引发了中国和日本同时出兵干涉，并且很快被中国清朝的军队镇压。

④ "甲申政变"也被称为"甲申事变""朝鲜事件"，是指 1884 年 12 月 4 日（光绪十年即甲申年十月十七日）在朝鲜发生的一次占领王宫的政变。这次政变由以金玉均为首的激进开化党主导，企图清除亲清派势力（事大党），并有日本驻朝鲜公使竹添进一郎率军协助。政变的目的有两个：一是脱离中国而独立，二是改革朝鲜内政。开化党暗杀了 7 名守旧派大臣后，发布了具有资本主义色彩的政纲，因此"甲申政变"也是近代朝鲜第一次资产阶级改革的尝试。12 月 6 日，袁世凯率领清朝驻朝鲜军队镇压了这次政变，开化党的"三日天下"结束。开化党人或被处死，或亡命日本。政变之后，日本以公使受到攻击、公使馆被焚烧为借口，而与朝鲜和清政府展开交涉，与朝鲜签订了《汉城条约》，与清政府签订了《天津会议专条》，为 1894 年甲午中日战争爆发埋下了祸根。

甚至"旁观者皆已为中国忧",提醒清朝外交官:"俄人之地势,已包中国东西北界,铁路若成,必为中国之患。防之之法,非自造铁路不可。"①

1890年2月,总理衙门上奏称:"朝鲜弱小,不足自存。"总理衙门拟整顿事宜六条:(1)精炼水陆各军;(2)东三省兴办铁路;(3)该国税司由中国委派;(4)该国派使应守属国体制;(5)阻止该国借外债;(6)匡正该国秕政。"前议六条,以整顿武备、兴办铁路为先,果能及时认真办理,则与后四条刚柔相济,现在固可消患未萌,将来亦觉缓急可恃。"② 1890年3月,李鸿章致电奕䜣,报告勘察东三省铁路线路事宜:"东路既可举办,有裨大局。拟派吴炽昌带熟手员匠驰往勘路。按舆图,营口至吉林约千五百里,或有须绕越处,勘定再议。每年仅部款二百万造二百里路,逐节前进,数年可成。乞预筹之。洪钧函称:黄彭年前疏由《申报》刊播,俄国大警,东方铁路催工以争先著。鸿令吴炽昌诸事慎密,俟兴工时,则不患人之知也。"随后,奕䜣回电称:"东轨我所亟,彼所嫉。设彼加帑赶工,我但泥定岁二百里,落后无疑。"李鸿章宽慰奕䜣道:"彼即加帑赶工,料亦不能甚速。我若岁成二百里,先声已足夺人。"③

虽然清政府准备修筑关东铁路,但是后期由于经费问题以及对俄防范问题,线路有所调整。1890年12月,勘路委员提出一份说帖,阐述了其中理由:(1)"今议东路起自营口,在营口建筑起卸码头,自因营口为轮船通商口岸,凡内地转输微调,悉用轮船运至营口,舍船就车;而营口至沈阳仅400里,较之山海关至沈阳近900里,创造铁路之费较省。"(2)"东路由沈阳经长春府而吉林,由吉林或经敦化县,或经宁古塔至凉水泉,过大盘岭而达珲春。止论东省之全局,自应如此设防,方为周密。然先后缓急之间,似宜长虑却顾。查吉林以东横数十里不见人烟,农民之树畜固稀,商贾尤少。俄人常欲赴宁古塔、吉林购运米粮牲

---

① 崔国因:《出使美日秘日记》第一册,朝华出版社2018年版,第49页。

② 《清实录》第五十五册,《德宗景皇帝实录(四)》,中华书局1987年版,第757、764页。

③ 《李鸿章覆奕䜣电》(1890年4月21日),宓汝成编《中国近代铁路史资料(1863—1911)》第一册,中华书局1963年版,第189页。

畜，若铁路接至珲春，在我未见其益，在邻已得其利。"（3）"伏思铁路经长春府而造至吉林，陆路距伯都纳（扶余）仅三百余里，水路达三姓、呼兰皆顺流东下，足揽奉、黑、吉三省之全局，其势已吞俄、韩之边境。……目前暂筑至吉林，筹款故易为力，思患亦易周详。此东路之止处以审者也。"① 1891 年 4 月，李鸿章提出："关东铁路一事，蒙准令变通办理，自内达外，由林西接造至吉林。……出关以后，如先至牛庄，后抵沈阳，地多洼下，种种不便，不如经锦州、广宁、新民厅至沈阳，以达吉林，再由沈阳建枝路以至牛庄、营口，地势较高，工程易固。且所经地面，多商贾往来要道，车脚不至冷淡，养路不患无资。"借此收取所谓"先声后实"之效。② 但是，关东路在修建了一段时间以后，最终不得不中止，原因是筑路经费被挪用，即"今岁恭逢皇太后六旬万寿"，户部总司出纳遂将铁路经费暂停支放，为移缓就急之计。关外铁路工程，就此停办，欲待万寿庆典告成，然后再议兴工。同时，永定河水患频发，有人主张"何不以铁路经费为治河之用，盖以铁路为未然之利，永定河为已然之害，不可不熟筹缓急也"③。就这样，关东铁路在甲午战争前被迫停工，埋下大患。

甲午战争后，清政府终于明白铁路的重要性，以"力行实政"为先。1895 年，张之洞奏请"修备储才"，其中指出建造铁路之重要："方今地球各国，无一国不有铁路，千条百条，交错纵横，军民农商，事事称便。至各国专设有铁路学堂，并设有各国铁路公会，每两年大会一次，互相讲求。以日本论之，该国变法才二十年，而国势日强，几与各大国抗衡。寻其收敛之著，实莫如铁路一端。"④ 胡燏棻则直接提议修筑京汉铁路："开铁路以利转输也，中国铁路之议，屡举屡废。自经此次军事利钝之故，昭然共见。应请援照前两广督臣张之洞原议，自汉至

---

① 《附：委员勘路说帖》（1890 年 12 月 26 日），宓汝成编《中国近代铁路史资料（1863—1911）》第一册，中华书局 1963 年版，第 190—191 页。

② 《奕劻、李鸿章会奏关东铁路酌拟办法兴工折》（1891 年 4 月），宓汝成编《中国近代铁路史资料（1863—1911）》第一册，中华书局 1963 年版，第 192—193 页。

③ 《关东路工的中止》（1894 年 3 月 22 日），宓汝成编《中国近代铁路史资料（1863—1911）》第一册，中华书局 1963 年版，第 197 页。

④ 《张之洞请修备储才折》（1895 年 7 月 19 日），宓汝成编《中国近代铁路史资料（1863—1911）》第一册，中华书局 1963 年版，第 192—193 页。

京,开办干路。"① 刘坤一同样指出铁路之重要性:"时至今日,谈国是者莫不以富强为图。顾非富无以致强,非强无以保富。而究之富强之本,求其收效速、取利宏,一举而数善备,则莫急于铁路。铁路之裨军务、商务,今已尽人知之矣。"② 至此,修筑铁路才成为众望所归之事。

二 英俄划分势力范围与列国争夺中国铁路

1895—1896 年,俄国在中国采取了两项加紧侵略的步骤。第一,设立了华俄道胜银行③,该银行不仅有权经营普通银行业务,而且经过清政府同意享有办理征税、铸造货币以及获得修筑铁路和电报的特权。第二,俄国还得到了清政府的允许,将西伯利亚铁路横贯东北。为了阻止俄国的前进,英国商谈了一笔对华联合借款即英德洋款。英国政府曾经通知俄国政府,对俄国租借一个不冻港与西伯利亚铁路相连接并没有任何不满,但是占领对商业无益而具有战略价值的旅顺,将提出严重抗议,占领旅顺将被视为对北京永久的威胁和瓜分中国的开端。但是,俄国不承认占领旅顺就是对中国主权的侵犯,也不承认此事对其他强国有任何损害。英、俄之间的铁路竞争开始表面化和激烈化。

1897 年,清政府筹议接修关外至新民屯铁路,并筑沟帮子至营口支线,将铁路管理机构改名为"关内外铁路总局"。1898 年,胡燏棻请借英国资本赶办关外铁路,要点是:关外铁路,虽然曾由海军衙门会同北

---

① 《刘坤一请设铁路公司借款开办折》(1895 年 8 月 10 日),宓汝成编《中国近代铁路史资料(1863—1911)》第一册,中华书局 1963 年版,第 201 页。

② 《刘坤一请设铁路公司借款开办折》(1895 年 8 月 10 日),宓汝成编《中国近代铁路史资料(1863—1911)》第一册,中华书局 1963 年版,第 202 页。

③ "华俄道胜银行"建于 1896 年年初,总行设在彼得堡,由四家法国银行(霍丁盖尔银行、巴黎荷兰银行、里昂信托银行、巴黎清算银行)和一家俄国银行(彼得堡国际银行)发起成立,创建资本为 600 万卢布,其中法国占 5/8,俄国占 3/8,但在董事会中,法国股东代表占 3 人,俄国代表占 5 人,董事长由俄国亲王乌赫托姆斯基担任。1896 年年初,在上海原巴黎清算银行旧址开办在华第一家分行,在天津英租界中街建立天津分行,此后共在中国境内建立分行 20 余处。该行在华擅自规定了多项特权任务:代办中国各种税款、经营与地方及国库有关业务、铸造中国政府许可的货币、代还中国政府所募公债利息等。1917 年俄国十月革命后,华俄道胜银行总行及原俄国境内的分支机构被苏维埃政府收归国有,该行遂转以巴黎分行为总行,继续营业,天津分行依附于英租界当局的庇护亦继续营业。1926 年,华俄道胜银行因外汇投机失败经营困难,决定停业,天津分行以及在华各分行也于同年 9 月关闭。

洋大臣提议修筑，直达吉林，但是甲午战后北洋无款筹办铁路，将之归并入津芦铁路。俄国大使对此提出抗议，后允许俄国在西伯利亚铁路上修筑支路直至大连湾，奉天和吉林两省甚至东北之利益尽为所占。现在，清政府不得已而思其次，即由大凌河赶造至新民厅，已备联接沈阳之路，并可兼护蒙古、热河一带，一面由营口至广宁，以使中国海关不至为俄侵占，尚可保全奉省西北之利。① 1898 年 9 月，张之洞在发给总理衙门的电文中指出：山海关至牛庄铁路，接近北京，关系最要，听闻已与英商汇丰议定借款，但为俄所阻，"查此路自以我自造为上策"；俄国已手握东三省铁路之权，旅大一带水陆之兵日增，俄路抵关，京城危险万分，"万不得已，则莫若借英款为中策"，但断不可由英人管我路权；"此路借款，作为商务，不作为交涉，路权方可不失"。② 1898 年 9 月，赫德在发给驻伦敦办事处税务司金登干（James Duncan Campbell）的电文中指出："请代我转告汇丰银行，不要因为顾惜小费，或要求过多，影响牛庄铁路借款。"③ 同年，中英公司借款成立，从前商股均收回，完全改为官办，设总局于天津，派袁世凯为督办大臣。

1898 年 6 月 7 日，中国北方铁路督办与代表中英公司的汇丰银行在北京签订了一项价值 230 万英镑的借款合同，以便使北京—天津—山海关的铁路延展到牛庄，并以长城以内的铁路作为抵押，作为借款的一部分担保。10 月 10 日，中国和英国签订了《关内外铁路借款合同》，规定建造"中后所至新民厅一路，并由此路近十三站处起，接一路至营口。又与女儿河造一支路至南票出煤处"，还规定"北京、山海关各路所有车道、车辆、一切产业，及脚价进款，并新路造成后所得脚价进款，应尽先作为此次借款之保"。④ 俄国政府闻知此事后，立即提出抗议。为避

① 《胡燏棻请借英款赶办关外铁路片》（1898 年 6 月 6 日），宓汝成编《中国近代铁路史资料（1863—1911）》第一册，中华书局 1963 年版，第 326 页。

② 《张之洞致总署电》（1898 年 9 月 23 日），宓汝成编《中国近代铁路史资料（1863—1911）》第一册，中华书局 1963 年版，第 338 页。

③ 《赫德致驻伦敦办事处税务司金登干电》（1898 年 9 月 13 日），对外贸易部海关总署研究室编《帝国主义与中国海关》第八编《中国海关与英德续借款》，科学出版社 1959 年版，第 44 页。

④ 《关内外铁路借款合同》（1898 年 10 月 10 日），王铁崖编《中外旧约章汇编》第一册，上海财经大学出版社 2019 年版，第 771 页。

免两国过度竞争而为清政府"以夷制夷"的策略所牵绊，1899 年 4 月 28 日，英、俄两国交换照会，两国正式划分了铁路势力范围，约定：英国不在中国长城以北、俄国不在长江流域为自己或他人谋求任何铁路让予权。同时，在英俄补充照会中指出，"不得认为这一事实就构成了所有权或外国控制权，该路仍为中国铁路，由中国政府管理，不得抵押或让给非中国人的公司"①。随后，总理衙门分致英、俄两国照会："本国现与俄、英国签约：一、英在扬子江一带承办铁路之事，俄不阻隔；一、俄在长城以北承办铁路之事，英不阻隔。立此约之两国，毫无侵越中国自主之权之意。"② 可以理解，这件事并不构成财产权和外国管理权，这条铁路线依然是在中国支配下的一条铁路，并且不能转让给一家非中国的公司。随后，英国开始在长江流域大规模谋夺铁路，例如 1898 年的苏杭甬铁路、1899 年的浦信铁路、1899 年的九广铁路、1899 年的津镇铁路等。③

除了英、俄两国之外，法、德、美、比等国也以条约或借款之名，不断侵占中国铁路权益，遂激起列国之在华竞争心态。1896 年 6 月 5 日，清政府和法国费务林公司签订了《龙州至镇南关铁路合同》，规定："中国予令费务林公司承办广西龙州至镇南关铁路工程，由中国铁路官局稽查。"1899 年 9 月 15 日，清政府又与该公司签订了《龙州至镇南关续立铁路合同》，再次对法国修筑龙州至镇南关铁路一事予以确认。④ 英国人肯德（Percy Horace Kent）曾对俄国和法国在中国谋图铁路权益有如下评述："正当俄国人从北南下，法国人向北前进的时候，不难记得

---

① 《英俄补充照会》（1899 年 4 月 28 日），宓汝成编《中国近代铁路史资料（1863—1911）》第一册，中华书局 1963 年版，第 339 页。

② 《总署分致英俄两使照会》（1898 年 5 月 22 日），（清）王彦威辑，王亮编，王敬立校《清季外交史料（光绪朝）》第三册，书目文献出版社 1987 年版，第 25 页。

③ 《苏杭甬铁路草合同》（1898 年 10 月 15 日）、《浦信铁路草合同》（1899 年 1 月 6 日）、《九广铁路草合同》（1899 年 3 月 28 日）、《津镇铁路草合同》（1899 年 5 月 18 日），王铁崖编《中外旧约章汇编》第一册，上海财经大学出版社 2019 年版，第 784、788—789、804—805、835—840 页。

④ 《龙州至镇南关铁路合同》（1896 年 6 月 5 日）、《龙州至镇南关续立铁路合同》（1899 年 9 月 15 日），王铁崖编《中外旧约章汇编》第一册，上海财经大学出版社 2019 年版，第 605、859 页。

建筑京汉铁路所需的五分之四的资金是在巴黎募集的，那么这两大盟国所怀的要想靠横越中国的铁路，使彼此互相由铁路交通直接联系的野心，就使人比畏惧俄国人的空想更要厉害了。"①

在英、法、俄攫取中国铁路利权的时候，德国也不甘其后。德国首相冯·比洛（von Bülow）曾说："曾经有人提到瓜分中国。但是无论如何这种瓜分不会由我们来促其实现。我们所做的一切是为着将来可能发生的事情做好准备。我们绝不空着手回去。"② 1898 年 3 月 6 日，清政府和德国签订了《胶澳租界条约》，其第二端"铁路矿物等事"的第一款规定："中国国家允准德国在山东盖造铁路二道：其一由胶澳经过潍县、青州、博山、淄川、邹平等处往济南及山东界；其二由胶澳往沂州及由此处经过莱芜县至济南府。其由济南府往山东界之一道，应俟铁路造至济南府后，始可开造，以便再商与中国自办干路相接。此后段铁路经过之处，应于另立详细章程内定明。"③ 此外，还包括一个铁路协定，据此德国在山东攫取了修筑一条三角形铁路的权利。

1897 年，湖南、湖北、广东三省绅商倡议集股修筑粤汉铁路，呈请设立湘粤铁路公司，但是遭到了张之洞与盛宣怀的反对。翌年，在奏请向美国借款获准以后，盛宣怀立即通知驻美公使伍廷芳与美国于 1898 年 4 月 14 日草签了《粤汉铁路借款合同》，第一款规定"美华合兴公司为建造由汉口至粤东省城铁路之用，允筹借英金四百万镑"，年息 5 厘，以铁路财产作为担保，借款期限 30 年；借款期内铁路由合兴公司建筑和经理，合兴公司有添建支路之权；在《附件二》中还规定"中国铁路总公司一经请准铁路附近地方开采煤矿，当即允准美华合兴公司勘查开办"；如果与比国公司订立的芦汉铁路合同作废，该铁路亦归合兴公司承建。④ 1899 年，合兴公司代表来中国议立正约，并提出在韶州、衡

① ［英］肯德：《中国铁路发展史》，李抱宏等译，生活·读书·新知三联书店 1958 年版，第 155 页。

② ［英］肯德：《中国铁路发展史》，李抱宏等译，生活·读书·新知三联书店 1958 年版，第 138 页。

③ 《胶澳租界条约》（1898 年 3 月 6 日），王铁崖编《中外旧约章汇编》第一册，上海财经大学出版社 2019 年版，第 687—688 页。

④ 《粤汉铁路借款合同》（1898 年 4 月 14 日），王铁崖编《中外旧约章汇编》第一册，上海财经大学出版社 2019 年版，第 694—697 页。

州、郴州等处开矿，引起鄂、湘、粤三省地方的不满。美国驻华公使康格（Edwin Hurd Conger，1843—1907）出面干涉，声称美国必办粤汉铁路，"断不能让予他人"，1900 年 7 月 13 日《粤汉铁路借款续约》在华盛顿签字，续约将借款金额增至 4000 万美元，并有两条主要补充：第一，进一步扩大美国的路权，规定建筑萍乡、岳州、湘潭等支线，并速造渌口至萍乡路线，从而使美国夺得沿线矿权；第二，粤汉铁路及支线所经过地区不准筑造与干线、支线平行的铁路。① 20 世纪末，美国正在寻求向海外发展的出路与支点，因此提出了"门户开放"原则，从此以后美国屡次重提这一原则。"事实上，当美国经济优势在全世界上生长时，它是想把'统一而完整'的中国造成美国资本之稳固的'势力范围'。"②

比利时虽为欧洲小国，却也加入侵占中国铁路利权的行列之中。1897 年 5 月 27 日，中国和比利时签订了《芦汉铁路借款合同》，借款450 万英镑，将"京城之芦沟桥以达汉口"的铁路修筑权让予比利时。1898 年 6 月 26 日，清政府与比利时又同时签订了《芦汉铁路比国借款续订详细合同》和《芦汉铁路行车合同》。③

宣统年间，东三省总督锡良上奏拟借外债："财政日窘，外祸日迫，惟有实行借款可为第一救亡政策。借债乃十年以内救亡之要着，……造路乃十年以外救亡之要着。……更征诸古今中外之历史，国家之盛衰，实视财政为消息。可分为四时代：曰本国财力完全之时代，曰借债维持之时代，曰债主代为维持之时代，曰债主监督财政之时代。我国今日所处之阶级，即由借债时代，渐入于债主代为维持时代，利用此策，乃可复还其财政完全之时代。"④ 这种饮鸩止渴的方法，虽有无奈之处，但也无疑为帝国主义列强利用借款政策侵夺中国铁路利权打开了方便之门。

---

① 《粤汉铁路借款续约》（1900 年 7 月 13 日），王铁崖编《中外旧约章汇编》第一册，上海财经大学出版社 2019 年版，第 888—898 页。

② ［苏］罗曼诺夫：《帝俄侵略满洲史》，民联译，商务印书馆 1937 年版，第 10 页。

③ 《芦汉铁路借款合同》（1897 年 5 月 27 日）、《芦汉铁路比国借款续订详细合同》（1898 年 6 月 26 日）、《芦汉铁路行车合同》（1898 年 6 月 26 日），王铁崖编《中外旧约章汇编》第一册，上海财经大学出版社 2019 年版，第 659—662、719—727 页。

④ 《清实录》第六十册，《宣统政纪》，中华书局 1987 年版，第 718—719 页。

第三节　日俄战争后日本侵夺"南满"铁路

一　沙俄谋划并侵占中东铁路

沙俄自修建西伯利亚大铁路开始，就对在中国东北铺设铁路念念不忘。1896 年 4 月 12 日，财政大臣维特（Witte）[1] 声称："无疑，从我们这方面也认为从所拟联结外贝加尔省与海参崴的铁路不仅有经济的意义，还有政治的及战略的意义。因此其方向不仅应由政治经济的观点，还应由其他观点来讨论。"[2] 维特很清楚，太平洋上正迅速展开经济斗争之局面，而西伯利亚大铁路能经过海参崴而直接参与太平洋问题之解决。从上海到欧洲经过苏伊士运河要 45 天的行程，而西伯利亚铁路却把它缩短到 18—20 天，这样一来，欧洲与东亚交通事业之转变正向有利于俄国的方向发展。西伯利亚大铁路的修筑也能使俄国在这种关系上，位于欧洲一切国家之前，占据重要的优势。至于西伯利亚大铁路的政治和军事的作用，维特认为这是有目共睹的，贸易往来也必然能巩固俄国与"东方国家"之"友好"的政治关系，俄国很快就能够控制太平洋上的一切国际商业运动。[3] 1896 年 4 月，维特在和李鸿章谈判时表示，甲午战争时，俄国虽然从海参崴派遣了若干军队，但由于缺乏铁路交通导致行动迟缓，俄军到吉林时战争

---

[1]　维特全名罗伊·尤里维奇·维特，俄语为 Серге́й Ю́льевич Ви́тте，拉丁文为 Sergei Yul'jevich Witte。维特历任俄罗斯帝国运输通信大臣（1892）、财政大臣（1892—1903）、大臣委员会会长（1903—1905），1905 年 10 月 20 日首次担任俄罗斯帝国首相（阁僚会议议长），成为俄罗斯新议会制度的创造者。作为财政大臣，维特通过采用金本位制和以西伯利亚铁路为首的铁路建设等，为俄罗斯的工业化做出了贡献。他在与日本、清政府的外交交涉中也很活跃，在日俄战争的讲和交涉中作为俄罗斯方面的全权代表，与日本的外务大臣小村寿太郎进行了反复交涉，瓜分了"满洲"利权，后来通过签订《朴茨茅斯条约》获得了伯爵爵位。英国历史学家奥兰多·费吉斯称其为"1890 年代伟大的财政改革大臣""尼古拉二世各大臣中最贤明的一人"。参见 Orlando Figes, *A People's Tragedy：The Russian Revolution 1891-1924*, London：The Bodley Head, 2014, pp. 8-41。

[2]　《帝俄财政大臣维特节略》（1896 年 4 月 12 日），张蓉初译《红档杂志有关中国交涉史料选译》，生活·读书·新知三联书店 1957 年版，第 168—170 页。

[3]　［苏］罗曼诺夫：《帝俄侵略满洲史》，民耿译，商务印书馆 1937 年版，第 45—47 页。

已经终止了，所以维特主张为了能够"维持中华帝国的领土完整"，对俄、中两国来说，有必要修筑"一条穿过蒙古和满洲北部，通到海参崴的尽短的铁路"①，这便是后来的东清铁路，即中东铁路。

甲午战争后，俄国牵头联合法、德两国，迫使日本将辽东半岛归还中国，中国为此付出 3000 万两白银的赎辽费，此即"三国干涉还辽"。此后，俄国以此向清政府邀功，利用中国在甲午战争中战败的困境，借口"共同防御"日本，诱迫清政府派遣特使李鸿章与俄国外交大臣罗拔诺夫、财政大臣维特于 1896 年 6 月 3 日在莫斯科签订了《御敌相互援助条约》，又称《中俄密约》。在条约的开头指出"大清国大皇帝陛下暨大俄国大皇帝陛下，因欲保守东方现在和局，不使日后别国再有侵占亚洲大地之事，决计订立御敌互相援助条约"；第一款规定"日本国如侵占俄国亚洲东方土地，或中国土地，或朝鲜土地，即牵碍此约，应立即照约办理"；第四款规定"今俄国为将来转运俄兵御敌并接济军火、粮食，以期妥速起见，中国国家允于中国黑龙江、吉林地方接造铁路，以达海参崴。惟此项接造铁路之事，不得借端侵占中国土地，亦不得有碍大清国大皇帝应有权利，其事可由中国国家交华俄银行承办经理。至合同条款，由中国驻俄使臣与银行就近商订"；第五款规定"俄国于第一款御敌时，可用第四款所开之铁路运兵、运粮、运军械。平常无事，俄国亦可在此铁路运过境之兵、粮，除因转运暂停外，不得借他故停留"。此约自铁路合同批准日起，有效期 15 年。②《中俄密约》的签订和中东铁路筑路权的攫取，为沙俄侵略势力进一步深入和控制中国东北地区提供了各种方便，大大提高了沙俄在东北亚争夺霸权的地位。

为了便于东清铁路交涉的进行，在征得沙皇同意的前提下，华俄道胜银行董事会决定拨出 300 万卢布，作为使铁路谈判顺利进行的经费，即所谓"李鸿章基金"。1896 年 9 月 8 日，根据《中俄密约》第四条的

---

① 《李、威晤谈》（1896 年 4 月），宓汝成编《中国近代铁路史资料（1863—1911）》第二册，中华书局 1963 年版，第 348 页。

② 《御敌相互援助条约》（1896 年 6 月 3 日），王铁崖编《中外旧约章汇编》第一册，上海财经大学出版社 2019 年版，第 603—604 页。

规定，由中国驻德、俄公使许景澄与华俄道胜银行总办罗启泰在柏林签订了《合办东省铁路公司合同章程》，合同规定"中国政府现定建造铁路，与俄之赤塔城及南乌苏里河之铁路两面相接"，"华俄道胜银行建造、经理此铁路，另立一公司，名曰：中国东省铁路公司"，其章程照俄国铁路公司成规办理。① 东省铁路公司是专门为在中国领土之内修造铁路而设，经理营业，自黑龙江省最西边界之地点起，至吉林最东边界止之地点，与俄国政府延修至中国边境之后贝加尔铁路及南乌苏里铁路，两面首尾相连，中国政府允许该公司开采煤矿，无论与铁路合办或单独办理，都允许在中国组织一切工商、矿物之实业。② 至此，俄国获得了使西伯利亚大铁路穿过中国领土直达海参崴的特权。

1898 年 3 月 27 日，中、俄签订了《旅大租地条约》，其中第八款规定"中国政府允以光绪二十二年所准中国东方铁路公司建造铁路之理，而今自画此约日起，推及由该干路某一站起至大连湾，或酌量所需，亦以此理，推及由该干路至辽东半岛营口、鸭绿江中间沿海较便地方，筑一支路。所有光绪二十二年八月初二中国政府与华俄银行所立合同内各例，宜于以上所续支路确切照行。其造路方向及经过处所，应由许大臣与东方铁路公司议商一切。惟此项让造支路之事，永远不得藉端侵占中国土地，亦不得有碍大清国大皇帝应有权利。"③ 据此，俄国财政副大臣、东省铁路公司经理罗曼诺夫与中国驻俄公使许景澄在彼得堡经双方多次谈判，于 1898 年 7 月 6 日，俄国与清政府签订了关于修筑中东铁路"南满"支线的合同，即《东省铁路公司续订合同》，又称《东省南支路合同》，主要内容有：第一，规定中东铁路支线由哈尔滨修至旅顺、大连湾海口，取名"东省铁路南满洲支路"；第二，中国允许中东铁路公司轮船在辽河、营口及隙地各海口行驶；第三，暂筑支路至营口及隙地海口，待中东铁路通车后，公司应遵中国政府知照，将诸支路拆去；

---

① 《合办东省铁路公司合同章程》（1896 年 9 月 8 日），王铁崖编《中外旧约章汇编》第一册，上海财经大学出版社 2019 年版，第 624—626 页。

② 中华民国交通铁道部编：《交通史路政编》第十七册，交通铁道部交通史编纂委员会，（出版时间不详），第 18—31 页。

③ 《旅大租地条约》（1898 年 3 月 27 日），王铁崖编《中外旧约章汇编》第一册，上海财经大学出版社 2019 年版，第 689—690 页。

第四，中国政府准许中东铁路公司在官地树林采伐木材，并准许在此支路经过的一带地方开采、建造、经理铁路需用之煤矿；第五，俄国可在辽东半岛租地内，自行酌定税则。① 上述续订合同的签订，使俄国的侵略势力扩张到东北的南部，整个东北成为俄国的势力范围。

1899 年，俄华道胜银行向清政府申请修筑一条从奉天以北某地直接到达北京的铁路，以作为"满洲"铁路即东清铁路的支线，但是这一要求遭到了清政府的拒绝。总理衙门在给俄国公使的照会中声称："关于日前面晤贵大臣要求建筑由东省通至北京铁路一事，本爵大臣当告以中国政府碍难允许，并嗣后概不允许他国造路至北京。"② 1902 年，在清政府的抗议和外交努力下，在中国拥有最大势力的俄国和英国先后与清政府签订了一系列条约和章程，将铁路主权归还中国。③ 俄、英虽在名义上归还了铁路主权，但是仍然以借款未清等借口在实际上掌控着诸多铁路利权。但是，俄国在东北的诸多势力扩张行为，遭到了一直觊觎东北的日本的嫉妒，日俄战争一触即发。

二 日本侵夺"南满"铁路

1900 年 7 月，俄国利用镇压义和团运动之机，长期驻兵中国东北而不撤离。1902 年 4 月，中俄签订了《交收东三省条约》，俄国承诺分期撤兵，但俄国在第一次撤兵之后便不肯继续履行条约，招致日、英、美等国的强烈反对。1903 年 6 月 23 日，日本召开内阁会议认为当前日本应采取的政策"要点在于帝国之防卫与经济活动"④。同年 8 月，日本要

---

① 《东省铁路公司续订合同》（1898 年 7 月 6 日），王铁崖编《中外旧约章汇编》第一册，上海财经大学出版社 2019 年版，第 728—730 页。

② 《总理衙门致俄国公使照会》（1899 年 6 月 1 日），中华民国交通铁道部编《交通史路政编》第五册，交通铁道部交通史编纂委员会，（出版时间不详），第 3516 页。

③ 这些条约包括：中俄《交收东三省条约》（1902 年 4 月 8 日）、中俄《奉天省铁路交涉总局章程》（1902 年 4 月 20 日）、中英《交还关内外铁路章程》（1902 年 4 月 29 日）、中英《关内外铁路交还以后章程》（1902 年 4 月 29 日）、中英《山海关至北京铁路上军事运输章程》（1902 年 4 月 29 日）、中俄《东省铁路公司接修吉长支路合同》（1902 年 7 月 11 日）、中俄《交还关外铁路条约》（1902 年 9 月 22 日），王铁崖编《中外旧约章汇编》第二册，上海财经大学出版社 2019 年版，第 36—47、52—54、108—109 页。

④ 《御前会议后的内阁会议决定》（1903 年 6 月 23 日），苏崇民主编《满铁档案资料汇编》第一卷《日本的大陆政策与满铁》，社会科学文献出版社 2011 年版，第 34 页。

求俄国承认日本在朝鲜的"优越利益"，但日本只承认俄国在"满洲"铁路的"特殊利益"。两国几经谈判，均未获结果。1904 年 2 月 6 日，日本终止谈判并断绝与俄国的外交关系。两天后，日本海军偷袭了俄国在旅顺口的舰队，日俄战争爆发。2 月 12 日，清政府以日、俄两国"均系友邦"为由，宣布"局外中立"。至 1905 年 3 月，日军先后攻陷大连、旅顺、奉天。同时，陆军次官石本新六在致外务大臣珍田舍己的电文中，同意了利用军用铁路扩张日本在东北谋求商业权益的提议。[①] 5 月，日本海军在对马海峡击溃了前来增援的俄国波罗的海舰队。9 月 5 日，在美国总统西奥多·罗斯福（Theodore Roosevelt，1858—1919）的斡旋下，日、俄两国签订了《朴茨茅斯和约》，日俄战争结束。10 月，日本又占领了海城至辽阳间的铁路。[②]

在《朴茨茅斯和约》中，日、俄两国在未与清政府商议而是事后通知的情况下，私自划分了"满洲"势力范围，其中第六款规定"俄罗斯帝国政府当以长春（宽城子）、旅顺间之铁路及其一切支线，及在该地方所属之一切权利、特权及财产之属于该铁路者，不受一切补偿，而以大清国政府之承诺，转移割让与日本帝国政府。两缔约国互约，须得前记所规定之大清国政府之承诺"；第七款规定"日本国、俄罗斯国互约，两国在满洲之铁路，须限定全然以商工业之目的经营之，决不得以军略之目的经营之。惟辽东半岛租借权效力所及地域之铁路，则不得照以上所载之限制"；第八款规定"日本帝国政府、俄罗斯帝国政府，当速另结一约，规定在满洲两国接续铁道业务，以期达增进该处之交通及运输便利之目的"。[③] 随后，根据合约规定，日、俄之间有关东北之权利让予需要得到清政府的允许。日俄会议伊始，清政府便提前声明，会议中如有涉及中国利权者，须得中国之承认。[④] 1905 年 12 月 22 日，在日本的

① 外務省外交史料館『満洲ニ於ケル商権掌握ノ為メ軍用鉄道利用一件』、アジア歴史資料センター、Ref. B04010942500。

② 外務省外交史料館『満洲ニ於ケル占領鉄道事業開始一件』、アジア歴史資料センター、Ref. B04010941500。

③ 「講和条約」（1905 年 9 月 5 日）、外務省編纂『日本外交文書』第 37 卷·第 38 卷別冊日露戦争 V、外務省、1960、535—537 頁。

④ 《清政府外务部致日本政府的照会》（1905 年 6 月 4 日），苏崇民主编《满铁档案资料汇编》第一卷《日本的大陆政策与满铁》，社会科学文献出版社 2011 年版，第 52 页。

压迫下，清政府和日本签订了《会议东三省事宜正约》，其中第一款规定"中国政府将俄国按照日俄和约第五款及第六款允让日本国之一切概行允诺"；第二款规定"日本国政府承允按照中俄两国所订借地及造路原约实力遵行。嗣后遇事，随时与中国政府妥商厘定"。① 就这样，清政府只是在得到一个"实力遵行"的空头支票后，便将"南满"铁路利权"转让"给日本。

日俄战争后，美国鉴于自己在日俄战争调停中所扮演的重要角色，提出了"满洲铁路中立化"② 计划，企图通过铁路网的铺设插手"满洲"事务。当时，日本的伊藤博文、井上馨等元老和首相桂太郎，对于当时为战争而用尽资金的日本，是否有经营需要巨额经费的铁路的力量，缺乏自信。在民间社会，由于日本民众反对没有取得像《马关条约》那样割地、赔款的日俄和约，东京出现了暴动的迹象。同时，帮助日本在战争中募集外债的美国企业家爱德华·亨利·哈里曼（Edward Henry Harriman）于 1905 年 8 月来日本时，对日本有意出售"南满"铁路之事表示了极大的欢迎。哈里曼接受了日本银行副总裁高桥是清和大藏次官阪谷芳郎的邀请，同时收到驻日美国公使罗伊德·卡彭特·格林斯库（Lloyd Carpenter Griscom）的邀请，与雅各布·西弗（Jacob Henry Schiff）等一起来到日本。③ 哈里曼等人来日本的目的，主要是完成"世界一周铁路网"的远大野心，收购"南满"铁路以及东清铁路。哈里曼会见日本财界的大人物、元老、桂太郎首相等人时，主张日本应该引进美国资本来经营俄罗斯转让的"南满"铁路的利权，如果美国在"满

---

① 《会议东三省事宜正约》（1905 年 12 月 22 日），王铁崖编《中外旧约章汇编》第二册，上海财经大学出版社 2019 年版，第 313—314 页。

② 1909 年，美国总统塔夫脱（William Howard Taft）任命诺克斯（Philander Chase Knox）为美国国务卿，此后诺克斯重组了国务院，推行美元外交，重点是鼓励和保护美国的海外投资，其中包括中国东北铁路"中立化"计划，企图借此打破日、俄两国在中国东北的垄断局面，为美国建立优势地位。该计划曾有两个方案：（1）铁路共管，即为将东北所有铁路置于"经济的、科学的和公正的管理机构之下"，由各国提供国际贷款，使中国赎回东北各铁路，在借款期间由提供资金的国家共同监督管理；（2）铁路延伸，如上述建议不能完全实现，则由英、美两国支持"锦瑷铁路计划"，邀请有关国家共同参与投资，同时贷款给中国，以赎回"愿归于这一系统的现有铁路"。

③ 飯塚一幸『日本近代の歴史 3 日清·日露戦争と帝国日本』、吉川弘文館、2016、146—148 頁。

洲"拥有发言权，即使俄罗斯企图进行复仇战也可以制止。9 月 12 日，哈里曼向日本政府提出了以 1 亿日元的资金提供作为交换，将朝鲜的铁路和"南满"铁路连接起来，并提议在那里共同出资参与铁路、煤矿等的经营。日本如果提供铁路就不需要资金，关于所有权虽然日、美对等，但是如果日、俄和日、中之间发生战争，就认可日本的军事利用，提出要以日、美拥有均等权利的辛迪加形式经营满铁。① 日本政府起初想接受这个提案，元老伊藤博文、井上馨、山县有朋批准了这个方案，首相桂太郎仅对"南满"铁路共同经营案表示赞成。哈里曼提案被日本接受的理由，不仅是他的推销手段，"满洲铁路运营所获得的收益也不是很大，反而会给日本经济带来不好的影响"，这一意见对大藏省官僚和日本银行干部的一部分人影响很大；井上馨担心"俄罗斯进行复仇战的话，日本单独应战的话负担太重了"。桂太郎在哈里曼回美国前的 10 月 12 日，以临时合同的形式签订了"桂·哈里曼协定"的预备协议备忘录。但是，从朴茨茅斯回国的小村寿太郎坚决反对哈里曼的提案，认为桂太郎和元老们接受这个提议是轻率的，说服元老并撤回了这个提案。因为在形式上，"南满"铁路向日本的"转让"，根据条约规定需要以清国的同意为前提，小村从这一点出发，主张协定不合适。桂等人也接受了小村的见解，决定在 10 月 23 日的内阁会议上正式废除。② 根据小村的报告，可以从哈里曼和库恩·罗布联合（Kuhn Loeb & Co.）的对手摩根商会（J. P. Morgan & Co.）那里以更有利的条件引进外资，并不是想从"满洲"排除美国资本。伊藤、井上等元老和大藏省、日本银行等财务相关人员也接受了废弃"桂·哈里曼协定"的决定。在交换正式合同之前，日本政府给驻美国的日本领事馆发去电报，安排哈里曼等人的船只一到旧金山港就立即递交取消备忘录的通知。③

　　日、俄两国对美国的"满洲"铁路计划十分警惕，于是，刚刚在战场上交锋的两国握手言和，联手瓜分"满洲"势力范围，进而排除第三

---

① 外務省編纂『小村外交史』、外務省、1953、204—234 頁。
② 片山慶隆『小村寿太郎』、中央公論新社、2011、181—183 頁。
③ 井上勇一『鉄道ゲージが変えた現代史：列車は国家権力を乗せて走る』、中央公論新社、1990、105—109 頁。

国介入"满洲"。1907年7月30日，围绕"满洲"、蒙古及朝鲜问题，日本驻俄大使本野一郎和俄国外交大臣伊斯沃尔斯基（Isvolsky）在圣彼得堡签订了《日俄密约》，即"第一次日俄协约"①，其中规定：鉴于在"满洲"之利益及政治经济活动之自然趋势，并欲避免因竞争而引起之一切纠纷，日、俄达成和平谅解，同时将"北满"和"南满"的界限议定如下："从俄、韩边界西北端起画一直线至珲春，从珲春画一直线到毕尔腾湖（即镜泊湖）之极北端，再由此画一直线至秀水甸子，由此延松花江至嫩江口止，再沿嫩江上溯至嫩江与洮儿河交流之点，再由此点起沿洮儿河至此河横过东经122度止。"② 在此次密约中，日、俄两国虽然公开声称维持东亚现状和保全中国领土完整，但在秘密条约中互相承认了对方的势力范围，即日本承认俄国在中国东北北部和外蒙古的特殊利益、俄国承认日本在中国东北南部和朝鲜的特殊利益。

为了加强日、俄两国之间的"合作"关系，两国有意签订带有互助同盟性质的协约，于是1910年7月4日，本野一郎与伊斯沃尔斯基又签订了"第二次日俄协约"，其中第二条规定："缔约国双方相约，维持和尊重根据至今为止日、俄两国间及两国之一和中国间所订立的所有条约、专约或其他协定而产生的满洲现状"；第三条规定："如有威胁上述现状性质的事件发生时，缔约国双方应在每一件事情发生时，互相联系，并协商认为对维持现状的必要的措施"。③ 可见，日、俄两国在该协定中约定维持中国东北现状和确保两国铁路权益，明显是针对美国提出的"满洲铁路中立化"计划。

---

① "日俄协约"是日俄战争后，1907年至1916年的10年间，日本与俄国缔结的公开或秘密的政治协定，一共签订了四次。前两次协约如本节所述，第三次协约于1912年7月8日由本野一郎和俄国外交大臣沙扎诺夫分别代表本国签订，该条约主要是鉴于辛亥革命后中国政情的变化，双方商定：将内蒙古东部划为日本的势力范围、西部则划为俄国的势力范围。第四次协定于1916年7月3日签订，双方代表仍是本野一郎和沙扎诺夫，两国约定：为防止怀有敌意的第三国支配中国，如果因上述原因引发战争，日、俄两国应相互援助。可以看出，此次协定的攻守同盟性质更加明显。以上四次日俄协约的签订，严重侵犯了中国和朝鲜两国的国家主权和利益。十月革命后，苏俄政府宣布将"日俄协约"尽行废除。

② 「日露協約及附屬文書調印濟ノ件」（1907年7月30日）、外務省編纂『日本外交文書』第40卷第1冊、外務省、1960、173—175頁。

③ 「日露協約和譯文」（1910年7月4日）、外務省編纂『日本外交文書』第43卷第1冊、外務省、1962、153—154頁。

　　经过上述一系列条约的缔结，日本在日俄战争后取得了"南满"铁路的经营权，并且通过与宿敌——俄国的短暂合作，联合抵御了美国介入"满洲"事务的可能性。随后，日本便以"南满"铁路以及在此基础上成立的"南满洲铁道株式会社"即满铁为急先锋，在"国策会社"的名目下，开始策划和攫取庞大的"满蒙铁路网"，走上了配合和参与日本"大陆政策"之路。

第二章

满铁的设立与策划
"满蒙五路"（1906—1914）

"今分人土、亡人国者，其铁道政策乎？分之使不知其分，亡之使不知其亡，其铁道政策乎？呜呼！铁路所布，即权力所及。凡其地之兵权、商权、矿权、交通权，左之右之，存之亡之，操纵于铁道两轨，莫敢谁何！故夫铁道者，犹人之血管机关也，死生存亡系之。有铁路权，既有一切；有一切权，则凡其地之官吏，皆吾颐使之奴，其地人民，皆我俎上之肉。巧矣哉！今日亡人国，分人土，新世界之铁道政策矣！……若北清，若满洲，亦当扶我利权，养我势力。"[①] 这是 1903 年日本《朝日新闻》发表的对华政策评论，欲以铁路置中国于死地，当时即可见其计策之毒、野心之大。

1906 年，日本借日俄战争之机获得了长春至旅顺段的中东铁路南部支线（长约 764 千米），遂以此为基础成立了"南满洲铁道株式会社"即满铁，虽然在经过一番争论后，满铁被决定实行"民营"，但是从满铁与日本政府之关系可以看出，满铁是执行日本政府命令的"国策会社"，绝非纯粹的经济组织。满铁成立后，立即开始经营"南满"铁路并着手侵占东北的铁路线，这一时期的重点是强行改筑安奉铁路、擅自架设鸭绿江桥、巧取豪夺大石桥至营口铁路。1913 年至第一次世界大战爆发前，日本政府、军部、满铁三方联合，提出了"满蒙五

---

① 《日本〈朝日新闻〉鼓吹的对华政策》（1903 年），宓汝成编《中国近代铁路史资料（1863—1911）》第二册，中华书局 1963 年版，第 684 页。

路"即"满蒙铁路网"的第一阶段计划,策划了四洮铁路、吉开铁路、抚京铁路等线,[①] 强迫新成立的民国政府并与之签订借款合同大纲。同时,满铁通过身居幕后和寻找代理人的方式,利用"中日合办"的名义攫取了本溪湖至牛心台煤矿的溪碱轻便铁路的修筑权和经营权,进一步将其触角延伸至煤矿区和"满洲"腹地,扩张其铁路侵略势力。

第一节　满铁的设立与"国策会社"功能

一　满铁的设立经过

"南满洲铁道株式会社",简称满铁,是根据日俄战争结束后,1905年9月缔结的《朴茨茅斯条约》,包含俄国转让给日本的东清铁路(中东铁路)"南满"支线(长春—旅顺间铁路)约 764 千米以及包含在此内的铁路事业(当初的总延长铁路约 1100 千米)和附属事业,于 1906年 11 月设立了半官半民的"国策会社"。满铁同时经营着抚顺煤矿和烟台煤矿,在各铁路站前等设定的铁路附属地(满铁附属地)担任都市经营和一般行政(土木、教育、卫生)等,涵盖了广泛的事业,总公司位于"关东州"大连市。

俄国在取得中东铁路支线的修筑权以后,东省铁路公司马上着手修筑"南满"支线。1898 年 5 月,首先开始铺设营口支线,以便于运送材料,同年 7 月 13 日全线正式开工,1902 年 11 月 3 日完成了从哈尔滨到旅顺的工程。1903 年 1 月,开始临时营业。同年 7 月,"南满"铁路和东省干路一起开始正式营业。这条铁路,北起哈尔滨,中间经过长春、沈阳,南边抵达旅顺和大连,纵贯东北三省人口最为稠密的地区,而且是与俄国铁路轨距保持一致的 5 英尺(1.524 米)宽轨铁路,可以用于军事运输。日俄战争以后,日本和俄国商议南北"满洲"分界线之时,日本最开始提出以哈尔滨为界,将哈尔滨至大连之间的铁路都转让给日本,但是后来经过和俄国重新商议,决定将"南满"铁路的北边起点改

---

① 外務省外交史料館『満蒙諸鉄道敷設計画一件』第一巻、アジア歴史資料センター、Ref. B04010979800。

为宽城子（长春）。随后，1905 年 11 月 17 日至 12 月 22 日，日本代表小村寿太郎和内田康哉，同中国政府代表庆亲王奕劻、外务部尚书瞿鸿禨、直隶总督袁世凯，在北京就日俄战争后东三省善后事宜举行了会议，即中日北京会议①，最终签订了《会议东三省事宜正约》及《附约》，又称《北京条约》《满洲善后条约》，主要内容是：第一，中国政府将俄国按照日俄和约第五款及第六款允让日本国之一切概行允诺。第二，日本政府承允，按照中、俄两国所订借地及造路原约实力遵行。嗣后遇事，随时与中国政府妥商厘定。第三，本条约由签字盖印之时起即当施行。② 在该条约中，日本陆军的常驻权和沿线矿山的开采权保障，禁止与该铁路并行的铁路建设，继续使用安奉铁路和两国共同事业化，允许在营口、安东、奉天设置日本人居留地，鸭绿江右岸的森林砍伐合并权等都被载入条约之中，成了此后日本"满洲经营"的基础。实际上，这是日本强迫中国承认由日本继承俄国在"南满"的各项侵略设施和特权的会议，日本还借机向中国索要了更多的权益作为回报。这些条款在辛亥革命以后，被北洋政府、奉系军阀等"承认"。日本炸死张作霖后，张学良否认该条约，推进了"南满"铁路平行线的建设。

在日俄战争期间的 1904 年 5 月，日军自辽南貔子窝进入东北后，随即占领了金州和南山。此时，俄军将全部机车和完好的车辆开往北方和旅顺，日军只能依靠人力推动俄国在撤离时遗弃的车皮运送辎重物资，效率非常低下，无法满足前线需要。于是，日本政府决定改修占领区内的中东铁路以供利用。5 月 25 日，以陆军为中心成立了"野战铁道提理部"，从日本直接运来机车、客车、货车甚至铁轨。③ 但日本铁轨的轨距是 3.6 英尺窄轨，而中东铁路的轨距是 5 英尺宽轨。所以在修复被俄军破坏的铁路和桥梁的同时，还需要将轨距缩小。日军的铁路部队集中在朝鲜和安奉线工程，因此要求日本民营企业给予协助，从民间铁路公司

---

① 「満州ニ関スル日清条約締結ノ件」（1905）、外務省編纂『日本外交文書』第 38 卷第 1 册、外務省、1958、155—156 頁。

② 《会议东三省事宜正约》（1905 年 12 月 22 日），王铁崖编《中外旧约章汇编》第二册，上海财经大学出版社 2019 年版，第 313—314 页。

③ 《明治 38 年野战铁道概要》（1905 年 7 月），苏崇民主编《满铁档案资料汇编》第一卷《日本的大陆政策与满铁》，社会科学文献出版社 2011 年版，第 62—67 页。

选拔铁路工作人员并要求提供一切材料，包括机车、客货车、铁轨和其他各种材料，不足部分再向英、德等国订购。这样，日本各铁路会社的人员和材料便随着日军侵略的步伐进入了东北。1904 年 7 月，野战铁道提理部的 3000 余人和大部分材料被运到了大连。此后，以大连为起点，日夜兼程改筑铁路。1904 年 7 月 26 日通车至金州，10 月 2 日通车至辽阳，1905 年 4 月 24 日通车至奉天，8 月 1 日延长到抚顺。

1905 年 10 月 30 日，在日俄战争结束以后，日本的"满洲军"参谋福岛安正同俄国军队参谋次长欧拉诺夫斯基在四平街举行会谈，规定了日、俄两军从东北撤兵的手续，商定了铁路线路移交的顺序，此即"四平街协定"①。1906 年 5 月 11 日至 8 月 11 日，日军又从俄军手中接收了昌图至宽城子铁路，并且立即着手改建，10 月 1 日通车至公主岭，11 月 11 日通车至孟家屯。至此，"南满"铁路的干线和支线全部改筑为轨距 3.6 英尺的窄轨铁路，并开通运行。日俄和约签订以后，在不妨碍军事运输的范围内，从 1905 年 10 月 21 日开始，在奉天以南开通了公共运输。1906 年 1 月 4 日，日本控制的"南满"铁路开始办理一般旅客的发送和货物托运。至 1907 年 3 月 31 日野战铁道提理部解散为止，满铁共输送旅客 285 万人次、马匹 15 万头次、货物 245 万吨。②

日俄战争期间，日本在中国东北设立的军政统治遭到了清政府的严正抗议。为了长久地谋划在东北的统治，日本召开了关于"满洲"问题的会议。1906 年 2 月 16 日，首先在大矶召开了七巨头会谈。1906 年 3 月，英国和美国先后在 3 月 19 日、26 日向日本提出正式抗议，认为日本没有在"满洲"实行"门户开放"政策。特别是英国驻日公使克劳德·麦克唐纳（Sir Claude Maxwell MacDonald），直接给韩国统监伊藤博文发送了内容严厉的信件。另外，袁世凯也通知伊藤，日本在中国东北的各项措施违反了《满洲善后条约》。日本首相西园寺公望在同年 4 月中旬以大藏次官若槻礼次郎一行的名义进行了非正式旅行，率领各部官

---

① 「日露両国ノ満州撤兵一件（四平街議定書及覚書）」（1905 年 11 月 1 日）、外務省編纂『日本外交文書』第 38 巻第 1 冊、外務省、1958、414—420 頁。

② 南満洲鉄道株式会社編『南満洲鉄道株式会社十年史』、南満洲鉄道株式会社、1919、11—14 頁。

员到中国东北巡视日军在占领地区的实际统治情况，据说是儿玉源太郎提出了这一建议。[①] 西园寺公望在与东三省总督赵尔巽的会谈中了解到，中国东北官员对日本的军事管制极端不满，于是西园寺切实感受到列强对"满洲"的强烈关注，知道中国官吏对日本军队取代俄国军队的统治抱有强烈的反感。[②]

日本军队在撤兵期限之前，在"满洲"施行军政统制，打算把日本的势力植入该地。[③] 1906 年 5 月 22 日，由担心与英、美关系恶化的韩国统监伊藤博文出面，召集元老、阁僚、军部首脑等人，在首相官邸召开了有元老和重臣参加的"满洲问题协商会议"，这是日本关于处理中国东北问题的一次最高级别决策性会议。[④] 此时，因日俄战争的功劳而声望高涨，甚至有望成为首相的陆军参谋总长儿玉源太郎，在"利用兵力运用上的便利，暗中进行战争准备"的同时，提倡"在铁路经营中采取各种手段"的"满洲经营"积极论，与伊藤博文等人对立。[⑤] 但是山县有朋等陆军人员均不拥护儿玉源太郎，在会议上，伊藤博文分析了日俄战争结束以后日本面临的问题和国际形势，认为日本继续"蛮干"下去，整个中国都将反对日本，这对于在东北立脚未稳的日本来说绝非好事，而且日本还面对着俄国复仇战争的压力，在财政上还需要依赖英、美的支持。因此，日本不得不做出调整，采取迅速撤兵、撤销各地军政府、结束对东北的军事管制、将东北的治理权交还给清政府、标榜维护中国主权和尊重门户开放、机会均等的原则等。这样，一方面可以缓和日本与中国政府之间的矛盾，另一方面可以缓和日本与英、美之间的紧张关系，防止日本在国际政治中被孤立，并继续在财政上得到英、美的支持。[⑥]

---

① 《若槻礼次郎谈西园寺公望的东北之行》，苏崇民主编《满铁档案资料汇编》第一卷《日本的大陆政策与满铁》，社会科学文献出版社 2011 年版，第 92—96 页。

② 原田勝正『史話日本の歴史 32 大東亜の幻』、作品社、1991、14—18 頁。

③ 古屋哲夫『日露戦争』、中央公論社、1966、238 頁。

④ 《满洲问题协商会议》（1906 年 5 月 22 日），苏崇民主编《满铁档案资料汇编》第一卷《日本的大陆政策与满铁》，社会科学文献出版社 2011 年版，第 97—102 页。

⑤ 井上勇一『鉄道ゲージが変えた現代史：列車は国家権力を乗せて走る』、中央公論新社、1990、109 頁。

⑥ 日向玲理「植民地経営の開始——統治形態の模索と立憲主義」、小林和幸編『明治史講義（テーマ篇）』、筑摩書房、2018、317—321 頁。

这次会议在决定撤兵的同时，还决定将"关东总督"改为"关东都督"掌管旅大租借地，并根据在 1906 年 1 月设立的"满洲经营委员会"的方案，决定设立"南满洲铁道株式会社"(The South Manchuria Railway Co., Ltd.)，经营从俄国接收的长春至旅顺间的铁路及其一切附属权益。

由此，英、美的警戒心得到了日本的回应，但日本的军政统治在实际上也达到了目的。英、美商人在"满洲"的力量衰退，"南满"变成了日本的垄断市场。儿玉源太郎最初考虑的是政府机构，但是此时考虑应该采用民间公司的方式。如上所述，在"满洲"问题协商会上，儿玉源太郎和元老伊藤博文、井上馨之间的见解有很大差异。儿玉源太郎主张应该在中央设置"满洲"经营机关，伊藤博文认为在"满洲"没有开展"殖民地经营"的余地。另外，伊藤博文对日本人在韩国的移民几乎不关心，儿玉源太郎正在讨论日本人在平壤以北的移民事业。伊藤博文和井上馨拟设立日美合资的"满韩铁道株式会社"，打算将在韩国的铁路经营转让给美国，新设立的满铁也被认为应该限定于如字面所示的铁路经营，即"小满铁主义"。另外，儿玉源太郎和台湾的部下后藤新平，标榜满铁不应该只是单纯的铁路公司，而应该是承担满铁附属地的税收权和行政权的一大殖民公司，即"满铁中心主义"，满铁应该以东印度公司为范本进行"满洲经营"。①

1906 年，西园寺内阁任命了"满洲经营调查委员"，委员长为署理参谋次长事务的陆军大将儿玉源太郎。② 儿玉源太郎曾经担任过对俄作战的"满洲军"参谋长，也是战后日军在东北占领地区实行军事管制的总头目，调查委员则包括了政府各部门的高官，设置委员会的主要任务是审议和起草所谓"满洲经营"的计划和方案。儿玉源太郎在担任台湾总督期间，在民政上依赖后藤新平，此时儿玉源太郎又将"满洲经营"的策划任务交给后藤新平，而后藤新平也迅速起草了一份名为《满洲经营策梗概》的文件，其指导思想正是模仿英国的东印度公司，谋划在东北南部设立类似的殖民统治机关，即除了统治租借地的"辽东总督府"

---

① 小林道彦『近代日本と軍部 1868—1945』、講談社、2020、271—272 頁。
② 《儿玉源太郎与满洲经营委员会》，苏崇民主编《满铁档案资料汇编》第一卷《日本的大陆政策与满铁》，社会科学文献出版社 2011 年版，第 120—123 页。

外，另外设立一个政府直辖的"满洲铁道厅"作为铁路经营机关，这个机关表面上伪装经营铁路，暗地里实行多种设施。总之，《满洲经营策梗概》的核心有两点，第一是铁路官办，第二是在铁路的名义下实行综合经营，后藤认为这是"战后经营满洲的唯一秘诀"①。3 月 17 日，"满洲经营委员会"在提交给首相西园寺公望的报告书中指出："根据日俄及中日条约，满洲的经营以修筑归于帝国权力内的铁路及开采其附属之煤矿作为重点，较为得策。盖因满洲的利源，应随铁路的发达而逐步开发。"②

在日本外务省提出的《满洲铁道纪要》中，将这个公司称为"南满洲铁道株式会社"，令其合并经营安奉铁路，并承担对新奉铁路和吉长铁路的贷款事宜。后来，大藏大臣阪谷芳郎起草的方案，明显是以日本外务省的"民营案"为基础，同时吸收了儿玉源太郎和后藤新平关于"满洲经营"的基本方针，希望这个公司能够综合经营各种事业。

1906 年 6 月 7 日，明治天皇以敕令第 142 号公布了"南满洲铁道株式会社设立之件"。在敕令中规定：日本政府设立公司于"满洲"地方，名为"南满洲铁道株式会社"，以经营铁路运输事业为主；公司为有限公司，记名股票，限于中、日两国政府及两国人民；日本政府以在"满洲"之铁路及其附属财产并煤矿充作资本；公司设置本公司于东京、分公司于大连；公司设总裁 1 人、副总裁 1 人，理事 4 人以上，监事 3—5人；总裁、副总裁经敕令裁决，由政府任命之，任期五年；理事在有 50股以上的股东中由政府任命，任期四年；监事由股东中于股东大会时选任，任期三年；总裁、副总裁及理事在任期内，不得担任其他职务；政府关于公司之事业，得以发布监督上必要之命令，关东军司令官于公司之业务认为于军事上有必要时，得指导公司之决议或职员之行为；违反法律命令或公司之目的时，又妨害公益时，又不执行监督官所命之事项时，政府得取消其议决、撤退其职员；政府认为必要时，得以帝国内铁道各法令之规定适用于该公司；政府设置创立委员使处理关于"南满洲

① 鶴見祐輔『後藤新平』第 2 卷、後藤新平伯伝記編纂会、1937、678—679 頁。
② 宿利重一『児玉源太郎』、国際日本協会、1942、760 頁。

铁道株式会社"一切事务。① 可以看出，敕令本身即意味着官办性质，只不过在形式上采取了股份制而已，而且满铁的控股权是在日本政府手中，政府也有权随时予以监督。

1906 年 7 月 13 日，第一次西园寺内阁任命了 80 名满铁设立委员，其中以儿玉源太郎为设立委员长。② 委员中，有参与京釜铁道公司设立的涩泽荣一、竹内纲等财界人士，还有后来成为满铁总裁的仙石贡和野战铁道提理部的武内彻等技术人员，外务省则有政务局局长山座圆次郎、通商局长石井菊次郎、"关东州民政署"事务官关屋贞三郎，另外，大藏省、通信省等相关省厅的官僚、贵众两院的议员，以及军部首脑也包括在内。从这些成员的身份上可以看出，满铁与其说是纯粹的民间企业，不如说"国策会社"的性格更加明显。如上所述，设立委员负责制定章程，章程的调查委员长为涩泽荣一，以下为山座圆次郎、冈野敬次郎、荒井贤太郎、仲小路廉、山之内一次、和田彦次郎、堀田正养、大石正巳、土住通夫、中野武麿、大冈育造、佐友房共 13 人。其中，山座、荒井、仲小路 3 人也在 1 月成立的"满洲经营委员会"（委员长是儿玉源太郎）最初的 6 名成员之中，在组成株式会社的同时，也起到了作为政府机关的作用。③ 但是在 7 月 23 日，委员长儿玉源太郎突然去世。7 月 25 日，就任新委员长的是陆军大将寺内正毅。

1906 年 8 月 1 日，日本政府以秘铁第 14 号向设立委员下达了递信、大藏和外务"三大臣命令书"④。在命令书中指出："南满洲铁道株式会社"的经营线路包括大连到长春间铁路、南关岭至旅顺间铁路、大石桥至营口间铁路、烟台和烟台煤矿间铁路、苏家屯至抚顺间铁路、奉天至

---

① 「南満洲鉄道株式会社ニ関スル件」、国立公文書館『御署名原本・明治三十九年・勅令第百四十二号・南満洲鉄道株式会社ニ関スル件』、アジア歴史資料センター、Ref. A03020674400。

② 《满铁设立委员的名单》（1906 年 7 月 13 日），苏崇民主编《满铁档案资料汇编》第一卷《日本的大陆政策与满铁》，社会科学文献出版社 2011 年版，第 132—134 页。

③ 原田勝正『史話日本の歴史 32 大東亜の幻』、作品社、1991、18—22 頁。

④ 「南満洲鉄道株式会社ニ設立命令書ヲ下付ス」、国立公文書館『公文類聚・第三十編・明治三十九年・第十五卷・産業二・商事・鉱山・漁業・博覧会共進会』、アジア歴史資料センター、Ref. A01200007900。

安东县间铁路；在三年以内，将上述铁路改成 4.85 英尺的标准轨距①；该会社还要经营以下附属事业，如矿业（尤其是煤炭）、水运业、电气业、仓库业、贩卖业、经营土地和房产以及其他政府许可之营业。② 8月 10 日下午召开了有 66 名设立委员参加的第一次全体委员会议。③ 第一回股份募集于 9 月 10 日，在日本民间出现了应募热。日本政府计划募集股票 10 万股（2000 万日元），截止日期 10 月 5 日，除去董事股 1000 股，共 99000 股，总申请股数达到 106643418 股，申请人数为 11667 人，相对所需股票数呈现 1077 倍的股票热潮。虽然也有一些清朝人提出了应募申请，但是日本最后予以拒绝。11 月 10 日，清政府对满铁的成立提出了严厉的抗议。

1906 年 11 月 1 日，满铁的成立得到了递信大臣的认可。11 月，满铁在东京神田区基督教青年会会馆召开了成立大会，首任总裁为原台湾总督府民政长官后藤新平，后藤声称要完成儿玉源太郎的"遗志"④。日俄战争后的"满洲"，被称为"三头政治"（"关东都督府"、奉天总领事馆、"南满"铁路），相互争夺经营主导权。后藤新平期待着消除"三头政治"和实现"个体独立"，后藤担心作为满铁监督机关的"关东都督府"的干涉，满铁不能自由活动，作为就任总裁的条件，与西园寺首相达成了谅解，即满铁总裁兼任"关东都督府"的最高顾问。另外，为了确保人才，官僚出身者可以在职身份就任满铁的职务或职员。11 月，首相提醒后藤，满铁与横滨正金银行、兴业银行"是日本国家对于满洲最为重要的经济机关，相互之间必须保持密切联系，以期充分实现长足发展"⑤。

1907 年 4 月 1 日，满铁正式营业。同月，日本制定国防方针，陆军

---

① 这是为了与东北当时的京奉铁路标准轨距保持一致，以备将来实行"联运"。

② 苏崇民：《满铁史》，中华书局 1990 年版，第 18 页。

③ 《南满洲铁道株式会社设立委员总会会议记录》（1906 年 8 月 10 日），苏崇民主编《满铁档案资料汇编》第一卷《日本的大陆政策与满铁》，社会科学文献出版社 2011 年版，第 139—143 页。

④ 小林英夫『〈満洲〉の歴史』、講談社、2008、39 頁。

⑤ 《日本总理大臣对满铁总裁的秘密命令》（1906 年 11 月 13 日），解学诗主编《满铁档案资料汇编》第十五卷《文献补遗与满铁年表》，社会科学文献出版社 2011 年版，第 25 页。

大臣寺内正毅和参谋总长儿玉源太郎明确了"战后经营"的大方针，即"日本在海外拥有保护国与租借地，且已缔结日英攻守同盟，不能再以昔日守势作战为国防之特点，必须以攻势作战为国防重点，以此为战后军事经营的基础，双方意见完全一致"。① 成为满铁总裁的后藤新平，立刻展开了"积极的经营"，制订了"满铁十年计划"，与部下中村是公一起，将日俄战争中使用的窄轨铁路予以改建、促使满铁全线的国际标准轨化、启动大连至奉天间的复线工程、抚顺线和安奉线的改建工程等。同时，大力推进了抚顺煤矿的扩张、大连港的扩张和上海航线的开设、铁路附属地内各城市的社会资本整备等工作。1907 年 10 月，星野锡在大连创刊了《满洲日报》，1907 年 8 月以后，大和酒店在铁路沿线开业。大连还建有满铁中央试验所和电气公园，中央试验所由满铁直营，是针对农业生产力提高和产品加工、食品工业发展的设施，电气公园是电气化的娱乐设施，当时的日本内地也没有类似设施。满铁被定位为执行"国策"的会社，提倡"文装武备"。也就是说，满铁不是单纯的铁路公司，而是在"满洲"地区运用教育、卫生、学术等广义的文化设施进行殖民地统治的机关。② 后藤新平提出"要做上午 8 点的男人"的口号，将台湾总督府时代开始的心腹、当时年仅 40 岁的中村是公提拔为副总裁，此外还将 30 岁、40 岁左右的人才录用为理事等要职，显示了后藤新平的"开拓"精神。后藤新平不满足于满铁经营，始终希望以满铁为中心进行一元化"满洲经营"，但在第一次西园寺内阁中，由于大藏省、通信省、外务省等的介入，很难实现他的企图。于是后藤接近桂太郎，1908 年 7 月作为第二次桂内阁的通信大臣试图解决"满洲"悬案事项。后藤新平离开满铁后，副总裁中村是公就任了新的满铁总裁。后藤入阁后迅速将满铁的监督权移交给了通信大臣，1908 年 12 月开设了铁道院，将满铁监督权移交过去。③

　　1909 年 9 月，新总裁中村是公将大学预备门时代以来的朋友——文

　　① ［日］日本防卫厅战史室编：《日本帝国主义侵华资料长编》（上），天津市政协编译委员会译校，四川人民出版社 1987 年版，第 87 页。
　　② 小林英夫『〈満洲〉の歴史』、講談社、2008、37—39 頁。
　　③ 飯塚一幸『日本近代の歴史 3 日清・日露戦争と帝国日本』、吉川弘文館、2016、188—190 頁。

学家夏目漱石①请到了"满洲"。夏目漱石把旅行中的见闻和感想写成随笔《满韩所感》和《满韩处处》。② 当时的满铁致力于向国内外广泛宣传其事业内容,中村是公对夏目漱石也并非只是招待朋友,而是想借人气作家夏目漱石的笔来宣传满铁的"事业"。夏目漱石在大连被带到中央试验所和电气公园,和同班同学桥本左五郎、佐藤友熊、夏目家的书生股野义郎等重温旧交。游览了旅顺、营口、奉天、抚顺煤矿、哈尔滨、长春等地,后经过安东、釜山回到日本。《满韩所感》在 1909 年 11 月 5 日、6 日的《满洲日日新闻》上刊登,《满韩处处》在《朝日新闻》上刊登,在日本国内引起很大反响,吸引了不少人移民至"满洲"。

满铁在设立时,资本金共 2 亿日元,其中 1 亿日元是以政府的实物(铁路设施及其附属物)投资为名。1920 年第一次增资,资本总额达到 4.4 亿日元;1933 年第二次增资,资本总额达到 8 亿日元;1940 年第三次增资,资本总额达到 14 亿日元。

1931 年 9 月九一八事变爆发以及 1932 年 3 月伪满洲国成立后,被"委托"运营、新设伪满洲国内的铁路全线。1933 年 2 月,伪满洲国管辖下的铁路,以满铁向伪满洲国提供贷款担保的形式,实行"委托经营",3 月开始实施。在奉天市(沈阳市)设置了铁路总局,在满铁总公司内设置了铁路建设局。另外,在日、"满"之间于 1935 年达成了铁路出售协议,形式上主权归伪满洲国所有,但实权操纵在满铁手中。满铁全盛时期是拥有日本国家预算一半规模的资本金、80 多家关联企业的一个大型康采恩,铁路总延长 1 万余千米,员工数达到 40 万人。满铁进入了以矿工业为首的很多产业部门,成了日本殖民地统治机构的一翼。1945 年日本战败后,满铁成为指定的关闭机关,随后由中国和苏联共同

---

① 夏目漱石(1867—1916),生于江户牛迂马场下横町(今东京都新宿区喜久井町)一个小吏家庭,是家中末子,本名夏目金之助,笔名"漱石"系自"漱石枕流"(《晋书》孙楚语)。夏目漱石在日本近代文学史上享有很高的地位,被称为"国民大作家"。他对东、西方的文化均有很高造诣,既是英文学者,又精擅俳句、汉诗和书法,写小说时擅长运用对句、迭句、幽默的语言和新颖的形式。夏目漱石对个人心理的描写精确、细微,开启了后世"私小说"的风气之先。夏目漱石一生坚持对明治社会的批判态度,门下出了不少文人,芥川龙之介也曾受他提携。1916 年 12 月 9 日,夏目漱石因胃病去世。1984 年,他的头像被印在 1000 日元的纸币上,2004 年改为日本医学家野口英世。

② 中文译本参见〔日〕夏目漱石《满韩漫游》,王成译,中华书局 2007 年版。

经营。1952 年，满铁经营的铁路归还中国，改名为"中国长春铁路"。

二　满铁的"国策会社"功能与"铁路报国"

关于满铁的性质，战后有日本学者指出它是民营企业，是一个纯粹的经济机关。但是，如果看一下满铁成立时的文件、命令书等，很明显可以看出满铁的性质绝非经济机关。

在满铁的管辖机构上就明显展示出其官方性质。1906 年 7 月 31 日制定的《关东都督府官制》第二条指出："（关东）都督管辖关东州，掌管保护及监督南满洲铁道线路事宜。都督监督南满洲铁道株式会社之业务。"[①] 同时，满铁还需要在每年 4 月和 10 月向关东都督进行定期报告以及临时报告。定期报告包括：干线及支线的车站、待避线、给水所、监视房、线路上重要信号装置的位置及线路各线段的延长距离、曲半径、倾斜；干线及支线的主要车站，要求检附平面图及其设备的说明；建筑物标准及复线工程，其他线路、车站等的改建、增设的说明及其进度情况；车站、线路、机车等现有人员等。临时报告事项包括：由于天灾地变给会社经营的事业带来临时的变化；有关外国军队或与军事有关的货物运输情节较重大者，应将其运输区间、种类、数量进行预报以及事后的报告等。[②] 满铁理事冈松参太郎指出，满铁是特许株式会社，实质上是国家机关、政府的化身，是法学上所说的"殖民会社"。[③] 1908 年 3 月 27 日，在满铁理事会上，后藤新平第一次提出了"文装武备"的概念，并说明这是他"独创的见解"[④]，反映出其对满铁的经济伪装和政治目的之设想。当时的满铁干事和社员也坦承："诚然，我社创立以来深受政府庇护一事，自不待言。"[⑤] 其实，

---

① 「南满州铁道株式会社设立ノ件」（1906 年 7 月 31 日）、外务省编纂『日本外交文书』第 39 卷第 1 册、外务省、1959、637 页。

② 《关东都督对南满洲铁道株式会社下达命令事项　关东都督大岛义昌致递信大臣后藤新平的报告》（1908 年 11 月 25 日），苏崇民主编《满铁档案资料汇编》第二卷《巨型殖民侵略机构——满铁》，社会科学文献出版社 2011 年版，第 9—10 页。

③ 《南满洲铁道株式会社的性质》，苏崇民主编《满铁档案资料汇编》第一卷《日本的大陆政策与满铁》，社会科学文献出版社 2011 年版，第 170—176 页。

④ 苏崇民：《满铁史》，中华书局 1990 年版，第 45 页。

⑤ 《关于日本的满蒙政策和满铁经营方针》（1921 年 11 月），苏崇民主编《满铁档案资料汇编》第二卷《巨型殖民侵略机构——满铁》，社会科学文献出版社 2011 年版，第 117 页。

无论"官营也好，民营也好，从国策观点出发，将使这个公司具备伞型的组织形式，即在综合经营铁路、煤矿、土地等事业这一点上，将军（儿玉源太郎）并不改变他的初志"①。

满铁被赋予了从沙俄继承来的铁路附属地的独占行政权，这是与一般的会社最大的不同之处。在附属地，有以铁路为中心的宽62米的治外法权地区和按车站设置的一定面积的附属地。车站附属的土地面积因车站而异，有治外法权的特权。管辖附属地的部门是满铁地方部，在大连、奉天、长春等地进行了大规模的所谓现代都市计划，其实就是对东北资源的掠夺。随后，满铁招揽公司职员，建设了以日本人为对象的商社、住宅街、食品店、杂货店、理发店、百货店、住宿设施、娱乐设施等。在满铁附属地，上下水道、电力、煤气的供给，甚至港口、学校、医院、图书馆等基础设施也同时进行建设，成了"满洲经营"的中心。九一八事变后，东北全境被纳入日本及关东军的势力之下，满铁就不再需要铁路附属地的军事、行政权，于1937年"归还"给了伪满洲国。与此同时，满铁地方部被废止，大量的满铁职员（大部分是教员）从满铁移籍到了伪满洲国。

片冈一信自1925年进入满铁以后，直至1945年日本战败投降，一直是满铁的高级职员，他在战后的审判记录中说道："满铁并不是一般帝国主义输出过剩资本为追求超额利润而设立的，而是日本帝国主义在日俄战争中，强夺了沙俄为侵略远东而从中国强夺去的'权益'，以其铁道为基础，在扩大侵略中国的同时，在进一步企图侵略俄国的野心驱使下创立起来的，实际上负有侵略前进基地的任务。因此，对该公司除使其经营铁道、港湾、煤矿等进行经济侵略外，还给予'铁道附属地'行政权与教育权。一方面，把侵略人员的日本人固定在其周围。同时，对中国人民，进行愚昧奴化教育，实行怀柔政策。又给予外交权，使对中国政权内部进行工作，努力拥护和扩大'权益'。对内，特别是进行对中国、苏联的政治、经济、资源等各种调查。同时，使担当培养侵略人才。又为了保护这一工作，并准备扩大侵略的武力，使多数的军队在

---

① 宿利重一『儿玉源太郎』、国际日本协会、1942、752頁。

其周围驻屯。对该公司的这种侵略行动,说成是'日本民族大陆发展的国策',又把该公司说成是'国策会社',以此来欺骗人民。因此,该会社在九一八事变、七七事变、太平洋战争的日本帝国主义扩大侵略的行动中,实起了极大的作用。可以说如果没有满铁也就不会有九一八事变。"[1] 满铁在实际行动中,也自觉肩负着"铁路报国"的"使命"。总之,满铁是在日本政府直接管理下执行其"国策"的一个殖民侵略机构,绝非单纯的"株式会社"。

第二节 满铁侵占"南满"铁路支线的活动

一 以最后通牒方式强行改筑安奉铁路

日俄战争期间的 1904 年 5 月,日军侵入了凤凰城,当时军部认为有必要在安东县和凤凰城之间铺设一条手推式轻便铁路,以供兵站之用。其实在此之前,日本就有意延长朝鲜铁路直达"满洲"腹地,此时决定派遣正在从事京义线速成工程的临时铁道大队负责修筑该线路。7 月 12 日,临时铁道大队在安东登陆以后改变了原来计划,决定不用手推式,而是修筑 2.6 英尺宽的机车轻便铁路,同年 11 月 3 日完成了安东县至凤凰城间 61 千米的工程。后来,野战铁道提理部把东清铁路"南满"支线的轨距由 5 英尺的宽轨改筑为 3.6 英尺的窄轨,越过奉天,北至昌图附近,大连、营口在运输上得到便利,从而安东轻便铁路的必要性正在减弱。但是,由于轻便铁路工程已经进展到本溪湖附近,野战铁道提理部为将来着想,建议应将轻便铁路接通到苏家屯站,然后并入满铁本线北进,利用浑河临时桥梁以达奉天,不过铁道监部建议利用上游的浑河军桥直达奉天。经审核,决定采用后一提案。1904 年 10 月辽阳陷落后,元帅大山岩认为此后最为重要的是建设尽快进入"满洲"南部腹地的安石线(安东县至大石桥),安石线较之安奉线路程更短,即建议将安奉线改为安石线,以便在万一的情况下能够更为迅速地防止俄国和中国南

---

① 《片冈一信的笔供》,宓汝成编《中国近代铁路史资料(1863—1911)》第二册,中华书局 1963 年版,第 554 页。

下，使日本固守辽东半岛，最后儿玉强调："特别是，日本终有一天，较之奉天以北各地，会把北京方面作为主要目标。"① 后来，日本政府经过反复商议，最终决定改筑安奉铁路，放弃了安石铁路，不过也因此耽误了改筑期限。②

1905 年 11 月 22 日，清政府向日本驻清公使内田康哉发去照会，提出："据奉天将军来电，安东交涉委员报告，日本自韩国新义州修筑铁路，过江至安东县城，强毁官衙十余处、民房千余所，并宣称援用俄国之例，将付给报酬，不许提出抗议。"③ 内田康哉在调查后得知，此事原来是出于军事上的理由，但认为目前已经不能再以军事借口修筑铁路，希望日本政府暂时停工。12 月，中、日两国经过对日俄战争后的东北局势和一系列悬案磋商后，在《会议东三省事宜正约》的"附约"第六款规定："中国政府允将由安东县至奉天省城所筑造之行军铁路仍由日本国政府接续经管，改为转运各国工商货物。自此路改良竣工之日起（除因运兵回国耽延十二个月不计外，限以二年为改良竣工之期），以十五年为限，即至光绪四十九年（1923 年）止。届期彼此公请一他国公估人，按该路建置各物件估价售与中国。未售以前，准由中国政府运送兵丁、饷械，可按东省铁路章程办理。至该路改良办法，应由日本承办人员与中国特派人员妥实商议。所有办理该路事务，中国政府援照东省铁路合同，派员查察经理。至该路运转中国官商货物价值，应另订详章。"④ 可见，安奉铁路只是暂时由满铁管理，15 年后该路将由中国赎回，而且条约中根本未提及安奉线的改线问题，日本提出安奉线的改筑工程计划，完全超出了条约范围。

1907 年，徐世昌和唐绍仪先后质问日本驻奉天总领事荻原守一：日本是否将改筑安奉铁路，且在改筑时是否会改变路线？荻原答称：

---

① 《堀三之助谈筑路的侵略目的》，解学诗主编《满铁档案资料汇编》第四卷《日本独占中国东北铁路交通》，社会科学文献出版社 2011 年版，第 4 页。

② 外务省外交史料馆『安奉铁道関係雑纂』第一卷、アジア歴史资料センター、Ref. B04010948600。

③ 「安奉铁道関係一件」（1907）、外务省编纂『日本外交文书』第 40 卷第 2 册、外务省、1961、318 页。

④ 《会议东三省事宜正约》（1905 年 12 月 22 日），王铁崖编《中外旧约章汇编》第二册，上海财经大学出版社 2019 年版，第 315 页。

"安奉线改筑时期，并非如外间所传之迫切，或许在一两年后亦未可知，一旦达到改筑时期，当根据北京会议规定，有必要同贵方委员进行商讨时，我方当及时通知贵方，不过目前尚非其时。"[①] 其实，日本方面并非不想改筑安奉路，只是由于当时满铁看到安奉线连年亏损而犹豫不决，认为"安东县至大石桥的路线是适宜的方案"[②]，对改筑安奉线多少抱有不满，以致造成了改筑时间的拖延。也就是说，问题首先出在日本方面。不过自同年7月开始，满铁即着手将"南满"铁路干线及其支线改筑为4.85英尺的宽轨。[③] 9月21日，日本针对清政府提出的"明确约定不另设它线"的要求时表示："安奉间之轻便铁路，当今后改建时，根据技术上及经济上的考察结果，终须显著地加以改造，因此碍难同意约定另设它线。由于上述情况，你方的希望根本不能实现。"无理地拒绝了清政府的合理要求，清政府知道日本若不改变路线绝不会罢休，于是改变策略，虽然可以接受安奉线的改线，但是在性质上认为"该路系中日新约另行订办之路，与南满铁路由中俄移转中日者性质不同"[④]，希望以此作为中日交涉的主要条件。

1908年1月，满铁总裁中村是公向首相西园寺公望报告："当前各项调查已经完毕，在今年解冻后可立即开工。预计在1912年3月全线即可竣工。惟上述路线之中，如附图所示，以陈相屯以西改为经由苏家屯为上策，倘若准予变更即可施工。"[⑤] 但是，此后一年也未真正动工。1909年1月31日，日本驻华公使伊集院彦吉在交给清政府外务部的照

① 《日本驻奉天总领事荻原致外务大臣函》（1907年8月15日），吉林省社会科学院《满铁史资料》编辑组编《满铁史资料》第二卷，《路权篇》第二分册，中华书局1979年版，第377页。

② 「安奉鉄道関係一件」（1907年）、外務省編纂『日本外交文書』第40卷第2冊、外務省、1961、332頁。

③ 《满铁创立初期对窄轨铁路的改建》，苏崇民主编《满铁档案资料汇编》第五卷《垄断东北铁路和海港》，社会科学文献出版社2011年版，第5页。

④ 《清外务部给日本驻清公使林权助的照会》（1907年12月18日），解学诗主编《满铁档案资料汇编》第四卷《日本独占中国东北铁路交通》，社会科学文献出版社2011年版，第7页。

⑤ 《满铁总裁中村是公向内阁总理大臣提出的呈文》（1908年1月22日），吉林省社会科学院《满铁史资料》编辑组编《满铁史资料》第二卷，《路权篇》第二分册，中华书局1979年版，第381页。

会中称:"照得安奉铁路按照中日北京条约附属协定第六款所订,应由帝国政府速行改良完工,然因种种不得已事情,遂致延迟未办。今令定南满洲铁道会社承筑该工,希由贵国政府速派委员与日员会同商议,给以种种之便利。又该铁道期限,原所订定自该协约签字之日起算以 15 年为限。该铁路改良工事,虽有延迟,与所定期限决无关涉。合并声明,以免误会。"① 清政府外务部回复伊集院:"查此项铁路,日本政府既未按照原定期限改良兴筑,自应将原议作废,另定办法。"② 外务部认为既然是日本自己未能遵循条约,那么对日本的改筑要求予以拒绝甚至废止改良条约便是自然之理。1909 年 3 月 12 日,驻奉天总领事小池张造致电外务大臣小村寿太郎,声称:"由奉天到陈相屯之 17 英里线路,则另有计划,即修筑一条由苏家屯动工到南面的陈相屯,再与现有线路连接,以便在苏家屯到奉天之间顺着现在的南满铁路抵达奉天。上述计划与其说是调整路线,莫如说是变更路线。"③ 东三省总督徐世昌在和日本交涉时表示,希望在此项工程动工之前,先将该铁路的性质、铁路警察等问题商议妥当。因为此前日本曾向安奉铁路沿线派遣了守备队、设置了警察派出所,严重侵犯了中国的行政主权,徐世昌提出这一要求的用意,即在于使安奉铁路具有与"南满"铁路完全不同的性质。3 月 17 日,徐世昌正式向日本提出四项要求:在安奉线不设附属地;不配备守备兵;因清国设立警察,应撤除日本警察;根据附属协定第六条,就清政府派出委员查察经理一事,订立明确、具体的协定。④ 针对清政府提出的四点要求,1909 年 4 月 20 日,日本政府做出了关于安奉铁路的决定,提出了两种可能性及其对策:第一种是清政府同意将安奉铁路与守卫兵和警察权等外交问题分开;第二种是清政府不同意将安奉铁路和外交问题分开。针对后者,日本的应对方针

---

① 《伊集院致外务部照会》(1909 年 1 月 31 日),王希隐《清宣统朝外交史料》第一册,1933 年,第 6—7 页。

② 《外务部覆伊集院照会》(1909 年 2 月 4 日),王希隐《清宣统朝外交史料》第一册,1933 年,第 12 页。

③ 「満州ニ関スル日清協約締結一件」(1909)、外務省編纂『日本外交文書』第 42 卷第 1 册、外務省、1961、332 頁。

④ 「安奉鉄道改築問題奉天交渉」(1909)、外務省編纂『日本外交文書』第 42 卷第 1 册、外務省、1961、603—604 頁。

是："第一，南满洲铁道会社不必同清国交涉，应立即着手安东县、陈相屯间改筑工程，但会社应乘机采取私买、馈赠等方法，以防止地方官民之反抗骚扰，并力求减少修建用地面积，以免出现怨言。第二，陈相屯至奉天间的线路问题另行决定。第三，关于清国任命安奉线的查察经理委员一事，原则上应予同意，有关该委员的职权等事宜，应同清国协商决定。"① 也就是说，在外交交涉手段不能得逞的情况下，日本"已倾向断然实行"，决定采取强硬手段逼迫清政府就范。

1909 年 6 月 22 日，日本政府做出了阁议决定，大致内容为："改筑安奉铁路是日本之条约权利，而且从军事上和经济上看，也有必要尽早付诸实施，这是自不待言的。尤其该铁路作为朝鲜铁路接通'南满'、中东两铁路的线路，将有助于改善朝鲜铁路。同时，有必要早日完成该路改造工程，开辟一条以釜山为最南端终点的欧亚交通大道，以利于日本的活动，这也是毋庸赘言的。然而，清政府却无视日本之条约权利，或者提出守备兵问题，或者提出警察权问题，甚至对日方改轨道为宽轨、在技术上进行必要的线路调整，也都持有异议，左右托辞，企图阻止改筑工程。……为了尽可能缓和清国官民的反抗，变更奉天至陈相屯间线路一事应暂缓进行，只是在陈相屯以东实施改筑工程，改筑用地亦应限于铺设轨道和设置车站所绝对必需的限度以内，施工时应采取较为稳妥的方法，以免引起东北地方官民的反感。日本应当竭力防止东北官民的反抗，但仍然需要估计到反抗是难免的。因此，必须责成关东都督府在沿途增派警察，并做好必要时能立即增派铁道守备兵之准备。"② 就在日本做出内阁决议的同一天，外务大臣小村寿太郎立即致电驻清公使伊集院彦吉，声称："查该案在对清悬案中目前占最重要的地位，必要时且有可能提出上述之通牒，其性质不适于在地方交涉，故贵官应于当地向清政府当局严行交涉，务希力求使其接受我方要求为盼。"③ 可以看

---

① 《日本政府关于安奉铁路的决定》（1909 年 4 月 20 日），解学诗主编《满铁档案资料汇编》第四卷《日本独占中国东北铁路交通》，社会科学文献出版社 2011 年版，第 11—12 页。

② 「附安奉鉄道改築問題北京交渉」（1909）、外務省編纂『日本外交文書』第 42 巻第 1 冊、外務省、1961、375—376 頁。

③ 《外务大臣小村致驻清公使伊集院电》（1909 年 6 月 22 日），解学诗主编《满铁档案资料汇编》第四卷《日本独占中国东北铁路交通》，社会科学文献出版社 2011 年版，第 13 页。

出，日本采取了发出最后通牒的方式，在安奉路的改筑问题上准备独断专行。留日东省学生同乡会在得知消息后，致电外务部："安奉铁路改筑问题，日政府已开阁议取任意行动方针。我宜亟筹对待之良策，以保我主权。大局幸甚！东三省幸甚！"①

1909 年 5 月，东三省总督锡良在呈给外务部的咨文中，详细分析了日本要求改筑安奉线的阴谋计策和险恶用心，锡良首先指出："日本人改良安奉路线，厥有两端，于彼皆有大利，而于我皆有大不利。一思与京义线相接联也。近闻日人之新闻杂志中，叫嚣狂言者，为满韩联络政策。欲此政策见诸施行，非将安奉线改易广轨式，与京义线之轨式相吻合不可。轨式既同，鸭绿架桥之交涉，即随之而起。国界混淆，国防坐失，其后患实不堪缕指。一思与南满洲线相接联也。该路与南满洲铁路性质本相悬殊，南满洲线系俄让于日人之路，安奉间线系日得于我之路。故当会议时，两国全权大臣均区别办理，声明在案。近闻该路久为南满洲铁道公司所管理，且此次一切改良之方法皆由该公司所计划，其处心积虑，必欲将安奉线作为南满洲线之支路。可知以上二线，苟与该路得互相接连，呵成一气，彼自仁川而奉天，自奉天北至长春，南至大连旅顺，节节灵活，脉络贯通，乃得徐以侵蚀我人民有限之利益，启发我内地无尽之宝藏；且万一变起仓促，彼屯驻屯于朝鲜之兵队，可以朝发军书，夕至疆场。故曰彼之大利皆我之大不利也。"随后，锡良拟定了八条应对之法：第一，抱定约内改良二字之意以与之争，不得另勘路线与改易广轨也；第二，该路应声明系单独之路，与"满洲"铁路绝无关涉也；第三，沿路兵队应令其一律撤退也；第四，沿路警察应令其一律撤退也；第五，除铁路必需用地亩外不得多购余地也；第六，车站宜会同地方官妥商协定也；第七，宜于未开工以前先定特派人员也；第八，索回"南满"公司所占安东县六道沟之地也。② 随后，在 6 月 24 日，锡良以此为基础，正式向日本奉天总领事荻原提出一份节略，包含

① 《留日东省学生同乡会致外部电》（1909 年 1 月 31 日），王希隐《清宣统朝外交史料》第二册，1933 年，第 33 页。

② 《东三省总督锡良致外务部咨文》（1909 年 7 月 7 日），王希隐《清宣统朝外交史料》第二册，1933 年，第 6—9 页。

十条要求。① 同月，梁敦彦与伊集院彦吉会谈安奉路事宜，伊集院指出："日、俄之役，鄙国耗去生命财产无算，事定之后，鄙国应享些商业上之权利。且订约之时，彼此全权说明，该路将来可以接联韩国釜山铁路。今不如此办理，恐怕鄙国舆论不服。"梁敦彦一针见血地回答："生命、财产贵国与俄国算账。……今贵国一切举动，切勿贻人口实，谓贵国今日尤较俄国为尤甚。"② 但是，日本方面对清朝的要求是强硬拒绝，小村曾指出：安奉铁路不仅事实上是"南满"铁路的支线，而且该路各项问题也均应按照"南满"铁路干线同样处理；关于退还安东县六道沟土地一节，日本当然不能同意；守备队及警察权问题是涉及整个"南满"铁路的重大事项，不宜按地方事务处理。③

　　1909 年 7 月，满铁总裁中村是公和奉天公所长佐藤安之助在接到内阁决议之后，激动不已，决定立即着手动工，为进行本溪湖、桥头间的福金岭隧道工程，组成秘密土地收买班并派往当地收购土地。对满铁的这种行径，田中盛枝在《日中关于安奉铁路问题交涉概况》中指出："可以认为，关于本件交涉，满铁会社经常采取了急进态度。"④ 伊集院彦吉还趁机威胁清政府："清国当局对安奉铁路问题抱着非常不友好的态度，以致日本群情激愤，其发展前景不堪设想，势必对两国百年大计造成严重后果。"横滨正金银行的小田切万寿之助在会见张之洞时，也强调日本官民对清国的感情日趋恶化，如果任其发展，两国之间将会发生极其不愉快的事情。⑤ 8 月 6 日，伊集院彦吉向清朝外务部发出最后通牒，声称："日本帝国政府以安奉铁路不仅为清韩两国铁路之连锁，且当欧亚交通之要冲，故亟欲改筑轨道，以应各国商务之需要，增进东亚

---

　　① 《锡良致日本驻奉天领事小池张造节略》（1909 年 6 月 25 日），王希隐《清宣统朝外交史料》第二册，1933 年，第 20—21 页。

　　② 《外务部致梁敦彦与伊集院会谈安奉路事语录》（1909 年 6 月 25 日），王希隐《清宣统朝外交史料》第二册，1933 年，第 18—20 页。

　　③ 「安奉鉄道改築問題奉天交渉」（1909）、外務省編纂『日本外交文書』第 42 卷第 1 册、外務省、1961、630 頁。

　　④ 《安奉铁路问题交涉经过概况》（1910），解学诗主编《满铁档案资料汇编》第四卷《日本独占中国东北铁路交通》，社会科学文献出版社 2011 年版，第 30 页。

　　⑤ 「附安奉鉄道改築問題北京交渉」（1909）、外務省編纂『日本外交文書』第 42 卷第 1 册、外務省、1961、390—392 頁。

交通之便利。清国政府借词延宕数月之久，迁延回复。查其内容颇为失当，如撤退守备兵和铁道警察等事，与改筑线路毫无关系。考诸北京条约之精神及日本政府累次之声明，断非日本所能允许。自交涉开议以来，已历七月有余，迄今仍未允许日本所请。是清国意在阻碍改筑线路，违反成约。日本政府遗憾之下，不得已顾世界交通之便利，根据条约上之权利，决定不俟贵国之协力，自行改筑安奉线路。"① 清政府在接到日本政府的最后通牒后，感觉已经无力阻止满铁改筑安奉铁路，于是便不再坚持。10月2日，在中日《议定安奉铁路节略》中规定：第一，"筑该铁路轨道应与京奉铁路轨道相等"；第二，"该铁道线路，两国政府承认大致应以两国委员前已会同查勘测定之线路为准，惟陈相屯至奉天之线路，应由两国日后再行协议妥定"②。安奉铁路改筑问题，就此暂时落下帷幕。

1911年1月11日，满铁副总裁国泽新兵卫在安奉线轻便铁路告别仪式上说道："在国家多事之秋和戎马倥偬中仓促建立的安奉轻便铁路，过去七年间，担任满鲜交通运输事务，对日本帝国贡献很大。这条轻便铁路，以非常简陋的设备和它的短小躯干，天天毫无懈怠地披星而发，戴月而归，轻快如飞地渡过纵横的江河，越过重叠的峰峦，把朝鲜铁路与大陆铁路连在一起，使军队和旅客能够安然往来于百数十里险峻不便的道路上，它的功绩可以说是相当伟大的。宽轨铁路已经筑成，削险崖、填深谷，坦道百里，纵贯于山峡之间，其行车速度及载重能力远非轻便铁路所能比拟。新陈代谢，时机已到，轻便铁路已经完成自己的任务，可以离开岗位了。这种全始全终的美誉，谁不景仰。过去，它担任交通运输时，躯干短小，力量薄弱，大家往往嘲笑它速度慢、载货少、行车危险。但是，抚今追昔，连曾经嘲笑它的人也都追念它功绩伟大。它最初是兵站机关，载运第一军和鸭绿江军的粮秣、军火数十万吨；以后是和平交通工具，仍然担当重大任务；最后，载运改筑材料足有25

---

① 《日本公使致外务部照会》（1909年8月6日），王希隐《清宣统朝外交史料》第三册，1933年，第28—29页。

② 《议定安奉铁路节略》（1909年10月2日），王希隐《清宣统朝外交史料》第四册，1933年，第35—36页。

万吨之多。作为轻便铁路而能够有它这样卓越功劳，可以说宇宙虽阔，尚无其俦。"① 1911 年 11 月 1 日，日本关东都督大岛义昌在安奉铁路全线通车典礼上发表祝词，说道："（安奉铁路）负有开发满洲重任。如今安奉线改筑竣工，欧亚距离愈益缩短，予彼此交通以极大便利，洵是所以达到我经营满洲之目的而贡献于世界文明发展者。此诚内外所宜同庆。"② 两位满铁的主要官僚，毫不掩饰地道出了日本强占并改筑安奉铁路的真实目的。

二　诱迫清政府同意架设鸭绿江桥

在清政府和日本进行安奉铁路谈判期间，鸭绿江架桥问题随之浮出水面。在交涉过程中，日方首先在清政府的抗议下，拆除了中国境内的木架，但是随着日本态度的强硬，清政府最后屈服，同意架设鸭绿江铁桥。

1909 年 1 月 8 日，日本外务大臣小村寿太郎致电驻清公使伊集院彦吉，建议："在鸭绿江上架桥，以连接韩国铁路和南满铁路的计划，早就为清国所熟知，现在已没有必要特意为此进行商讨。请贵公使在适当时机通知清政府：日本政府将于今年解冻之时，按原定计划着手进行鸭绿江架桥工程，并拟将这座桥梁修建为开闭式，以利于船舶在鸭绿江上航行。"③ 随后，伊集院便向清政府提出架设鸭绿江桥一事，但清政府予以拒绝。1909 年 8 月 27 日，小村寿太郎再次致电伊集院彦吉，内称："不言而喻，如欲连接满韩铁路，就必须在鸭绿江上架桥。此项工程目前正忙于在韩国一侧安装桥墩基地工程所需的机械，如果天气良好，正常将在 9 月上旬开工。在清国一侧的架桥地点，预定在南满铁路用地之内，所以不必重新收买土地。"④ 同月，锡良、程德全致电外务部："今日人竟跨江造桥，并不知会我国，遽而动工，其蔑视国权至于何

---

① 南满洲铁道株式会社编『南满洲铁道株式会社十年史』、南满洲铁道株式会社、1919、189—190 页。

② 南满洲铁道株式会社编『南满洲铁道株式会社十年史』、南满洲铁道株式会社、1919、189 页。

③ 「安奉铁道改筑问题奉天交涉」（1909）、外务省编纂『日本外交文书』第 42 卷第 1 册、外务省、1961、649 页。

④ 「安奉铁道改筑问题奉天交涉」（1909）、外务省编纂『日本外交文书』第 42 卷第 1 册、外务省、1961、650 页。

极！……唯有仰乞钧部力争，藉免后患。"① 随后，清朝外务部致函伊集院彦吉，指出：据安东的消息称，日本为架设鸭绿江铁桥，已经在韩国新义州建造四个桥架，在中国六道沟地方建造了一个桥架，并已经动工；但是，鸭绿江为中、韩两国边界，故架桥一事必由两国商定，然而日本未经与中国进行任何磋商，竟然在中国境内动土兴工，不知何故，倘若事实确凿，即请日本下令停止此项工程。9 月 10 日，伊集院彦吉将中国方面的意见转告小村寿太郎，同时认为日本如果不暂时拆除在中国境内的桥架、不照顾中国的体面，那么鸭绿江架桥工程恐怕毫无达成妥协的希望，并且还有可能在此时被清廷内主张抵制日货的人用作借口，使两国达成妥协的可能性化为泡影。最后，伊集院建议外务省电令该项工程负责当局立即拆除安东县方面的工程。② 小村接到消息后，经过与外务省的磋商，在 9 月 13 日通知伊集院："日本政府根据必须将安奉线改筑工程迅速付诸实施的同一理由，希望尽早完成鸭绿江架桥工程；此次竟因为意外的差错，无故受到清国方面的抗议以至于错过了发出通知的最佳时机，实属遗憾；目前，已经知照韩国统监拆除木架，并希望贵公使将此时已经拆除木架一事转告北京政府，以努力消除他们的恶感，同时尽力促使清国政府同意日本着手架桥工程。"③ 可见，日本同意暂时拆除木架以息事宁人。

在伊集院将日本拆除木架之事告知清政府外务部梁敦彦、曹汝霖之后，两人甚觉满意，并表示希望将鸭绿江架桥与安奉悬案一并解决。伊集院推测，这是中方为了讨价还价，其实对于鸭绿江架桥并无根本反对之意。不过，由于清政府始终未表同意，以至于架桥工程一度处于停顿状态，日方颇感焦急。1909 年 12 月 9 日，小村致电伊集院声称："关于不能再将架桥工程延期一节，鉴于鸭绿江铁桥是达到连接满韩铁路，使其成为欧亚屈指可数的大铁路这一绝对目的，无论如何势在必行，此项

---

① 《锡良、程德全致外务部电》（1909 年 8 月 13 日），王希隐《清宣统朝外交史料》第四册，1933 年版，第 36 页。

② 「安奉鉄道改築問題奉天交渉」（1909）、外務省編纂『日本外交文書』第 42 巻第 1 冊、外務省、1961、651 頁。

③ 「安奉鉄道改築問題奉天交渉」（1909）、外務省編纂『日本外交文書』第 42 巻第 1 冊、外務省、1961、655—656 頁。

问题绝不可作为同其他问题的交换条件，有鉴于此，目前希望将此问题与其他问题分别处理，并尽力取得清政府的同意。"① 但是在清政府看来，鸭绿江问题和安奉铁路等问题事同一律。从清政府的立场而言，鸭绿江架桥是意味着改变中、韩两国国境的重大问题。不过，从另一方面来说，清政府既然已经允许日本铺设安奉铁路，那么日本通过架设鸭绿江桥而将安奉铁路和朝鲜铁路连接起来，是意料之中之事。所以，清政府在原则上不会反对鸭绿江架桥。但是，可以说，如果没有安奉铁路问题，鸭绿江架桥问题就不会发生，架桥问题和护路军等问题都是与安奉铁路有关的问题，中国想借此时机将在奉天交涉的安奉铁路护路军、警察等悬案问题一并解决。

对于清政府的言论，伊集院彦吉非常清楚，对清政府而言架桥一事业已发展到碍难反对的地步，所以才决定把与安奉路有关的悬案问题提出来讨价还价，以作为交换条件。同时，伊集院也认为，如果一味地催促对方尽快回复，便很难得到满意的回答。况且目前正处于结冰季节，事实上也不可能进行任何架桥工程，最好等待更有利的时机。12 月 17 日，小村再次致电伊集院："关于安奉铁路的警卫及警察权问题，从目前形势来看，不仅我方难以采纳中国的意见，中国恐怕也不能遽然撤回其原来的主张。所以，该问题的交涉可能还要经历一段很长的时间，然而另一方面，架桥问题是迫在眉睫的事情，需要在冬季做好各种准备，以便在解冻后立即开工。所以，我们绝不允许将这两件事作为交换条件。"② 因为日本已经看透了清政府的心思，所以便开始对清政府不断施加压力。

在日本的步步紧逼下，清政府也最终未能坚守原先主张。1910 年 3 月 9 日，在东三省总督锡良、奉天巡抚程德全发给清朝外务部的电文中指出："鸭绿江架桥事，上年屡电大部，与日使转商，未能决定。该处韩岸桥工，筑已及半，不日即至我国流域"，"查安奉铁路既允建造，此

① 「安奉鉄道改築問題奉天交渉」（1909）、外務省編纂『日本外交文書』第 42 巻第 1 冊、外務省、1961、659 頁。
② 「安奉鉄道改築問題奉天交渉」（1909）、外務省編纂『日本外交文書』第 42 巻第 1 冊、外務省、1961、661 頁。

桥为达韩孔道，势难扼阻"，但也提出了三个交换条件：第一，"惟鸭绿江国界所系，各国通例，凡火车出入国境必须换车，且须设关稽查"；第二，"安奉铁路照约十五年赎回，从江心起至西岸一半之桥身，系在中国境内，应与铁路一体议价收回"；第三，"六道沟日人占地太大，安奉线沿路兵警至今未撤，前此屡商无效，或借此为抵换利益"。① 4 月 4 日，中日签订了《鸭绿江架设铁桥协定》，清政府同意日本"架设从韩岸起至中国安东之桥梁"，协定共四条：（1）关于中国所主张照各国通例在国境换车一事，应俟日后协定"满"、韩铁道联络业务时彼此妥为商议；（2）中国应在鸭绿江西岸设关稽查火车，惟关于此事之细则应日后协定；（3）从江心起至西岸之一半桥梁，照安奉路过 15 年后，应归中国赎收，该工程费应由中国查察员妥行稽核；（4）中日两国木排或船只从该桥经过，忽发生有不可抗力之事故，以致损坏桥工，不得责令木把及船户赔偿，关于此项之细则应日后协定。②

在一切就绪之后，1911 年 11 月 2 日，中国和日本签订了《安东铁路与朝鲜铁路国境通车章程》，其中规定："一、清、日两国政府为世界交通起见，特允两国国境彼此通车。二、因两铁路通车起见，在鸭绿江铁桥上以该桥中心点为两国国境：西为清国国境，东为日本国境。三、彼此火车通过国境时，应各换车头，朝鲜铁路使用之车头不得过清国安东车站以西，安奉铁路使用之车头不得过朝鲜新义州车站以东。四、两国方面通车至日本国境内，以朝鲜路线为限，至清国境内，以南满洲铁道株式会社路线为限。"③ 安奉铁路和鸭绿江架桥两件悬案解决以后，日本终于获得了将朝鲜铁路、安奉铁路及"南满"铁路相连接的必要条件，日本通过修筑铁路实现"满蒙政策"甚至"大陆政策"的计划，又向前推进了一步。11 月 4 日，满铁在沙河镇站举行了 81 辆机车和 680 多辆客车的告别仪式，大多数 B6 型机车和安奉线的轻便机车都撤出了

① 《锡良、程德全致外务部电》（1910 年 3 月 9 日），王希隐《清宣统朝外交史料》第六册，1933 年，第 29—30 页。
② 《鸭绿江架设铁桥协定》（1910 年 4 月 4 日），王铁崖编《中外旧约章汇编》第二册，上海财经大学出版社 2019 年版，第 606—607 页。
③ 《安东铁路与朝鲜铁路国境通车章程》（1911 年 11 月 2 日），王铁崖编《中外旧约章汇编》第二册，上海财经大学出版社 2019 年版，第 710—711 页。

"南满"线，取而代之的是美国制造的大型机车。[①]

三　软硬兼施夺取大石桥至营口铁路

"南满"铁路的大石桥至牛家屯支线，最初是俄国为迅速运送修筑东清铁路的各种材料和粮食而铺设的。根据条约，其保存期限为 8 年，到期需要拆除。1906 年 9 月 22 日，日本驻牛庄领事濑川致电外务大臣林董，其中提道："铁道提理部目前正在从牛家屯向营口市街方面修筑支线，据说修筑该铁路的理由是为了运输石材，用于护岸工程和军政署所设计的道路修补工程；车站预定设在军政署经营的营口和牛家屯之间的新市街；日本陆军似乎主张军政署收买的营口和牛家屯之间的土地如不能作为日本专管居留地使用，必须按照日本在安东县的租借地那样，把它作为铁路附属地而保留警察权和其他特权。"[②] 很明显，日本不但不想拆除这一支线，而且还准备将营口新市街变成满铁的附属地。

1907 年 4 月，莫理循（George Ernest Morrison）[③] 在与林权助谈话时说到，唐绍仪在与他和其他公使谈话的时候，曾断言大石桥至营口铁路应该拆除。随后美国公使将此话报告给美国政府，声称日本为了大连的繁荣，可能愿意拆除该铁路。但是，林权助向莫理循表示日本政府根本无意拆除大石桥至营口铁路，在北京谈判时清政府代表曾提出这个问题，但是经日本全权代表反对，清政府已撤回提议；最近外务部又提到此事，日本认为并无认真讨论的价值，所以并未理睬。因为在林权助看来，"拆除大石桥至营口铁路，就等于从根本上否定了作为铁路附属地的营口新市街的存在"。后来，清政府听闻满铁拟将该支线从牛家屯延长到营口新市街附近的青堆子，于是在 1907 年 11 月 28 日由庆亲王发给驻清公使林权助一份照会提出抗议，内称：听闻日本车站已由牛家屯迁往青堆子，拟先利用南青堆子已成铁路作为改良车站之举；但是根据中

① 原田勝正『史話日本の歴史 32 大東亜の幻』、作品社、1991、27—29 頁。

② 「営口支線敷設一件」（1906）、外務省編纂『日本外交文書』第 39 卷第 1 册、外務省、1959、657 頁。

③ 莫理循全名乔治·厄内斯特·莫理循，是澳大利亚出生的苏格兰人，1887 年毕业于英国爱丁堡大学医科，1897—1912 年曾任《泰晤士报》驻华首席记者，1912—1920 年担任中华民国总统政治顾问。

俄续订铁路合同第三条规定，这一支路到期必将拆除；现在"南满"铁路公司迁移车站的计划，与条约不符，希望日本方面阻止车站迁移。[①] 12 月 16 日，林权助回称："早在满洲问题的日清会议之际，清国全权委员曾按照东清铁路续约提议拆除该支线，但日方全权委员于申诉碍难同意的理由之后，未予承诺，而且，即使把传闻的满铁延长计划当成事实，也毕竟是把该支线进一步接近营口，仍属于营口支线范围以内。"[②] 1908 年 1 月 30 日，清政府再次送来照会，声称北京会议时清政府全权委员并未同意日本全权委员的主张，同时援引关于"满洲"问题的日清条约第二条的规定，再次要求拆除该支线。

当时满铁会社正在暗中为牛家屯以南的延长线执行收买地基的计划，为回避引起清政府的注意和妨碍，对于上述照会未做任何回复，只是秘密进行。1908 年 3 月，林权助致电外务大臣林董："关于展修营口支线问题，清政府已根据当地官宪报告提出抗议，故收买土地事宜，应尽量秘密而又机敏地进行。即使万一清国官宪提出疑议，亦应不加理会一意完成收买工作。需要知道，一旦收买完毕，则清国官宪之不满也将毫不足惧。若欲等待清政府同意收买土地，毫无希望。"[③] 驻牛庄代理领事高桥也指出：清政府已经密令地方土地所有者，不允许将土地售卖给日本人；因而如果再拖延时日，恐怕将会永远丧失收买土地的机会；现在即使价格稍高，也应毫不犹豫地尽快收买；为此估计需要 25 万—26 万日元，故请求满铁总社增加拨款。随后，满铁继续暗中执行收买地基计划，至同年 4 月几乎全部买完了预定土地。

1908 年 7 月 17 日，驻牛庄领事洼田致电外务大臣寺内正毅，阐述了营口支线的重要性及其与新法铁路之关系："南满洲铁路牛家屯车站距离现在的营口新市街四英里以上，内外商人在商业上甚感不便。现在，新奉铁路已经归清政府管理，清国铁路已经能够自奉天到营口

---

① 「営口支線延長一件」（1908）、外務省編纂『日本外交文書』第 40 巻第 2 冊、外務省、1961、387—388 頁。

② 「営口支線延長一件」（1908）、外務省編纂『日本外交文書』第 40 巻第 2 冊、外務省、1961、388 頁。

③ 「営口支線延長一件」（1909）、外務省編纂『日本外交文書』第 41 巻第 1 冊、外務省、1961、624 頁。

实行联运。这对满铁的营业而言将会产生重大影响，所以日本必须尽快将铁路展修至营口，以便利商业和抵制河北线的竞争。"① 但是，满铁总裁后藤新平考虑，现在虽然已经完成了营口新市街和车站用地的收买程序，随时都可以开工，可是目前因为日、中两国之间发生了新法铁路问题，如果贸然开始迁移牛家屯车站，将会助长对方在新法铁路问题上的气焰而酿成严重事态，莫如待新法铁路问题解决以后再进行动工，方可称为安全。故而，营口支线的车站迁移暂时停止了。9月25日，日本政府通过了关于大石桥至营口支线的阁议决定："大石桥至营口铁路的修筑权本来是俄国以输送筑路材料的名义获得的，条约所规定的拆除日期已到，但是，大石桥至营口支线是南满铁路干线与渤海海口连接的线路，只要该干线存在，就有与该海口连接的必要，很明显，该海口除营口而外别无他处。现在如果拆除该支线，不仅根本不应该，而且根据归还满洲条约即中俄交收东三省条约第四条规定，将来计划在营口架设桥梁时，事前需由俄、中两国协商，这表明大石桥至营口支线已经预定永久保存。因此，日本政府认为必须根据上述事实向清政府说明，营口支线实在不应该拆除，以便使其同意继续保留该支线。"② 在此判断下，日本决定继续坚持保留营口支线。

1908 年 12 月 28 日，在东三省五案交涉的第一次会议上，林权助对中方委员说明了保留该支线的必要性后，中方委员主张："清国所希望的不在于铁道本身的拆除，而主要在于清国作为主权国家，为适应便利交通和经济上的需要，必须自主地采取措施，而不能听任日本的独断行径。"③ 所以在 1909 年 2 月，日本驻清公使再次提出备忘录请求保留该支线，并提议将现在的终点站牛家屯站向接近营口新市街方向延伸。3 月 22 日，清政府拒绝了日本的提议，声称坚持拆除营口支线，否则，中国或将其作为自行修筑的铁路，或提交海牙国际法庭仲裁。谈判就这样一度搁

---

① 「営口支線延長一件」（1909）、外務省編纂『日本外交文書』第 41 卷第 1 冊、外務省、1961、625 頁。

② 「満州ニ関スル日清協約締結一件」（1909）、外務省編纂『日本外交文書』第 41 卷第 1 冊、外務省、1961、687 頁。

③ 《大石桥—营口铁路交涉经过》（1910 年 3 月），解学诗主编《满铁档案资料汇编》第四卷《日本独占中国东北铁路交通》，社会科学文献出版社 2011 年版，第 48 页。

浅,直至 1909 年 8 月初重开谈判。8 月 7 日,清政府提出备忘录,大致同意了大石桥至营口支线的修筑,但要求在铁路期满时一并归还中国。后来在《东三省交涉五案条款》的第二款中规定:"中国政府认将大石桥至营口支路,为南满洲铁路支路;俟南满洲铁路期满,一律交还。中国并允将该支路末端展至营口。"①

满铁方面在 1909 年 10 月 1 日开始动工,1911 年 11 月 10 日竣工。满铁最终通过暗度陈仓和软硬兼施的手段,夺取了大石桥至营口铁路,将其作为"南满"铁路的支线,进一步扩张了满铁的势力。

第三节　满铁策划"满蒙五路"

一　日本对"满蒙铁路网"的早期策划

日本自 1894—1895 年甲午战争获得胜利后,它和沙俄之间的矛盾日益尖锐。有传言称,当时日本为了阻止沙俄在亚洲沿海扩张领土,制订了一个"铁路防御计划"。就在《马关条约》签字后的第二天,这个消息不胫而走,在各处广为传播。这个计划的大致内容是:第一,以金钱供给朝鲜政府,使其能立即修筑一条铁路由朝鲜南部之釜山港直达鸭绿江口与"满洲"交界处之新义州;第二,从锦州修一条铁路到牛庄,再北行至奉天,以便与西伯利亚大铁路相连;第三,使清政府在一定期限内修一条铁路,把北京与日本铁路及朝鲜铁路连接起来;第四,使用中国赔款之全部以修筑计划中之各路。② 这应该是日本企图在中国建造铁路的一个最早计划。

尽管这个计划的真实性还有待考证,但是正如《田中奏则》一样,无论其传言或文件本身是否属实,但是仅就其内容而言,其中所提到的各个铁路线,就是此后日本和满铁在事实中修筑或攫取的朝鲜铁路、安奉铁路、"南满"铁路、京奉铁路等,完全反映了日本早就具有在"满洲"甚至整个东北亚地区的称霸野心。

---

① 《东三省交涉五案条款》(1909 年 9 月 4 日),王铁崖编《中外旧约章汇编》第二册,上海财经大学出版社 2019 年版,第 555 页。
② [苏] 罗曼诺夫:《帝俄侵略满洲史》,民耿译,商务印书馆 1937 年版,第115 页。

如果说，甲午战争后日本上述计划的真实性尚存疑问，那么在日俄战争后与满铁设立之时，满铁首任总裁后藤新平对满铁的期待以及其庞大而具体的铁路网计划，则再真实不过地暴露了日本利用"满蒙铁路网"霸占东北的目的。1905年夏天，后藤新平来到"满洲"考察，此后他在以台湾总督府民政长官的身份向台湾总督儿玉源太郎做离职期间的政情报告时，表达了他在"满洲"勘察后的想法，可概括如下："一、必须根本改革野战铁道和军用线的组织，使之焕然一新。一、如果不能完满地连接东省铁路，经由大连或安奉路、朝鲜铁路连接日本的国有铁路，使满铁成为欧亚的公路，则尽管小村侯把东省铁路弄到手里，南满路也仍不过是一条死路。一、为了活跃南满线，无论如何要把以新民屯为终点的京奉铁路延长到南满铁路的奉天站，必须使华北和满洲打成一片。一、从任何观点来看，满洲也是一个农业国家，然而它却几乎没有开发，因此，日本必须把它开垦成为北美式的大农地。一、应将俄国所预定的吉长铁路进一步延长到北朝鲜的一个海岸，使它和海港对抗，除欧亚联运旅客当作别论，最低限度应当考虑满洲产物通过日本人经营的铁路而输出的方案。一、除农产物以外，满洲一定会有人们还不知道的许多天然资源，因此有必要设立像台湾那样的大型调查机关和中央实验所。"[1]

根据后藤新平的设想，其所谓的第一点即后来的安奉铁路改筑问题，第二点和第三点即后来的日本铁路、朝鲜铁路、"南满"铁路、京奉铁路、中东铁路的联运问题，第四点即后来的"满洲开发"和"满洲移民"问题，第五点即后来的中国吉林至朝鲜会宁的铁路修筑问题，第六点即后来的满铁调查部等各种资源调查机关的设立问题。由此可见，日本对"满蒙铁路网"的计划和筹谋由来已久，充分暴露出其吞并"满洲"、侵略中国的狂妄野心。

二　"满蒙五路"换文及细则交涉

1913年3月12日，日本外务省政务局长阿部守太郎致函满铁总裁中

---

① 《日本帝国主义殖民东北的阴谋计划》（1905），宓汝成编《中国近代铁路史资料（1863—1911）》第二册，中华书局1963年版，第551页。

村是公，内称："近来中国方面不断有人计划修筑满洲及内蒙古方面铁路。例如，伊通至伯都纳（扶余）线、奉天经海龙至吉林线的借款问题，据闻已经向某美国人提出交涉。因此，我方正在考虑确定一下有关南满洲及东部内蒙古地区铁路的方针。由于调查上的需要，请贵社从自己的立场出发，把今后希望在该地区修建的路线和因竞争线等原因认为修建不利的线路，尽量查明。"① 中村是公在接到公函后，首先，立即派人进行调查，两周后即复函阿部守太郎，提出了满铁的"满蒙铁路网"计划，表示以下各线极其希望见诸实施：第一，从满铁本线四平街站经西北奉化县（梨树县）买卖街至郑家屯的铁路；第二，从郑家屯延长到洮南府的铁路；第三，从满铁本线开原站经东方掏鹿（西丰县）至海龙城的铁路；第四，从海龙城至吉林的铁路；第五，从满铁抚顺站至营盘、山城子或兴京地方的铁路。其次，满铁还认为从"南满"铁路经辽西达长城地方、朝阳、赤峰地方的铁路如修建得宜亦属必要，在满铁本线沿途修建短途支线也愈益必要。② 最后，满铁特意指出两条反对修建的铁路：第一，从奉天经法库门至郑家屯一线，目前尚非其时；第二，以奉天为起点，到达掏鹿、海龙城等方面的铁路，目前从日本的立场来看，应当表示反对。③

袁世凯因篡夺辛亥革命的胜利果实，一直希望得到列强的承认。1913 年 7 月派孙宝琦、李盛铎前往日本，乞求承认袁政权，日本则乘机提出了"满蒙五路"的要求。日本外务大臣牧野伸显向孙宝琦、李盛铎二人提出了日本方面希望修筑的线路：第一，以奉天或长春为起点，经扶余至洮南府之线路；第二，由"南满"铁路某一地点（或可定为奉天）为起点至海龙的线路。1913 年 8 月，中国交通部主张借款自造的路线是：奉天至洮南府、奉天至海龙城。而横滨正金银行的小田切万寿之助主张："四平街起经郑家屯至洮南府、开原至海龙城，均不允许由奉

---

① 《日本外务省政务局长阿部守太郎致满铁总裁中村是公函》（1913 年 3 月 12 日），解学诗主编《满铁档案资料汇编》第四卷《日本独占中国东北铁路交通》，社会科学文献出版社 2011 年版，第 173 页。

② 「满蒙鉄道交渉ニ関スル件」、外务省编纂『日本外交文書』大正 2 年第 2 册、外务省、1964、667 頁。

③ 《满铁总裁中村是公致外务省阿部守太郎函》（1913 年 3 月 26 日），吉林省社会科学院《满铁史资料》编辑组编《满铁史资料》第二卷，《路权篇》第二分册，中华书局 1979 年版，第 609—610 页。

天起点，并增加长春至洮南线，另订洮南至热河线之预约。"①

由于袁世凯政府急于得到日本的支持，于是在 10 月 5 日，日本驻华公使山座圆次郎与袁世凯政府秘密交换了照会，形成了《铁路借款预约办法大纲》，即"满蒙五路秘密换文"，主要内容为："一、中华民国政府允订借用日本国资本家之款造左列各路：甲、由四平街起经郑家屯至洮南府；乙、由开原起至海龙城；丙、由长春之吉长铁路车站起，贯越南满铁路至洮南府，以上各路应与南满路及京奉路联络，其办法另行核定。二、前开借款办法须以浦信铁路借款合同定本为标准，在本大纲议定后，中国政府从速与日本资本家协定。三、中国政府允将来如修造由洮南府城至承德府城以及由海龙府起至吉林省城之两铁路时，倘需借用外债，尽先向日本资本家商议。"② 由此可见，日本在此大纲中取得了四洮线（即四郑线和郑洮线）、开海线、长洮线三铁路的借款权，以及洮承线、吉海线两铁路的借款优先权，这一换文使日本扩大了对东北三省和内蒙古的侵略范围。

1913 年 10 月 14 日，日本政府围绕同中国刚刚签订的"满蒙铁路"借款大纲，通过了一项阁议决定，主要内容有三点："一、在本协定借款细目决定之前，应向英国或者法国资本家说明此次签订的协议要点，与之协商为筹办此项资金而由中国政府发行公债的问题。二、按本协定所建铁路，在收支不能相抵、发生不够支付上述公债之本利、中国政府亦不能支付之时，帝国政府需做出适当措施，以便横滨正金银行得以采取办法收买该公债。三、细目协定订立之后，决定首先修筑最为容易而且最为有利的四平街至郑家屯间约 60 里的铁路。再有因该路所需款项极为有限，当在国外筹措资金发生困难之时，可令本国资本家筹措之。"③ 也就是说，尽管日本策划了"满蒙铁路网"计划，但是由于自身资金实力不足，并且考虑到与英、法等国的国际协调问题，反映出此

---

① 中华民国交通铁道部编：《交通史路政编》第 6 册，交通铁道部交通史编纂委员会（出版时间不详），第 3613 页。

② 《铁路借款预约办法大纲》（1913 年 10 月 5 日），王铁崖编《中外旧约章汇编》第二册，上海财经大学出版社 2019 年版，第 864 页。

③ 《日本阁议决定》（1913 年 10 月 14 日），解学诗主编《满铁档案资料汇编》第四卷《日本独占中国东北铁路交通》，社会科学文献出版社 2011 年版，第 175 页。

时日本野心虽大但实力不足。在阁议决定之后，驻华公使山座圆次郎即开始与中国外交部进行交涉。山座认为除了"满蒙铁路"借款细目协定，需要和中国交涉的重大问题还有很多，同时由于四国银行团作出的政治借款与实业借款分离的决定，列国在中国获取利权尤其是对铁路利权的竞争必将日趋激烈，日本政府必须及早努力。此外，通过山座的观察，他认为中国交通部的实权操纵在叶恭绰手中，因此有必要把他拉拢过来，叶恭绰本人也曾向横滨正金银行表示对此有所期望。所以，山座请求日本政府拨出白银 5 万两对叶恭绰进行贿赂。随后，外务大臣牧野伸显就指示横滨正金银行总经理井上准之助拨出此款，并在遇到特殊情况而未能修筑铁路时由日本政府担保偿还之责。叶恭绰在收到日本的贿赂之款后，便开始向日本透露中国方面的计划与想法，他向横滨正金银行北京总经理小田切万寿之助称："中国政府的意见并非绝对排斥满铁，但为尽量使各方面不发生障碍，工作得以圆满进行起见，希另选满铁以外的机关充当。"[1] 中日之间的铁路谈判，被美国花旗银行知悉后，立即上报国务卿，要求美国政府提出保留权益的声明："日本财团已同中国政府就在满洲修建某些铁路签署了一项合同，特别是从宽城子到洮南府和从洮南府到热河这两条线路，根据报纸透露，这一借款协定还包括从锦州到洮南府这一条线路。如果上述传闻属实，显然有损于已经赋予美国银行团及保令公司对锦瑷线的权利。因此，我们期望国务院应该提请中日双方政府注意，美国银行团和保令公司在这一方面所持有的权益。"[2]

为验证叶恭绰所言之真假，1913 年 12 月初，山座与小田切曾分别前往拜访前交通总长朱启钤，结果发现朱启钤的意见与叶恭绰向小田切所谈内容大致相同。12 月 6 日，山座拜访现任交通总长周学熙，周明确表示如果以"南满铁道株式会社"为当事人订立契约，则会使中国人产生新铁路似乎是满铁支线的印象，可能会导致目前已经呈现的激烈反对

---

① 《山座公使致牧野外务大臣电》（1913 年 11 月 28 日），吉林省社会科学院《满铁史资料》编辑组编《满铁史资料》第二卷，《路权篇》第二分册，中华书局 1979 年版，第 613—614 页。

② 《美国银行团致美国国务卿布赖安函》（1913 年 10 月 27 日），中国人民银行金融研究所编《美国花旗银行在华史料》，中国金融出版社 1990 年版，第 125 页。

形势更加剧烈，当时的反对者主要是进步党人汤化龙、吴景濂等。因此，山座报告称：如果让满铁作为新铁路借款契约的当事人，则对日本铁路政策的推行甚为不利，不论实际运用如何，"契约当事人必须用横滨正金银行名义，以便平息民间的反对"。① 12 月 12 日，日本再次通过了一项阁议决定，主要内容有："一、关于此项借款细目协定，使横滨正金银行充当当事人；二、按照浦信铁路契约，机械材料的供应可委任当事人办理；三、工程师从南满铁道会社所属人员中推荐；四、鉴于国内外市场形势，关于此项借款资金，需谋求适当的筹措办法；五、根据10 月 14 日阁议决定的方针，应首先着手推进修筑四平街至郑家屯间的路线"，该线路长约 53.5 英里（约 88 千米），预计每英里建设费平均为6 万日元，共约 300 万日元。②

1914 年 1 月，曾受交通部委派，前往踏勘四洮路线的李国骥、夏昌炽在给交通部的呈文中指出："窃思日人经营南满，努力进行，不畏艰险，不惜巨资，勃勃野心，昭然若揭，其所以争此路权者，用心何在，不言而喻。……若一旦允其承筑四洮铁路，则其势力即可直达内蒙，后患更难设想。……查东三省与蒙古毗连，其交通最适中者惟洮南。此舆地家、兵事家、政治家所公认也。蒙地辽阔，备改行省，筹之已久。若筑京洮或锦洮，则交通便利，措施自如，庶政虽繁，何难毕举，利一。外蒙暴动，风鹤频警，国防运输，缓不济急。……如四洮路通，不但藩篱立撤，门户洞开，而日人在南满之势力愈见膨胀，争端一启，后患无穷，关系国防，不可不速修京洮或锦洮以御者。……日、俄密议，以洮儿河为分界，北属俄、南属日。狡计既成，狼心尤毒，现俄攫外蒙事已披露，日侵内蒙事在进行。如四洮路建，是开门揖盗，附翼于虎，何啻举内蒙全境授诸日人之为直截了当也。……若径借日款修筑，恐舆论哗变，收拾尤难，前事可师，后悔无及，关系民情，不可不速修京洮或锦洮以御者此也。"③

---

① 《山座圆次郎致牧野伸显电》（1913 年 12 月 7 日），宓汝成编：《中华民国铁路史资料（1912—1949）》，社会科学文献出版社 2002 年版，第 213 页。

② 《日本阁议决定》（1913 年 12 月 12 日），解学诗主编《满铁档案资料汇编》第四卷《日本独占中国东北铁路交通》，社会科学文献出版社 2011 年版，第 177—178 页。

③ 《李国骥、夏昌炽呈交通部文》（1914 年 1 月 24 日），中华民国交通铁道部编《交通史路政编》第十三册，交通铁道部交通史编纂委员会（出版时间不详），第 5303—5304 页。

可见，他们从国防和国际政治的角度主张放弃借日款修筑四洮线，而主张以本国资金修筑京洮线或锦洮线。但是，由于当时中国政府根本无力筹措修筑铁路的资金，再加上日本的外交讹诈和压力，交通部并未采纳这种建议。

1914年2月26日，日本陆军省军务局提出了关于"满蒙铁路网"的构想，主要内容有两点：第一，陆军所希望建造的军事上的"满蒙铁路网"，"必须按附图构成。其由南满铁路左右分歧者，应悉以奉天为起点，以便使该地成为南满交通的中心。因此，如最近决定的洮南线和海龙线，亦应使之由奉天和抚顺线分歧，如不得已须由四平街及开原分歧时，奉天以北的南满干线必须同时改为复线"。第二，"将来应修筑的各铁路，均应使其质量与'南满'铁路相同"，其中平地线路须与"南满"干线相同、山地线路须与安奉线路相同。"特别重要的是，轮转材料的规格必须使之与'南满'铁路一致，以便使各线路得以联运（吉长铁路、京奉铁路两线的轮转材料不符合上开要求，因而今后应深加注意，使之不发生此种不合适的情况）"。① 4月7日，日本陆军大臣楠濑幸彦再次强调，日本所希望之"满蒙铁路网"，需使其质量大致与"南满"铁路相同，尤其是轮转材料的规格，必须使之与该路保持一致，理由是"该铁路网为保护我方在满蒙的特殊权益，乃系军事上所必须"。陆军提出的以奉天为起点的铁路网计划，与满铁的计划存在明显的冲突，于是满铁理事川上俊彦致函外务省政务局长小池张造，提出陆军以奉天为起点的计划对"南满"铁路颇为不利，故而仍然希望不以奉天为起点。经过外务大臣和陆军大臣的协商，陆军最后放弃了奉天起点的方案，接受了满铁的方案。随后，日本便开始以后者为准与中国进行铁路借款契约细则的交涉。

1914年8月4日，日本再次通过一项阁议决定，首先确定了借款契约当事人仍是横滨正金银行，其次指出需要交涉的三条铁路线是四平街经郑家屯至洮南府间、开原至海龙间、长春至洮南府间，三线总长约483里，修筑费预定为3000万日元，最后根据"满蒙铁路"借款细则契

---

① 《满蒙铁路网的构成》（1914年2月26日），解学诗主编《满铁档案资料汇编》第四卷《日本独占中国东北铁路交通》，社会科学文献出版社2011年版，第180—181页。

约方案第 18 条第 1 项的规定，横滨正金银行在指定掌管需由外国输入器材及其他物件的办事人以及契约施行的各项工程时，希望主要由"南满"铁路公司担当，该会社在地理上及业务性质等方面被认为是最合适的。① 也就是说，尽管中国反对满铁担任铁路契约借款人，但是日本政府仍然将铁路的实际修筑权指定给了满铁。

三 满铁幕后操纵攫取溪碱轻便铁路

在距离本溪湖东边 16 千米的牛心台附近，一向被认为是矿产丰富的地方，例如牛心台的南沟、红脸沟、王官沟等处的无烟煤，一直由中国人开采，并且产量很高，其供应范围以奉天、开原等"南满"铁路沿线和安奉铁路沿线为主，一部分还远达辽阳方面。关于运输方法，其中一小部分是在夏季利用太子河航运运往辽阳方面，其余大部分在冬季太子河封冻时期，用大车运到本溪，再从此处用铁路运往各地。若在本溪湖至牛心台之间修成轻便铁路以运输煤炭，不仅可以使煤炭运输的成本大大降低，而且一年四季都可以运出，从而得以增加各个用煤地区的供应量，并有望扩大销路。同时也可以预料，因为有这条轻便铁路的存在，其他物资的运输也必将随之增加。

满铁深知此点，早就想修建这样一条轻便铁路，但是碍于当时清政府对满铁的防范，满铁不能直接出面申请修造铁路，而是改变手段，身居幕后采取寻找代理人的方法，并且利用当地一部分中国人也想通过修建铁路的方式谋取利润的机会，为满铁控制并最终夺取这条轻便铁路而进行策划。

直隶省河间府人刘锡臣也注意到本溪湖至牛心台修建轻便铁路一事。1911 年 10 月，在得到镇南县人杜恩波、赵文生、王聚五等八人的协助之后，策划承包销售以牛心台为中心的附近的煤。为了实现这一计划，首先需要在本溪湖到牛心台之间修建手推车铁路或马车铁路。因为希望煤矿方面的人员也参加这一计划，于是刘锡臣进一步活动，请求王官沟煤矿经理王运升的协助。但是，他们都没有经营铁路的经验。于

---

① 《日本阁议决定》（1914 年 8 月 4 日），吉林省社会科学院《满铁史资料》编辑组编《满铁史资料》第二卷，《路权篇》第二分册，中华书局 1979 年版，第 623—624 页。

是,刘锡臣前往本溪湖,向日本人菱川末吉"寻求帮助"。菱川末吉听完这一计划之后,主张应该将其改为修筑蒸汽铁路,随后便展开了攫取该铁路修筑权的活动。1912 年 5 月,菱川末吉向住在铁岭的权太亲吉商请援助,权太亲吉在调查了创办人的身份后发现,杜恩波是当时第 27 师师长张作霖的老师,刘锡臣本人有五品顶戴候选知府的官位,并且还是杜恩波的同僚,其他创办人也是所谓的有权有势的人物,同时他们全都是张作霖的同乡,利用这层关系有望得到其援助。5 月 21 日,权太亲吉便伙同刘锡臣等人向本溪县署提出了以修建本溪湖到牛心台轻便铁路为目的而创办牛溪铁路公司的申请书,但是由于知县调动及本溪县议会以创办有外国人参加的公司,有动用外国资本而招致利权外溢为理由而加以反对,于 6 月 3 日驳回了申请。于是,刘锡臣在名单中去掉权太亲吉,并规定资金在中国人之中募集,两天后再次提出申请书,结果县议会仍未批准。

其后,刘锡臣改名刘辑五,在上述创办人之外又加入刘义恒,计划创办牛心台平车公司,也称牛溪平车公司,拟修建联系本溪湖与牛心台的马车铁路,用以运煤。该计划之所以不用火车而用手推车或马拉的平车,是因为当时从事搬运牛心台煤的当地居民担心修成行驶火车的铁路后,他们的生活将因此被剥夺,刘锡臣唯恐居民反对才采取了所谓平车的办法。并且,刘锡臣等人还劝诱本溪湖至牛心台沿路各村村长和有势力的人物,让他们对此事表示赞同。1912 年 9 月,以刘义恒为该公司的代表人,向本溪县署提出创办申请,后经奉天劝业道交到总督处。9 月 29 日,总督命令申请人应与奉天商工务总会会谈,以商议该公司的经营方针与开始营业后的运费标准。

此项铁路修筑计划,权太亲吉始终保持机密,就是对日本外务省驻奉天官员也未曾报告。但是,奉天总领事却得知了此事,因为此前大仓组已经提出同样的计划,用煤铁公司的名义申请修建该轻便铁路,所以奉天总领事当即命令权太亲吉必须停止这一计划。但是,权太亲吉力陈自己的计划要先于大仓组的计划,并说明早已同中国人形成了联系,计划难以取消。另一边,因为牛心台平车公司的申请活动与日本人的内部争执无关,反而逐步取得了进展。1912 年 10 月,本溪知县根据劝业道的命令要调查股东的信用，而且知县已经了解到这一计划是依靠外国资本，因而没有直接发给许可证，要求创办人从镇安县取得保证。结果镇安县署要求创办人缴纳资本金 15 万元的五分之一即 3 万元作为保证金。但是，创办人没有能力在短期内筹集 3 万元，这时实际负责创办该公司但是经常隐藏在幕后的权太亲吉为了利用资金问题并取得日本对该铁路的实际控制权，于是立即与此事发生或明或暗关系的满铁会社取得了密切联系。12 月，由满铁总裁中村是公做担保，从奉天正金银行借到 3 万元银洋。1913 年 1 月下旬，本溪知县发放了许可证。①

　　另外，大仓组也在继续进行谋划修筑轻便铁路的活动，并以煤铁公司的名义向本溪县署提出了申请。这一案件上呈到奉天省议会后，遭到绝对多数的否决。大仓组的计划完全失败以后，权太亲吉意识到，像修建铁路这种对当地有重要利害关系的事业，必须让当地有势力的人参与才可能顺利进行。于是，权太亲吉引诱本溪县议会议长金殿勋，让他重新组织溪碱轻便铁路公司，将以前的牛心台平车公司并入其中，并商妥将平车公司的创办人全部变为新公司的股东。另外私下约定，在申请新公司的同时，撤销牛心台平车公司的申请。1913 年 3 月上旬，以金殿勋的名义向奉天都督提出了申请，结果 4 月 19 日便顺利通过，5 月 10 日奉天都督批准了金殿勋创办溪碱轻便铁路公司的申请，该公司获得了修建本溪湖到碱厂的铁路干线和通往各矿区的支线的权利。

　　在溪碱铁路修筑权被批准后，权太亲吉让金殿勋将该项权利交给刘义恒，同时和刘义恒又签订了将该项权力转交给权太亲吉的合同。就这样经过几次转手，权太亲吉完全取得了该铁路的修筑权和控制权。1913 年 7 月 9 日，权太亲吉向满铁会社提出借款申请，满铁在和日本政府秘密协商以后答应了这一要求，决定根据需要直接提供资金。如此看来，在溪碱铁路问题的具体化过程中，满铁会社始终是幕后的重要推手。8 月 28 日，溪碱轻便铁路公司被正式批准成立，公司办事处设在本溪街西河，9 月 15 日开始进行测量。10 月中旬，突然有传言称该铁路是依靠外国资本修筑，所以中国当局立即命令该公司停工，并派巡警到现场

---

　　① 吉林省社会科学院《满铁史资料》编辑组编：《满铁史资料》第二卷，《路权篇》第二分册，中华书局 1979 年版，第 787—790 页。

强令执行，金殿勋等人逃脱。奉天总督根据本溪县报告，向日本警务署长和权太亲吉的代理人提出了同样要求，于是这一问题被转移到奉天。11 月 14 日，于冲汉向奉天总领事落合谦太郎提出正式抗议，要求停工。但是此时满铁蛮横地决定，不管中国方面提出任何抗议，都要将工程进行到底。恰好此时，日本守备队要在该铁路沿线进行多次实弹演习，这对中国巡警的行动形成了牵制，最后未能阻止工程进行。12 月末，太子河到牛心台的 9.3 英里（14.97 千米）工程已经完成。1914 年 2 月 1日，牛心台客货运输开始临时营业。需要注意的是，修建该铁路所使用过的钢轨和车辆，都是之前安奉轻便铁路所使用的，安奉铁路被终结的命运，居然在此地更换面孔延续侵略行径。

但是，大仓组并未因申请被拒而停止活动，仍然继续奔走。满铁会社虽然一向在援助权太亲吉，但此时出面也感觉不够妥当，于是便利用铁道院嘱托铃木诚作到"满洲"出差的机会，委托他居间调解这一问题。① 终于在 1914 年 4 月 20 日，满铁会社和大仓组煤铁公司互换了《备忘录》，其中指出：溪碱轻便铁路事业，由满铁会社与煤铁公司双方合办；满铁会社占资金的六成，煤铁公司占四成；所有出资用款，均由满铁会社进行借贷。至此，才终于解决了日本内部的纷争问题。8 月下旬，日本利用于冲汉劝诱政务厅长任毓麟，进而说服巡按使张锡銮，并用其名义再三向北京政府交涉。张锡銮在发给外交部的密咨中辩称："本巡按使明知最终解决非所甘心，但争之不获，延宕愈久，损失愈多。近来交涉本无公理之可言，尤恐枝节横生，益非得计。若以本溪煤铁公司与南满铁道会社合办，则我尚有可享之利益。盖该煤铁公司之股本，系中日平均也；且日领主持强硬，交涉至此，亦已无可磋商。第事关路权，本巡按使未敢擅允，除咨陈交通部外，谨陈明原委，备文密请鉴核指示。至善后事宜，俟奉示后再行详密办理，合并陈明。"② 结果，在 8 月 28 日外交部致张锡銮的电文中批示："牛溪轻便路，交通部拟专归本

① 吉林省社会科学院《满铁史资料》编辑组编：《满铁史资料》第二卷，《路权篇》第二分册，中华书局 1979 年版，第 791—795 页。
② 《收奉天巡按使张锡銮密咨》（1914 年 6 月 24 日），"中研院"近代史研究所编《中日关系史料·路矿交涉》，"中研院"近代史研究所 1976 年版，第 142—143 页。

溪办理，既无可磋商，即照尊拟，由本溪公司与南满会社合办，以期速了。"① 可见，清政府无奈之余，便同意了煤铁公司与满铁合办的原本方案。

1914 年 9 月 25 日，中国和日本签订了"合办"的《备忘录》，即《溪碱铁路公所觉书》，其中指出：溪碱铁路之事业，会社与公司合办；其资本由会社出七成（其中一成由石本贯太郎占有），公司出三成；所有款项，均向满铁会社借款。② 1916 年 4 月 18 日，中、日之间又签订了《溪碱铁路公所章程》，规定：本公所名曰溪碱铁路公所；本公所为"南满洲铁道株式会社"与商办本溪湖煤矿有限公司合办由奉天省本溪湖至碱厂间之铁道，以运输业并其他附属事业为目的，但以有关系本铁道者为限；本公所置本店于本溪湖，置支店或出张所于必要之地；本公所之资本额为 57 万日元，其中十分之七即 39.9 万日元由会社出资、十分之三即 17.1 万日元由公司出资。③ 当时之所以专门使用"公所"字样，是因为该铁路公司是由满铁会社与大仓组煤铁公司双方出资构成，采取了不允许第三者介入的合伙形式，故而不能使用公司或会社的名称，溪碱铁路公所就此成立。5 月 10 日，张作霖以奉天代理巡按使的身份，在呈请外交部后，委任总办王宰善担任溪碱铁路公所监督。④ 随后，该公所还企图将原有的本溪湖到牛心台的营业铁路再行延长，修建牛心台至碱厂的铁路，但因第一次世界大战爆发，物价腾贵，致使材料、工资暴涨，延长铁路的计划遂被迫中止。

① 《发奉天巡按使张锡銮电》（1914 年 8 月 28 日），"中研院"近代史研究所编《中日关系史料·路矿交涉》，"中研院"近代史研究所 1976 年版，第 170 页。

② 《溪碱铁路公所觉书》（1914 年 9 月 25 日），王铁崖编《中外旧约章汇编》第二册，上海财经大学出版社 2019 年版，第 1006 页。

③ 《溪碱铁路公所章程》（1916 年 4 月 18 日），王铁崖编《中外旧约章汇编》第二册，上海财经大学出版社 2019 年版，第 1095 页。

④ 《收奉天巡按使张作霖咨》（1916 年 5 月 10 日），"中研院"近代史研究所编《中日关系史料·路矿交涉》，"中研院"近代史研究所 1976 年版，第 557 页。

第三章

谋夺"满蒙借款五路"与觊觎中东铁路南部支线（1915—1924）

1920 年，《民国日报》转载了一篇文章，系一英国人给《字林西报》之投稿，其中指出：1915 年以前，日本之铁路政策是以发展"满洲"及辽东半岛之苏俄旧有铁路为限。迨 1915 年，"二十一条"要求提出后，其政策范围，遂亟扩大。"日本之铁路计划如全部告成，彼于军事上将得极强固便利之地位，因彼即不以大军驻在满洲，亦能于三十六小时内，将中国铁路干线隔断。彼于青岛可设一头等海军港，距日本不过三十六小时程途，由青岛可以济顺路运至汉口，同时隔断通北京、天津之路，并可以洮热路①经大连而危迫北京。一面可由釜山及高丽铁路运兵来华，倘长江各路告成，则以福建为根据，且可截断中国最大商路矣。"而"满洲"、山东之铁路规划，则均于 1918 年 9 月 28 日正式立约。"迨 1919 年秋冬间，日本张库铁路借款日金三百万元，建造张家口至库伦间之铁路，其目的大概在联络北京之西伯利亚铁路，如是盖可知日人计划之广远。"② 这一文章充分揭露了日本所谋划之铁路计划及其侵华战略。

1915 年，日本趁西方列强无暇东顾的"天佑良机"，强行提出"二十一条"，开始大规模实施、修改并扩展此前的"满蒙五路"计划，例如四郑铁路借款合同的签订、夺取吉长铁路经营权等。随后，

---

① 洮南至热河线路，是满铁策划的由东北腹地直通北京线路的一部分。参见外务省外交史料馆『洮熱鉄道関係雑纂』、アジア歴史資料センター、Ref. B04010984000。

② 《日本铁路侵略之反响》（1920 年 9 月 24 日），宓汝成编《中华民国铁路史资料（1912—1949）》，社会科学文献出版社 2002 年版，第 256—257 页。

日本寺内正毅内阁通过西原借款的方式谋夺"满蒙铁路"，于1918年先后签订了吉会铁路和"满蒙四路"借款合同，攫取了"满蒙"地区五条重要的铁路路权，可称之为"满蒙借款五路"，这也是对"满蒙五路"计划的延续、修订和扩展。事后，因政治斗争而被排除在"满蒙借款五路"利权之外的满铁向政府提出强烈抗议，并借内阁改组之机接手了上述铁路的修筑权及经营权。1919年和1924年，满铁又先后攫取了四洮铁路和洮昂铁路经营权，满铁计划中的"南满"铁路横贯线及其北向延长线的修筑接近实现。同时，满铁再次利用"合办"名义攫取了天图、吉额、金福、开丰等多条铁路利权，尤其是天图轻便铁路，其实质正是变相完成吉会铁路的预定目标。① 此外，趁着俄国国内发生革命之机，满铁觊觎中东铁路南部支线，谋夺滨黑铁路利权，通过签订材料供应合同渗入呼海铁路，但是在先后成立《中俄协定》《奉俄协定》的背景下，满铁的铁路网北向延伸计划一时间遭遇挫折。

第一节　"二十一条"与东北铁路利权之关系

一　日本强行提出"二十一条"

1868年，日本明治天皇在其亲笔手诏中，提出了"开拓万里波涛，宣布国威于四方"② 的海外进取方针，自此日本便进一步确认并实施其长久以来的大陆雄飞幻想。1890年，时任内阁首相的山县有朋，在近代日本第一回帝国议会上，悍然发表了"主权线"和"利益线"的施政演说，③ 环绕于日本梦想中的"大陆政策"得此观点之指导后，更加形象和具体，军事、政治、外交各界之活跃人士，均积极地

---

① 外務省外交史料館『吉会鉄道関係雑纂』、アジア歴史資料センター、Ref. B04010959500。

② 「億兆安撫国威宣布の御宸翰」（1868年3月14日）、福田滋次郎編『今上詔勅集』、晴光館書店、1910、9頁。

③ 山県有朋「施政方針演説」（1890年12月6日）、大山梓編『山縣有朋意見書』、原書房、1966、203頁。

筹谋扩展"主权线"和"利益线"之方策。1907年，日本为了确保在日俄战争中所攫夺的"满蒙"利权，同时为了防范俄国的报复，迅速制定了《帝国国防方针》①，在其中毫不掩饰地申明维护"满韩"利权以及向亚洲南部甚至太平洋地区进行扩张之"大陆政策"方针，即"北守南进"的"国策"。②

截至第一次世界大战爆发之前，近代日本的"大陆政策"，在地理层面的推进，可以从两个维度予以分析。首先，从时间序列上看，早在明治初年，日本国内就兴起了"征韩论"的热潮，叫嚣侵略朝鲜；到了1874年，日本竟借口保护侨民悍然"出兵台湾"；随后历经1882年的"壬午兵变"以及1884年的"甲申政变"，终于掀起了1894年近代东亚国家内部的第一场区域大战，甲午战争由此而发；其后又因日本对俄国占领"满洲"威胁朝鲜和日本利益为由，在1904年发起了近代东北亚地区的帝国主义战争"日俄战争"；迨至1914年，日本以协约国的名义，向驻守在中国山东省的德国军队发起突袭，即所谓的"日德之战"。由上可见，日本几乎每10年左右就会发动一场侵略战争。其次，从空间序列上看，在东亚大陆的南北两端，日本似钳形一般同时向周边岛屿、半岛、大陆腹地推进：在北方，日本以朝鲜半岛为跳板，逐渐在"南满洲"和内蒙古东部地区扩张势力，同时不忘伺机窥视华北内地各省；在南方，日本在割占台湾后便以此为据点，荡舟跨海展其触角于福建、江西等华东省区。第一次世界大战期间，日本在山东省攻占了青岛和胶济铁路全线，在东南亚和西部太平洋地区则占

---

① 《帝国国防方针》是记载日本国防基本战略的军事机密文件，由帝国国防方针、国防所需的兵力、帝国军队的用兵要领三部分构成。第一部分国防方针阐述了国家目标和国家战略，以及所引导的国防目的和国防方针、假想敌国和形势判断、所需军备等；第二部分规定了所需兵力，即作为军事政策具体目标的师团数、军舰数等数值目标；第三部分阐述了日本军事基本原则和针对假想敌国的个别作战计划大纲。该方针由日本陆军计划制定，作为陆海军作战的统一国防方针，1907年4月4日由明治天皇裁决成立。《帝国国防方针》分别在1918年、1923年、1936年有三次修订，假想敌国是俄罗斯、美国、中国、苏联，除了次序有所变化外，基本内容没有太大的变化，日本陆军对俄罗斯、日本海军对美国都没有改变将其作为假想敌国的方针。根据《帝国国防方针》，还制定了"帝国军队用兵要领"以及"年度作战计划"。参见黑川雄三『近代日本の軍事戰略概史』、芙蓉書房、2003、64—70、107—195頁。

② 「日本帝国の国防方針」、防衛省防衛研究所『日本帝国の国防方針　明治40年』、アジア歴史資料センター、Ref. C14061024600。

领了赤道以北原属德国占领的南洋诸岛。① 以上日本种种政策之推演，正是日本借所谓"大正新时代的天佑"② 而不遗余力地推进"大陆政策"的事实证据。

在一系列的战争中，日本先后从中国、俄国、德国手中夺取了诸多在华殖民利权，其中不少利权均有时间限制，有些即将到期，有些缺乏条约保障。为了保证"大陆政策"的进一步推进，在大隈重信内阁时期，以外务大臣加藤高明为首的势力便谋图将那些还需要得到条约明文确认的"南满洲"、内蒙古东部、山东全省、福建、江西等地的利权，以及日本期望中的利权要求汇总在一起，竟然在1915年1月18日，直接训令驻华公使日置益向袁世凯政府提出暴露其侵华野心的"二十一条"要求。③

日本对华"二十一条"要求共分五号，合计二十一条款。④ 从日置益所提原案来看，第一号是有关山东的四项条款，日本不仅要求继承德国在山东已经取得的殖民利权，而且要求将中德未曾谈妥的烟潍铁路借款权也让予日本，并且还要将山东省内各主要城市辟为商埠。由此可知，日本之意绝不仅仅在于继承德国之利权，而是要通过遍开商埠的形式将山东地区变为第二个"满洲"。第二号是有关"南满""东蒙"之事项七款，日本在"南满"地区所要求之旅大租借期限以及"南满"铁路利权，本为日俄战争之时日本从俄国人手中劫得，此时提出条约，即为扩展租借期之目的，使之变为永久驻地。此外，日本不但欲将利权区域从"南满"扩展至"东蒙"，而且贪婪地索求土地租借权或所有权、内地永久居住权、自由营业权、采矿权、铁路借款和聘任顾问优先权以及吉长铁路经营管理权，以便在"满蒙"地区实施长远的"战后经营"，巩固"大陆政策"中的"北守"之策。可见，日本此时虽未在名义上要求对"满蒙"地区之占领或割让，但从

---

① 南洋厅長官官房『南洋厅施政十年史』、南洋厅、1932、35頁。
② 井上馨侯伝記編纂会編『世外井上公伝』第5卷、原書房、1968、367頁。
③ 「对中国諸問題解決ノ為ノ交涉一件」（1915）、外務省編纂『日本外交文書』大正4年第3冊上卷、外務省、1968、113—115頁。
④ 《日本公使日置益提出的"二十一条"要求原案》（1915年1月18日），黄纪莲编《中日"二十一条"交涉史料全编》，安徽大学出版社2001年版，第20—22页。

诸条款的内容观之,已是将"满蒙"视为囊中之物。第三号是有关汉冶萍公司之二款,日本是缺少铁矿之国家,但钢铁又是发展近代化事业和军事工业的必需品,所以日本要求将占中国钢铁产量九成的制铁厂汉冶萍公司变为中日合办,一来弥补日本铁矿之不足,二来可借此钳制中国之重工业命脉,可谓"一举两得"。第四号仅一款,即要求中国之沿岸港湾不予割让他国,此款是日本在"保全支那"的幌子下,惧怕此次由日本首先打破列国在华"均势"状况后,将诱使列国在战后重新划定势力范围而造成日本和列国的直接对抗,同时防止中国政府再次实施"以夷制夷"策略而影响日本的侵华政策。① 此款看似多此一举,实则计谋深远。第五号共七款,其所求利权既广且深,既有土地所有权、南部铁路铺设权、采购军械和合办兵工厂、传教权等目标明确之要求,更有日中合办警察机关、聘用日本人为中央政府重要部门顾问等涉及面广且流毒至深之利权。因而,此号最遭人诟病。就连大隈内阁的外相加藤高明也认为此号要求过甚,根本未向日本元老提及此号所列内容,且预计不能得到中国及列强之承认,故而特别称之为"希望条件"以粉饰内心的贪欲。

袁世凯在接到"二十一条"后,虽然表示"愤慨"② 之极,但最后仍然做出让步,命外交部开始与日本交涉。至5月初,中、日先后开展会议25次,仍未达成一致认识。大隈内阁在气急败坏之下,于5月7日提出最后通牒,意在逼迫袁世凯就范,这一强硬手段果然奏效。5月25日,中日间最终签订了《中日民四条约》(又称《中日北京条约》),即《关于山东省之条约》四条、《关于南满洲及东部内蒙古之条约》七条,以及其他未列入条约之"换文"十三项。③ 若将日本"二十一条"

---

① 袁世凯总统府机要局曾分析当时形势曰:"现于众目昭张之际,日本无所藉口,或不致无故倡议瓜分中国,只须忍过此时,俟欧战终结,尔时三国(英、法、俄)本国之事已定,即可以实力压制日本,不怕其野心勃发。"参见《收大总统府机要局抄交函》(1915年2月1日),"中研院"近代史研究所编《中日交涉史料·二十一条交涉(上)》,"中研院"近代史研究所1985年版,第9页。

② 「在中国日置公使ヨリ加藤外務大臣宛」(1915年1月20日)、外務省編纂『日本外交文書』大正4年第3冊上卷、外務省、1968、115頁。

③ 黄纪莲编:《中日"二十一条"交涉史料全编》,安徽大学出版社2001年版,第172—192页。

原案与上述最终签订的条约进行文本比较，[1] 可知日本在"二十一条"中急切想获得的利权范围主要集中在北方的"满蒙"、山东省以及南方的福建、江西两省，这也正符合日本长期以来在"大陆政策"中既定之"北守南进"方针。关于"满蒙铁路"权益的规定，集中在《关于南满洲及东部内蒙古之条约》，其中第一条是有关"南满铁路"和安奉铁路之规定："两缔约国约定，将旅顺、大连租借期限并南满洲及安奉两铁路之期限均展至九十九年为期"，第七条是有关改订吉长铁路之规定："中国政府允诺，以向来中国与各外国资本家所订之铁路借款合同规定事项为标准，速行从根本上改订吉长铁路借款合同。将来中国政府、关于铁路借款事项，将较现在各铁路借款合同为有利之条件给与外国资本家时，依日本国之希望再行改订前项合同"。[2] 在同日签订的附件一《关于旅大南满安奉期限之换文》中规定："本日画押之关于南满洲及东部内蒙古条约内第一条所规定，旅顺、大连租借期限展至民国八十六年，即西历千九百九十七年为满期；南满铁路交还期限展至民国九十一年，即西历二千零二年为满期。其原合同第十二条所载：'自开车之日起三十六年后，中国政府可给价收回'一节，毋庸置议。又，安奉铁路期限展至民国九十六年，即西历二千零七年为满期。"[3] 就这样，日本通过"二十一条"的逼迫，在《中日民四条约》中攫取了"南满"铁路、安奉铁路两路路权，同时获得了从根本上改订吉长铁路的利权，日本在"满蒙"的铁路权益得到进一步扩张。

二　四郑铁路借款合同

在 1913 年的借款预约大纲中，日本获得了四洮铁路的借款权，后由于第一次世界大战爆发，中、日之间首先签订了作为四洮铁路之一段的《四郑铁路借款合同》，这也是日本在"二十一条"后攫取的第一条铁路线，成为

---

① 《"二十一条"情况变迁表》，黄纪莲编《中日"二十一条"交涉史料全编》，安徽大学出版社 2001 年版，第 670—678 页。

② 《关于南满洲及东部内蒙古之条约》（1915 年 5 月 25 日），王铁崖编《中外旧约章汇编》第二册，上海财经大学出版社 2019 年版，第 1026—1027 页。

③ 《附一：关于旅大南满安奉期限之换文》（1915 年 5 月 25 日），王铁崖编《中外旧约章汇编》第二册，上海财经大学出版社 2019 年版，第 1028 页。

满铁在"满蒙"地区的四大借款铁路①之一部分。因为这是"满洲"铁路借款预约大纲签订后中日之间的第一个铁路借款合同,虽然借款金额只有 500 万日元,但合同条款多达 26 条,此外还有 12 份附件②,可谓罕见。从中也可窥见中日双方对此事的重视程度,所以双方围绕借款合同的基本原则、合同主要内容、条款权利、措辞用语等,进行了长时间的谈判。

在 1913 年中国和日本确立了铁路借款预约大纲以后,满铁和参谋本部之间经过协商,决定以四平街为起点修筑四洮铁路,不过参谋本部要求将来满铁以自身资金延长四郑铁路或新筑支线时,满铁需要在奉天和苏家屯间修筑复线。在这一交换条件下,参谋本部最终同意满铁开始修筑四郑铁路。1914 年 4 月,小田切万寿之助曾代表横滨正金银行向中国提出四洮铁路和开海铁路合同草案,但是因第一次世界大战爆发,铁路公债不能发行,所以交涉遂告中断。③ 在 1915 年《中日民四条约》签订之后,日本再次提出交涉申请。中国在综合考虑之后,决定接受日本的交涉申请:"嗣因欧战爆发,该银行遂搁置不提。及本年 6 月,据正金银行代表小田切面称,拟由银行筹款先筑四平街至郑家屯一段,及 7 月间提出修正合同草案,乃变更前议,主张发行债票日金 500 万元,并声明万一债票不能发行,则由银行借款修筑。……正金银行既愿先修四郑一段,则只能以四郑一段为限,与之先立合同,惟须以浦信铁路办法为标准。"④ 随后中日在政府层面便开始交涉,日本方面以

---

① 即 1909 年的吉长铁路、1919 年的四洮铁路、1924 年的洮昂铁路、1925 年的吉敦铁路。

② 十二份附件中,附件一至附件十一的日期均为 1915 年 12 月 17 日,附件十二日期为 1916 年 1 月 10 日,具体如下:《附件一》《附件二:借据式样》《附件三:关于四郑铁路以外各路借款之件》《附件四:关于债票发行之件》《附件五:关于总工程师会计主任任用之件》《附件六:关于委派局长执行督办职权之件》《附件七:关于铁路收入存放银行之件》《附件八:关于铁路收入货币种类之件》《附件九:关于铁路材料免税之件》《附件十:关于在欧美发行债票之件》《附件十一:关于运送军队军需减价之件》《附件十二:正金银行致陆参事函》。参见王铁崖编《中外旧约章汇编》第二册,上海财经大学出版社 2019 年版,第 1059—1071 页。

③ 外务省外交史料馆『開海鉄海両鉄道関係雑纂』、アジア歴史資料センター、Ref. B04010960700。

④ 《财政总长周学熙、交通总长梁敦彦会呈大总统文》(1915 年 12 月 17 日),中华民国交通铁道部编《交通史路政编》第十三册,交通铁道部交通史编纂委员会(出版时间不详),第 5303—5306 页。

横滨正金银行代表小田切万寿之助为主，中国方面以财政总长周学熙、交通总长孙宝琦为主，中方派出陆梦熊、陈斯铭、程经世等为交涉委员与小田切谈判。

自 1915 年 8 月 6 日双方举行第一次会谈开始，至合同签订为止的五个月时间内，中日双方举行正式会谈 23 次，私下会谈更是不胜其计。① 交涉的重要事项包括：第一，关于合同的形式和顺序问题；第二，线路决定权问题；第三，借款修筑四郑以外各线的问题；第四，抵押问题；第五，手续费问题；第六，关于聘用合同问题；第七，铁路巡警与运输军队问题；第八，铁路购料问题；第九，延长线与支线修筑问题；第十，以暂借款支付铁路工程费问题；第十一，关于在国外支付日本发行的公债本息及有关发行公债问题。② 其中，在线路决定权、四郑以外线路、总工程师和会计主任的选择问题上，双方曾争执了很长时间。合同签订以后，小田切回顾了整个谈判过程，一直在思考为何谈判会如此艰难。四郑铁路既不像湖广铁路、浦信铁路等有特殊的历史，又不像陇秦铁路、豫海铁路等有特殊的原因，四郑铁路自交涉之时起，虽然已经预料到必将遇到很多困难，但实际情况更是远在意料之外。小田切认为，除了"中国政府对日本在满洲的举动经常怀有猜疑心理"等原因之外，判定其深层原因是"受了日本对华政策的影响"。进而，小田切指出如果日本继续对中国采取"侵略的、恫吓的、强迫的政策"，必将招致中国政府与多数人民的仇视、愤慨与妨碍，所以小田切建议此后日本应该对中国政府和人民持"和平的、宽厚的、抚育的外交方针"。但是，小田切的这种建议并非其真实想法，从他对中国人的蔑视性评论中就可发现，小田切说："中国是个弱国，并且是个独立国，对之如加以强迫并损伤其体面，势将逼出穷鼠咬猫的态度。中国人多数为幼儿，而且其中一部分具有唯我独尊的个性。对之如施以过严的措施并损伤其自尊心，势必将采取阳奉阴违的举动。这并非是空话，乃是事实，而且是多次重

---

① 「満蒙鉄道借款細目交渉ニ関スル件（四平街鄭家屯鉄道借款）」、外務省編纂『日本外交文書』大正 3 年第 2 冊、外務省、1965、431—500 頁。

② 《横滨正金银行董事小田切万寿之助关于四郑铁路借款交涉经过报告》（1916 年 2 月 28 日），解学诗主编《满铁档案资料汇编》第四卷《日本独占中国东北铁路交通》，社会科学文献出版社 2011 年版，第 218—224 页。

复的事实。对华政策的要领，全在于把握大局，不拘小节，排除其敌意，促进其信任。藏威力与锋芒，图经济的发展。"① 可见，小田切所谓的对华政策"反思"，完全是建立在他对中国和中国人的歧视之上的。

1915 年 12 月 17 日，中、日双方终于正式签订了《四郑铁路借款合同》，其中主要条款如下。第一条是借款总数及名称："政府准银行承办发售五厘利息金币，借款数目系日金五百万元。本借款日期即售票之日，定名为：中华民国政府五厘利息四郑铁路公债。"第二条是用途："本债票进款充为建造由四平街起至郑家屯为止铁路之用。此项路线俟测勘完竣后，应由督办与银行协定，详情交通部核准。"第四条是利率："本债票利息按票面数目定为常年五厘，自出售债票之日起算，每半年交付执持债票人一次。"第五条是借期："本借款以四十年为期，自出售债票之日起算，至第十一年起还本。"第八条是政府保本："本借款在票本利，政府确保全还。"第十四条是存款利率及提拨："本债票进款，按照购票人分次交款及其日期，在横滨交付银行收存本铁路项下。……总会计以日本国人员充当，由督办预先商明银行同意，由督办任用，并订立聘用合同。……本借款期内，该总会计承督办及总办命令，专司本铁路一切收支各款，并关于用款各单据，同中国总办签字。"第十六条是任用职员："总工程师应以日本国人员充当，但须由督办预先商明银行同意，由督办派充，并订立聘用合同。该总工程师应听督办或总办命令办理勘路、筹划、绘图、估计等事，并指挥监管一切工程及订购材料、机器等一切物件。"第十七条是护路军警："保护全路应设巡警队，警官、警兵均用华人。"第十八条是路款存放："所有本铁路进款随时交银行收入本铁路项下，不得稍涉迟延，酌视情形定为长存或短存，其利息随时会同银行酌定。"第二十条是展线："政府将来或以为有益，或以为必需，拟建造联属本合同内所载铁路之支路或延展线路，应由政府以中国款项自行修造。如须用外国资本，则先尽与银行商办。其支路或延展线路里数长短，由

---

① 《横滨正金银行董事小田切万寿之助关于四郑铁路借款交涉经过报告》（1916 年 2 月 28 日），解学诗主编《满铁档案资料汇编》第四卷《日本独占中国东北铁路交通》，社会科学文献出版社 2011 年版，第 228 页。

政府自行订定。"① 由此可见，中、日双方都抱着谨慎的态度，对借款造路各种有关事项都做出了明文规定，尤其是双方争执良久的会计主任、总工程师等事暂时有了结果，此后中、日在签订铁路借款合同时，基本以四郑路合同为模本或多有参照，其影响深远。

四郑铁路在开工的初期阶段，因为受到第一次世界大战的影响，材料和其他物资价格高昂，结果修建资金大约短缺 200 万日元。中国政府无力筹款，横滨正金银行在市场上增加招募资金也并非易事，但是日本又想让工程尽快进行。所以满铁总裁中村雄次郎在 1917 年 4 月 18 日向首相寺内正毅提出申请，由满铁会社拨出不足部分的资金，以应四郑铁路的急需，同时提出将来在修建开原至海龙线、郑家屯至开鲁线时，所需资金也拟由满铁会社一并承担。② 6 月 29 日，寺内正毅复函同意了这一请求，但在同一天，日本铁道院总裁后藤新平也致函中村雄次郎，提出四点建议："一、斟酌各外国对华借款之例，不要做过分的要求。二、作为附带条件，须任用的技师长、会计主任以及其他职员的报酬等，不要过分。三、修筑费预算的调查，从开始起就要尽量精确，以期不发生差错。四、线路的选定和修路顺序，预先进行充分的调查。"③ 11 月 21 日，横滨正金银行董事长井上准之助致函满铁理事长国泽新兵卫，内称："现在四郑铁路建设工程正顺利进行，不日即可完工。关于上述各铁路，建设资金已达到同中国政府签订借款契约的时期。但是，鉴于各铁路与贵社铁路有着直接而又重大的利害关系，它们唯有配合贵铁路才能发挥其能力、提高其价值。敝行奉命将满蒙铁路借款优先权全部转让贵社，对开发满蒙非常便利。"④ 横滨正金银行转让给满铁的铁路线包括

---

① 《四郑铁路借款合同》（1915 年 12 月 17 日），王铁崖编《中外旧约章汇编》第二册，上海财经大学出版社 2019 年版，第 1053—1059 页。

② 《满铁总裁致寺内首相呈文》（1916 年 2 月 28 日），吉林省社会科学院《满铁史资料》编辑组编《满铁史资料》第二卷，《路权篇》第二分册，中华书局 1979 年版，第 668 页。

③ 《日本铁道院总裁后藤新平致满铁总裁中村雄次郎函》（1917 年 6 月 29 日），解学诗主编《满铁档案资料汇编》第四卷《日本独占中国东北铁路交通》，社会科学文献出版社 2011 年版，第 230 页。

④ 《横滨正金银行董事长井上准之助致满铁理事长国泽新兵卫函》（1917 年 11 月 21 日），吉林省社会科学院《满铁史资料》编辑组编《满铁史资料》第二卷，《路权篇》第二分册，中华书局 1979 年版，第 671 页。

四郑线、开海线、长洮线,以及洮承线、吉海线、郑洮线。这些都是满铁梦寐以求的路线,于是满铁很快回复称:"贵行把对满蒙铁路借款预约大纲规定的各铁路的投资权及投资优先权转让敝社一节,亦为敝社所期望,如经中国政府允诺,则敝社将成为今后借款合同的当事人。……关于四郑铁路建设费不足额暂由贵行借给中国政府一节,敝社同意事后返还贵行。"① 就这样,通过横滨正金银行与满铁会社的私下约定,中国的铁路利权再次落入满铁手中。1918 年 1 月,四郑铁路开始临时营业。②

三 夺取吉长铁路经营权

新奉铁路即奉天至新民间铁路,全长约 60 千米,属于京奉铁路(原名关内外铁路)的一部分,是日本在日俄战争后期铺设的一条军用轻便铁路。③ 日俄媾和后,日本要求继续占领该路,中国政府则要求估价售与中国,两相争持,最后确定中国以向日方借款作为交换条件,将该路买回。吉长铁路即吉林市至长春间铁路,全长 127.7 千米,是中东铁路的一条支线。吉林将军长顺曾奏请自修该路,因日俄战争爆发而未能实现。日、俄在朴茨茅斯议和时,俄国答应日本修筑,遭到中国反对,最后达成妥协,由中国自行筹款筑造,不敷之数向日本贷款。

早在日俄战争时期,对于日本强筑新奉铁路,总理衙门奕劻向驻清公使内田康哉提出抗议:"查新民系局外地面,未便安配铁轨。相应函达贵大臣查照,转致贵国军政官勿在该处安设轨道,以重中立。"内田康哉辩称:"查俄军前在新民府占据时,按照军务必须之事,任便施行,于今我国军队,事同一律,业由本大臣迭次照会内声覆在案。此次安设小铁轨,亦属军务必须之事,未便辄令停止。"针对这种无理要求,奕劻再次指出:"此段轨路,本系中国自主之权利,况两国议约,业已订

---

① 《满铁理事长复正金银行董事长函》(1917 年 12 月 17 日),解学诗主编《满铁档案资料汇编》第四卷《日本独占中国东北铁路交通》,社会科学文献出版社 2011 年版,第 232 页。

② 「満蒙鉄道借款細目交渉ニ関スル件(四平街鄭家屯鉄道借款)」、外務省編纂『日本外交文書』大正 7 年第 2 冊上巻、外務省、1969、503 頁。

③ 外務省外交史料館『新奉鉄道関係雑纂』、アジア歴史資料センター、Ref. B04010952500。

明办法，自应由中国政府主持一切。贵国军政官何能别生枝节。"① 清政府首先坚持了路权归我所有的原则，然后又根据原来中俄协定的主要内容，开始与日本进行交涉。

1907 年 4 月 15 日，日本公使林权助与清政府外务部大臣那桐、尚书瞿鸿礼、侍郎唐绍仪在北京签订了《新奉吉长铁路协约》共七款，主要内容有：第一，中国政府现因收买日本国所造新民府至奉天省城铁路，议定售价 166 万日元，在天津交付正金银行，此铁路由中国改为自造铁路，允将辽河以东所需款项向满铁筹借一半，偿还期限为 18 年；第二，中国此后自办吉长铁路，所需款项之半数也必须向满铁会社贷借，偿还期限为 25 年，上述两项借款均以该路产业及进款作保；第三，在借款期内，铁路总工程师应任用日本人，铁路办事人员也可参用日本人，添派一名日本人会计员，与铁路总办商同办理；第四，中国政府应从速与满铁订立关于辽河以东之借款合同，并派中国铁路工程师与日本铁路工程师共同勘测吉长铁路，估计该路所需款后的六个月内与满铁订立借款合同。② 《新奉吉长铁路协约》签订后，中、日之间又陆续订立了一系列借款合同，即 1908 年的《新奉吉长铁路借款续约》、1909 年的《新奉铁路借款细目合同》与《吉长铁路借款细目合同》③，明确上述两条铁路的借款条件，日本以借款进一步获取了在东北修筑铁路的利权，并且很快便策划吉长铁路与"南满"铁路的联运方案。④ 1910 年 4 月 1 日，吉长铁路正式开工修筑，同年 10 月 30 日基本竣工，由于土门岭隧道未能完工，暂用便道绕行，直至 1919 年 10 月 20 日才全线通车。

根据铁路协约第四款规定，清政府在收买新奉铁路之后，应尽快与满铁会社签订新奉铁路辽河以东部分改筑费之一半的借款合同，并且应

---

① 《内田康哉致奕劻等覆信》（1905 年 6 月 12 日），宓汝成编《中国近代铁路史资料（1863—1911）》第二册，中华书局 1963 年版，第 575 页。

② 《新奉吉长铁路协约》（1907 年 4 月 15 日），王铁崖编《中外旧约章汇编》第二册，上海财经大学出版社 2019 年版，第 350—352 页。

③ 《新奉吉长铁路借款续约》（1908 年 11 月 12 日）、《新奉铁路借款细目合同》（1909 年 8 月 18 日）、《吉长铁路借款细目合同》（1909 年 8 月 18 日），王铁崖编《中外旧约章汇编》第二册，上海财经大学出版社 2019 年版，第 515—517、543—552 页。

④ 外务省外交史料馆『吉長鉄道関係雑纂』第三卷、アジア歴史資料センター、Ref. B04010944100。

由日本指派总工程师与会计主任。为此，中、日双方在北京开始进行秘密协商。中国政府指出，辽河以东铁路是构成关外铁路的一部分，且距离很短，事实上不可能将其会计单独分出而另设独立的会计人员分担日常事务，因此要求撤销会计主任。经过重新协商，中国政府提出，可尽量在账簿中将辽河以东部分区分开，每三个月或六个月接受日本方面检查一次；关于总工程师，希望以现任关内外铁路总工程师曲尾担当。日本政府经过考虑，认为："修筑吉长铁路不仅在军事上和商业上对帝国非常重要，而且对我经营南满铁路而言也是需要尽快修筑的。……修筑吉长铁路刻不容缓，故此刻纵使放弃这一权利，应尽速议定细目以确保修筑吉长铁路的权利。"① 日本政府遂接受了中国政府的提议。

1911 年 11 月，邮传部款项处主任于俊年拜访了横滨正金银行北京分行经理实相寺贞彦，申请正金银行借给吉长铁路二三十万日元，作为短期借款以便继续进行该路工程。对于这一请求，驻清公使伊集院彦吉认为："日本早在等候机会把吉长铁路不仅是工程而是所有监督权收归自己之手，因此本借款应婉言予以拒绝，一俟更加穷困，再相机达到我方的愿望。"② 于是，伊集院以吉长铁路与满铁有关、正金银行借款并不合适为由，直接拒绝了这一要求。11 月 27 日，于俊年又去拜会满铁理事，请求融资 30 万日元。满铁当时也在考虑抓住吉长铁路财政困难、束手无策的时机，创造一个对自己有利的局面，同样拒绝了借款请求。在孙多钰被任命为吉长铁路总办后，再次请求满铁借款。日本政府对这一借款的态度是，如果是永久性贷款，总工程师和会计主任被赋予有关铁路建设及经营的完全权限时，则有可能给予贷款；但如果只是二三十万日元的小额借款，就没有意义了。但是，根据邮传部的指示，"目前除临时借款外，完全不得进行交涉"，吉长铁路借款就此中断。

1913 年，因交通部资金供应断绝，吉长铁路面临停工，同时交通部建议吉长铁路局自己筹措资金或进行借款，吉长铁路总办虞愚计划从满

① 《日本阁议决定》（1909 年 6 月 22 日），解学诗主编《满铁档案资料汇编》第四卷《日本独占中国东北铁路交通》，社会科学文献出版社 2011 年版，第 72 页。

② 《日本阁议决定》（1909 年 6 月 22 日），解学诗主编《满铁档案资料汇编》第四卷《日本独占中国东北铁路交通》，社会科学文献出版社 2011 年版，第 75 页。

铁借入 100 万日元。于是，1914 年 4 月，满铁对吉长铁路 100 万日元借款提出的条件是：全额交付借款，年息 8 厘；交付日期为第一年 20 万日元、第二年 80 万日元；每次需要资金时，应由总办用经总工程师和会计主任共同签署的单据向满铁申请；吉长铁路的运费如有变动，应随时与满铁协商。同时，在日本政府给满铁的秘密指示中，提出了三个补充条件："1. 运输主任须采用日本人；2. 须将借款全数存入日本银行，提取时须有总办与会计主任共同签署的支付命令；3. 出包工程或购买物品需要经费，以及任命会计部人员时，须经会计主任同意，工程上需要做出新决定，以及任命技术部人员时，均须经技师长同意。"① 但是，交通部认为吉长协约是清政府与日本所签订，并非民国政府所缔结，如果准备进行新的借款，必须取得参议院的同意，而鉴于现状，必将议论百出、发生困难，因此如果能在旧借款协约的基础上续借 100 万日元，则可以进行协商。交通部还表示利息虽高还可以接受，但绝不能同意吉长线运费随时同满铁协商的条款，因为铁路运费是中国内政问题，运费受到满铁限制的话，将来有可能陷入被满铁吞并的危险之境。后来经过协商，满铁同意删除运费协商一项，但是不同意将此借款作为旧借款的延续借款，坚持主张另定新的借款合同。1914 年 5 月 7 日，满铁总裁野村龙太郎致函日本驻华公使山座圆次郎，内称："不久前，即在去年 8 月，对方又提出借款的希望，当时满铁当事人的想法是，如果提出对方难以应允的条件，只是徒然重蹈覆辙。因此，这次莫如以能使对方易于应允的条件进行交涉为宜。满铁经请示外务、大藏两省及铁道院对这种想法的意见，大致均答称同意。"② 7 月，满铁营业科长西村与吉长铁路局长虞愚在契约内容方面大致取得一致意见，但并未得到中国交通部认可。对日本而言，"吉长铁路是将来从北朝鲜通往北京的重要铁路网的一个组成部分，一旦吉会铁路建成，吉长线握在满铁手中具有重大意义，它是可以与中东铁路进行竞争的有力路线，因此产生了一种尽快解决这种

---

① 《政府秘示给满铁的补充条件》（1914 年 4 月），吉林省社会科学院《满铁史资料》编辑组编《满铁史资料》第二卷，《路权篇》第二分册，中华书局 1979 年版，第 482 页。

② 《满铁总裁野村龙太郎致日本驻华公使山座圆次郎函》（1914 年 5 月 7 日），宓汝成编《中华民国铁路史资料（1912—1949）》，社会科学文献出版社 2002 年版，第 220 页。

悬案的主张"①。

在起草《吉长铁路协约》的参考标准上，日本采取了认为对其最有利的 1902 年中、俄两国签订的正太铁路借款和行车合同②，并摘取了其他合同中对日本有利的条款。因为正太铁路合同最为有利之处在于，在营业合同中规定该铁路的指挥、管理和经营，必须委任于资金供应者，中国政府只限于责令督办大臣监督本铁路，不像一般铁路借款合同那样任命铁路专职局长行使管理、监督之权。实际上在这种规定下，该铁路的干部均为外国人，总工程师统辖铁路一切业务，恰似一般铁路的局长兼总工程师。1915 年 11 月，日本公使提出了《吉长铁路协约》十六条、《改订吉长铁路借款合同草案》十四条，罗列了铁路借款的要项，以备作为谈判之基础。③ 1916 年 2 月 21 日，中日双方召开了第一次会议。中方委员针对日方提出的协约和合同草案说："当开议之时，日本委员要求以日使提交外交部之草案作为根据，查此项草案系采集各借款合同中于中国最为不利之点并为一案，实难承认，当经拒绝。日本委员乃援据正太合同先例，提出委任代办之意，要求先行议决，其主义即以吉长一路委托南满公司代理经营。本部以中日新约无此明文，据理辩驳，会议四五次，彼谓如主义不能解决，只好移归外交机关办理，本部坚持前议，无法谈判。"④ 日方提出的满铁代理经营的要点共有十项，主要内容如下："一、全路管理权属于中国政府。二、中国政府因南满铁路会社经营南满洲铁路成绩卓著，特以吉长铁路在借款期间委托南满会社代为经营生利，遇事与中国政府所派局长和衷商办，得其许可。三、局长代表中国政府，职权在全路各首领之上，秉承交通部命令，对于全路用人、行政有指挥监督之权。四、全路及铁路用地之警察权、行政权均属

① 《关于吉长铁路日华交涉情况》（1915），解学诗主编《满铁档案资料汇编》第四卷《日本独占中国东北铁路交通》，社会科学文献出版社 2011 年版，第 85 页。
② 《正太铁路借款详细合同》（1902 年 10 月 15 日）、《正太铁路行车详细合同》（1902 年 10 月 15 日），王铁崖编《中外旧约章汇编》第二册，上海财经大学出版社 2019 年版，第 112—122 页。
③ 宓汝成编：《中华民国铁路史资料（1912—1949）》，社会科学文献出版社 2002 年版，第 276—279 页。
④ 《附件：提出国务会议说帖》（1916 年 11 月 24 日），"中研院"近代史研究所编《中日关系史料·路矿交涉》，"中研院"近代史研究所 1976 年版，第 683 页。

于中国政府。五、全路所有一切课税均与他路一律负担。六、所有运送军队、军需及运送官物、赈物以及因公乘车各项，减免运价办法，均照交通部通行章程。七、车价及各项进款均用中国货币。八、改定运价、减免运费、颁布一切条规，必须先与局长协商定之。九、任用员司先与局长商定之。十、交通部对于各路通行之法令章程吉长路即一律遵照。"① 对于日方的代理经营提案，交通部交涉员认定日本若不能实现此点即不可能同意借款，同时日方的提案中也在表面上将中国局长置于首位以显示吉长铁路主权仍为中国所有，因此思虑再三，权衡利弊，不得已指出："现在彼此争执要点即系代办经营四字，不如姑与以代办经营之虚名，而于与我取益防损各主张，分条列举，详切声明，尚可稍资补救。"②

1916 年 9 月 30 日，日本公使拜访交通总长，日本公使说今日造访专为吉长问题而来，此案双方委员会议已经持续八月有余，现在所不能解决者唯在"借款实收"问题上，日本委员提出实收九十、年利五厘，而中方委员起初要求十足交款，而后要求实收九十三、年利五厘，双方相持不能解决，现已停议多日。最后，日本公使提出双方各让一半，即主张照九十一点五交款、年利五厘，交通总长表示同意，该问题始得解决。事后，中方交涉委员呈报："要之，此次改订合同纯由于外交上之成约，根本上无可打消，自二月开议以来，已经十月余，正式会议已三十次，非正式商议又不计若干次，本部委员已舌敝唇焦，关于主权、国权上应行争执者，莫不力图挽救。相应草印合同及往复函件草案各一通，并检齐全卷五册，请公同议决后提出国会通过，以便与日本委员正式签字。"③ 随后于 1917 年经过国会讨论，对其中一些条款又进行了修正，例如将借款期限由 40 年改为 30 年、重新商议满铁代办细节等，"大体遂至确定"。

---

① 《附件：摘录面谈吉长路代理经营各节大要》（1916 年 4 月 8 日），"中研院"近代史研究所编《中日关系史料·路矿交涉》，"中研院"近代史研究所 1976 年版，第 546 页。

② 《附件：提出国务会议说帖》（1916 年 11 月 24 日），"中研院"近代史研究所编《中日关系史料·路矿交涉》，"中研院"近代史研究所 1976 年版，第 683 页。

③ 《附件：提出国务会议说帖》（1916 年 11 月 24 日），"中研院"近代史研究所编《中日关系史料·路矿交涉》，"中研院"近代史研究所 1976 年版，第 684 页。

1917 年 10 月 12 日，财政总长梁启超、交通总长曹汝霖与"南满"铁路公司代表理事龙居赖三正式签订了《吉长铁路借款合同》，主要内容有：第一条是"借款数目"等项，包括借款总金额为 650 万日元，年息 5 厘，借款实收价格按每 100 元实收 91.5 元，借款期限 30 年且期限未满以前不得全部还清，借款担保为本铁路之财产及其收入，政府保证借款本利之支付，如该铁路对于本金之偿还或利息之支付有迟误时由政府直接支付满铁公司；第二条是"管路权限"，本铁路全路管理权属于中国政府，政府设置局长一人为代表，秉承交通部命令，对于本铁路全般业务有监督之权；第三条是"代理营业"，政府因满铁公司经营"南满"铁路成绩卓著，特以本铁路在借款期限内委托公司代为指挥、经理、营业，但借款全部还清终了时，公司将铁路线路建筑物、车辆及诸设备保存普通营业之良好状态，交付于政府代表；第四条是"选任主任及其职权"，选任日本人三人为主任，充当工务主任（总工程师）、运输主任以及会计主任各职，其俸给由政府与公司协定之，铁路一切收入支出及票据均需经局长会同签字发生效力；第九条是"存取各项进款方法"，本铁路所收运费以及其他各项进款均用中国货币，应存于日本国银行，其存款方法于借款细目商定之；第十二条是"巡警各权之所属"，本铁路及本铁路用地之警察、行政、司法、课税等权，当然属于中国政府；第十五条是"路警均用国人"，保护全路应设巡警队，其警官、警兵均用中国人，其薪饷、经费盖由本铁路收入中支给；第十七条是"延线用款方法"，政府如将来必须建造联络本铁路支线或延长线。也有政府以中国款项自行修造，如需用外国资本除契约别有规定外，先尽与公司商办。其支线或延长线路里数长短由政府自行订定。① 此外，合同后还有六份附件②，具体规定了职员任用、司法权、减免运费等问题。同日，交通部委员权量、陆梦熊与"南满"铁路公司代表理事龙居赖三还签订了《吉长铁路借款细目合同》，对合同中的个别条款进行详细规定，

① 《吉长铁路借款合同》（1917 年 10 月 12 日），王铁崖编《中外旧约章汇编》第二册，上海财经大学出版社 2019 年版，第 1202—1205 页。
② 六份附件分别为：《附一：职员特别任用之件》《附二：减免运费之件》《附三：货币换算方法之件》《附四：司法权之件》《附五：邮件运送方法之件》《附六：豁免厘税办法之件》。

如第一条"借款总数及折扣"规定，"照合同第一条，公司应交付政府日金四百五十一万一千二百五十元，每百元按九一五扣付。所有实收数日金四百十二万七千七百九十三元七十五钱在日本东京交付中国公使，中国公使即将本合同所附甲式凭据交付公司"，此外还有借款用途、每半年付息一次、营业收入存放正金银行、合同以日文为主等。[①] 12 月 17日，满铁理事长国泽新兵卫致电日本驻华公使内田康哉，报告已经选出了吉长铁路的三个主任，即运输主任村田惖磨（兼满铁代表）、工务主任丸山芳树、会计主任和地永辰。[②]

《民国日报》曾专门对吉长铁路合同发表了评论，内称："吉长铁路者，由吉林省城达吉林属长春县之路也。全线长不过八十余英里，然西方则连长洮铁路，东方则结吉会铁路，为将来由朝鲜沿海横断吉林省达洮南之一大铁道中枢，与日本之满蒙经营所关甚巨。……南满铁道会社代表原所要求，不外代办铁路四字；其规定之严密，实较历来中外借款造路合同为甚。……我国代表其始本欲仿四郑铁路办法，于技师长、会计主任外，更聘日本人一名为车务总管，曾备有对待之提案；乃日本代表始终牢守其委托代办主义，不肯丝毫放松。最后商量，只允为保存中国体面，用避名取实之计，仍须实行代办。几经磋磨，数见停顿，而最后结果，日本主张卒得贯彻，……就以上所述观之，吉长铁路以非我所有，殆无可疑。……观于此，可知吉长铁路之改约，不啻为吉会铁路之订约，宜其力持委托代办之说，不肯少松，待至吉会铁路成，则南满、北韩联成一气矣。"[③] 比较以上合同文本内容可知，中国虽然在名义上有权设置吉长铁路局长一名，但是满铁会社有权"代理营业"且在此项权利下将会计主任、运输主任等关键职位收入囊中，明显是将局长架空的表现，这既是段祺瑞政府为掩人耳目而暗中卖国的证据，也是满铁蚕食

---

① 《吉长铁路借款细目合同》（1917 年 10 月 12 日），王铁崖编《中外旧约章汇编》第二册，上海财经大学出版社 2019 年版，第 1210—1212 页。

② 《满铁理事张致日本驻华公使电》（1917 年 12 月 17 日），解学诗主编《满铁档案资料汇编》第四卷《日本独占中国东北铁路交通》，社会科学文献出版社 2011 年版，第 96—97 页。

③ 《吉长铁路协约改订记》（1916 年 12 月 14、16 日），宓汝成编《中华民国铁路史资料（1912—1949）》，社会科学文献出版社 2002 年版，第 268—270 页。

吉长铁路管理权的明证，更是满铁策划和攫取吉会铁路的第一步。

第二节　日本谋夺"满蒙借款五路"

一　"满蒙借款五路"与满铁争夺承建权

从明治到大正，从藩阀政治时代到政党政治时代的来临，满铁内部也发生了巨大的变化。1913 年 12 月，第二任总裁中村是公、副总裁国泽新兵卫被更换。从支持后藤新平和中村是公的长州阀到立宪政友会系政治家的时代潮流也发生了变化。中村是公、国泽新兵卫的更换是大正政变中第三次桂太郎内阁倒台、山本权兵卫内阁成立后不久的事，据说这是政友会总裁山本内阁的内务大臣原敬的"定金"，即交换条件。然后，政友会系统的铁路官僚、铁道院副总裁野村龙太郎担任了满铁总裁，副总裁由政友会干部伊藤大八就任。以伊藤大八为中心大力推进理事交替，除了犬塚信太郎以外的所有理事都被政友会系人员取代了。这样的行动，在那些从草创期开始就和后藤等人同甘共苦的职员看来，满铁干部的职位就像是政党的特权对象一样，两者经常发生激烈的对立。正当此时，由铁道院、朝鲜铁路、满铁三方协议设定的"三线联络特别运费"，很可能导致满铁的衰亡，使事态更加混乱。野村龙太郎、满铁调查课的村田以麿和大连站站务助手竹中政一等人站在反对特别运费运动的最前列，说服犬塚信太郎向舆论呼吁。结果，特别运费协议被撤回。副总裁伊藤大八废除了至当时为止进行的理事合议制，提出了强化总裁权限的提案。但是，成立以来就身为理事的犬塚信太郎强硬抵抗，发起了对伊藤大八的排斥运动。结果，1914 年 7 月，犬塚信太郎被新上台的第二次大隈内阁罢免的第二天，满铁总裁野村龙太郎和副总裁伊藤大八也被同时罢免，新任总裁是出身陆军的中村雄次郎。[1] 而原敬内阁上台后，重新起用野村龙太郎担任满铁社长。1921 年，社长野村龙太郎卸任后，满铁的社长先后由早川千吉郎、川村竹治、安广伴一郎担任。

---

① 原田勝正『満鉄』、岩波書店、1981、104—109 頁。

满铁在大正时期，进入了总裁人选伴随政权更迭而更替的时代，满铁被卷入日本的政治斗争之中。昭和初期的 1927 年，满铁成立了社员会，由全体员工加入而构成，因此与一般的工会组织不同，但是其主要目标是对抗政党的介入。①

日本在向中国强硬提出"二十一条"之后，曾引发了中国第一次反日浪潮，因此日本政府便考虑改变侵华策略问题，从大隈重信内阁到寺内正毅内阁的对华政策便从"武力渗透"转变为"经济渗透"。② 同时，袁世凯去世之后，中国军阀之间的斗争导致财政危机，也不得不诉诸借款外交。③ 因此，所谓"西原借款"④ 便成为第一次世界大战中后期日本对华外交以及攫取"满蒙铁路"的典型特征，其中与"满蒙铁路"相关者包括五条铁路，即吉会铁路和"满蒙四铁路"，因此可以将其统称为"满蒙借款五路"。

为了在对华投资上进行列国协调，1910 年 11 月 10 日，英、法、德、美正式签订了四国银行团合同，但其中规定："经常性的银行业务以及在银行业务范围以内的金额不大的金融活动不属于本合同的范围。"⑤ 后来由于该银行团在业务范围中触犯了日本与俄国在东三省的"特殊利益"，因而遭到两国反对。于是在 1912 年 6 月 18 日，日、俄加入之后变为六国银行团。但是美国认为六国银行团"有碍中国行政独立"，于是退出，即变为五国银行团。美国在退出银行团后，要求将"工业贷款"从银行团业务范围内除去，同时"由于日本政府对工业贷

---

① 原田勝正『満鉄』、岩波書店、1981、140—144 頁。

② 周武、陈先春：《论第一次世界大战期间日本对华政策》，《史林》1992 年第 3 期。

③ 谷寿子「寺内内閣と西原借款」、『東京都立大学法学会雑誌』(1)、1969 年、74—83 頁。

④ "西原借款"是一战后期日本寺内正毅内阁对中国段祺瑞内阁的一系列贷款的总称，由于这一系列借款是由一个名叫西原龟三的日本大陆浪人在中日高层间秘密周旋，故称之为"西原借款"，该借款成立于1917 年 1 月 20 日至 1918 年 9 月 28 日，共 8 笔借款，合计 1.45 亿日元，即交通银行第一次借款 500 万日元、交通银行第二次借款 2000 万日元、有线电信借款2000 万日元、吉会铁路垫款 1000 万日元、吉黑林矿借款 3000 万日元、"满蒙"四铁路垫款2000 万日元、济顺高徐二铁路垫款 2000 万日元、参战借款 2000 万日元。参见孙志鹏《菊分根：西原借款与日本的大陆政策》，台北：翰芦图书出版有限公司 2021 年版，第 12 页。

⑤ 《四国银行团（汇丰银行、德华银行、东方汇理银行、摩根公司）合同》（1910 年 11月 10 日），上海市档案馆、财政部财政科学研究所《中国外债档案史料汇编》第二卷，1988年，第 43 页。

款打算采取自由行动"①,所以银行团议决"六国财团合同的条款不再适用于工业和铁路贷款"②,将对华借款的范围仅限于政治借款,而将实业借款除外。由于这一规定,横滨正金银行因为属于五国银行团成员,所以只能提供政治借款而不能参与实业借款,而日本若想对"满蒙铁路"进行投资,需要其他银行的参与。于是,1916 年 12 月 4 日,寺内内阁促使日本兴业银行、朝鲜银行、台湾银行组成"特殊银行团",专门负责对华实业借款业务,按议定比例共同出资,1917 年 1 月 20 日正式被日本政府批准成立。同时,划分了日本各个银行系统的业务范围:第一,政治借款仍然由横滨正金银行担任;第二,经济或实业借款由兴业银行、朝鲜银行、台湾银行担任;第三,正金银行使用其原来的联合财团筹集政治借款资金;第四,兴业银行利用其原有的联合银行发行债券;第五,兴业、朝鲜、台湾三银行相互间订立有关贷款协约。③

根据银行团的新规定以及避免大隈内阁时期的武力侵略遭致中国反日的情况,日本在寺内内阁成立初期拟定了《对华借款方针》,其中特意指出:"第一,对华借款要避免过去那种以获取权利为主、赤裸裸地强迫中国接受的态度,先以稳妥条件提供贷款,在增进邦交亲善的同时,采取促其主动向我提供有利的权益的手段。第二,对华借款要避免过去那种头绪繁多、用途分散的弊病,选择主要目标,集中投资。第三,对华借款谈判中尽量避免以获取手续费为目的之私人或公司介于其间;外务省在批示私人或公司可否进行对华借款时,因牵涉筹集资金,应在事前与大藏省协商。"④ 可见,寺内内阁在借款条件、借款项目、借款决策机构上都做出了重大调整,例如:借款条件不再以谋求直接的经济利益为主,而是以利权的获得为主;借款应以大额、集中为主;剥夺

---

① 《巴尔福(BALFOUR)先生致美国大使》(1918 年 8 月 14 日),上海市档案馆、财政部财政科学研究所《中国外债档案史料汇编》第二卷,1988 年,第 88 页。

② 《在东方汇理银行办事处举行的六国财团的会议记录》(1913 年 9 月 26 日),上海市档案馆、财政部财政科学研究所《中国外债档案史料汇编》第二卷,1988 年,第 73 页。

③ 「对支借款ニ関スル金融機関系統」、鈴木武雄監修『西原借款資料研究』、東京大学出版会、1972、171—172 頁。

④ 「对支借款方針」、鈴木武雄監修『西原借款資料研究』、東京大学出版会、1972、168—169 頁。

了外务省的对华借款权，提高大藏省的借款权限。如此一来，一向由横滨正金银行和满铁负责的对华铁路借款问题，现在被新成立的日本三银行（兴业银行、朝鲜银行、台湾银行）取代，这也是此后满铁提出抗议的主因。

寺内正毅曾言："我觉得由韩国北部至清国吉林修筑铁路，对确保韩国的防御、开发上述地区、扶植我方势力是有利的，在政略上，尤其在战略上是极其必要的。"① 而且满铁还声称：日本把吉会铁路作为向大陆发展的路线予以重视，是受到俄国计划的刺激；从军事上的观点，日本早就有过这样的打算，即把这个新交通路线加到已有的两线——经由海路大连到大陆的一线、从下关经釜山到大陆的一线——之上，作为第三条线；这种打算因日俄战争爆发而急剧表面化，"吉会间的路线由于日本海有对马、津轻两海峡扼守着，非常安全，由此可以从满洲安全地输入军需物资，而当大陆一旦有事，需要派兵之际，就可以利用该路线从日本国内各地同时迅速出兵，一举攻入敌人腹地，断绝其后路，以达到先发制人"。② 可见，日本政府和军部对吉会铁路的重视程度。

在西原龟三的极力推进下，日本三银行与中国段祺瑞政府间很快便先后在1918年6月18日、9月28日缔结了吉会铁路和"满蒙四铁路"借款预备合同。在《吉会铁道借款预备合同》中规定，中国因建造"吉林经过延吉南境及图们江以至会宁之铁路"，向日本三银行借款，条件为：借款金额1000万日元，无折扣、无手续费，年息7厘5毫，每半年预付利息一次，担保品为现在及将来吉会铁路所属之一切财产及收入。③ 就这样，日本三银行轻易地获得了日本梦寐以求的吉会铁路修筑权。进而，日本为了落实"满蒙铁路网"计划，引诱北洋政府继续出让"满蒙铁路"利权。1918年9月24日，中国特命全权公使章宗祥与日本外务

① 《陆军大臣寺内正毅致内阁总理大臣西园寺公望函》（1907年1月25日），吉林省社会科学院《满铁史资料》编辑组编《满铁史资料》第二卷，《路权篇》第二分册，中华书局1979年版，第515页。

② 《满铁声称日本重视吉会路是因受到俄国计划的刺激》，解学诗主编《满铁档案资料汇编》第四卷《日本独占中国东北铁路交通》，社会科学文献出版社2011年版，第102页。

③ 《吉会铁道借款预备合同》（1918年6月18日），财政科学研究所、中国第二历史档案馆编《民国外债档案史料》第六卷，档案出版社1991年版，第320—322页。

大臣后藤新平交换了关于"满蒙四铁路"的换文,"满蒙四铁路"路线包括:(1)开原、海龙、吉林间;(2)长春、洮南间;(3)洮南、热河间;(4)洮南、热河间之地点起至某海港间(本线径路俟将来调查后决定)。① 四天后即 9 月 28 日,日本三银行与中国政府签订了《满蒙四铁路借款预备合同》,为修造"自热河至洮南之铁路、自长春至洮南之铁路、自吉林经过海龙至开原之铁路、自洮热铁路之一地点达某海港之铁路"而向日本三银行借款,条件为:借款金额 2000 万日元,无折扣、无手续费,年息 8 厘,每半年预付利息一次,担保品为现在及将来"满蒙四铁路"所属之一切财产及收入。② 可见,日本仅以 3000 万日元的借款,便获得了"满蒙"地区五条主要铁路的修筑权。

由于西原借款是在"日中亲善"的名义下进行的,所以在"满蒙借款五路"上并不执着于铁路借款中经济利益的急切获得,而是为了获得中国政府的"好感",此点虽有利于铁路借款合同的迅速签订,但是却为此后的交涉留下了隐患。其实日本政府内部也早就有人察觉此点,比如外相后藤新平在 1918 年 9 月 26 日发给驻华公使芳泽谦吉的电文中就指出:"此次业已换文的满蒙及山东两地区铁路借款,已经决定由兴业银行代表的所谓三银行为其当事人。根据目前大藏省方面与章公使之间就该借款草约问题所进行的私下商谈,该契约也与日前成立的吉会铁路借款草约相同,即大体上以津浦铁路借款契约为标准。如您所知,津浦铁路借款契约内虽然有对聘请总工程师的规定,但无聘请会计主任和运输主任的规定。在中国铁路借款契约之中,该契约对债权人最为不利。但此次的满蒙各线,除一部分之外,均相当于所谓满蒙五路的路线,而在此五路借款大纲中已经有明文规定,这些铁路应该按照浦信铁路借款契约。……回顾中国铁路借款的历史,聘任总工程师、运输主任和会计主任是保护债权人利益的通例,由于偶然有吉会铁路契约的例外,如即此之标准,无论从铁路经营收益上考虑,或者从募集公债的收效上考

---

① 《关于满蒙四铁路换文》(1918 年 9 月 24 日),王铁崖编《中外旧约章汇编》第二册,上海财经大学出版社 2019 年版,第 1306—1307 页。

② 《满蒙四铁路借款预备合同》(1918 年 9 月 28 日),财政科学研究所、中国第二历史档案馆编《民国外债档案史料》第六卷,档案出版社 1991 年版,第 489—490 页。

虑，均极为不利，殊非得计。帝国政府希望贵官费心，速与曹汝霖会晤，根据上述理由，向其解释，务使对方能够同意将此次满蒙及山东地区的铁路，按过去普通的铁路借款前例，于总工程师外，还聘请会计主任及运输主任。另外，后一点如果中国政府同意，可立即缔结借款草约，并按中国方面的希望，办理交付预交款 4000 万元的手续。此项事件如不急速解决，不仅与日本内政有关，而且也难保不引起麻烦问题，致使借款前途招来意外的困难，所以从速解决此项事件实为必要。"① 而在事后日本与中国的交涉中，由于吉会铁路借款正式契约迁延时日未能签订，"最后鉴于中国政局状况，吉会铁路与本件（"满蒙四铁路"和山东二铁路）的交涉只能留待他日进行"。② 根据此后的事态的发展状况来看，后藤新平的担心恰恰成为现实。

对于寺内内阁在西原借款中不以满铁作为"满蒙借款五路"债权当事人的行为，满铁理事川上俊彦在 1918 年 10 月 14 日亲手交给外务大臣内田康哉一份建议书，强烈地表达了对此事的不满："承办满蒙铁路借款的权利一直由横滨正金银行所掌握。但是，按理说铁路的事宜由铁路经营者办理，对彼此双方均为便利。同时，在保持各铁路的统一上也极为必要。根据这一观点，将来满蒙铁路所需资金，希以敝社为唯一的供给机构，……但如上所述，看来当局的措施前后矛盾，还有隐情，所以希望此刻了解当局对以下事项的意向，……一、去年以来的关于满蒙铁路的内阁会议决定方针是否可以看作业已全部改变？一、吉会铁路和满蒙四铁路的新借款，实际上是因为急切需要建设铁路而成立的，还是借铁路名义让中国政府获得借款？一、假如该项借款果真出于建设铁路的目的，那么不日即将签订该契约，签订时需提出建设线路的费用和经营方法等，银行团是否胸有成竹？一、业已交付中国政府的预付款三件共5000 万元，今后应抵作建设费用，但能否确实做到？万一不能抵补费

---

① 《后藤外务大臣致芳泽驻华代理公使电》（1918 年 9 月 26 日），解学诗主编《满铁档案资料汇编》第四卷《日本独占中国东北铁路交通》，社会科学文献出版社 2011 年版，第185 页。

② 「山東二鉄道及満蒙四鉄道借款本契約締結商議ニ関スル経過」、外務省外交史料館『大正中期ニ於ケル政務局第一課所管支那関係懸案要領』、アジア歴史資料センター、Ref.B03030292200。

用，以剩余的资金兴建铁路并进行经营，是否几乎是不可能的？一、关于中国铁路借款事宜，满铁一直以为完全由外务省管辖，但此次的新铁路借款似乎一切均令大藏省处理。今后，上述借款事务究竟应认为由哪个机关掌管？一、借款的方法手续虽然已经决定，但将来上述各铁路的建设等问题，如果按照以前阁议决定由敝社负责进行，而现在如不向敝社发出任何命令，或者进行任何协商，按理我社岂非难以主动开始进行所谓援助吗？一、在日本政府经林公使与中国政府谈判的郑家屯至开鲁线路以及开原至海龙线路借款问题中，后者由于最近的新借款自然已经由日本之银行解决，至于前者，是否仍按原意与中国政府商妥后即将该借款的承办权由正金银行移交给敝社？"① 从川上俊彦上述的申诉可以看出，外务省、满铁、横滨正金银行三者，在与日本三银行相互争夺铁路借款权，其原因在于寺内正毅内阁所采取的排除外务省的借款外交路线，即以大藏省为中心主导对华政策，以私设公使西原龟三替代驻华公使林权助的外交交涉渠道，满铁也受其牵连。

对于满铁会社提出的日本对华借款政策前后矛盾与政府内部决策混乱的诸多质疑，新上台的原敬内阁在不久之后即作出修改对华借款方针的决定。1918 年 10 月 19 日，在外务大臣官邸，经过有关各大臣的协商，对满铁和三银行之间的铁路借款关系作出如下对策：第一，令三银行迅速签订正式合同，关于经营事业及供应资金等问题，基本上由"南满"铁路公司负责；第二，如果预借款已经被中国中央政府挪作他用，应按此额度增加工程费用，而承包此项工程的"南满"铁路公司如果不能负担此项增加款额时，则由日本政府或三银行负担。10 月 29 日，原内阁通过了《对华借款善后备忘录》，主要内容有："对华借款会招致列强猜疑，进而在大局上对日本的对华立场不利；如果像前内阁那样只援助中国政界的一部分势力，则可能会因该派势力的消长而对借款的效果立即产生危险的影响。为避免这一切，现制定下述方针：第一，无论借款的性质如何，交付之借款如有助长中国南北纷争者，无论对中央政府

---

① 《满铁川上理事亲手交给内田外务大臣的关于满蒙铁路事件的建议》（1918 年 10 月 14日），解学诗主编《满铁档案资料汇编》第四卷《日本独占中国东北铁路交通》，社会科学文献出版社 2011 年版，第 187—189 页。

和地方官吏，在一定期间内原则上一律加以控制，以促使双方妥协；第二，凡具有政治性质的借款，都要避免在实业借款的名义下违反四国银行团的规约，以维护银行团的共同事业；第三，凡是与日本人有关的借款，即使已经完成签字，但只要与上述方针相互抵触，应尽可能采取妥当方法处理，并希望就此与有关当局协商处理。"① 11 月 11 日，在外务、大藏、农商务各大臣的会议上，虽然决定由"南满"铁路公司负责建设"满蒙四铁路"，但后来经过外务省和大藏省协商，决定与吉会铁路相同，先由三银行负责签订正式合同。因此，在正式合同草案中规定，银行权利的全部或一部分可以与其所负义务一起转让或委托给其他日本人或组织。而且决定协商签订正式合同一事，由赴北京协商签订吉会铁路借款正式合同的满铁理事岩佐负责进行。12 月 5 日，日本外务大臣在给三银行的指令中，作出了吉会铁路借款问题的处理方针，主要内容有：第一，政府同意本铁路借款正式合同虽然应该由三银行签订，但三银行仅限于关于借款资金事宜，其他技术、运输等铁路业务问题，应该由满铁会社担任。因此，总工程师、运输主任、会计主任也应该由满铁推荐。第二，政府还同意就满铁担任三银行在合同上享有的权利义务这一部分，应设一项如同前此兴业银行提出的正式合同草案第 24 条的规定，根据该项规定，采取由三银行转让或委任满铁的形式。第三，关于该铁路借款预备合同订立时向中国支付的 1000 万日元预付款问题，大藏省同意由大藏省、三银行及满铁有关人员商定适当办法。② 由此可见，满铁终于借内阁改组之机会，成功地将"满蒙借款五路"的修筑权和经营权夺到自己手中。

1919 年 1 月 25 日，虽然由日本提出该项铁路借款正式合同草案，但最终因为吉会铁路借款未能商议妥当，"满蒙四铁路"的借款交涉随之中断。5 月 6 日，岩佐理事照会中国政府，希望同意延长预备合同中所规定的正式合同签订期限，由该日起在一年以内的适当时机就双方协商事

① 「对支借款善后二関スル覚書」（1918 年 10 月 29 日）、外务省编纂『日本外交文書』大正 7 年第 2 冊下卷、外务省、1969、946 頁。

② 《日本外务大臣给三银行指令附件：吉会铁路借款问题能提处理方针》（1918 年 12 月 5 日），吉林省社会科学院《满铁史资料》编辑组编《满铁史资料》第二卷，《路权篇》第二分册，中华书局 1979 年版，第 526 页。

项重新开始协商。对此,中国政府在 5 月 7 日回答,可以延长该合同的签订期限,等待吉会铁路借款合同达成协议以后,在适当时机继续协商。但是后来因为吉会铁路正式合同签订一事被搁置,"满蒙四铁路"问题也随之中断。

二 攫取四洮、洮昂两铁路

(一) 四洮铁路

日本在取得四郑铁路的借款权后,一直在谋划将四郑铁路向北和向西延长,"四洮铁路自始即视为满铁培养线"。① 就在《中日民四条约》签订后不久,1915 年 5 月 28 日关东都督中村觉便向外务大臣加藤高明提出了《关于满蒙开发的意见书》,认为铁路建设和设置拓殖银行是"焦眉之急务",其中将四郑铁路延长至洮南更是"满蒙开发的最大急务"。② 1918 年 8 月,四洮铁路局长虞愚以个人名义向日方提议,为了修筑郑家屯、洮南、齐齐哈尔之间的铁路,准备向满铁借款。对此,满铁理事川上俊彦同样以个人意见作了回复,要点是:由满铁筹措资金,借款金额约 6000 万日元,利率和实收额待定;开鲁、海龙两线的借款使之与本线同时成立;该借款成立前让满铁办理手续,接受横滨正金银行的"满蒙五路"借款承担权,向中国政府有关当局支付借款金额的 5% 作为修筑铁路的筹备费即贿赂款。③ 随后虞愚带着川上俊彦的回复前往北京,同交通部次长叶恭绰进行秘密商议,欲请满铁代表来京交涉。8 月末,叶恭绰突然表示:如果决定将开鲁线变更为必须延长到齐齐哈尔的洮昂线,他个人即同意和满铁开始磋商;佣金为借款金额的 5%;至于交涉日期,目前因日本出兵西伯利亚问题,中国反日声浪很强,此时提出借款恐怕会遭到政府内部、国务院、议会等的反对,应该等待时机的到来。因而,本次借款就此中断。

---

① 苏崇民主编《满铁档案资料汇编》第五卷《垄断东北铁路和海港》,社会科学文献出版社 2011 年版,第 243 页。

② 「大正 4 年 5 月ノ日中条约缔结後ノ对满施策ニ关スル件」、外务省编纂『日本外交文书』大正 3 年第 2 册、外务省、1965、961 页。

③ 《四洮铁路借款合同签订经过》(1919),解学诗主编《满铁档案资料汇编》第四卷《日本独占中国东北铁路交通》,社会科学文献出版社 2011 年版,第 185 页。

　　1919 年 1 月 10 日，在得到交通总长曹汝霖的秘密指示后，虞愚带着新的借款条件前往大连征询满铁会社的意见，拟借款条件是：四郑铁路延长线，可延长到洮南或开鲁，或者洮南线、开鲁线全部建设；借款金额在协商后确定，利息不能超过年息 7 厘，且要比"满蒙四铁路"借款契约的规定对中国有利；政府实收额为 95%；借款金额的 5% 为佣金，先预付半数，余额在契约成立时支付；借款契约以四郑铁路借款合同为范本；总会计由现任四洮局会计主任成田担任。对于这些新条件，川上俊彦表示满铁基本同意，但利率和实收额还不能确定。随后，满铁汇总了借款条件，如借款资金 4500 万日元、年息 5 厘、实收额 83% 或 82%、贿赂款应取得政府同意等，将其报告日本政府商议。1919 年 2 月 2 日，四洮铁路局长虞愚和权量到大连与满铁交涉，协议要点为：年息 5 厘、在借款契约中将借款金额的 5% 或 5.5% 交给满铁会社，作为发行公债或社债的手续费，从该项费用中向中国当局支付筹备费即贿赂款；借款金额充当郑家屯到洮南间、郑家屯到白音太拉（通辽）间铁路建设费以及偿还四郑铁路借款。① 1919 年 2 月 15 日，在中国的国务会议上，决定同时修筑洮南线和郑通线，资金不足部分拟由满铁会社融资。② 25 日，曹汝霖向驻华公使小幡酉吉表示，四郑铁路延长至洮南一事，查照条约固有筹备之必要，郑家屯至白音太拉之支线，颇有关于该路营业之发达，已经饬令四郑局切实筹划。6 月 10 日，围绕满铁申请修筑郑洮线和郑通线问题，日本正式通过了内阁决议，要点如下："该铁路干线（四洮线）原来正相当于大正 2 年驻华公使与中国政府换文中签订的借款大纲'满蒙五铁路'的一部分，该铁路支线相当于同年 6 月 25 日经阁议批准的郑家屯至开鲁线的一部分，并且根据此项决定，同年驻华公使按日本政府训令曾向中国政府提议开始进行交涉。不仅如此，不论从只有五十余里的四郑铁路的经营来说，或者从作为满铁营养线来说，或者从满蒙的联系和获得该地区的开发成绩来说，可以认为，迅速实现该路的修筑是

---

　　① 《四洮铁路借款合同签订经过》（1919），解学诗主编《满铁档案资料汇编》第四卷《日本独占中国东北铁路交通》，社会科学文献出版社 2011 年版，第 235—240 页。
　　② 「四鉄道鄭白支線ニ関スル件」、外務省編纂『日本外交文書』大正 10 年第 2 冊、外務省、1975、408—410 頁。

适宜的。另外，修筑该路所需要的四千五百万元力求由满铁从民间筹募。政府在可能范围内应尽力支持该案的成立。"①

1919 年 9 月 8 日，中国代表财政总长龚心湛、代交通总长曾毓隽与满铁代表理事川上俊彦签订了《四洮铁路借款合同》，主要内容是：第一，借款金额 4500 万日元，年息 5 厘，借款期限 40 年；第二，本合同与之前由中国政府和日本横滨正金银行订立的四郑铁路借款合同之关系，另行协定；第三，本款充为四郑延长至洮南为止之干线及由郑家屯起至白音太拉为止之支线建造费、营业费及造路期内应付债票利息并补充四郑不足款项之用；第四，政府保证本息偿还，以现在及将来属于本铁路所有一切财产、不动产及各项进款作为抵押；第五，本铁路建造工程以及管理一切事宜全归中国政府办理，政府简派督办一员，总会计、行车总管以日本国人员充当，由督办预先声明会社同意，由督办任用并订立聘用合同；第六，中国政府将来或以为有益，或以为必需，拟建造联属本合同内所载铁路之支路或延展线路，应由政府以中国款项自行修照，如需用外国资本，则先尽与满铁会社商办，其支路或延展线路，里数长短由中国政府自行订定。②不难看出，这一借款合同将郑洮线和郑通线之铁路利权授予满铁，并且此前由正金银行持有的四郑铁路利权亦在"附函"③中转让给满铁。至此，满铁完全掌握了四平街至郑家屯以及郑家屯北至洮南、西至通辽的干线和支线控制权，为满铁势力进入"北满"和"东蒙"地区奠定了基础，并且强化了日本进一步北上攫取洮昂铁路和横断苏俄中东铁路的野心。

在日本政府同意修筑郑洮线和郑通线后，曹汝霖等人想提前挪用经

---

① 《日本阁议决定》（1919 年 6 月 10 日），吉林省社会科学院《满铁史资料》编辑组编《满铁史资料》第二卷，《路权篇》第二分册，中华书局 1979 年版，第 683 页。

② 《四洮铁路借款合同》（1919 年 9 月 8 日），王铁崖编《中外旧约章汇编》第三册，上海财经大学出版社 2019 年版，第 301—308 页。

③ 四洮铁路借款合同之后有九份"附函"，分别是：《附函一：关于四洮铁路借款合同与四郑铁路借款合同之关系事项》《附函二：关于发行公债指定银行代办事项》《附函三：关于发行社债事项》《附函四：关于公债发行以前之垫款事项》《附函五：关于铁路进款交存银行事项》《附函六：关于铁路存款存放银行之利息事项》《附函七：关于在欧美付还公债本息及发售公债事项》《附函八：关于会社接运四洮铁路所运输货物事项》《附函九：川上理事来函》，参见王铁崖编《中外旧约章汇编》第三册，上海财经大学出版社 2019 年版，第 11—18 页。

费，立即向满铁会社要求预借 500 万日元作为筹备费。但是当时日本考虑，如果在中国南北妥协达成之前拨付这种用途暧昧的预借款，便与此前公开宣布的不干涉中国内政的日本借款方针不符，所以未予立即批准。但是，日本政府又考虑到，如果拒绝中国的要求，便有可能导致合同本身不能成立。所以，最后决定在南北妥协实现之后再交付现金。①但是满铁社长考虑到，"延长四郑铁路，不仅对中国是燃眉之急务，就是对我南满铁路也是一条刻不容缓的营养线"，为了尽快落实此点，满铁在未得到日本政府命令的情况下，竟然私下交给中国预借款 500 万日元，此事一时造成很大影响，驻华公使小幡酉吉尤其对此事不满。但是木已成舟，1919 年 11 月 7 日，日本在内阁会议上追认了满铁预借款，并对此作出说明："经审阅结果，政府对满铁所为虽难同意，但如强行取消预付密约，将给满铁及中国方面造成极大困难。因此，在告诫满铁今后要严加注意的同时给予了特殊考虑，对这一问题的善后处理，进行了详细审议。结果认为此项预付问题，政府不仅在表面上很难佯装不知，采取勉强的弥补办法反而不利，并且目前还处于不断出现英美借款的时期，故对此预付五百万元问题决定在这种情况下达成谅解，即其中以三百万元立即充作偿还正金银行的四郑铁路短期借款，其余二百万元作为修建四洮铁路的测量及其他准备费用，予以同意。日后发生问题时，即按此精神明确阐述日本立场。另外，根据不久前满铁的呈报，关于四洮铁路借款达成协议的情况，决定在山东问题解决以前严守秘密。"②尽管满铁违背了日本原敬内阁上台伊始制定的对华借款方针，但是最后仍然对满铁的行为予以谅解，充分说明日本政府与满铁在扩张在华铁路利益的目标上是保持一致的，二者之间的争执只是在于手段不同而已。

1920 年 6 月，日本在和新银行团签订的协议中规定，郑家屯至洮南间的铁路修筑权不在新银行团的活动范围之内，但是关于郑家屯至通辽的支线未做明确规定，所以日本政府担心郑通线的建设有可能会引起新

---

① 「四洮鉄道ニ関スル件」、外務省編纂『日本外交文書』大正 7 年第 2 冊上卷、外務省、1969、662—679 頁。

② 《日本阁议决定》（1919 年 11 月 7 日），吉林省社会科学院《满铁史资料》编辑组编《满铁史资料》第二卷，《路权篇》第二分册，中华书局 1979 年版，第 698 页。

银行团的抗议，外务大臣内田康哉曾就此事与驻华公使小幡酉吉商议对策。小幡酉吉在研究此事后向内田康哉报告："关于与新借款团的关系，去年道清铁路延期借款及京奉支线锦朝线借款，已同（英国）福公司及中英公司签订契约，并且丝毫未理睬新借款团就开始了工程。既然有这种实际情况，我方对白音太拉支线也就可以据此办法处理。"① 小幡主张，郑通线虽可说与日美间的换文没有关系，但在精神上会给美国方面造成不好的印象，所以需要知会美国并尽量取得其谅解。同时，满铁在取得政府谅解之后也开始修筑郑通线，满铁认为从地势上看，郑洮之间本为沙漠地带，一旦从郑家屯修起，中途并无可以停靠的地点，只有修到洮南才能发挥本铁路的机能。换言之，"只要从郑家屯出发，如果不修到洮南，该铁路就毫无意义"②。于是满铁于 1921 年 4 月开始动工，同年 10 月末即完成郑通线修筑工程。

随后，满铁急欲修筑郑家屯至洮南铁路，但是由于第一次直奉战争③的影响，该计划未能立即实行。1922 年春，满铁利用直奉战争气氛稍微缓和的时机，在 8 月派满铁理事松冈洋右前往奉天，以便说服张作霖对此事表示谅解，张作霖最后许诺：对满铁首先与北京交通部签订开工所需 300 万日元速成短期借款合同一事，形式上不表示反对。④ 松冈洋右之所以在工程借款上如此小心行事，是担心如果对北京政府的借款数额过大，恐怕引起张作霖对借款用途的怀疑，因此才将借款总额控制在 300 万日元以内，以免过分刺激张作霖。1922 年 5 月，满铁向四洮铁路提供短期借款 2400 万日元。⑤

① 《小幡公使致内田大臣电》（1921 年 3 月 9 日），解学诗主编《满铁档案资料汇编》第四卷《日本独占中国东北铁路交通》，社会科学文献出版社 2011 年版，第 253 页。

② 外务省外交史料馆『四洮铁道関係雑纂』、アジア歴史资料センター、Ref. B04010985000。

③ "直奉战争"是北洋军阀统治时期直系军阀和奉系军阀在中国北方进行的两次战争。1922 年第一次直奉战争时，直系获胜，奉系败退出关；1924 年第二次直奉战争时，奉系获胜，直系惨败并从此一蹶不振，北洋政府权力落入奉系军阀手中。

④ 《郑洮铁路工程短期借款交涉纪要》，吉林省社会科学院《满铁史资料》编辑组编《满铁史资料》第二卷，《路权篇》第二分册，中华书局 1979 年版，第 703 页。

⑤ 「四洮铁道ニ関スル件」、外务省编纂『日本外交文书』大正 11 年第 2 册、外务省、1976、434—438 页。

（二）洮昂铁路

在洮南至齐齐哈尔一带，垦荒之后的大豆、粮食等物产日益丰富，但苦于交通不便无法运出，张作霖为了谋求该地区经济的发展以及从满铁借款，"遂决计于洮南至昂昂溪间修筑铁路，线长约五百里，可与四洮铁路接轨，定名洮昂铁路"①。昂昂溪则是"北满运输竞争中心点"，"北满"嫩江流域的粮食可由洮昂铁路、四洮铁路运往"南满"。②

1923 年 11 月，满铁理事松冈洋右向日本政府提出关于"满蒙铁路"借款的八项意见书即《关于促进修筑满蒙铁路》一文，该意见书得到了日本政府的认可。1924 年 4 月，松冈洋右与张作霖进行会谈，列出四条铁路线作为交涉范围，即开原—朝阳镇、吉林—敦化、长春—大赉、洮南—齐齐哈尔。张作霖表示可以先从开朝线、洮齐线谈起，于是便任命奉天省长王永江代理谈判事宜，随后王永江与松冈洋右开始谈判。在两人的第一次会谈中，王永江提出在协商洮齐线之前，希望日本方面同意奉天省修筑由奉天至海龙的铁路，并希望日本方面声明放弃对开原—朝阳镇铁路现有的借款权。对于王永江的提议，松冈洋右起初大吃一惊，因为未曾料到王永江会提出此问题，随后又表示可以考虑。接下来，两人围绕承办修建时涉及的利率、材料购买、运输主任、轨距标准等问题进行了商议，并于 6 月 18 日签订了草拟合同。8 月 19 日，日本围绕洮昂铁路问题作出阁议决定，主要内容有："关于洮南、昂昂溪铁路问题，不仅需要特别注意对俄关系，同时也有必要考虑新借款团成立当时我国政府与英美两国之间文件往复的经过。然而鉴于此次所达成的协议，乃是承办建造合同，其承办费处理方法也不采取公募形式，以及满铁并未加入借款团的事实；如果单纯从道理上来解释，对此项工程似乎没有义务邀请属于新借款团的其他团体参加。但是，一俟本铁路合同签订后，由东三省当局提交奉天省议会附议时，考虑到以前的经过和以列国协调为主的新借款团的精神，以及全局的利害，我国应尽快向新借款团有关

① 中华民国交通铁道部编：《交通史路政编》第十四册，交通铁道部交通史编纂委员会，（出版时间不详），第 835 页。

② 苏崇民主编《满铁档案资料汇编》第五卷《垄断东北铁路和海港》，社会科学文献出版社 2011 年版，第 250 页。

各国及新借款团团体,通告成立本铁路承办合同的经过,同时附带提出,对方如有意参加,可接受与之协商有关参加办法及条件等问题。"① 可以看出,日本虽想以洮昂铁路属于承造合同而非借款合同、满铁不属于新银行团两点阻止美、英、法等国参与此事,但是又鉴于原敬内阁的对美协调精神,需要在表面上做出不排斥其他各国参加的样子。在作出这种对策之后,洮昂铁路合同很快便签订了。

1924 年 9 月 3 日,王永江以张作霖代理人的身份,与满铁会社代表松冈洋右签订了《承办建造洮昂铁路合同》,主要内容有:第一,东三省总司令、奉天省长张作霖准许南满铁路公司承办建造自洮南至昂昂溪之铁路,内含施行建筑工程及购置土地、其他设备一切所需料件,但购买车辆不在此限;第二,局长为保护本路建造工程,须设铁路巡警队;第三,以第二条所载建造费用预计书所开各项共计 1192 万日元;第四,本路局长以满铁会社所选派顾问一人聘用于本路任职,受聘合同由局长定之。② 在其《附件一:洮昂铁路建造计划书》中规定:本路线定为单线,标准轨距 4.85 英尺,自开工后大约两年竣工;本路各种建造设施,以简易构造为旨,仿照四洮铁路郑通线即郑洮线工程为度。在《附件三:满铁声明放弃开海路之凭函》中规定:"本日贵我所议定各附件之洮昂铁路修筑包工合同草案,必须接到贵国表示承认如将来奉天省自己修筑由奉天省城至海龙城间之铁路时,贵国决不修筑由开原至海龙城间之铁路之正式公文后,方能盖印;但自本日起五个月以内,不接到贵国以上之正式公文时,该草案当作无效等语,敬已阅悉。对于以上各节,可以同意。"③ 可以看出,日本即使以放弃奉海铁路的优先权为代价,也要确保洮昂铁路的实现,因为洮昂铁路的经济价值和战略价值要远远超过奉海铁路。

1925 年 4 月 14 日,外务大臣币原喜重郎在交给满铁社长安广伴太

---

① 《日本阁议决定》(1924 年 8 月 19 日),解学诗主编《满铁档案资料汇编》第四卷《日本独占中国东北铁路交通》,社会科学文献出版社 2011 年版,第 288 页。

② 《承办建造洮昂铁路合同》(1924 年 9 月 3 日),王铁崖编《中外旧约章汇编》第三册,上海财经大学出版社 2019 年版,第 433—434 页。

③ 《附件一:洮昂铁路建造计划书》(1924 年 9 月 3 日)、《附件三:满铁声明放弃开海路之凭函》(1924 年 6 月 18 日),王铁崖编《中外旧约章汇编》第三册,上海财经大学出版社 2019 年版,第 435—436 页。

郎的秘密指令中，对修筑洮昂铁路问题表示：第一，该线的修筑准备已有进展，即将达到开工的程度，已经引起各方面的注意。因此，应该遵照此前的阁议决定，尽快将此项合同通告给有关国家。第二，满铁应立即与驻奉天总领事取得联系劝说张作霖，为使该线工程能立即动手，请他为获得中国政府批准做出最大努力。第三，当张作霖向中央进行上述交涉时，满铁方面也可以与驻华公使取得联系，从侧面给予适当援助。该线筑路工程的开始时间，视交涉情况而定。[①] 4 月 30 日，英国驻日大使拜访外相币原喜重郎，询问日本将修建齐齐哈尔至洮南间的铁路是否属实？币原喜重郎回答称，该线路并非是日本拟定修建的，而是张作霖所计划的中国铁路，满铁只不过是承办了此项修建工程。英国大使又质问该铁路的修建和银行团的关系如何？币原喜重郎认为承办工程在性质上与银行团毫无关系，满铁也毫无坚持承担借款的意图，然后又补充说日本政府关于本问题会在适当时期通知有关各国和银行团。1925 年 8 月 15 日，北京中央政府正式批准了洮昂铁路承造合同。就在同一天，日本驻华公使便向新银行团发送了《正金银行关于洮昂铁路合同致四国借款团备忘录》，其中指出在工程完工后，银行团的其他国家如果希望参加此项借款，日本正金银行可以与列国协商，但是又强调洮昂铁路承办建造合同并非借款合同的预备合同。[②] 这明显是在以承造合同的名义阻止新银行团插手该路后期借款交涉。

虽然日本通过玩弄"承造"和"借款"的文字游戏暂时阻止了新银行团对洮昂铁路的反对意见，但是由于苏联不在新银行团的范围以内，并且如沙俄时期一样，在实质上仍未放弃在"北满"的势力范围，因此苏联在不同场合都对日本修筑洮昂铁路表示出强烈抗议。1925 年 3 月 24 日，苏联驻华大使加拉罕（Lev Mikhailovich Karakhan）对翻译官宫川表示，日本一方面主张承认旧条约，但另一方面却在"北满"潜入日俄协定所规定的苏联势力范围之内，最近又有确实情报表明日本正开始建筑

---

①　《外务大臣手交安广社长的对满铁的指令》（1925 年 4 月 14 日），解学诗主编《满铁档案资料汇编》第四卷《日本独占中国东北铁路交通》，社会科学文献出版社 2011 年版，第 288—289 页。

②　《日本向四国借款团发送备忘录》（1925 年 8 月），吉林省社会科学院《满铁史资料》编辑组编《满铁史资料》第二卷，《路权篇》第三分册，中华书局 1979 年版，第 752 页。

中东铁路的竞争线即洮南到齐齐哈尔之间的铁路，并正在向现场派遣技师。宫川立即予以否认，声称对此毫不知情，并指出："关于承认旧条约一事，日本一向作此主张，此乃事实。在贵国方面，倘能同意此点则自无问题，但由于贵国从革命当初对和各国签订的旧条约特别是秘密条约，采取了作为无效的方针而未接受我方的主张，因此即使日本势力万一有扩张到北满的情况，也只能说是由于贵国废除旧条约政策所产生的自然结果。"4月1日，加拉罕以探病的名义拜访了驻华公使芳泽谦吉，在谈话的最后有意提到"北满"的日、苏关系问题，指出该铁路在军事上不能不说是对抗苏联的铁路，在经济上则给中东铁路以严重打击，"北满"的这种形势会进而影响日、苏国交的全局。芳泽谦吉则辩称，中东铁路和"南满"铁路"必须实现完善的联系，以共存共荣的精神前进"。4月7日，加拉罕再次向宫川强调，日本修筑洮昂铁路一事，是针对苏联的军事设施，但宫川认为加拉罕的想法是"自私自利的"。① 4月25日，加拉罕就洮昂铁路问题向中国外交部提出抗议：东三省长官在去年内乱之时，作为对接受日本援助的补偿，已经将洮南到齐齐哈尔之间的铁路修筑权让给日本。该铁路严重降低了海参崴的价值，并且也使中东铁路的价值减半。"因此，本公使奉苏联政府的严令提出要求，希望中国政府尽快命令东三省长官设法取消借用日本资本建设洮齐铁路，如果得不到满意效果而使中苏会议不能召开，其责任应由中国承担。"② 但是日本判断，目前直隶派已经倒台，张作霖对苏联的态度会相当强硬。5月22日，币原在与苏联驻日大使克普会谈时指出："日俄两国在第三国的中国领土上，任意划定势力范围的这种做法，等于分割他国领土，这是中国所绝对不能同意的。因此，两国才作了秘密的协定。可是，形势已有变化，现在已经进入不允许划分势力范围的时代，特别是华盛顿会议决议以来，各国已经不同意这一原则。因此日俄两国今后必须抛弃那种旧的势力范围观念，而本着共存共荣的精神，采取谋求协调的方针

① 《驻华公使芳泽致外务大臣币原函》（1925 年 4 月），解学诗主编《满铁档案资料汇编》第四卷《日本独占中国东北铁路交通》，社会科学文献出版社 2011 年版，第 290 页。
② 《驻华公使芳泽致外务大臣币原电》（1925 年 4 月 28 日），吉林省社会科学院《满铁史资料》编辑组编《满铁史资料》第二卷，《路权篇》第三分册，中华书局 1979 年版，第 754—755 页。

共同前进。果能如此，估计在中东、满铁之间寻求协定的途径，也并不是十分困难的。相信可以避免无谓的竞争，找出谋求两铁路并存的途径。"[1] 1926 年 3 月，加拉罕对日本驻苏大使日置益同样直言不讳地表达了不满情绪。[2] 由此可见，币原所谓的不再划分势力范围，只是引诱苏联放弃对洮昂铁路进行抗议的一个借口罢了，是日本意图向"北满"扩张的说辞而已，苏联自然也不会听信币原之辞，日、苏之间在"北满"的博弈仍将继续。

昂齐支线是洮齐铁路的北向延长线。1926 年 7 月，洮昂铁路竣工后，洮昂铁路局为了给本线吸收客源和货源，再加上军事方面的考虑，积极策划把洮昂铁路延长到齐齐哈尔，所需资金仍然依靠满铁，而满铁也本着长期以来的企图希望出资。[3] 但是当时日本政府有两种想法：第一，对于张作霖在对苏态度上企图压迫苏联方面一事，日本认为就"北满"问题的日、苏、中形势而言，和苏联方面保持某种程度的提携以牵制中国也有好处，因此力求避免给苏联这样一种印象，即日本在袒护张作霖的对苏态度，所以对洮昂铁路局提出的横断中东铁路问题不能立即同意，免得和苏联发生争执；第二，借张作霖对抗苏联的机会，援助张作霖而不顾苏联的反对，一举解决横断问题。由于上述意见分歧，问题未能得到立即解决。同时，日本政府为了调节包括此项问题在内的日、苏在"北满"的铁路政策，令满铁同苏联外交部进行协商，但苏联为了挫败日本的"北满"铁路政策，拒绝了满铁的要求，导致会谈宣告决裂。因此，日本外务省进一步制订了针对"北满"的铁路计划。1927 年 7 月 20 日，洮昂铁路局长于长富和满铁顾问协商了铁路延长线的工程。7 月末，满铁与洮昂铁路局商定把横断问题和其他北满问题分开处理，洮昂线修筑借款按洮昂铁路工程费增额看待，满铁表面上采取概不

---

① 《外务大臣币原与苏联驻日大使克普会谈纪要》（1925 年 5 月 22 日），解学诗主编《满铁档案资料汇编》第四卷《日本独占中国东北铁路交通》，社会科学文献出版社 2011 年版，第 295—296 页。

② 「東三省鉄道問題」、外務省編纂『日本外交文書』大正 15 年第 2 册下卷、外務省、1987、1238—1239 頁。

③ 外務省外交史料館『洮齐鉄道関係一件』、アジア歴史資料センター、Ref. B04011005300。

干预横断问题的方针。8月10日，两者之间交换了备忘录。但是在8月27日，中国交通部突然下令中止横断中东铁路谈判，双方交涉被迫中断，交通部的理由是反对借用外国资金尤其是满铁资金修筑昂齐铁路。但是，后来又经过日本和张作霖的秘密协议，1928年7月25日，中东铁路局和洮昂铁路局最终签订了《中东洮昂横断协定》，决定修筑昂昂溪至齐齐哈尔之间的铁路。

三 "合办"名义下控制多条铁路

满铁对"满蒙"地区轻便铁路的攫取，一般都是通过所谓"合办"的名义进行，在幕后操作，一如上文所述溪碱轻便铁路。这一时期，满铁又先后在"合办"的名义下，攫取了天图、吉额、金福、开丰等多条铁路利权。

（一）天图轻便铁路

1915年，日本商人泰兴会社经理饭田延太郎提出一项计划，准备采掘天宝山银铜矿，为了运输这些矿物，设计修筑一条天宝山至图们江左岸的轻便铁路。1916年11月，在饭田延太郎的暗中怂恿和支持下，中国商人刘绍文以开发天宝山银铜矿和运输矿物为名，向交通部申请与日本商人滨名宽祐"合办"天宝山至图们江之人力压车轻便轨道，即"拟自天宝山为起点，至图们江北岸为终点，经过和龙县六道沟、铜佛寺、老头沟而至天宝山，以资运载之便捷"①。1917年3月，中日代表再次向交通部申请核准，"彼时日本对满洲之路矿两权，非常注意，北京政府又适为亲日派当权"②，所以当时掌管交通部的曹汝霖未经犹豫便批准了该申请，此后，饭田延太郎即开始委派人员进行筹备活动。

1918年3月16日，中国代表文禄与日商代表饭田延太郎签订了"合办合同"，主要内容有：第一，本会社定名为中日合办天图轻便铁道，总会社设在吉林省城，分社设在日本东京，并得在本铁道沿线适宜

---

① 《刘绍文禀延吉道尹转呈交通部文》（1916年12月），宓汝成编《中华民国铁路史资料（1912—1949）》，社会科学文献出版社2002年版，第297页。

② 宓汝成编：《中华民国铁路史资料（1912—1949）》，社会科学文献出版社2002年版，第616页。

地点酌设分社；第二，本铁道路线由天宝山经老头沟、铜佛寺、延吉、龙井村至图们江岸，本铁道因将来交通联络开发地方利益起见，遇路线应需延长时，禀经中国政府许可，得以增资延长及设支线；第三，本铁道以运输天宝山等处矿产货物及经办其他利便交通事宜为目的；第四，会社资本由华日股东各出半额，华股由代表文禄收缴，日股由饭田延太郎出资；第五，会社决算每年分6月、12月两期，本铁道俟路线完成后，天宝山银铜矿公司以既得交通便利，愿于第一年至第二年捐助一万日元，作为地方公益之费，由第三年起，每年捐助二万日元；第六，本会社之一切事务，由中日合办代表人双方协议办理，会社营业年限自设立之日起，以30年为满。① 对于此项合同，交通部认为不妥之处甚多，并给出了具体的修改意见，如：此路虽系中日合办，而路线经过区域皆在我国国境，与租界地之有国际条约关系者有别，中国官厅有完全管辖权，对于日本官宪无须有代表名义；原合同第一条第二项全文应即删除；第二条内"分社立在日本东京"一语应即删除；第四条内"及经办其他便利交通事宜为目的"一语范围太广，流弊滋多，应将及经办以下共11字删去；第六条应改为华股占六成、日股占四成，且将每股金额若干，规定于条文内，第九条亦应附随时修正；第七条借款声明应声明遵照中国公司条例办理；第十一条拟加一款声明，年限未满期内，中国政府随时得以平价买收此路；该公司应订明，一切受中国政府关于铁路诸法定之拘束。② 不过，在后期的改订中，交通部意见中虽有部分被接受，但是最为关键的"华股占六成、日股占四成"一条修改建议却未被接受，仍然坚持日本和中国各占一半股份，显示出日本对控股权的"坚持"。

段祺瑞政府下台后，因第一次世界大战期间日本大肆对华侵略，中日关系有恶化趋向，其时日本原敬内阁正极力促成吉会铁路之修筑，两国正在谈判。于是在1919年11月，交通部对天图轻便铁路一案重新给

---

① 《中日合办天图轻便铁道会社合同》（1918年3月16日），宓汝成编《中华民国铁路史资料（1912—1949）》，社会科学文献出版社2002年版，第297—298页。

② 《附：交通部修改合同意见》，中华民国交通铁道部编《交通史路政编》第十七册，交通铁道部交通史编纂委员会，（出版时间不详），第395—400页。

出意见:"当以此项路线关系重要,且与吉会路线重复,事关外交成案,送与贵公署往复咨商,并请据此坚持拒驳。……惟现在吉会铁路业已开议,正拟着手进行,所有路线亦经该路督办派员屡勘,准咨前因。查核附送沿线图说与吉会初勘之线,非两相平行,即两相交叉,有此种种冲突,在吉会交涉未经解决,吉会路线未经确定以前,似未便准予修筑,致令枝节横生,别滋纠葛。"① 12 月 23 日,交通部令吉林省长阻止计划进行并取消原案。1920 年春,文禄等人前往北京活动,但最终未得到交通部同意,文禄本人"郁死京师"。1921 年 8 月,驻华公使小幡酉吉态度强硬地照会外交部,声称即使交通部不发执照也将强行动工。此后因中日吉会铁路谈判中断,1921 年冬交通部派参事陆梦熊、邹恩元赴吉林考察该案详情,但因时局有变,此案再次被搁置。孟恩远离任吉林后,鲍贵卿、孙烈臣先后督吉,均激烈反对修筑天图路。但是,日本商人以中国北京政府已经承认为借口,"日人遂强行开工,致有殴伤华人之举",延吉人民奋起反抗,集众将许德沔等劣绅之家私进行捣毁,"此场恶剧,实比京师五四运动尤为痛快,吉林官署乃与日领交涉,暂行停工,以缓民愤"。② 最后,吉林省当局在担忧事态发展愈发激烈的情况下,只得通过改订新合同的方式,避免进一步的冲突。随后,外交部得到改订合同的要旨之后,1922 年 10 月 27 日外交总长顾维钧发给小幡酉吉一份照会,其中指出由吉林省公署与日商合办、股本由 200 万日元改为 400 万日元、运矿铁路改为兼营业铁路等条款,与吉会铁路计划和中国专用铁路暂行规则不相符合,希望日本领事立即停止交涉。但是,日本外务省并未予以阻止,反而希望改订合同尽快签约。

1922 年 11 月 8 日,吉林省公署与日商饭田延太郎签订了《改定中日官商合办天图轻便铁路公司合同》,其主要内容有:第一条,本铁路定名曰吉林省天图轻便铁路股份公司,本公司设置于延吉龙井村;第二条,本铁路线由天宝山经过老头沟、铜佛寺、延吉、龙井村至图们江岸为干线,总延长 66 英里(106.22 千米)余,又由朝阳川至布尔哈图河

① 《交通部咨吉林省长文》(1919 年 11 月),宓汝成编《中华民国铁路史资料(1912—1949)》,社会科学文献出版社 2002 年版,第 298 页。

② 徐堮:《天图铁路问题》,《东方杂志》第 20 卷第 3 号,1923 年,第 50—58 页。

之右岸为支线，总延长6英里（9.66千米）余；第五条，本公司营业年限自1918年3月16日起，以30年为满期，未满期内，中国政府得随时以公平之价格买收本铁路；第六条，省公署为督理及保护公司起见，呈派延吉行政长官为督办，都理该公司全般经营事务；本公司一切事务由两总办主管，秉承督办任免公司重要职员；本公司营业、技术、会计等重要事项，须由两总办商定后，禀请督办签字盖印始能实行；第九条，铁路一切收入均用中国货币；第十六条，职员由两总办禀承督办，就中、日两国人平均选用。其总务处长、车务处长用中国人，工务处长、会计处长用日本人；第二十条，本铁路用地内之警察、行政、司法、课税等权，完全属于中国政府。① 可以看出，与此前的合同相比，本次改订的合同在名义上更加强调了中国官方对该铁路的督办权，对原先合同中的不少细节问题也进行了修改，但实际上这仍然是由日本人控制实权的铁路。日本公使在合同改订后认为："地方长官，既已承认开工，故预料地方人民，当不致反对。"不过，事实恰恰与此相反，延吉学生团公开宣言反对修筑天图路："国家之有主权，犹人身之有血脉；血脉断，则人立毙；主权失，则国立亡。欲保主权，惟视民气为何如耳！吾国自与外人交通以来，土地被人刮割，港湾被人占据。批阅国史，此类事实，指不胜屈。溯厥原因，非由于兵不利、战不善，实由一般卖国贼子，冷血动物，营私自利，甘心媚外，竟私送国权于外人之所致也。况我延边地处东陲，界临强敌，土地之丧失，利权之外溢，所在多有。……如程学浩等辈，暗受外人驱使，其做外人之导线，与某国结合，修筑天图铁路。呜呼！此路一成，延边一带之主权，不啻入虎狼之吻矣。念夫唇亡齿寒，延边失弃，于吾中国国体，亦当不无受害。……故学生团有见于此，于4月30日齐集四民，在延街游行讲演，将卖国之真相，及天图路修成之利害，示诸同胞。"②

1926年11月27日，满铁理事大藏公望致函外务省亚洲局长木村锐

① 《合办天图轻便铁路公司合同》（1922年11月8日），王铁崖编《中外旧约章汇编》第三册，上海财经大学出版社2019年版，第301—308页。
② 《延吉学生团宣言：反对修筑天图路》（1922年5月17日），宓汝成编《中华民国铁路史资料（1912—1949）》，社会科学文献出版社2002年版，第622页。

市，其中强调："依我看，修筑天图铁路的本来目的，不仅是为了谋求间岛地方的发展，而且还是为了在其沿线扶植朝鲜人，用来一方面解决朝鲜人问题，另一方面扶植日本人在间岛的势力。要实现上述目的，最重要的是天图铁路需充分置于日本势力之下。"[1] 这句话便鲜明地道出日本所谓"合办"天图铁路的真实目的，正是完全控制该路，以便实现吉会铁路计划，连接朝鲜铁路和"南满"铁路。[2]

（二）吉额、金福、开丰等路

1918年3月20日，吉林绅商松毓、佟庆山等人联合日本商人内垣实卫、峰簾良充，提出修筑吉林至张广才岭[3]的轻便铁路以便于林业资源开发，其理由书中指出："本省著名各大林区，犹是苍茂葱郁，一望无际。徒以皆在边远偏瘠之处，交通弗便，采伐非易，而运输上尤为困难主要之点。相距江河既远，更非人力所可施。欲木材普达于需要之地，自当以建筑轻便铁路为必要之图。……总之，开发林业、建筑运路，二者实有相互之关系，缺一皆不可也。……是以拟先由吉林省城起自张广才岭之西麓止，建筑轻便铁路。……再查吉林东北各处俄商经办之林场，为谋运输便利起见，均建有轻便铁路，不止一处。……此项运木专用铁路，全部告成，约需资本二百万元，系属中日合资，分担半数。……惟查此项线路系为吉会铁路预定计划线之一部。该路目前既无兴办之议，如将来该路举行修筑时，固可由政府酌量以平价收买，则此时先行敷设，似亦无所妨碍。"[4] 同日，松毓、内垣实卫等人首先签订了

---

[1] 《满铁理事大藏公望致亚洲局长木村函》（1926年11月27日），吉林省社会科学院《满铁史资料》编辑组编《满铁史资料》第二卷，《路权篇》第二分册，中华书局1979年版，第548页。

[2] 「吉会鉄道問題」、外務省編纂『日本外交文書』昭和期Ⅰ第1部第2卷（昭和3年）、外務省、1990、55—56頁。

[3] 张广才岭，又名小白山、天门岭，历史上曾为中国北方肃慎人、靺鞨、女真族建立的渤海国、金、辽、清等势力管辖，清代长期为禁地。在地理位置上，张广才岭位于中国东北黑龙江省中南部和吉林省东部山地北段的中轴部位，是兴安岭山系长白山的支脉，大部分在黑龙江省境内，一部分向南伸入到吉林省敦化市北部，分东、西两支，蛟河盆地以西为西老爷岭、以东为威虎岭，平均海拔800多米，主峰老秃顶子高达1686.9米。张广才岭地区，除了森林、铁矿、有色金属矿藏外，还有盆地堆积的煤矿和油页岩。

[4] 《中日合办吉额林业轻便铁路股份有限公司建理由书》（1918年3月20日），宓汝成编《中华民国铁路史资料（1912—1949）》，社会科学文献出版社2002年版，第299页。

"合办合同"，规定"本公司定名为中日合办吉额林业轻便铁路股份有限公司，总公司设在吉林省城，并得在本铁路沿线适宜地点酌设分公司"，"本铁路路线由吉林省城经由柳家屯、双岔河、新站、窝瓜站至张广才岭西麓"，"本公司建筑路线完成后，因交通便利愿于纯益金内每年提出百分之二作为地方公益之费"。其次，他们又担心事情泄露，让人以为此路修筑"与政治事项结纳"，专门另签了一份秘密信约，要求"中日各发起人勿用私情，以亲密感情诚心协力"，同时"为谋事业圆满之进行，并预防将来争议，订正左列各条，均应守秘密信约，以资凭证"，其中第二款是"本公司资本总额定为日金二百万元，中日两国股东各担任一半。但华商发起人之股款完全由日商发起人代为垫付"。① 从此点要求上不难看出，所谓中国商人和日本商人的"合办"，其资金之全部实际上均由日本商人出资，中国商人只不过是挂名而已。而且，该铁路线之修筑，正是日本觊觎已久的吉林至会宁铁路之一部分即吉林至敦化段，若与上述之天图轻便铁路两相结合，则其实是在修筑轻便铁路的名义下变相地实现吉会铁路。因此，此条铁路的修筑遭到中国政府的拒绝，向日本总领事提出抗议："兹据警厅呈报：该公司现已兴工、安设轨道等情，殊甚诧异！查该案现在尚未议决，该公司何得擅自兴工，应请即行饬令停止，静候彼此磋商妥洽，再行核办。除令行禁阻外，相应照会贵领事，即希查照办理为荷。"②

1923 年前后，在貔子窝、城子坦（城子疃）附近，时常有土匪出没，为此"关东州"需要支付大量的警备费用，同时为了将当地的农产品和盐向外输出，"满洲"私营铁路的提倡者堀三之助设想修筑一条普兰店至城子坦或金州至城子坦的轻便铁路，这一计划随后得到了关东厅和满铁的支持。1924 年 3 月 27 日，日本商人门野重九郎联合其他 35 名商人向关东厅提出了铁路修筑申请书，关东厅则令满铁提供补助费，11月 10 日在东京举行了创办大会。在该铁路的《创办理由书》中指出：

---

① 《中日合办吉额林业轻便铁路股份有限公司合同》（1918 年 3 月 20 日），宓汝成编《中华民国铁路史资料（1912—1949）》，社会科学文献出版社 2002 年版，第 299—300 页。

② 宓汝成编：《中华民国铁路史资料（1912—1949）》，社会科学文献出版社 2002 年版，第 302 页。

"立足于满蒙之地而欲举日满共荣之实,首要方策当是谋求交通运输方便,以便开发产业。自不待言,其中由于铁路运输最为重要。因此,拟在日满共同经营之下,拟修建自金州至城子坦的60余英里(96.56千米)铁路。此铁路将来可望成为辽东半岛沿岸的一大铁路干线,不仅如此,铁路以西为巍峨山脉所遮,以东沿海一带无航运之便,凡此铁路所经之地几乎尚未开发,且往往有匪贼横行。因此,修建本铁路既可开发当地富源,又对统治方面有很大裨益。根据上述理由书,修建该铁路的最主要目的是营业,同时还有治安方面的目的。但是,可以看出,真正目的并不在此,即本铁路是以修建金州至城子疃的一段作为第一阶段,最后目的在于要连接金州与安东,以作为安东至大连的捷径,将火车的运行时间减少十二小时,在朝鲜和满洲的联络方面开辟一个新纪元,用于加强朝鲜与满洲的联系,并使朝鲜人迁来南满居住。"① 1926年6月23日,在金州城门外南全书院举行了开工典礼,参加者有关东军长官儿玉秀雄、满铁副社长、铁道部长等人。1927年9月底,以"南满"铁路金州车站为起点的金州至城子坦全长63.4英里(102.03千米)的工程竣工,10月4日在貔子窝举行通车典礼。需要指出的是,该铁路是4.85英尺的宽轨铁路,与"南满"铁路轨距保持一致,以便联运。

早在清末,吉林省地方就有人计划修筑开原至海龙的铁路。日本驻奉天总领事得知此计划后,于1907年10月19日向满铁总裁上报:"如从我方来看,开海铁路的修筑,在满铁的经营上应该大受欢迎。只是不宜于仅由清国人修筑。因此,对清国人的独自修筑,是暂时先提出抗议,然后由满铁与其合办,或者还是使其向满铁借款,此刻有必要进行协商。"② 1908年,对于候补知府伦昌的开海铁路修筑计划,日本驻华公使认为,采取表面上单纯由清国人经营但暗中与满铁保持某种关系的方法是合适的。1910年,满铁总裁指出:"一、关于向海龙城修筑铁路一事,大体上并无异议,但关于该线应与满铁联络的地点及方法,为充分便利双

---

① 解学诗主编:《满铁档案资料汇编》第四卷《日本独占中国东北铁路交通》,社会科学文献出版社2011年版,第341页。

② 《日本驻奉天总领事致满铁总裁函》(1907年10月19日),解学诗主编《满铁档案资料汇编》第四卷《日本独占中国东北铁路交通》,社会科学文献出版社2011年版,第344—345页。

方，当然需要协商。二、将奉天或其附近地点作为联络场所，我社持有绝对反对的意见。因为，如果联络地点设于奉天，不仅难望增进社线的利益，而且将会出现原来由社线运出的海龙城附近的物产却由京奉线运出的倾向。其结果，对社线与其说是营养线，莫如说是竞争线，恰恰使此前京奉延长线问题发生时我社所最畏惧的事态变成现实。"① 1924 年 3 月，奉天省长公署批准创办开原至海龙的货物运输公司"开拓汽车公司"，满铁奉天公所长认为应当根据 1913 年 10 月 5 日中日两国签订的借款预约大纲和 1918 年 9 月 27 日签订的"满蒙四铁路"借款预备合同，向中国政府提出抗议。但是，由于此时满铁与张作霖正在进行私下交涉，以同意向日本借款修筑洮昂铁路为交换条件，日本便放弃了修建奉海铁路的权利，改为中、日合办，满铁可以作为承包商。

第三节　满铁觊觎中东铁路及其南部支线

一　俄国革命期间日本谋占中东铁路

尽管在日俄战争之后，日本取得了长春至大连段的中东铁路南部支线，但是日本陆军非常希望继续获取长春至哈尔滨段的铁路线。就在第一次世界大战刚刚爆发的 1914 年 10 月，日本陆军少将福田致电满铁总裁，希望能够以 1000 万日元以内的价格，购买中东铁路宽城子以北至松花江之间约 60 英里（96.56 千米）的路线，就此咨询满铁和外务省的意见。② 满铁在接到这一电报后，声称：关于来电所谈之事，详情尚不了解，但在进行时能够不伤害俄国方面的感情是极为重要的，这是我们最希望之处；万一不能谈妥，势必影响中东铁路和"南满"铁路双方至今保持的融洽关系，从而给将来的联运问题造成很大困难；提出本案之

---

① 《满铁总裁致铁道院执行副总裁事务野村电》（1910 年 7 月 14 日），解学诗主编《满铁档案资料汇编》第四卷《日本独占中国东北铁路交通》，社会科学文献出版社 2011 年版，第 348 页。

② 《旅顺西川参谋长致满铁总裁电》（1914 年 10 月 10 日），吉林省社会科学院《满铁史资料》编辑组编《满铁史资料》第二卷，《路权篇》第一分册，中华书局 1979 年版，第 322 页。

前需要充分考虑上述情况，然后再进行协商。但是，这一提议马上遭到了俄国方面的拒绝。

1916 年 3 月 20 日，外务大臣石井菊次郎在给驻苏俄大使本野一郎的电文中，提出了替代方案，要点有三：第一，将松花江以南即陶赖昭车站以南的铁路转让给日本；第二，允许将松花江、哈尔滨之间铁路的管理经营权在适当条件下交给日本，管理期间需要变更轨距以便运输；第三，苏俄政府承认日本船只在松花江航行的权利。4 月 22 日，石井菊次郎再次指示本野一郎：关于松花江通航案，对苏俄外务大臣最近的答复并无异议。关于铁路方面，由于军事上的需要，必须以陶赖昭为终点站，这一点如果获得苏俄政府同意，日本陆军方面即不再希望得到松花江以北的路线。同时，如果到哈尔滨为止的线路能够转让，即决心按预定供应全部军火。现在，希望首先以陶赖昭为终点，努力取得苏俄政府的同意。① 5 月 4 日，石井菊次郎向驻英大使井上通报了近期日、俄间的谈判要点：在 1916 年 1 月，俄国外务大臣访问日本之际，随行的远东局长表示："俄国认识到帝国政府通过供应军需品所表示的好意，如果我方尚能允许让与俄国必需的若干武器，俄国似乎有意将中东铁路支线割让与我国。"另外，"俄国察觉到德国计划把手伸向从土耳其、波斯到中国的广大地区，以便遏制俄国咽喉，似乎心怀恐惧。因此，帝国政府根据上述两点，又考虑俄国政府以往关于日俄两国接近的建议，感到俄国既已善意地表示愿意将哈尔滨、长春间铁路以适当代价让给日本，尽管从国防上考虑供应武器存在着困难，但也决定必须在某种程度上满足对方的希望；同时还决定，关于日俄两国政策问题，提议签订公开协约和秘密协约。"② 随后，俄国临时政府对日本提出的条件进行了研究，表示愿意尽可能应允日本拟修改或删除其提议中某点的要求，对大部分

---

① 《外务大臣石井致驻俄大使本野电》（1916 年 4 月 22 日），吉林省社会科学院《满铁史资料》编辑组编《满铁史资料》第二卷，《路权篇》第一分册，中华书局 1979 年版，第 323 页。

② 《外务大臣石井致驻英大使井上电》（1916 年 5 月 4 日），吉林省社会科学院《满铁史资料》编辑组编《满铁史资料》第二卷，《路权篇》第一分册，中华书局 1979 年版，第 324 页。

有关条件决定不再坚持，只限于对俄国有密切利害关系的条件维持原有主张，并且显著地降低了铁路价格。6 月 30 日，大阪《朝日新闻》记载了日俄新协约缔约之经过，内称："日俄之关系，因协约订立已经过三次，乃益趋于亲善；欧洲大战勃发以后，两国之间更增一层亲密。今欲讲永久之亲善方法，而新协约之议乃起。于日俄两国之间，日本之陆军则多主张此议；尾崎（行雄）法相亦主张日俄同盟，遂至引动山县（有朋）、松方（正义）、井上（馨）、大山（岩）等四元老。当时内阁有顾虑英国之意向，不欲更与俄国缔结，遂不提议。至昨年岁终，俄国大公来日，而日俄协约说又再起。山县、松方、大山之三元老联袂向内阁提议缔结协约之旨，尾崎法相亦在内阁中斡旋，遂致训电于驻俄本野（一郎）大使，使之开始交涉，乃见今日新协约之成立。"① 可见，日本国内舆论是从日俄协约的角度看待，希望继续由日、俄联手排斥其他国家对"满洲"铁路的"染指"。对于日、俄间的协定，美国始终予以密切关注，7 月 17 日美国驻日大使致电国务卿，上报了日、俄两国协议的主要内容："条约的补充协议已经达成，俄国将把中东铁路从第二松花江站至宽城子段铁路卖给日本，并使日本的航行权伸展至松花江。……一般都理解，作为对铁路的补偿继续供应俄国军需物资。"②

1917 年的俄国革命给"满洲"带来了很大的冲击。之后，日、美、英、法等 15 个国家发动了革命干涉战争（西伯利亚出兵），"满洲"成为战场的一部分。满铁对俄国革命的反应很快，早在 1917 年 6 月，就派理事川上俊彦到俄国视察了"二月革命"③ 以后的情况。11 月 15 日，

---

① 《日报记〈日俄新协约〉》（1916 年 7 月 5 日），宓汝成编《中华民国铁路史资料（1912—1949）》，社会科学文献出版社 2002 年版，第 326 页。

② United States Department of State：Papers relating to the foreign relations of the United States，1916，Volume I，Washington，D. C.：U. S. Government Printing Office，1916，pp. 436—437.

③ 日俄战争和第一次世界大战激化了俄国的社会矛盾，反战运动日益高涨。1917 年 3 月 8 日至 12 日（儒略历 2 月 23 日至 27 日），俄罗斯帝国爆发了"二月革命"，它发生在第一次世界大战期间，其结果是推翻了罗曼诺夫王朝，结束了君主专制的统治。"二月革命"后出现了两个政权并立的局面，即俄国临时政府（俄罗斯共和国）和苏维埃政权。后又因为临时政府的措施不当，爆发了"十月革命"，以列宁为首的苏维埃政权控制了局面。"二月革命"为俄国人民争取社会主义的斗争创造了有利的条件，促进了欧洲各国被压迫人民和被压迫民族反对战争、反对本国政府、争取民主权利和民族解放运动的高涨。

川上俊彦回国向外务大臣本野一郎提交了包括布尔什维克发动的俄国"十月革命"在内的《俄国视察报告书》。该报告书也受到首相寺内正毅和后任首相原敬等人的重视，在该时期的日本外交政策中发挥了决定性作用。此后对俄国的动向也非常关心的满铁，以调查科为中心，调查活动和俄国研究十分活跃。[①]

1917 年 11 月 22 日，日本外务大臣本野一郎与俄国大使库宾斯基进行换文，其中指出：鉴于日、俄两国在"满洲"经济活动的自然趋势，并希望避免在该地区内因日俄双方铁路间竞争所产生的一切纠纷，协定以下内容：第一，中东铁路公司为了将宽城子与松花江左岸连接的铁路转让给"南满"铁道会社，应采取必要的措施，日本政府需向俄国政府支付 2300 万日元，关于转让铁路的价格应由俄国政府同中东铁路公司查定，日、俄两国铁路的联络点是老烧锅，转让价格必须由当事的公司间协商决定，并在能够完成两线联运事宜的期限内实行；第二，俄国政府放弃从秀水站的村落起的松花江上游航行权，今后日本政府不得提出从嫩江河口起到松花江下游的日本航行权问题。[②] 中国交通部将外交部发来的公函，抄录一份发给督办铁路公所督办王景春，其中阐述了中国方面对日、俄交涉经过的观察："查日俄让渡哈长路线一事，本部尚未得有确实消息。惟查民国五年本部因日、俄让渡宽城子至老少沟路线迭向日俄两使交涉，并随时咨达在案。来函所称哈长一事，或即指此案而言。既准函请前因，本部现又密询霍尔瓦特。据称此事在俄国帝制时已有成议，因铁路当局极力反对，未经俄皇盖印批准。日人对于此事非常注意，未肯放弃，于 1917 年 11 月由日外部与驻东京俄使库宾斯基换文。"[③] 12 月 28 日，财政部致函外交部，采纳了总税务司安格联提出的收回中东铁路的主张："东清铁路亦应完全由中国收回自管，行车事宜，仍由原有之铁路局执行。收管之法即派兵驻扎各重要车站，其在边界之

---

① 小林英夫『〈満洲〉の歴史』、講談社、2008、53—54 頁。
② 《日本外务大臣与俄大使库宾斯基的换文》（1916 年 5 月 4 日），吉林省社会科学院《满铁史资料》编辑组编《满铁史资料》第二卷，《路权篇》第一分册，中华书局 1979 年版，第 326—329 页。
③ 《交通部致督办铁路公所督办王景春》（1922 年 10 月 2 日），宓汝成编《中华民国铁路史资料（1912—1949）》，社会科学文献出版社 2002 年版，第 328 页。

车站尤须注意，授中国重要官吏以管理该路一切事宜之权，如遇紧急时，亦有权停止通车。中国应利用时机运用灵敏之手腕办一难能之事，以示世人，并可在本国领土巩固国家之主权也。"① 31 日，安格联在《哈尔滨时局与东清铁路之关系》的秘密说帖中，再次指出："俄国之革命潮流，现已波及于西伯利亚方面。其与中国接壤之地，影响所及，势难免除因内乱发生痛苦。为中国计，应善自为谋，力止该革命潮流之侵入。惟东清铁路，若仍处于中国法权之外，则不能止其侵入满洲地域耳。"② 中国政府对日、俄之协议，概不承认。

日、俄两国在未经中国政府参与和同意的情况下，私自将中东铁路"南满"支线及松花江下游航行权转让给日本，中国政府对此曾连续提出抗议。1918 年 2 月 7 日，吉林督军孟恩远、省长郭宗熙致电外交部，内称："查中东路事，在我正在进行，突有此讯，所关甚巨。究竟章公使有无密报到部，应请速密探实，提出抗议。美于此路素极注意，如能联美及怂恿英、法等国从旁牵制，或足稍戢阴谋。"③ 5 月 22 日，中国外交部正式向日、俄两国驻华公使提出节略，声明："查东省铁路前由中国政府与俄国政府会议建造，订有合同。中国政府领土路权所关，俄国政府事前并未照商取得中国政府同意，何能将路权让与他国？何况俄国现在并无正式政府。此项让权契约，直是私相授受。中国政府确难承认。"④ 日、俄间的换文虽然经过俄国临时政府的同意，但实际上换文的进行是在该政府崩溃之后，并不具有法定效力，中国政府的抗议有理有据。但是，日本驻华公使林权助居然强辩道："此条铁路之让与，其实质于中国契约上之权利，及领土主权，毫无消

---

① 《外交部收财政部函》（1917 年 12 月 28 日），"中研院"近代史研究所编：《中俄关系史料·中东铁路（一）》，"中研院"近代史研究所 1968 年版，第 31 页。

② 《外交部收国务院函》（1917 年 12 月 31 日），"中研院"近代史研究所编：《中俄关系史料·中东铁路（一）》，"中研院"近代史研究所 1968 年版，第 36 页。

③ 《外交部收吉林督军孟恩远、省长郭宗熙电》（1918 年 2 月 7 日），"中研院"近代史研究所编：《中俄关系史料·中东铁路（一）》，"中研院"近代史研究所 1968 年版，第 96—97 页。

④ 《外交部致日本驻华公使林权助、俄国驻华公使库达摄夫节略》（1918 年 5 月 22 日），"中研院"近代史研究所编：《中俄关系史料·中东铁路（一）》，"中研院"近代史研究所 1968 年版，第 140 页。

长。若中国政府此次之抗议，对于帝国政府有何不信任，或不公平之意旨，帝国政府不得不痛惜为东亚大局今尚存此谬见也。"①

针对日本公使的谬论，中东路督办郭宗熙在 1918 年 11 月 23 日呈交给外交部的咨文中指出："查阅日馆节略所主张之理由，约分二端：其一以为俄国对于东清铁路之权利，既为中国政府所承认；则日本继承同一之权利，中国政府不应有异议。其一以为日本继承中、俄两国所结之契约，其实质与中国契约上之权利及领土主权，毫无消长。以上两种理由，质言之，意谓中国既可以许俄，即可以许日而已。窃谓此等武断之主张，其理由殊未充分。大凡甲国与乙国所结之契约，必含有特别之精神，未可混为一词。假谓可许乙者，即可以许丙，执此以言，又何以处丁、戊等国。现在联合各国麇聚远东，中东路线为各国所注意，设令群起效尤，吾又何以应付，即日人亦能否无词？且吾国许俄国以对于中东之权利，未许以让渡之权利。今日俄可以一部分让与日本，明日即可以又一部分让与他国。此种界说，不可不辩。又中外合办东三省之铁路，除中东外，尚有数路，若随意变更契约，开此先例，则吉会、吉长等路，倘为第三国有所要请，何以应之？以此反诘，日使恐亦无辞以对。是知吾对日之声明，并非有何不信，或有不公平之意旨，甚为明了。至南满先例，系属战后问题，更无从援引也。"②

1918 年 8 月 31 日，驻美公使顾维钧致电外交部，转达了他与美国副国务卿的谈话要点，叙述了美国与中国联合的可能性，内称："现闻日本沿道布置军队，愈图侵占。又商请霍尔瓦特总办，将轨径改狭，以符南满之辙。若更听之，不啻以北满全归日本势力范围。美政府现在筹议挽救办法，大致拟商请贵国政府，凡在该路交由美国驻西伯利亚铁路委员会派员兼管，以防其侵占，而资运输便利。该会会员虽系美国人，实系俄前政府所聘任，薪俸今仍由驻美俄大使支付。故名义上交会兼管，实系俄管，与原合同并无不符。"顾维

① 《外交部收日本驻华使馆节略》（1918 年 11 月 8 日），"中研院"近代史研究所编：《中俄关系史料·中东铁路（一）》，"中研院"近代史研究所 1968 年版，第 216 页。
② 《外交部收中东路督办郭宗熙咨》（1918 年 11 月 23 日），"中研院"近代史研究所编：《中俄关系史料·中东铁路（一）》，"中研院"近代史研究所 1968 年版，第 219—220 页。

钧答称："该路为中俄合办事业，俄既不能，当以中国保管为上策。"美国副国务卿称："如现在中国设法派兵保管，恐必与日军龃龉冲突，反生枝节。不如暂允交委员会管理，俟战后再解决处置该路问题。如中国照允，再与日本商议。"又言："霍尔瓦特利欲野心，一切用兵举动，皆为美国与联盟各国所不承认，中国不宜听其在华境举兵，出入自由。"最后，顾维钧特意指出："窃以日本在北满自由行动，显然别有用意，美则对我素无野心。"① 可见，顾维钧的"以美制日"，是一种在当时而言的现实主义策略，但对美国的侵略策略缺乏警惕性。

1918 年 9 月，满铁理事川上俊彦致电满铁理事长，提出中东铁路一事不可由日、中两国之外的第三国插手，内称："根据本职暗中听到的消息，据称不久前美国铁道队曾向大谷司令官提议，拟取得乌苏里、中东两铁路的管理权，但根据临时铁道委员会的决议予以否决。其后，美国政府遂通过外交手续提议将中东和西伯利亚铁路的管理权交到美国铁道队手里。据最近报刊报道，中国政府拒绝了美国的提议。我国政府对这一问题如何答复尚不清楚，不过本职已向首相、外相和参谋次长说明，关于中东铁路问题，除日中两国以外，绝不许其他国家干预。在政府当局人士中，虽有人主张如上意见，但同时也有不少人认为，在不得已时只好将该铁路置于列国共同管理之下。"② 12 月 2 日，日本外务省在得到美国大使给出"美国并无欲获取俄国铁路之权益，并单独管理铁路"的保证后，"极为快慰满意"。③

1918 年 10 月，中东铁路管理局局长霍尔瓦特（1859—1937）以委任中东铁路管理权和以该路收入为担保的条件，希望向日本借款 5000 万日元。满铁理事长随后指出：中东铁路提出借款 5000 万日元一事，如果筹措此项资金问题能请政府特别设法协助解决，大致可以按照下列

---

① 《外交部收驻美顾维钧公使电》（1918 年 8 月 31 日），"中研院"近代史研究所编：《中俄关系史料·中东铁路（一）》，"中研院"近代史研究所 1968 年版，第 178—179 页。

② 《满铁理事川上俊彦致理事长电》（1918 年 9 月 15 日），宓汝成编《中华民国铁路史资料（1912—1949）》，社会科学文献出版社 2002 年版，第 346 页。

③ 《日本外务省致驻日本美国大使复照》（1918 年 12 月 2 日），"中研院"近代史研究所编：《中俄关系史料·中东铁路（一）》，"中研院"近代史研究所 1968 年版，第 308 页。

条件进行交涉。第一,将中东铁路南部线改为宽轨,在借款期间内将其经营委任满铁进行;第二,使其承认到哈尔滨的松花江航行权;第三,使其承认中东铁路沿线的山林采伐权和矿山开采权。① 同时,满铁认为准许美国干预中东铁路是"关系日本存亡的重大问题"。陆军方面的意见是,同意海参崴派遣军同联合军即美军共同管理中东路干线,南部支线则专由日本管理。但是,参谋本部的意见是,关于中东铁路全线,绝不能让日、俄、中三国以外的国家进行干预。② 不过,美国早已拟订了"共管"的计划。③ 而且,中国正在考虑实施"以美制日"的方策。10月 26 日,黑龙江督军鲍贵卿向外交部建言:"查日人蓄意并吞北满,野心勃勃,路人皆知。我国既无实力抵御,惟有借外力以相牵制,冀可稍安。现世界各国困于欧战,无暇兼顾,其余力足以抵制日本者,厥惟美国。贵卿前曾献议,请借美款赎回东清铁路,即为以美制日起见。"④

1919 年 1 月底,驻日公使章宗祥认为,此次日、美协商,"系由美国主持,欲以联合国一致行动牵制日本,而日本自知不敌,只可顺从美国之意"。⑤ 2 月 20 日,外交次长陈箓同时发给日、美两国公使一份照会,力求保证中国在中东铁路之利益,内称:"中东铁路为中国政府委托道胜银行承办之路,并委托该行以妥为管理之权,既有领土关系,复与西伯利亚铁路性质不同。自俄国政变以来,察见该路渐无维持之能力,中国政府为维护权利,并便利公共运输计,正拟派员暂为执行管理之权,以资整顿。今贵国及协商各国既拟于委员会之下设技术部从事改良,中国政府查照东清路原订合同上应尽之责任,应于该技术部内派一有路务经验之专员,其位置、责权与该部总理相等,以便按照原订

---

① 《满铁理事长致在东京的川上理事电》(1916 年 5 月 4 日),吉林省社会科学院《满铁史资料》编辑组编《满铁史资料》第二卷,《路权篇》第一分册,中华书局 1979 年版,第 342 页。

② 《满铁理事川上俊彦致理事长电》(1918 年 10 月 22 日),宓汝成编《中华民国铁路史资料(1912—1949)》,社会科学文献出版社 2002 年版,第 346 页。

③ 外务省外交史料馆『西比利亜及東支鉄道管理一件』、アジア歴史資料センター、Ref. B04010989700。

④ 《外交部收黑龙江督军鲍贵卿电》(1918 年 10 月 26 日),"中研院"近代史研究所编:《中俄关系史料·中东铁路(一)》,"中研院"近代史研究所 1968 年版,第 205—206 页。

⑤ 《外交部收章宗祥电》(1919 年 1 月 27 日),"中研院"近代史研究所编:《中俄关系史料·中东铁路(一)》,"中研院"近代史研究所 1968 年版,第 281 页。

合同商承东清路督办随时查察所办之事是否实力奉行；并应尊重中俄东清铁路合同之精神，尽用中国铁路技术及管理铁路人员，俾资助理。至于军事运输部专办军事上之运输，中国自可赞同；并派军官参预其列。其东清一路护路军警，应仍由现在该路之中国军警切实保护，以维线站之安宁。想贵国政府既详切声明保存东清路中国原有之利益，对于上开中国政府提议各节，当必乐予赞同也。"[①] 2 月 27 日，美国驻华公使芮恩施照会外交部称："中国政府赞同协约各国所立之委员会，并拟派员与会，以及技术、运输等部派员各节，本公使亟为满意，相应照复贵代总长查照，希将所派各员衔名开送，以便转行呈报本国政府。"[②]

1919 年 2 月，满铁理事牧野提出，将中东铁路南部支线改筑成与"南满"铁路相同的轨距，是满铁一向的愿望，"我们相信，改筑中东南线将其运输置于我社经营之下，以推进帝国的商权，不仅是我社的期望，也是帝国的理想。所以，如能像上述理想那样实现改筑时，我社也可以忍受任何牺牲"[③]。4 月，美国得知日本即将改轨中东铁路时，立即向日本政府提出疑问，日本考虑到与美国共同出兵西伯利亚，于是暂时将改轨问题搁置。但是，当美国、英国先后声明从西伯利亚撤兵时，日本内阁却做出继续留驻日军的决定，甚至明确表明这是"国策"的需要。[④] 5 月 2 日，日本内阁做出决定："日本政府收买中东路支线部分区段——长春至松花江左岸老烧锅区间问题，在克伦斯基政府崩溃前事实上已经签订协定，现正等待列强承认的俄国新的正式政府的确认。因此，结果必将在哈尔滨至长春的约一半区间永久采用与南满铁路相同的轨距。"[⑤]

---

① 《外交次长代理部务陈箓分致日美两国公使同文照会》（1919 年 2 月 20 日），宓汝成编《中华民国铁路史资料（1912—1949）》，社会科学文献出版社 2002 年版，第 356 页。

② 《美国驻京公使芮恩施照会外交部文》（1919 年 2 月 27 日），中华民国交通铁道部编《交通史路政编》第十七册，交通铁道部交通史编纂委员会，（出版时间不详），第 79 页。

③ 《满铁理事牧野致满铁理事长国泽函》（1919 年 2 月 26 日），吉林省社会科学院《满铁史资料》编辑组编《满铁史资料》第二卷，《路权篇》第一分册，中华书局 1979 年版，第 345 页。

④ 《阁议决定》（1920 年 5 月 7 日），吉林省社会科学院《满铁史资料》编辑组编《满铁史资料》第二卷，《路权篇》第一分册，中华书局 1979 年版，第 348 页。

⑤ 《日本外务省致美国大使馆备忘录》（1919 年 5 月 2 日），宓汝成编《中华民国铁路史资料（1912—1949）》，社会科学文献出版社 2002 年版，第 362 页。

不难看出，日本准备强行改筑长春至哈尔滨段的路轨，实现大连至哈尔滨的直通车计划。

1919年9月，中国交通部拟于路政司内，秘密设立"东省铁路委员会"，并将说帖一份转交外交部，内称："查东省铁路为中俄合办之管业，原由中国派员督办，庚子事变后督办未派，遂致放弃利权。前年鉴于俄乱，复派督办，原冀挽回主权，以备乘期收回管理计划。徒以霍尔瓦特狡诈把持，卒未得实行整理。……现闻鄂木茨克政府已推倒，海参崴新政府将次成立，霍氏实权已被吸收殆尽；而俄人又无管理该路能力，内容腐败异常，亟应预先通盘筹划，以期应赴时机。……为种种方面慎重起见，拟请在于本部路政司内，秘密设立东省铁路委员会，由本部暨边防处、陆军部、外交部、财政部、中交两行各派一员，遇事以便随时函知到会，共同讨论。庶几各事接洽，事机既赖以敏捷，情形尤不至隔膜，获益当非浅鲜。"① 可见，中国交通部已经开始在制度上为正式接收中东铁路做准备。10月25日，日、美两国商妥了关于西伯利亚铁路、中东铁路的办法，即以俄国人为特设委员会会长，下设技术部和军事运输部，由协约国间委员会共同管理。②

1920年3月，日本外务省在研究了中东铁路问题之后，提出了以俄国为中心，以中国为中心，不偏袒中、俄任何一方的三种策略暨六种方案，最后外务省在比较了六种方案的利弊之后，认为以中国为中心的第四种方案是最佳选择，主要内容是："在不破坏中、俄间关于中东铁路各项协定的范围内，对于中国制造于己有利形势方面的努力，给予好意的援助，与此同时，从纯粹发挥交通机能的角度密切同南满铁路的关系。"第四方案的主要优点是："（1）根据俄国今天的现状，中国倘如在不违反条约规定的程度内，在中东铁路增加实际势力，至少对寻求取得中俄合办实效的途径方面不能加以阻止。今天俄国也不得不赞同此种程度的回收。（2）日本不在政治上和战略上把中东铁路置于自己势力之

---

① 《外交部收交通部函》（1919年9月8日），"中研院"近代史研究所编：《中俄关系史料·中东铁路（一）》，"中研院"近代史研究所1968年版，第712—713页。

② 《美日关于西伯利亚铁道与东清铁道商妥之办法》（1919年10月25日），中华民国交通铁道部编《交通史路政编》第十七册，交通铁道部交通史编纂委员会，（出版时间不详），第77—78页。

下，而只是通过改变轨距或改造车辆，实行南满铁路和中东铁路的相互直接通车，达到发挥纯粹的交通机能的目的，以资改善世界交通。我方的这种立场勿须隐讳，可以光明正大地提出主张。（3）如前所述，中国收回中东铁路利权的运动，今天已经是大势所趋，利用这种趋势至为妥当。原来，中东铁路是作为俄国远东政策机关而设立的，中国在条约规定的范围内加以回收，是中国的正当希望，不得妨碍，而且这种回收希望，中国南北是一致赞同的。日本对此加以支持，是符合我们关于对中国人民的正当希望给予指导帮助这一既定方针的，可借以大大改善日中关系。特别是通过这次战争，已经明显觉醒起来的中国人民，怀着热切的希望要收回被外国获得的各项权益，并正在上下一致地开始各种活动。日本倘若认为中国方面的运动是正当的，给予援助，增进中国人民的幸福，使之取得辉煌的发展，最后实现日中两国互利共存的初衷，这对双方都是有好处的。"① 可见，日本想假意迎合中国的利权回收运动，以便乘机谋取外交上的主动性。随后，在日本内阁的草案中，甚至提出以归还吉长铁路委托经营权为条件，换取中国政府对中东路南部支线的改轨要求。

1920年7月5日，外交部代理总长陈篆在发给日本驻华公使小幡酉吉的照会中严正指出："查东省铁路原系中俄合办，在中国有领土主权之关系。纵使该路需款，亦不得任由俄人单独挪借。兹特正式向贵公使声明倘道胜银行或东路公司假用该路名义，向他国借款，非先经中国政府允许，绝对不能承认。"② 10月2日，中国政府与俄亚银行签订了《管理东省铁路续订合同及附件》，作为对1896年中俄东省铁路合同之延续，中国政府在阐述续订合同的理由中，提出三点："二、因东省铁路公司所欠中国政府五百万两之本利，加以中国政府接济该路款项之种种债权关系；三、因俄国政治紊乱之故，致失其管理该路即维持秩序之能力；四、因中国政府以领土主权之关系，对于管理路界以内地方之治

---

① 《关于中东铁路问题的方策》（1920年3月19日），吉林省社会科学院《满铁史资料》编辑组编《满铁史资料》第二卷，《路权篇》第一分册，中华书局1979年版，第357—358页。
② 《外交部代理总长陈篆致日本驻华公使小幡酉吉照会》（1920年7月5日），宓汝成编《中华民国铁路史资料（1912—1949）》，社会科学文献出版社2002年版，第335页。

安，维持世界公共之交通，实行保护该铁路之财产，暨整顿一切秩序，均有应负之责。"此外，在该合同最后一条指出："1896 年 9 月 2 日所订之中俄合办铁路公司合同，及公司合同原有章程与本合同不相抵触者，均为有效。"① 三日后，交通总长叶恭绰向总统徐世昌呈送密文，叙述了此次续订合同的经过："窃查东省铁路绵长三千余里，路线均在中国领土，与我国关系甚重。自前清光绪二十二年（1896 年）与道胜银行合伙订定建造经理合同，我国仅派督办一员，一切事务，诸从放弃。当经审察该路之现情及时势之需要，我国应主张之宗旨有四：（一）维持原订合同及公司章程我国应有之权利，应令该路完全处于商业范围之内；（二）公司重要职务加入华员以期切实整理；（三）对于俄国新、旧两党持超然态度，毫无偏倚；（四）抱定中俄合办宗旨，以免别生葛藤。现值停止俄国外交关系之际，此项合同由中国政府与道胜银行签订，本系私法上之行为。此次因合伙之关系，双方复续订合同，系根据原案办理。所有代替执行俄政府职权，合同中并经声明以中国政府正式承认俄国政府，并彼此商定该路办法后为止，庶他人无从置喙。二则东路情形复杂，必先规定管理方法，坚持中俄合办之宗旨，不使他方干涉其间，方足以杜觊觎，而维久远，且俾在路办事俄员，亦可有所依据，此皆签订合同之经过情形也。"②

1921 年 5 月 17 日，日本内阁做出一项决定，主要内容是："张作霖的计划是，维护和确保其在东三省的实权，并进而向中央政界伸张其势力，这几乎是无可置疑的。最近，他曾向我文武官员表示希望，请求给以武器和其他物资上的援助。帝国对此人今后活动的态度，虽尚需特别慎重研究，但大体上对张作霖采取这样的对策是适宜的，即在东北三省，为巩固其在该地区的势力而整顿和充实内政与军备时，应直接间接地给予援助；但如为达到其对中央政界的野心而求助于时，便不能采取援助的态度。"根据上述方针，日本"一旦从西伯利亚撤军，诸如中东

① 《管理东省铁路续订合同及附件》（1920 年 10 月 2 日），宓汝成编《中华民国铁路史资料（1912—1949）》，社会科学文献出版社 2002 年版，第 337 页。
② 《交通总长叶恭绰密呈大总统文》（1920 年 10 月 5 日），中华民国交通铁道部编《交通史路政编》第十七册，交通铁道部交通史编纂委员会，（出版时间不详），第 107—108 页。

铁路问题、满蒙政策、对朝鲜的统治和治安维持、中俄与日俄边界的防御等问题，需要协议解决的事情还非常多，而中国方面的对手，无疑的是张作霖"。从这个意义上说，日本为使张作霖不失去在"满蒙"的地盘，有必要给予援助。"当帝国确定中东铁路方针并期其实现时，需要张作霖谅解之处极多，尤其是中东铁路南部线轨距改筑问题更是如此。"① 同时，日本以霍尔瓦特等人的借款申请为时机，准备以改筑轨距为交换而同意借款 3000 万日元，其中以 2500 万日元贷款给中东铁路，交换条件是：中东铁路与满铁实行货物直达联运、减少中东路南线运费、增加中东路沿线小麦运费、在中东南线敷设与满铁同样轨距的轨道以及实行设施管理权等。② 《民国日报》早已看穿日本之计谋与野心："日人对于北满，处心积虑之深，已非一日；其着力处，较南满尤重。所谓日本不获北满交通与商业之实权，南满亦万不能充分发挥者是也。"③ 可见，日本孜孜以求者，正在于通过改轨，使"南满"铁路向"北满"逐渐伸张，尽力压缩中东铁路的势力范围，直至最终将其取代，占领整个"满蒙"地区。

二 满铁觊觎滨黑铁路利权

1909 年，黑龙江省绅商筹议集资修建"北满"铁路，经省议会审议通过，选定路线为自哈尔滨起，经呼兰、绥化，到达海伦，但因资金不足而被搁置。1910 年，黑龙江绅商重提此事，决定采用日本窄轨铁路形式，名为海兰铁路，共长 410 千米，预估建筑费为银 800 万两，拟以昂齐铁路为担保，年息 6 厘，借款 12 年，向广信公司和官银号合并借银 370 万两、向政府借银 100 万两、再招商股银 270 万两，设立合办海兰铁路有限公司，又恰逢 1911 年辛亥革命爆发，议遂中止。1912 年黑龙江省议会派代表到北京向政府要求新办该铁路，由地方调集资金 100 万

① 《日本阁议决定》（1921 年 5 月 17 日），吉林省社会科学院《满铁史资料》编辑组编《满铁史资料》第二卷，《路权篇》第一分册，中华书局 1979 年版，第 364—365 页。

② 《釜山新闻报道》（1921 年 8 月 24 日），吉林省社会科学院《满铁史资料》编辑组编《满铁史资料》第二卷，《路权篇》第一分册，中华书局 1979 年版，第 369 页。

③ 《日本谋占中东铁路之深心》（1920 年 12 月 14 日），宓汝成编《中华民国铁路史资料（1912—1949）》，社会科学文献出版社 2002 年版，第 377 页。

两着手工程，1913 年黑龙江省巡按使派员勘测，1914 年 3 月交通部派测量队进行复测。正当交通部派测量队复测时，俄国图谋投资敷设，并拟定将线路北端从海伦延展至墨尔根（嫩江），并另设一条干线，北达黑河、南至齐齐哈尔，于是出现了"齐黑""滨黑"铁路的名称。

1914 年 3 月，俄国代表郭业尔向交通部提出修筑海兰泡至哈尔滨、齐齐哈尔二路。4 月，日本使馆参赞水野会晤外交部次长，询问中俄滨黑路交涉事宜。水野首先提问："听闻俄国大使回国前，曾由孙总长面允其由哈尔滨经过呼伦而至北满建筑铁路之约，不知确否？"次长回答："俄使确有北满路之请求，然只请除中国自行建设外，若欲借外国资本，须先与俄政府商借而已。"①随后，外交部即据以转达交通部，嗣接交通部回文，以该处有无建路之必要，尚待研究；并同意俄使所请，再行研究路线问题，但不同意其建筑之请。至 7 月，交通部派水钧韶、阚铎与郭业尔会晤磋商，最后议定自哈尔滨至黑河为干线，墨尔根至齐齐哈尔为支线。1915 年 4 月 15 日，郭业尔函交草拟合同一件，交通部仍饬令水钧韶、阚铎研究俄方合同，二人指出"日、比、英、法获路极多，俄所要求在取均势，复以呼伦及阿尔泰两交涉案，恫吓当轴"，"其最要者为东清同轨、江上建桥二事"，最后因俄国坚持，中国允许将建桥改为附件、轨距与东清一致。②1916 年 3 月 25 日，财政总长周学熙、交通总长梁敦彦在给总统袁世凯的呈文中，叙述了此次中、俄滨黑铁路交涉之经过：俄人要求建筑"北满"铁路一案，"系民国三年 3 月俄国大使提出路线节略五条，附件一条，要求承认保全俄人建筑铁路之优先权，即由外交部会同交通部设法磋商。至三年 9 月始准俄使答复，已得本国政府同意，准将节略内第一条黑河府、哈尔滨、齐齐哈尔一线先议大纲第二、三、四等条，呼伦贝尔路线另案商议，附件矿业、林业一条即行取消。又饬该员等与该代表，以第一条为范围接续商议。嗣据历次报告，依据内地借款筑路最近成案，参酌财政及地方情形并与黑龙江行政长官

---

① 《次长会晤日本使馆水野参赞问答》（1914 年 4 月 17 日），"中研院"近代史研究所编《中日关系史料·路矿交涉》，"中研院"近代史研究所 1976 年版，第 125 页。

② 中华民国交通铁道部编：《交通史路政编》第十七册，交通铁道部交通史编纂委员会，（出版时间不详），第 447—448 页。

往返筹商，订明自哈尔滨经墨尔根至黑河府为干线，又自墨尔根至齐齐哈尔为支线，名曰滨黑铁路，由俄亚银行经理。借款草案条文，逐细讨论，凡应行修正之处，均经设法力争，次第修改。计商订滨黑铁路借款合同草案二十二条，又附件五条，并据该代表切实声明。现因俄使奉调交卸在即，如在该使卸任以前能将合同签订，则所允优异各项，均可照此定案"①。随后，照准签约。

1916 年 3 月 27 日，中国政府与俄亚银行间签订了《滨黑铁路借款合同》，主要内容有：第一，借款 5000 万卢布，年息 5 厘，借款期限 46 年；第二，建筑由沿东清铁路之一地点附近哈尔滨地方，经过墨尔根至濒黑龙江岸，与卜拉克维城斯克②对岸黑河府之铁路工程，以及由墨尔根至齐齐哈尔之支线，并购办车辆材料；第三，路轨之宽，应与东清铁路相同；第四，如果中国以为必须或欲由此铁路建设支路，或将铁路延长，需用中国自己款项筹筑，如遇借用外款时，银行条件无异他家，应先尽银行按照本合同条件承办；第五，以本铁路及一切财产、收入作担保，中国政府保证还本付息；第六，总工程师、会计主任、运输主任需要任用俄国人；第七，俄亚银行在购买建筑材料时，可以收取 5% 的手续费。③ 就在北京政府刚刚签约完毕，《民国日报》便立即揭露了袁世凯政府的卖国之举以及俄国的侵略行径，内称："昨日中国与华俄道胜银行（俄亚银行）签约，借款五百万镑，建筑自哈尔滨至勃拉哥维清斯克（黑河）之铁路，并至穆尔干（墨尔根）及齐齐哈尔之支路，计长一千俄里（1066.8 千米），该借款将俟欧战终结发行于欧洲之资本家。借约中备列担保品、建筑工程及账目等项。此段铁路，大部与前美国建造锦瑷铁路之计划相同，该路于数年前经中国与美资本团签约，但为日俄反对而

---

① 《财政总长周学熙、交通总长梁敦彦呈大总统文》（1916 年 3 月 25 日），中华民国交通铁道部《交通史路政编》第十五册，交通铁道部交通史编纂委员会，（出版时间不详），第 448—449 页。

② "卜拉克维城斯克"与下文中的"勃拉哥维清斯克"同指"布拉戈维申斯克"（俄语：Благовещенск，英语：Blagoveshchensk），简称"布市"，是俄罗斯阿穆尔州首府、俄罗斯远东第三大城市，属于黑龙江上中游北岸重镇，原属中国，本名"海兰泡"，1858 年《中俄瑷珲条约》签订后，被俄国割占改名至今。

③ 《滨黑铁路借款合同》（1916 年 3 月 27 日），王铁崖编《中外旧约章汇编》第二册，上海财经大学出版社 2019 年版，第 1078—1089 页。

罢。今俄人所计划之铁路,横亘河流肥绕之地,大可以发达农业。"① 随后,该报又将俄国"满蒙计划"予以披露:"东清铁道线路,贯通北满,虽与西伯利亚有密接关系,俄人以为尚不能永保安全。基于军事上之计划,而敷设平行线之黑龙(江)铁道。俄国既有此二铁道,则其经营满蒙之根基已立。近又与中国订立建设北满铁路(哈尔滨至黑河)。此路系连接于东清、黑龙(江)者也。俄人之谋划日新月异,颇为众国所注视,而吾人岂可忽视哉!"② 但是由于第一次世界大战爆发而未能发行公债以及俄国国内爆发革命,该铁路实际上并未着手修筑。

十月革命在俄国取得胜利后,俄国在"北满"地区的势力消退。日本乘机进行了一系列攫取滨黑铁路的活动。1918 年 4 月,为了防止美国势力介入中东铁路和"北满",俄亚银行代表郭业尔向日本提出日、俄合资计划,建议两国合作。③ 此前,中、俄两国因为急于修筑滨黑铁路,打算依靠美国的投资。日本也在密切注视事态的发展,所以当郭业尔向日本提出日、俄、法三国合作共同修筑滨黑铁路的时候,日本正金银行代表很快同意了郭业尔的提议。1919 年 4 月 18 日,日本在内阁会议上正式做出决定,认为滨黑铁路贯通北满沃野,工程容易修筑,又与中东铁路共同构成该地区的交通骨干,不仅是经济上的有利路线,在政治上也具有重大意义,而且也是实现日、俄合作的途径。同时,在提出的协定案大纲及其他约定中,明确了日、俄、法三国的利权范围,共计十条:"(1)为修建和经营本铁路,由正金银行和俄亚银行组成一个银行团。二,前项银行团的设立期间为五年,但在此期限内未达到目的时,可延长期限。三,本铁路所需材料须由上述三银行平均承揽。四,职员由三国人平均分配:第一,总工程师须由俄国人充任,但总工程师下属的高级职员由法国人充任,其次由日本人充任;第二,会计主任由日本人充任,但会计主任下属的高级职员由俄国人充任,其次由法国人充

① 《袁家之末日,新卖了一宗路权》(1916 年 3 月 31 日),宓汝成编《中华民国铁路史资料(1912—1949)》,社会科学文献出版社 2002 年版,第 187 页。

② 《俄国满蒙计划》(1916 年 11 月 17 日),宓汝成编《中华民国铁路史资料(1912—1949)》,社会科学文献出版社 2002 年版,第 188 页。

③ 外务省外交史料馆『賓黑鉄道関係雑纂』第 1 卷、アジア歴史資料センター、Ref. B04010985900。

任；全线通车后，由公债发行最多的银行所属国人员充任会计主任，如届时由俄国或法国人为会计主任，则日本人位于会计主任之下，充任高级职员；第三，运输主任须由俄国人充任。五，此项工债第一次发行部分，由正金银行发行，如有可能，在哈尔滨、上海则由俄亚银行发行。六，同意委托发行制度。七，加入银行团的各银行，为了进行测量，均须预借给中国政府 30 万—40 万元。八，由俄、法、日各国公使向中国政府说明有关本银行团的成立和目的等。九，根据 1916 年俄华借款契约发生的俄亚银行的权利和义务，须转移给银行团。十，本件因由日俄合作需要修改，就此与中国政府进行交涉。"①

后来，法国方面由于当时正在和美、英等国协商组织新银行团，此次与日、俄商议的铁路借款所获利权，嗣后应提供给新银行团，所以在法国政府的命令下，法国印度支那银行退出了日、俄、法三国辛迪加。因此，在后来的契约条文中删去了有关印度支那银行的部分，同时为法国银行团保留了日后参加的余地。1919 年 6 月 14 日，日本正金银行代表与俄亚银行代表签订了《俄亚银行与横滨正金银行关于滨黑铁路建设辛迪加契约》以及契约附件②，其内容与日本内阁决议之大纲基本一致。就在契约签订的两天前，俄国驻华公使向日本驻华公使小幡酉吉表示，对即将签订的日、俄滨黑铁路契约，原则上并无异议，但在此时希望由小幡公使做出明确保证，即该契约并不变更或影响根据日俄条约和协定所明确规定的两国在"满洲"经济上或政治上的权利，若无此保证，那么作为俄国公使则碍难承认上述契约。日本政府经过考虑之后，在 7 月22 日提出一份备忘录，规定："横滨正金银行之参与滨黑铁路修筑事宜，仅有产业上和财政上的目的。"③ 俄国在得到日方的保证后，克伦斯基政府于 8 月 26 日通过了上述契约。10 月 18 日，俄国驻华公使向俄亚银行

① 《日本阁议决定》（1919 年 4 月 18 日），吉林省社会科学院《满铁史资料》编辑组编《满铁史资料》第二卷，《路权篇》第一分册，中华书局 1979 年版，第 270—271 页。

② 《俄亚银行与横滨正金银行关于滨黑铁路建设辛迪加契约》（1919 年 6 月 14 日），吉林省社会科学院《满铁史资料》编辑组编《满铁史资料》第二卷，《路权篇》第一分册，中华书局 1979 年版，第 272—278 页。

③ 《滨黑铁路问题经过概要》（1922 年 8 月），吉林省社会科学院《满铁史资料》编辑组编《满铁史资料》第二卷，《路权篇》第一分册，中华书局 1979 年版，第 264 页。

传达了政府决定，至此，日、俄滨黑铁路辛迪加契约才算正式成立。随后，由于俄国方面鄂木斯克政府崩溃，中国国内排日风潮高涨，中国交通部极力反对日本参与投资滨黑铁路，同时主张废除中、俄旧约，以便收回滨黑铁路利权。1920 年 9 月 23 日，中国发布大总统令，宣布收回中东铁路实权。俄亚银行见此形势，立即将银行总部由莫斯科迁移至巴黎，在法国的庇护下逃避革命的影响以及中国的没收，此后俄亚银行便转变了投资方向，专注于银行的资本盈利目的。

1922 年 6 月 18 日，俄亚银行驻北京代表普齐修格南（Petithugeue-nin）向正金银行提出了分担预付款的问题。对此，虽然满铁想借此机会单独采取行动以独占滨黑铁路利权，但是日本外务省认为俄亚银行要求中国偿还预付款，而中国无力偿还，可能会因此将滨黑铁路契约取消，日本也就失去了渗入"北满"的良机，因此决定由满铁承担预付款。1924 年 5 月 23 日，日本内阁做出决定，6 月 13 日期满的日、俄滨黑辛迪加契约应予以延期，为此所需之资金由满铁出资。满铁尽管不太情愿，但不能违反政府决定，随后要求希望得到大藏省的低利贷款以为融通。9 月 22 日，俄亚银行与正金银行在北京签订了滨黑铁路合同更新续约，并交换了备忘录，规定将该铁路的修筑时间再延长五年。[1]

在出兵西伯利亚期间，美国企图利用各国共同占领和管理中东铁路的时机伸展势力于"北满"地区，1921 年曾策划与黑龙江省铁路交涉局总办马忠骏协议修筑哈尔滨至海伦的铁路。1922 年 4 月 17 日，黑龙江省政府与俄国商人司契德尔斯基兄弟签订了《呼海铁路建设契约》，拟修筑以松花江左岸松北镇的一个适当地点为起点、海伦县城为终点的铁路，其轨距与中东铁路保持一致，营业期限为 28 年，将来铁路如果要延长至嫩江，该公司有优先权。[2] 俄亚银行和满铁在得知消息后，马

---

① 《俄亚银行与横滨正金银行关于滨黑铁路建设辛迪加追加契约》（1919 年 6 月 14 日），吉林省社会科学院《满铁史资料》编辑组编《满铁史资料》第二卷，《路权篇》第一分册，中华书局 1979 年版，第 285—288 页。

② 《黑龙江省当局与司契德尔斯基签订的呼海铁路建设契约》（1922 年 4 月 17 日），吉林省社会科学院《满铁史资料》编辑组编《满铁史资料》第二卷，《路权篇》第一分册，中华书局 1979 年版，第 290—292 页。

上进行抗议活动。满铁还特意拨出 1 万日元作为活动费，暗中促使黑龙江省议会取消了这个合同。但是，尽管满铁反对美国的呼海铁路计划，并非真正反对该计划本身，而是要求将该铁路修筑权收入自己手中。1923 年，日本还就中东路南部支线的改轨问题专门探询张作霖的意见，以备将来与"南满"路联运。① 1925 年 3 月，满铁理事松冈洋右通过在黑龙江省高层间的活动，引诱其与满铁商议呼兰至嫩江的铁路承包合同，拟借款 3700 万日元，年息 9 厘，期限 40 年，由日本人担任会计主任和运输主任等要职。随后，由于黑龙江省内部的政治斗争以及地方人民反对借用日本资金的缘故，这个合同在签订前夕宣告流产。

黑龙江省后来决定成立呼海铁路公司，由自己筹资修筑省内铁路。满铁得知此事后，马上进行联络，准备介入该公司的铁路修筑事宜，其最关心的乃是铁路轨距问题。如果呼海铁路与中东铁路同轨，那么将对满铁未来在"北满"的发展造成极大障碍，所以极力通过各种人际关系进行活动，最后策动张作霖同意按照标准轨距即满铁干线轨距修筑铁路。② 同时，满铁尽管不能直接提供借款，但是在 1925 年 10 月 10 日与黑龙江省政府签订了第一次《呼海铁路材料买卖契约》，通过材料买卖的方式接入呼海铁路，该契约规定由满铁会社定购修造自黑龙江省松浦（旧名马家船口）起至呼兰的铁路应用材料、车辆及附属物件。③ 契约签订后，由于日本顾虑同苏联的关系，对此契约严守秘密。日本舆论对呼海铁路计划的看法是，如果本铁路作为苏联铁路系统的一部分，那么对"满蒙"以至朝鲜的利害关系必将产生重大影响，无异于给苏联以可乘之机而遗留后患。因此，日本希望最低限度应通过供应材料争取统一标准轨距，以便有利于日本。满铁的铁路材料买卖关系到日、苏铁路线修筑的胜败，进而还影响到两国势力在

---

① 「東支鉄道管理問題」、外務省編纂『日本外交文書』大正 12 年第 1 冊、外務省、1978、508—509 頁。

② 外務省外交史料館『呼海鉄道関係雑件』、アジア歴史資料センター、Ref. B04011007300。

③ 《第一次呼海铁路材料买卖契约》（1925 年 10 月 10 日），吉林省社会科学院《满铁史资料》编辑组编《满铁史资料》第二卷，《路权篇》第一分册，中华书局 1979 年版，第 303 页。

"北满"的命运，因此日本政府对"满铁"的行为立即予以支持。此后，呼海铁路公司马上准备着手进行呼兰至绥化的工程，而材料供应依然依靠满铁。在第二次《呼海铁路材料买卖契约》签订之前，日本外务省一直担心该契约可能会招致苏联的不满，进而导致日苏关系紧张。但是，满铁以如不继续进行则第一次契约也将归于无效为理由，依然坚持承包材料，并于1926年4月24日签订了契约，而且在《关于轨距的换文》中再次明确："该铁路即按中国铁路成规规定四英尺八英寸半之标准轨距修造。"①

1927年1月22日，马家船口至绥化的铁路工程完工，立即开始临时营业。正如满铁调查部自己总结的那样："总之，不管是俄亚银行对交通部的抗议也好，不管是叶（恭绰）总长张作霖的密电也好，都不外乎是满铁的策略。从这里不难看出，满铁是怎样肩负着日本的期望，为了把北满的根干——该铁路取到手中而奋斗的。"②

三 《中俄协定》的成立与满铁的挫折

俄国十月革命后，霍尔瓦特仍然掌管着中东铁路实权，并且煽动白俄分子反对苏维埃政权，因此苏俄政府急欲驱逐霍尔瓦特，于是向中国驻苏俄公使刘镜人提出建议，"清理中东铁路事甚紧要，拟请组织中俄混合委员会讨论"③。但是刘镜人回答称，中国、苏俄目前没有打算召开官方组织讨论此事，若为私下讨论则于事无济，搁置了讨论。1918年2月，苏俄政府再次提出组织"中俄混合委员会"一事，并令外交人民委员会远东股长伏时涅新斯基作为驻华国民代表，与刘镜人"谈及撤去霍（尔瓦特）中将问题，讨论甚久。彼意以霍为帝制派，非去不可。中国如曲徇俄请，则俄于中国利益上，必尽力设法，使中国满意"④。1919

① 《呼海铁路材料买卖契约（第二次）》（1926年4月24日），吉林省社会科学院《满铁史资料》编辑组编《满铁史资料》第二卷，《路权篇》第一分册，中华书局1979年版，第321页。

② 《满铁在呼海铁路问题上的策略》（1926），吉林省社会科学院《满铁史资料》编辑组编《满铁史资料》第二卷，《路权篇》第一分册，中华书局1979年版，第313页。

③ 《外交部收驻俄刘镜人公使电》（1918年1月26日），"中研院"近代史研究所编：《中俄关系史料·中东铁路（一）》，"中研院"近代史研究所1968年版，第80—81页。

④ 《外交部收驻俄刘镜人公使电》（1918年2月13日），"中研院"近代史研究所编：《中俄关系史料·中东铁路（一）》，"中研院"近代史研究所1968年版，第105—106页。

年2月，外交部指示驻美公使和驻日公使："东省铁路本中俄合资之营业，合同具有明文，而其路线又在我领土之内。以法理、事理而言，皆应由我政府派员接管，以资整理，斯为颠扑不破之理由。倘前项办法未能达到，我则承认各国共同管理之委员会为一种临时议事机关；彼须承认我国除前派督办仍依照合同所规定行其职权外，另派总办一员，及各处首领等员，为执行管理职员。抑或再让一步，亦须允我收回委派俄人承办之权，实行中俄联合办法，以昭公允。"① 可见，中国的立场是仅承认各国共管中东铁路的临时性质，最终仍须在中、苏间协商。

1922年2月初，哈尔滨市民大会向东三省当局呈文，呼吁"拱卫交通行政"，内称："窃以东省铁路，原为中俄合办，当清光绪初年敷设之初，如豁免厘税，借用属地等事，我国之贡献甚重。欧战时代，俄德单独媾和，适当远东风云暴起，新旧俄党之政争，均思盘踞斯路为根据；未几罢工风潮渐炽，沿路治安失其常态，影响所及，国防必摇。我国乃毅然收回路政大权。当时艰难缔造，不数日间，驱逐乱党于路界以外，几经惨淡镇慑之力，始克收功，所有司法、警察、邮政、税务，相率随路权而次第规复。不意际路事恢廓之日，忽来共管之谣。……噩耗传来，群情激愤，顾撤销之说未果，复以扩充技术部权限为要求，拥监管之名，行共管之实。律以国际信义，至为痛心！语云，'庆父不去，鲁难未已'。市民为拱卫交通行政起见，誓难与之共存。……市民等依据东铁合办约文，及尊重路权统一起见，除中俄两国可直接处置外，决不许第三者滥行干涉。"② 在民众的舆论压力下，4月外交部正式照会外交团："中东路主权原属中国，俄国不过有一部分关系。除中俄两国外，第三者不应过问。……至管理该路之权，从前虽属俄帝国政府，自俄国革命无力管理后，曾经该路公司股东于1920年10月10日与中国政府缔订条约，将该路交由中国政府保管，以为防止俄国各党借路为活动地

---

① 《外交部发驻美容揆代办、日本章宗祥公使》（1919年2月17日），"中研院"近代史研究所编：《中俄关系史料·中东铁路（一）》，"中研院"近代史研究所1968年版，第305页。

② 《哈尔滨市民大会呈东三省当局文》（1922年2月7日），宓汝成编《中华民国铁路史资料（1912—1949）》，社会科学文献出版社2002年版，第379页。

带，俾免危及世界交通之要道，使该路完全脱离政治范围。今中国管理该路已逾二载，俄国方面毫无间言。各国不应于此时提议扩充技术部权限，以妨害路政之进行，有伤中国人民之感情。中国政府于各国素敦睦谊，即希贵公使熟思审虑，取消此议，勿为他国所利用而自蹈于干涉中国主权之嫌疑。"① 可见，中国官民均始终坚持中东路的主权，只需等待时机协议收回。

苏俄或苏联政府为了缓和列国出兵西伯利亚以及在远东取得中国的帮助，在1919—1923年曾发表了三次《加拉罕宣言》，以示对华友好、反对秘密外交。1919年7月25日，苏俄政府副外交人民委员加拉罕发表了《俄罗斯苏维埃联邦社会主义共和国对中国人民和南北政府的宣言》，即第一次《加拉罕宣言》，主要内容是：苏俄政府"废弃1896年之条约与1901年之北京草约及自1907年至1916年间与日本订结之一切协约。简言之，即将俄皇政府自行侵夺，或偕日本及他联盟国公共侵夺之中国人民之所有者，一概归还中国人民。……劳农政府愿将中国中东铁路及租让之一切矿产、森林、金产及他种产业，由俄皇政府与克伦斯基政府及霍尔瓦特、谢米诺夫、高尔恰克等贼徒与从前俄国军官、商人及资本家等侵占得来者，一概无条件归还中国，毫无索偿"②。此外，还有废除沙俄在中国的领事裁判权和租界、放弃庚子赔款俄国部分等。1920年9月27日，加拉罕发表了"第二次对华宣言"，其中重申了前次宣言中的大部分内容，但是有关无偿归还中东铁路的条款，已经转变为愿意展开谈判，中东铁路可由中国赎回而非无条件归还。③ 而且，苏俄还通过人员调配加强了对中东铁路的控制。尤其是中国最关心的外蒙古问题，苏俄在此次宣言中只是承认中国对外蒙古主权，并未承诺撤军。1923年12月，加拉罕以华俄通讯社的名义，再次发布了第一次、第二

① 《时事日志》，《东方杂志》第19卷第10号，1922年，第135页。
② 《俄罗斯苏维埃联邦社会主义共和国对中国人民和中国南北政府的宣言》（1919年7月25日），中国人民解放军政治学院党史教研室编：《中共党史参考资料》第1册，中国人民解放军政治学院党史教研室1979年版，第138—139页。
③ 《俄罗斯苏维埃联邦社会主义共和国第二次对华宣言》（1920年9月27日），中国人民解放军政治学院党史教研室编：《中共党史参考资料》第1册，中国人民解放军政治学院党史教研室1979年版，第140—141页。

次对华宣言的译文，删去了 1919 年第一次对华宣言中无偿归还中东铁路及其附属产业的一段文字，并照会中国北洋政府外交部，要求北京政府以其修改后的文本为准。

在苏俄前两次对华宣言发表之后，1922 年 4 月，中国外交部表示："本国政府对于苏维埃政府历次对我宣言，及执事此次节略所称，一变前俄政府攘夺政策，拟将前俄帝国政府强力所获各项交还中国之原则，虽深表满意，惟证诸事实，库恰地方俄军迄今不但未见践言撤退，且近反日见增加。……是以中国政府对于苏维埃政府暨执事之真意，不无疑惑。如苏维埃政府对我果能相见以诚，事实宣言，始终一致，则本国政府固甚愿将各项悬案，早行解决。俾双方交谊，日趋接近，即中东路事，亦为萦盼早决各问题之一也。"① 12 月 31 日，苏联远东革命委员会发表声明称："本委员会当发表该宣言时，同时亦照会赤塔中国代表王鸿年君；王君允将是项宣言转达中国政府。此次声明，向世人再表明真相，以免反对苏维埃政府者对于中东路仍发表误会之言论；且再保证本委员会 11 月 15 日之宣言，并不涉及或侵犯中东路地带之中国主权。但同时复表示中东路系由俄资建筑，显为俄国人民应享有主权之财产。故苏维埃政府及本革命委员会代表俄国人民取得俄国远东之主权，并保护属于俄人手中东路企业之主权。"②

1923 年 1 月 26 日，孙中山与越飞的宣言中指出："越飞君因向孙博士重行宣言，即俄国政府准备且愿意根据俄国抛弃帝政时代中俄条约（连同中东铁路等合同在内）之基础，另行开始中俄交涉。"③ 1924 年 5 月 31 日，中国和苏联同时签订了《建立邦交之换文》、《解决悬案大纲协定》和《暂行管理中东铁路协定》，主要内容有：声明"中东铁路纯系商业性质"，概由中国政府办理；"中东铁路之前途，只能由中俄两国取决，不许第三者干涉"；中东铁路设置理事会为决议机关，并设置监

① 《外交部致劳农代表节略》（1922 年 4 月 15 日），宓汝成编《中华民国铁路史资料（1912—1949）》，社会科学文献出版社 2002 年版，第 384 页。

② 《苏联远东革命委员会声明》（1922 年 12 月 31 日），宓汝成编《中华民国铁路史资料（1912—1949）》，社会科学文献出版社 2002 年版，第 390 页。

③ 《孙中山与越飞联合宣言》（1923 年 1 月 26 日），中国人民解放军政治学院党史教研室编《中共党史参考资料》第二册，中国人民解放军政治学院党史教研室 1979 年版，第 553 页。

事会、局长，规定其权限等。① 古屋奎二曾言，俄国革命之后，苏联政府曾经一度宣称将中东路无条件归还中国，但其后则自食其言，而在1924 年签订的《中俄协定》中规定由两国共同经营，这个协定表面看来像是符合平等的原则，但实际则由苏联方面左右理事会任意管理经营，并且铁路局长也由苏联人担任，总揽着财政权和人事权。②

1924 年中国和苏联签订协定之时，中国北方的局势其实相当混乱。虽然两国政府在北京缔结了协议，但事实上东北当局仍然自行其是，只是名义上表示效忠北京政府。苏俄政府与东北当局都认为，中东铁路问题非同小可，越飞和加拉罕都曾先后以苏联政府官方代表的身份试图与张作霖达成某种解决协议，以便能重新控制与苏俄接壤的这条十分重要的铁路。莫斯科急欲寻求解决办法的目的，不仅仅限于恢复对这一重要交通干线的控制权，或许更为重要的是想防止以奥斯德穆夫为首的管理机构，利用白俄分子的活动来反对苏联政府。"加拉罕先生可能由于已经看出中国政府对满洲的权利是有名无实的，所以他不愿达成任何可能不为满洲当局接受的协议。"③ 由于苏联代表未能使张作霖承认北京协议，所以于 1924 年 9 月 20 日在奉天又与张作霖签署了一个单独的协议，即《奉俄协定》④，其内容与上述之《中俄协定》基本一致。1925 年 3 月 12 日，在"临时执政令"中，该协定被作为《解决悬案大纲》的附件。

关于中国与苏联的铁路交涉情况，日本始终予以密切关注。⑤ 中、苏签订协定之后，日本驻华公使芳泽谦吉无理地提出抗议，"其内容略谓关于中东铁路之日本所有权利，不能因中俄协定之成立而受何等影

---

① 《建立邦交之换文》（1924 年 5 月 31 日）、《解决悬案大纲协定》（1924 年 5 月 31 日）、《暂行管理中东铁路协定》（1924 年 5 月 31 日），王铁崖编《中外旧约章汇编》第三册，上海财经大学出版社 2019 年版，第 398—414 页。

② ［日］古屋奎二：《蒋总统秘录》第七册，中央日报社译印 1974 年版，第 136 页。

③ 中国社会科学院近代史研究所译：《顾维钧回忆录》第一分册，中华书局 1993 年版，第 348 页。

④ 《奉俄协定》（1920 年 9 月 20 日），宓汝成编《中华民国铁路史资料（1912—1949）》，社会科学文献出版社 2002 年版，第 396—398 页。

⑤ 「中ソ協定及ビ奉ソ協定関係」、外務省編纂『日本外交文書』大正 13 年第 2 冊、外務省、1981、655—763 頁。

响，须仍造从前状态，保留日本合法之权利"①。对于日本的"不满"，加拉罕在致芳泽谦吉的函件中明确声称："苏联政府宣告，中东铁路问题纯系苏维埃社会主义共和国和中国两国之间的问题；其他任何强国及其公民在中东铁路上，都无任何权利或利益。苏联政府有鉴于此，不能认可日本政府所发表的宣言。"② 明确否认了日本插手中东铁路的可能性。

通过《中俄协定》和《奉俄协定》，日本企图与苏俄或苏联签订条约或协定的方法谋求中东铁路利权的做法，暂时被排斥在外，协定中刻意强调的"不许第三者干涉"即是针对日本而言，日本和满铁在俄国革命后趁机染指中东铁路的阴谋未能得逞。

---

① 《日使亦抗议中东路问题》（1924 年 6 月 13 日），宓汝成编《中华民国铁路史资料（1912—1949）》，社会科学文献出版社 2002 年版，第 394 页。

② 《加拉罕致日本驻华公使芳泽谦吉函》（1924 年 7 月 10 日），宓汝成编《中华民国铁路史资料（1912—1949）》，社会科学文献出版社 2002 年版，第 395 页。

第四章

"满蒙铁路网"计划与攫取 "满蒙新五路"（1925—1930）

日本驻奉天总领事森岛守人在回顾田中义一内阁时期的对华政策时评论道："如果把有关东方会议所公布的文件和在会上讨论的材料加以综合，不难看出像增进中日亲善关系、遵守机会均等、门户开放政策和不干涉内政等一些提法，应该说是和过去历届内阁对华外交所标榜的宗旨，并没有什么大的差别。作为田中外交的特点，主要在于他用积极手段来维护日本在华权益的方针；而对于满蒙则并不只满足于维护其既得权益，还要求必须保持满蒙的所谓'静谧'，也就是要绝对确保满蒙的治安，最后只以满蒙的实权人物，为进行交涉的对象，把满蒙从中国本土肢解出来，这就是田中外交的方针。"① 随后，森岛指出，田中内阁认识到由国民党统一"中国本土"虽是大势所趋，但应该使东三省始终处于张作霖的实力控制之下，然后再通过和张作霖的交涉以达到扩大日本权益的目的。换言之，"分割满蒙的政策"是以排除南京政府的介入为方针，以此保持所谓"满蒙的静谧"。尽管森岛守人指出了田中外交的侵略性质，但是从其对张学良时代中国人民反日风潮的侧面指责来看，他依然未对近代以来日本的侵华政策予以真正反省。

自 1923 年开始，满铁和日本外务省亚洲局先后提出了包罗广泛的"满蒙铁路网"计划，为东方会议前后日本攫取铁路利权提供了更为宏

---

① ［日］森岛守人：《阴谋·暗杀·军刀——一个外交官的回忆》，赵连泰译，黑龙江人民出版社 1980 年版，第 3 页。

观的"指导"。1925年,满铁成功诱使中国签订了吉敦铁路承造合同,基本实现了连接朝鲜和"满洲"的吉会铁路,"大陆政策"得以推进。1927年,国民政府北伐之际,田中内阁召开东方会议,正式制定了把"满蒙"与中国相分离的侵略政策,力主尽快与张作霖进行所谓的"满蒙悬案交涉",并在"山本·张作霖协约"的交涉过程中正式提出了"满蒙新五路"计划,包括:吉会铁路、长大铁路、洮索铁路、吉五铁路、延海铁路,这五条铁路线显示了日本连接朝鲜和"满蒙",以及横断中东铁路并为"北进"做准备的地理特征。"满蒙新五路"对于日本的"满蒙"政策和"北进"政策而言,战略意义非凡。但是,皇姑屯事件①后,张学良接手东北政权并宣布东北易帜,日本失去了对东北的有效控制,于是外务省和满铁假意向张学良重提铁路谈判,但无果而终。

第一节 "满蒙铁路网"计划与东方会议

一 满铁和外务省亚洲局策划"满蒙铁路网"计划

满铁自成立后,除了经营"南满"铁路及其支线外,始终在筹谋更多的铁路线,以打造"满蒙铁路网",1911年对吉会铁路的勘测就是其典型表现。但是,由于中国人民对日本侵华政策的反对,满铁迟迟未能获得机会。1913年和1918年,日本先后通过最后通牒、借款外交等手段,获得了"满蒙五路"和"满蒙借款五路"的利权,但也由于种种原因未能真正实现。此后,日本又通过四郑、四洮、洮昂等铁路借款,谋求"满蒙铁路网"的具体化。1923年11月,满铁在经过策划之后,向日本政府提出了《关于促进修筑满蒙铁路问题》,制订了一个包含五条

---

① "皇姑屯事件"是日本关东军谋杀奉系军阀首领张作霖的事件。1928年6月4日清晨5点30分,张作霖乘坐的火车专列经过京奉、"南满"铁路交叉处的三洞桥时,被日本关东军预埋炸药炸毁,张作霖被炸成重伤,送回沈阳后,于当日死去,但秘不发丧。张学良从前线动身于6月18日赶回沈阳,稳定了东北局势,直到21日才正式发表。由于案发地点在皇姑站以东,史称"皇姑屯事件"。当时在日本国内,由于没有公布凶手,日本政府一直以"满洲某重大事件"代称,经战后审判,是关东军高级参谋、大佐河本大作制订了具体的谋杀计划,奉天特务机关长秦真次与土肥原贤二参与了策划,最终下达命令的是时任关东军司令官、中将村冈长太郎。

铁路线、总长 1163 千米、为期 5 年的铁路修筑计划，自此开始切实地谋划整体的"满蒙铁路网"计划。

满铁在该计划书中指出："开发满蒙"是日本国民在经济上得以生存的必要条件，也是日俄战争后日本的"国策"。但是在过去的 17 年间，日本究竟实现到了什么程度呢？如果到"满蒙"实地考察一下，就不能不感到现实和理想相差实在太远。跨出"旅大租借地"，就是全中国的领土，而中国全力反抗日本势力扩张。再加上有俄国、美国等复杂的国际关系，可以说非常不顺利，与在其他日本殖民地内进行建设相比要困难得多。但是，一半的责任要归结到日本人民"没有自觉和决心不大"。"大和民族必须首先求生于满蒙!"然而，日本并未"倾注国力"使这一重大意义具体化。如果现在仍然不能贯彻这一"国策"，拿不出坚定的决心，终将追悔莫及。为"开发满蒙"，应该进行建设和改善的事情虽然很多，但是到实地考察之后，便可发现"开发满蒙"的诀窍就在于普及交通。经济开发也好，文化建设也好，毕竟都要依靠交通的发达。"满蒙"地区北有松花江、南有辽河，这些自然交通从古代以来就对文化发展做出了重大贡献。但是冬季结冰，河道未加整修，不能与今天所倡导的现代交通设施——铁路——同日而语。因此，满铁当前的急务是必须在广阔的"满蒙"土地上，迅速搭建完成可以担任长途运输的铁路网。到 1923 年，"满蒙"的既成铁路有中东铁路 1746 千米、"南满"铁路 1104 千米、京奉铁路 592 千米、吉长铁路 127 千米、四洮铁路 428 千米，连同其他小铁路和轻便铁路总共 4112 千米。按此计算，每平方千米仅有 1.8—2.5 千米铁路，而在日本每平方千米则有 21.2 千米，甚至北海道也有 12.3 千米。这就不能不使人担心"南满"铁路能否很好地完成其作为物产丰富、土地辽阔的"满蒙"唯一可靠、四季不断的交通大动脉的"使命"。假设以北海道为目标，尚需建设 19311 千米的铁路，而要想达到美国每平方千米 31.5 千米的程度，则必须修建 56327 千米。在目前情况下，奢谈"产业开发、文化普及或日华共荣"，实在是纸上谈兵。"满蒙"的基础和根干在铁路建设上，日本究竟取得了多大的效果，"真是不值一提"。该计划书认为，回顾日本在"满蒙"着手"开发"以来的 17 年，平均每年仅修筑 32 千米。如果照这个速度，要达到北海道的目标还需要 600 多年,要达到美国的程度还需要 1700 多年。即使把满铁全线的新建、改建和复线工程全部假定为新铺设的铁路,并把吉长铁路、四洮铁路两线合在一起,那么平均每年的铺设长度也不过 128 千米。按此比例推算,赶上北海道还需要 160 年时间,"实在不无前途辽远之感"。与此相反,俄国在日俄战争前只用了四年零九个月的时间就修筑了中东铁路和"南满"铁路共 2575 千米,在 1902 年年初全线开始临时营业。日本政府对满铁的投资总额为 2.2715 亿日元,铁路投资仅占满铁资本的 11%。从上述投资额可以看出,日本"过去对满蒙开发的基础条件——铁路的修筑并未用力"。估计一下以"满蒙"为中心的未来国际关系,苏联恐怕不出二三十年必将恢复,取得长足的进步。在此之前,日本"如果不能倾注全力,迅速完成满蒙的铁路网,在开发满蒙方面前进一大步,并培植好牢不可破的势力,将用什么防备俄国的进攻呢?"从以上观察来看,满铁认为,日本当前必须朝野一致地倾注全力"经营满蒙",特别是致力于发展和普及交通机构而刻不容缓。在满铁看来,宁肯暂停一半日本国内的铁路延长工程,也应该进行"满蒙"铁路建设。如果单纯从满铁自身经营的角度出发,满铁在自己的经济势力圈内的发展基本上已经达到了顶点,满铁的运输在"南满"几乎达到了饱和状态。鉴于国内外的形势,满铁认为今后二三十年内扩大"满蒙铁路网"要比展修日本国内铁路更为迫切。[①]

该计划书还认为,满铁事业的兴衰是由运输收益多寡来决定的。但是为了增加以后的收益,必须采取铺设"营养线"、开发偏僻地方的策略。满铁认为在最近几年内必须尽快修筑的铁路线路有:洮齐线(洮南—齐齐哈尔)、长扶线(长春—伯都纳即扶余)、开朝线(开原—朝阳镇)、吉会线(吉林—会宁)、白开线(白音太拉即通辽—开鲁)。上述五条铁路线共长 1159 千米,修筑费大约 7200 万日元,平均每年需修筑 241 千米,每年投入 1440 万日元,五年后即可完工。这些线路一旦完成,满铁线增加的收入预计第一年为 400 万日元,三年后每年增加约 600 万日元。除上述各线外,还有滨黑铁路,该路是连接哈尔滨与黑河

---

① 《关于促进修筑满蒙铁路问题》(1923 年 11 月),解学诗主编《满铁档案资料汇编》第四卷《日本独占中国东北铁路交通》,社会科学文献出版社 2011 年版,第 361—364 页。

并从墨尔根到齐齐哈尔的 1030 千米预定线，该线不仅贯穿"北满"的心脏、连接中东与西伯利亚两铁路，并且与洮齐线连在一起，构成纵断"满蒙"的大动脉，在政治上和经济上都是非常值得重视的线路。① 为了修筑以上各线，满铁认为必须打破前例，重新制订日本的铁路计划，为此提出五项建议。

第一，"满蒙"的铁路建设直接、间接地同满铁有巨大关系，其计划与实施需由满铁承担，故将来铁路借款与修筑应完全让满铁负责。过去曾经由正金银行承担，该行在感到不方便之后，日本政府既决定责成满铁直接负责，但 1918 年突然放弃这一方针，经过西原龟三的策划，改由日本三银行承担，结果较之满铁根据自己意见采取行动显得不够机敏和彻底，现在莫如恢复到西原借款以前的状态以及那时候达成的谅解。

第二，考虑到奉直关系和中国一般政情，即使是日本拥有既得利权的铁路，目前也不应该拘泥于过去的借款交涉经过、路线，墨守旧的借款形式，而应该采取灵活的措施。在和中国中央政府依据过去办法签订借款或达成谅解方面存在不易排除的障碍之时，则应同张作霖或吉林省、黑龙江省督军以及其他相应官员签订借款，并立即着手铺设，或者采取"援助"中国民间企业家或公司的形式，以达到预期目的。即使日后东三省同中央之间恢复关系，这些问题的善后恐怕也不至于有什么值得担忧之处。

第三，对四国银行团，自应坚持日本保留线的权利，但对中国不一定需要坚持。如果东三省官民想借助日本修筑与保留线平行或相同的线路，日本也不应该强调保留权关系。但对四国银行团则应该说明："鉴于中央和东三省之间的关系，不得已才采取这种权宜办法，以求实现保留线，究其实质仍不外是完成保留线的修筑。"这在目前的情况下是切实可行的办法，相信四国银行团不会持有异议。在迅速建成"满蒙"铁路方面，如有需要事先同四国银行团缔结协定或达成谅解之处，日本政府现下应迅速采取措施。

---

① 《关于促进修筑满蒙铁路问题》（1923 年 11 月），解学诗主编《满铁档案资料汇编》第四卷《日本独占中国东北铁路交通》，社会科学文献出版社 2011 年版，第 364—365 页。

第四，借款条件不论采取什么形式，均应依据以下方针。（1）尽量降低利率并分期支付借款，以免其放置资金不动，造成不利；（2）对通车后可能亏损的铁路，如对满铁具有"营养线"性质，应以适当方法在一定期限内给予一定的补助；（3）此前借款合同中规定的债权代表——总工程师、会计主任和运输主任——应予以撤销，设置指导监督一切业务并具有充分权限的一个代表和若干辅助人员，且其雇佣期限应限定在自铁路建设日起至该铁路营业收支相抵能完全履行合同时为止。

第五，满铁应该设置第二机密费会计，以支付一部分筹备费，但关于该款的用途应报告政府。"筹备费等款，在中国国情上是不可避免的，没有它几乎办不成任何事情，中国人贪污的筹备费虽应算在借款金额内，但这样做会使修建费膨胀，对外部很不雅观，我方的诚意也易于受到怀疑，而欲力求逐步减少筹备费的款额也很不容易办到，往往因此而推迟了借款的成立和工程的开始。"因此，满铁认为占用借款金额的筹备费应止于最小限度，其不足额应设立第二机密费制度，由满铁自己负担。假如修筑上述洮齐线等 1159 千米的五条铁路时，满铁自己付出等于借款额一成即 700 余万日元，也不过是全部通车三年后满铁所得的一年的增收额而已。[①]

1924 年 2 月 27 日，陆军省、海军省、外务省、大藏省四省局长在外务大臣官邸召开了会议，商谈了促进"满蒙铁路开发"的问题，方案要点包括应设法促进修筑的铁路、滨黑铁路、筑路合同形式、筑路合同当事人、清理预付款等问题。其中第一项包括以下线路：开原—海龙—吉林线、吉林—敦化线、长春—洮南线。[②] 5 月 3 日，满铁向驻奉天总领事提出如下意见：（1）开原至洮鹿铁路是沿着开海铁路的线路，日本"早已获有优先权。因此，本拟请总领事非正式地向张作霖提出轻微的抗议以唤醒其注意；但是满铁方面目前并不把该路视为严重问题，而且，即使中国使用自己的资金，也希望其能迅速建成，故无必要令中国方面停止"，

---

① 《关于促进修筑满蒙铁路问题》（1923 年 11 月），解学诗主编《满铁档案资料汇编》第四卷《日本独占中国东北铁路交通》，社会科学文献出版社 2011 年版，第 366—367 页。
② 「満蒙地方ニ於ケル鉄道敷設促進案」（1923 年 2 月 28 日）、外務省編纂『日本外交文書』大正 14 年第 2 冊下巻、外務省、1984、766—767 頁。

而是希望在将来的适当时期由满铁收买该铁路。（2）满铁方面希望迅速建成的是吉会线、长洮线、洮齐线三条铁路。因此，总领事应借此机会进行交涉，以期能以适当办法由满铁供给资金迅速建成上述铁路。（3）估计中国方面必将对上述三条铁路提出种种异议，因此可将日本有意抛弃的奉海铁路作为最后的交换条件。[①] 此前，在沈阳召开的第三次"满洲"领事会议上，也希望急速修建"满蒙"未成铁路，其中洮齐线必须尽快修筑。8月19日，日本内阁做出决议，首先，立即命令满铁会社修建洮昂铁路，并依照同一方式尽快促成吉会铁路和长洮铁路；其次，让满铁与东三省当局达成协议，即日本放弃修筑奉海铁路以换取洮昂铁路的修筑权；最后，在洮昂铁路交涉时，需要注意维护日苏关系以及该路与新银行团之关系。[②]

1925 年 2 月，在满铁社长安广伴太郎的指示下，满铁调查部对"满蒙铁路网"进行了全面调查，拟订了一个包括 15 条铁路线、全长 5000 余千米的计划。同年 9 月，该计划经过研究和修订，确定了自 1925 年起的 20 年内修筑 35 条铁路线、全长 8800 余千米、预计约 5.8 亿日元的"满蒙开发铁路网"计划，这一计划预计共分四期进行，具体线路如下。

第一期：计划修筑 7 条铁路，全长 980 千米，3 年内完成，工程费预算 6200 万日元，这些铁路线包括：（1）郑洮线，即郑家屯—洮南；（2）洮昂线，即洮南—昂昂溪；（3）昂齐线，即昂昂溪—齐齐哈尔；（4）长大线，即长春—大赉；（5）吉敦线，即吉林—敦化；（6）白开线，即白音太拉—开鲁；（7）滨海线，即哈尔滨—海伦。

第二期：计划修筑 10 条铁路，全长 2470 千米，7 年内完成，工程费预算 1.6 亿日元，这些铁路线包括：（1）海墨线，即海伦—墨尔根；（2）索满线，即索伦—满洲里；（3）敦宁线，即敦化—宁古塔；（4）洮索线，即洮南—索伦；（5）洮突线，即洮南—突泉；（6）开林线，即开鲁—林西；（7）大安线，即大赉—安达；（8）吉五线，即吉林—五常；（9）新丘运煤线，即新丘—新台子；（10）奉海线，即奉天—海龙城。

[①] 《满蒙铁路问题提要》（1923 年 11 月），解学诗主编《满铁档案资料汇编》第四卷《日本独占中国东北铁路交通》，社会科学文献出版社 2011 年版，第 369 页。

[②] 「東三省鉄道問題（2）洮齊鉄道」、外務省編纂『日本外交文書』大正 14 年第 2 冊下卷、外務省、1984、1280—1281 頁。

第三期：计划修筑 5 条铁路，全长 1180 千米，3 年内完成，工程费预算 7700 万日元，这些铁路线包括：（1）齐墨线，即齐齐哈尔—墨尔根；（2）突乌线，即突泉—东乌珠穆沁；（3）开朝线，即开原—朝阳镇；（4）金安线，即金州—安东；（5）敦会线，即敦化—会宁。

第四期：计划修筑 13 条铁路，全长 4200 千米，7 年内完成，工程费预算 2.8 亿日元，这些铁路线包括：（1）墨黑线，即墨尔根—黑河；（2）克吉线，即克勒内拉—吉拉林；（3）安克线，即安达—克山；（4）五富线，即五常—富锦；（5）宁密线，即宁古塔—密山；（6）吉朝线，即吉林—朝阳镇；（7）朝抚线，即朝阳镇—抚松；（8）安朝线，即安东—朝阳镇；（9）营通线，即营盘—通化；（10）通临线，即通化—临江；（11）开热线，即开鲁—热河；（12）林张线，即林西—张家口；（13）黑呼线，即黑河—呼玛。[①]

1926 年 7 月，外务省亚洲局在与满铁进行几次商谈之后，提出了一份文件，名为《关于满蒙铁路计划问题》，总括了这一时期满铁的铁路修筑成绩以及将来的铁路方针，亚洲局从三个方面论述了这一问题。

首先，满铁原先的计划是准备在已经取得借款修筑权的铁路线中选出与吉会、长洮、吉海、开海四条铁路线有关的吉会、长扶（长洮线的一部分，目前是长春至扶余）、开朝（吉海线的一部分，开原至朝阳镇）等线，以及新的白开、洮昂等线进行修筑，日本政府在"满铁中心主义"之下，于 1924 年 8 月 22 日阁议做出决定：（1）满铁在即时修筑洮昂线的同时，还应该促进实现吉会、长洮等线；（2）如果奉天方面自行修筑奉海线时，日本同意不修筑开原至海龙线；（3）奉天方面为修筑开海线或奉海线借入外资时，须先同日本方面商议；（4）日本三银行的"满蒙"铁路借款预付款，可作为不确实担保外债在即将召开的北京关税会议上一并整理，但如果该项预付款的全部或一部分不能被清理，满铁应该同三银行一起，就三银行的损失补偿方法进行协商。不过，满铁的"满蒙"铁路修筑权并不是继承自三银行的权利，完全是另外的关系。

---

① 《1925 年的满蒙铁路网计划》，吉林省社会科学院《满铁史资料》编辑组编《满铁史资料》第二卷，《路权篇》第三分册，中华书局 1979 年版，第 847—849 页。

其次，由上述阁议决定起到目前为止，大约经过了两年的时间，满铁已经完成了洮昂线全线的修筑工程，并已着手吉敦铁路的工程，长春至扶余线也在满铁的资助下逐渐具体化。可以说，上述阁议方针基本上已被执行。不仅如此，满铁还进一步对呼绥铁路、白开铁路及其延长线、昂齐铁路、索伦铁路、长扶铁路延长线以及其他各线，有的已经形成关联，有的即将形成关联。因此，如果把上述方针作为第一期计划，那么现在已经是应该确定第二期计划的时机了。

最后，苏联方面对"满洲"特别是"北满"铁路的计划颇为敏感，克普大使、谢列夫扬克夫交通部副部长已向日本发出申请，希望日、苏之间可以就"满蒙铁路计划"问题签订协议。但是，日本认为其结果必然是"以某种形式划定'满蒙'的势力范围和利益圈，因而无论如何难以赞同，只是相应地予以应酬"，并强调了南北"满洲"机会均等的原则。无疑，日本将来必将在"北满"地区继续侵略，但对该地区建设铁路的顺序与方法需"慎重"考虑。特别是从日、苏、中三国关系的大局来看，外务省亚洲局认为必须防止刺激苏联的感情，以免引起竞争和纠纷。①

1926年7月中下旬，满铁理事大藏公望与外务省亚洲局局长木村锐市商议之后，围绕当时急需确定的几条重要铁路线，共同商讨拟定了此后交涉的方针，要点有五个。

第一，关于呼海铁路和昂齐铁路，亚洲局认为苏联方面对中东路以北的铁路修筑极为敏感，日本参与该地区的铁路计划时需要慎重考虑。因此，日本采取对中国方面"予以适当指导"并且使苏联方面也能获得利益的方式较为妥当。根据这种观点，满铁可以继续履行呼绥线材料契约，至于今后该线的延长线，亚洲局希望不要引起损伤苏联感情的问题，尽量通过与苏联或有关借款国家共同参与的方式促其实现。

第二，关于昂齐线即昂昂溪到齐齐哈尔的线路，鉴于它与苏联方面的微妙关系，希望现在满铁领导人完全以个人资格在暗中影响中国方面。如果苏联希望获得与日本没有重大利害关系的新线路，例如一面坡至五常线、海宁至宁古塔线，应促使中国方面作为实现昂齐线的交换条

---

① 《关于满蒙铁路计划问题》（1926年7月），解学诗主编《满铁档案资料汇编》第四卷《日本独占中国东北铁路交通》，社会科学文献出版社2011年版，第376—377页。

件而提供给苏联。

第三，关于长春至大赉间的铁路，目前中国准备采取官商合办的私有铁路形式，工程费由中国方面筹措，满铁只供应材料和协助修筑。所以，关于长大铁路可以按下述条件交涉：首先，采用标准轨距；其次，应特别留意使该线能成为满铁的"营养线"；最后，如果日本方面对该铁路的债权能依据确实担保予以充分保证，则不论采取何种形式修筑该铁路，满铁都不妨予以援助和促进。

第四，关于吉会铁路即吉林至朝鲜会宁的铁路，与日本的"国防"和经济关系甚大，"迅速实现该铁路的必要性也没有必要再次申诉"。"满洲"铁路原则上应由满铁统一经营，而且吉会铁路的一部分即吉林至敦化间的铁路工程已经由满铁承包建筑，将来吉敦线完成以后，将与现在的吉长线相连接，并将置于共同经营之下，满铁必然作为贷款者长期参与该路经营，因此吉敦线的延长线即敦化至会宁线"以尽快实现为宜，迅速着手开展工程"。

第五，关于索伦铁路即洮南至索伦间铁路，处于土地肥沃的洮儿河流域，估计该线完成后，在经济上能够收支相抵，中国方面最近特别急于实现该铁路。理由是：（1）希望将该铁路借款的实收款暂时挪作奉天省财政整顿资金；（2）杨宇霆等奉天军方出于对俄战略上的考虑；（3）奉天日本人顾问方面从日本陆军立场出发，拟于对苏作战时利用中国；（4）由于该铁路的完成，张作霖历来所希望的东北地方开发得以实现一部分。然而，日本已经确定了绝对避免借口铁路问题以预付款等名义进行贿赂的方针，并且当前日、苏、中三国关系并非处于必须极速修筑此种军事铁路的紧急状态，因此现在无须马上修筑该铁路。另外，苏联方面认为索伦铁路是日本促使中国企图建设的军事铁路，最后必将向海拉尔方向延伸，因此对此项计划感到危险。现在如果日本强硬要求促进该项计划实施，就会无益地刺激苏联的感情，从而给日苏交涉中的其他问题带来障碍。所以，修筑索伦铁路的顺序和方法要特别慎重，当前最好尽快着手进行于经济上有利且问题较少的线路。①

---

① 《关于满蒙铁路计划的方针》（1926 年 7 月），解学诗主编《满铁档案资料汇编》第四卷《日本独占中国东北铁路交通》，社会科学文献出版社 2011 年版，第 387—390 页。

由上可见,在扩大"满蒙铁路网"计划上,满铁和外务省亚洲局之间曾进行了密切而频繁的意见交流,而且可以发现尽管满铁和亚洲局站在各自的立场,在个别线路上存在缓急之争,但是在总体上将朝鲜、"南满"、"北满"、"东蒙"四个地区联系起来的基本宗旨惊人地保持一致,成为一种无须言说的共同认知,而其背后正是对日本"大陆政策"的共同确认。

二 东方会议与"满蒙悬案交涉"

20世纪20年代,日本面临严重内外危机。继1920年经济危机之后,1927年又爆发了金融危机。同时,中国国内工农运动蓬勃发展,反对日本侵略的斗争浪潮日益高涨。为了摆脱危机,日本帝国主义势力急于武装侵略中国,进而"征服亚洲"。1927年4月17日,若槻礼次郎内阁下台。元老西园寺公望认为:"如果是田中,就能控制住陆军。"在西园寺的期待之下,4月20日政友会总裁田中义一受命组阁并兼任外相,开展了新的对华政策,即一洗币原的"软弱外交",在对华政策上采取了强硬的姿态。① 田中义一对中国实行的是以"强硬外交"为核心的"积极政策",其"积极政策"的序幕就是出兵山东。24日,陆相白川义则在内阁会议上提议出兵保护"侨民",27日田中内阁即以"就地保护侨民"为借口出兵山东,得到天皇认可。6月1日,日军在青岛登陆。在出兵山东的同时,田中义一指示外务省政务次官森恪着手准备有陆海军首脑、驻华使领、关东军司令官等政要参加的"东方会议"②,准备在这次会议上相互交流,统一认识,从而制定出不同于"币原外交"的对华"积极政策"。

---

① [日]关宽治、岛田俊彦:《满洲事变》,王振锁、王家骅译,俞辛焞校,上海译文出版社1983年版,第1页。

② 所谓"东方会议",在近代日本史上共有三次相关记载,即1921年5月原敬内阁召开的"东方会议",1927年6月底至7月初田中义一内阁召开的"东方会议",1927年8月田中内阁政务次官森恪在大连发起的"大连会议",又称为"第二次东方会议"。通常所说的"东方会议",是指田中义一为制定侵略中国的总方针而召开的重要会议。在日本侵华史上,"东方会议"是一次决定"国策"的重要会议。在会议上制定的《对华政策纲领》,确定了田中内阁企图攫取"满蒙"和武力侵华的"积极政策"的基本方针,"东方会议"预示着日本即将展开一系列重大的武力侵华行动。

1927 年 6 月 27 日至 7 月 7 日，日本内阁首相田中义一主持召开了有关对华政策的重要会议，被称为"东方会议"。这是田中内阁为制定侵华总方针而召开的会议，也是一次决定日本"国策"的会议。此次会议的"委员长"为首相兼外相田中义一，"委员"包括政务次官森恪、外务参与官植原悦二郎、外务次官出渊胜次、亚洲局局长木村锐市、通商局局长斋藤良卫、欧美局局长堀田正昭、驻华公使芳泽谦吉、奉天总领事吉田茂、汉口总领事高尾亨、上海总领事矢田七太郎、陆军省次官畑英太郎、参谋本部次官南次郎、陆军军务局局长阿部信行、参谋本部第二部长松井石根、海军次官大角岑生、海军军务局局长左近司政三、军令部次长野村吉三郎、关东厅长官儿玉秀雄、关东军司令官武藤信义、朝鲜总督府警务局局长浅利三郎、大藏省理财局局长富田勇太郎，此外铁道大臣小川平吉、陆军大臣白川义则、内务大臣铃木喜三郎、大藏大臣三土忠造等人旁听会议。① 从其参加者的阵容来看，可以说已将与中国有关的重要官员全部囊括在内，这也显示了田中内阁改变对华政策的"决心"。

早在原敬内阁时期，1921 年 5 月 13 日的内阁会议上就强调"满蒙"的重要性，即"满蒙地区与我领土相接，对我国防及国民经济生存，关系极为密切。以此两大利益为主，在满蒙扶植我之势力，此乃我对满蒙政策之根本"②。在会议上，新任满铁社长山本条太郎等人主张采取"内科"方法，即以外交的、经济的手段维护和扩大日本帝国主义在中国特别是在东北的利益；外务省政务次官森恪等人却主张"外科"方法，即用军事手段进行侵略，最后首相田中义一综合了上述两种侵略手段，发表了《对华政策纲领》。这一纲领勾画了田中内阁企图攫取"满蒙"和武力侵华的"积极政策"的基本轮廓，是日本帝国主义决定攫取整个东北、加快实现"大陆政策"的标志，随之衍生的"满蒙特殊论"则成为此后日本侵略中国和亚洲的所谓"理论依据"。

---

① 「東方会議」、外務省編纂『日本外交文書』昭和期Ⅰ第 1 部第 1 卷（昭和 2 年）、外務省、1989、18—19 頁。

② ［日］日本防卫厅战史室编：《日本帝国主义侵华资料长编》（上），天津市政协编译委员会译校，四川人民出版社 1987 年版，第 128 页。

　　在"东方会议"正式召开前的"满蒙"委员会议上，外务省、陆军省等部门代表先后提出了各自的"满蒙"铁路修筑计划，为即将召开的正式会议做准备，其中对于索伦线（洮南至索伦）的修筑顺序问题，陆军省和外务省之间曾产生了争执。陆军省认为索伦铁路在对苏作战上十分重要，主张尽快实现此路，而外务省则提出了反对意见，主要理由是：第一，日、苏两国的亲善关系尚不充分。特别是苏联方面正在猜疑日本方面通过援助张作霖而排挤俄国在"北满"的势力范围，苏联在政治、军事和经济上都对日本呈现出神经过敏的倾向。修筑洮昂铁路之际，就曾经为此而发生过各种麻烦。现在如果日本计划实现索伦铁路，将进一步扩大苏联方面的上述顾虑，在对苏关系上不合时宜。第二，洮昂线虽然已经接近完工，但尚需横断中东铁路向齐齐哈尔方向延伸。如果不能吸收"北满"的丰富货物，就不能发挥其经济价值。倘若没有苏联方面的谅解，横断中东铁路则很难实现。因此，当前应该避免索伦铁路问题而刺激苏联的神经，使苏联方面谅解，日本并无任何侵略意图。首先实现洮昂线横断中东铁路，使该线发挥经济价值实为当务之急，然后再考虑索伦线是适宜的。① 结果，在最后议定的草案中，将陆军省和外务省大部分意见并列，并商妥关于索伦线的修筑，由于考虑到对苏问题，在情况允许的条件下，尽可能促使本计划迅速实现。其实，这是一种留待正式会议上解决的办法，并非做出的实质决定。后来外务省专门派人调查了索伦铁路的具体情况，以便随时应对。②

　　参加"东方会议"的各委员，同时也提出了"铁路网"和"铁路交涉注意事项"两类问题。关于前者：首先，各委员一致认为迅速实现吉林—会宁线非常重要，特别是参谋次长、海军军务局长、驻华公使、通商局长等人，分别从政治、军事和经济等方面力陈上述路线的必要性。其次，关于长春—大赉线、昂昂溪—齐齐哈尔线、白音太拉—开鲁线及其延长线、新丘运煤线四条铁路，各委员均无异议，但是参谋次长

---

　　① 《"东方会议"准备会议满蒙委员会会议事录铁路部分》（1927 年 6 月 22 日），解学诗主编《满铁档案资料汇编》第四卷《日本独占中国东北铁路交通》，社会科学文献出版社 2011 年版，第 424—425 页。

　　② 「東北（满蒙）鉄道懸案関係」、外務省編纂『日本外交文書』昭和期Ⅰ第 1 部第 4 卷（昭和 5 年）、外務省、1994、1—4 頁。

仍然提出索伦线在对苏作战上十分重要，须先于上述四线修筑。军部对"满蒙铁路"的建议顺序是：（1）吉会线及索伦线；（2）长大线；（3）白开线；（4）海墨线；（5）昂齐线。但是，亚洲局局长木村锐市指出，在当前苏联对日态度良好的情况下，应该首先解决昂齐线横断中东铁路问题，使之发挥经济价值，而对于容易造成苏联人神经过敏的索伦线，留待日后解决为上策。最后，警务局局长指出长春—辑安线、会宁—宁安线虽然是朝鲜总督府方面所希望的，但并非迫切需要。关于后者，包括四点：第一，铁路修筑的形式。按照原来的借款铁路形式，日本势力的渗透不够充分，因而有意见认为，像吉会铁路等重要铁路务必采用合办形式。但综合考虑之后，结果一致认为，鉴于时局，除原来形式外别无其他办法。第二，交涉的时间和地点。关于时间，考虑到张作霖的现状，认为现在进行是良好时机；关于交涉地点，各委员主张可作为地方问题处理，因而主要在奉天进行交涉，必要时可取得驻华公使的援助。第三，修筑铁路的执行机关。针对原案的"满铁中心主义"，虽曾提出其他有力会社，如金福铁路会社也希望参加，但最后对原案的"满铁中心主义"基本上没有异议。第四，"上述铁路计划，即所谓作战计划"。至于本计划之运用，即实现本计划之策略，木村干事长的希望是，任由外务省及其派出机关裁夺，对此委员基本没有异议。① 最后，为了实现该计划，可以对张作霖提出各种诱惑条件和利益交换，倘若张作霖不肯妥协而拒绝日本的要求，多数委员认为"有必要施加适当的压力"。

进而，日本各部门提出了各自的铁路修筑方案及修筑顺序。第一，外务省亚洲局方案：（1）长大线（长春—大赉）；（2）呼绥线（呼兰—绥化）、绥海线（绥化—海伦）；（3）新丘线（运煤专用）；（4）白开线（白音太拉—开鲁）及其延长线（开鲁—林西）；（5）吉会线（吉林—会宁）；（6）索伦线（洮南—索伦）。第二，陆军省意见：（1）吉会线（吉林—会宁）、索伦线（洮南—索伦）；（2）长大线（长春—大赉）；

---

① 《参加"东方会议"各委员关于解决满蒙悬案的意见摘录》（1927年6月），吉林省社会科学院《满铁史资料》编辑组编《满铁史资料》第二卷，《路权篇》第三分册，中华书局1979年版，第916—917页。

（3）白开线（白音太拉—开鲁）及其延长线（开鲁—林西）；（4）呼绥线（呼兰—绥化）、海墨线（海伦—墨尔根）；（5）昂齐线（昂昂溪—齐齐哈尔）。第三，海军省意见：吉会线（吉林—会宁）。第四，驻华公使馆：（1）吉会线（吉林—会宁）；（2）长大线（长春—大赉）；（3）新丘线（运煤专用）。第五，通商局：吉会线（吉林—会宁）。第六，朝鲜总督府：长春—辑安线、会宁—宁安线（缓急无关）。① 从中可以看出，海军省、通商局、朝鲜总督府在"满蒙铁路网"计划上其实并不特别热心，最大的争执是在外务省和陆军省之间，索伦线的修筑顺序问题成为两者的争端，驻华公使馆自然属于附议外务省。

　　1927 年 7 月 1 日，在"东方会议"第五号文件《稳定满蒙政局和解决悬案问题》的讨论中，议决了其大纲，主要内容如下："关于稳定满蒙政局一事，大正 15 年 4 月以来，驻奉总领事根据政府方针，遇有机会即对东三省当局特别是张作霖促其自重，劝告他将力量用于充实内部。但是，此后张作霖随着政局的变迁情况下，陆续向南方进军。如今，奉天方面的各军已经在江苏、安徽、河南等地与南军形成对峙的局面。形势变迁，遽难预测，政局混乱较以往更加扩大而紧张。在这种形势下，对于和我国有密切关系的满蒙地区的安宁，有必要予以特别考虑。就地理条件而言，该地区对中国中部地区的战乱，可以维持比较超然的地位。鉴于以往的经验，为了稳定政局，当前的迫切任务是：迅速充实东三省内政的基础，维持治安，稳定人心，以便尽可能地预防动乱的影响。然而，从东三省财政金融界的现状来看，只有东三省当局自行整顿，纳入正轨之后，内政的基础才有充实的希望。帝国政府在不干涉中国内政的范围内，为达到此目的，亦考虑对于和满蒙有关的日本企业家或会社给予支持，使之向东三省官民提供财政上和技术上的援助；同时对该地区日中双方经济发展所必要的各项悬案，借此机会促进解决。"②

---

　　① 《日本政府和军部各部门关于铁路的方案和意见》（1927 年 6 月），解学诗主编《满铁档案资料汇编》第四卷《日本独占中国东北铁路交通》，社会科学文献出版社 2011 年版，第426—427 页。

　　② 《"东方会议"第五号文件〈关于稳定满蒙政局和解决悬案问题〉》（1927 年 7 月 1日），吉林省社会科学院《满铁史资料》编辑组编《满铁史资料》第二卷，《路权篇》第三分册，中华书局 1979 年版，第 911 页。

根据 1924 年 8 月 22 日的阁议决定，经过"东方会议"的讨论，田中内阁决定继续执行既定方针，促使满铁努力完成"满蒙铁路计划"，并制定了"关于满蒙铁路计划的方针"，主要内容如下。

第一，关于长大线。现在应该命令满铁会社向中国方面要求该线必须采用标准轨距，并提出该线应该成为"南满"铁路的"营养线"；关于日本对该线的债权，应该出具切实可靠的担保。若满足这些条件，那么长大线的修筑可以采用官营或民营的任一形式，满铁会社应协助促其实现。

第二，关于呼绥线。满铁会社对该线的材料供应合同虽然已经履行完毕，但考虑到该线今后的延长，同苏联有最密切的利害关系，所以可以与苏联协力进行，或者在不损伤苏联感情的条件下，与新银行团通过适当的方式促其实现。

第三，关于新丘运煤线。奉天西方约 161 千米的新丘煤矿，埋藏量巨大，有可能超过抚顺煤矿。满铁会社已经通过日中合办的形式将该煤矿 1/5 的利权掌握到手中，其余大部分也以中国人的名义在暗中分享权益，最近正计划以同样的形式取得全部利权。然而，由于该煤矿的大规模开采必须有一条与满铁线直接相连的铁路，因此当前可令满铁加速实现新丘运煤线。该线可采取合办、私有等适当形式，当然不能从事普通营业，以避免因与京奉线并行而出现障碍。

第四，关于白开线。满铁会社已经就该线同中国方面开始交涉，应该使会社迅速地缔结协定，以尽快修筑该铁路。

第五，关于吉会线。"该线从我国国防和经济上来看，必须迅速实现，已毋庸赘述。"朝鲜总督府为谋求与该线联络，正在计划一方面沿图们江修筑到雄基的新铁路，另一方面将上三峰至会宁间的图们铁路收买过来并改为宽轨，以完成"满洲"和朝鲜交通的联络。

第六，关于昂齐线。鉴于该线同苏联的微妙关系，满铁会社干部应完全以个人身份进行指导。如果苏联希望修筑与日本无重大利害关系的新线路时，作为交换条件，可以将其提供给苏联。对上述联络极为重要的图们江江桥，已经具备随时可以改为宽轨的基础工程，泰兴合名会社正在架设中，力求在三年内完成该线。

第七，关于洮索线。一方面，该线对东三省来说，可以控制苏联势力向"北满"及东部内蒙古地区伸展，同时也具有促进经济利益的意义，因而希望实现，且对于日本来说，"在国防上以及作为满铁的营养线也具有重要价值"；另一方面，鉴于目前局势，如果日本强制推行此项计划，将对苏联的利益产生重大影响，同时由于刺激苏联恐怕会危及日苏国交大局，因此政府需不懈地注视时局变迁，在条件允许的情况下，尽可能促其实现。

第八，关于吉海线。最近中国吉林省当局已经计划修筑吉林、海龙线，以与目前由奉天动工的奉天、海龙线相连接。该线虽然将通过日本有铁路保留权的同一地带，但是并不能认为该线将对日本利益产生重大影响。中国当地官民急欲修筑吉海线，如果日本此时提出反对意见，将会遭到中国的强烈反对，进而导致日本的"满蒙铁路网"计划不能顺利进行。但是，对中国要求修建的彰武至白音太拉间的铁路，由于该线"将成为满铁并行线，必须对其采取阻止实现的立场"。[1]

为了促进"满蒙悬案"的解决，1927年7月20日，首相兼外相田中义一向驻奉天总领事吉田茂发出训令，指示吉田在与张作霖交涉时，甚至可以采取强硬办法迫使其屈服，其训令主要内容有："东三省当局违反条约以及其他非法措施，近来愈甚，或者强行征收各种非法捐税，或者开始修筑打通线、吉海线等违反日中协定的铁路工程。这对我国在满蒙的经济发展而言实大有损害。解决满蒙问题之第一步，首先必须由我方表示坚决态度。过去在解决悬案时，或进行利诱，或采取断然态度，即须采取软硬兼施的政策。而当前对东三省当局尤其对张作霖，应揭发其因违反条约以及采取其他非法措施而产生的各项悬案，并迫使其采取解决办法。东三省当局如果拒绝或迁延推脱，则相机采取下列手段，促使东三省方面深刻反省，以阻止上述非法措施；或者施加压力后，进而按另电第九十一号要求解决铁路问题。然而，根据交涉进展情况，可对增加关税二五附加税，暂时予以默认。"给予其压力的方法是：第一，拒绝东三省方面通过"南满"铁路进行军事运输；第二，停止对

---

① 《关于满蒙铁路问题》（1927年7月），解学诗主编《满铁档案资料汇编》第四卷《日本独占中国东北铁路交通》，社会科学文献出版社2011年版，第422—424页。

东三省兵工厂供应煤炭及其他各种材料；第三，禁止京奉线专用列车通过满铁附属地；第四，外务省、陆军省、关东厅、满铁四部门需要"共同体会政府之意图，拒绝东三省当局的要求；并严正声明，今后将对东三省在各方面采取对其不利的措施"。①也就是说，田中内阁将按照东方会议的精神，一边继续与张作霖进行交涉，另一边已经做好采取武力手段的准备，以便迫使张作霖就范，企图一举解决多年的所谓"满蒙悬案"问题。同日，在田中义一发给吉田茂的训令中，对于东方会议上提出的各条铁路线，列出了具体的交涉方针。第一，所有铁路线路的修筑，必须采取标准轨距。第二，鉴于西原借款时对华铁路借款的无担保或担保不确实的情况，在此次交涉中，日本方面的债权，需要有确实的担保，以便维护日本的利权。第三，对于吉会铁路的未完成部分，即敦化至老头沟段，应作为吉敦延长线，令满铁迅速承办工程修筑，对老头沟至江岸段，尽快将现有之天图轻便铁路改筑为标准轨距；对于长大线，无论中国要采取官营还是民营形式，应令满铁协助其尽快实现；对于新丘运煤线，也应迅速促进其实现；对于昂齐线，鉴于该铁路与苏联中东铁路的微妙关系，应令满铁在幕后支持中国政府修建，以适当方式促其实现；对于洮索线，应注意时局发展，在条件允许时尽快促其实现。此外，对于东三省当局急欲修筑的打通线、吉海线，如果对方同意日本提出的吉会线、长大线、新丘运煤线，则可以作为交换条件，对打通线、吉海线予以承认，日本声明放弃该路优先权。但是需要注意，在同意中国修建打通线时，必须要求中国不将该线延长至满铁路线，同时保证同意新丘运煤线与打通线交叉。②

1927年8月12日下午，外务省次官出渊胜次与满铁社长山本条太郎就有关正在进行的"满洲悬案"交涉问题进行了会谈。山本首先说："吉田总领事最近在奉天对莫省长采取了极端强硬的态度，甚至公然提出将拒绝铁路联运问题，中国方面因此极端反感。如果这种形势发展下

① 《外务大臣田中给驻奉总领事吉田的训令》(1927年7月20日)，吉林省社会科学院《满铁史资料》编辑组编《满铁史资料》第二卷，《路权篇》第三分册，中华书局1979年版，第919页。
② 「满蒙悬案解决问题」、外务省编纂『日本外交文书』昭和期Ⅰ第1部第1卷(昭和2年)、外务省、1989、184—185頁。

去，铁路问题终将无解决之希望。本人深感满铁社长地位之重要，故以极大的决心前往赴任。为了首先使铁路问题获得有力解决，已经启用江藤，正在进行筹划。所以，政府如果愿意让本人将铁路问题朝着对我国有利的方向加以解决，希望现在不要因为无关紧要的悬案而向中国方面表示强硬态度，以致累及铁路问题。……而且，根据本人接到总理大臣的命令，政府的方针似乎是只要有关满洲的悬案未获解决，就不着手进行铁路问题；果真如此，那么铁路问题将难以预测何时方能进行，本人大概也就无必要匆忙前往满洲赴任。"对此，出渊胜次回答说："最近吉田总领事所采取的态度，外务省方面也认为稍微过火，曾立即予以纠正；我自己还曾面见汪公使特意提出询问，所以目前不必担心吉田总领事会对中国方面继续采取强硬态度。不消说，政府根据中国方面的态度如何，迟早会有必要表示强硬态度。但是，计划届时经各方慎重讨论之后，再一致对付中国方面。方才社长说，在总理的命令书中提到应该先解决铁路问题的意旨。我自己虽未记得该文件的内容，但绝无发送这种硬性规定的命令的道理。解决悬案固属重要，而与此并行设法解决铁路问题，也同样重要。问题主要在于中国方面是否以诚意对待我们。倘若张作霖及其所属的满洲官员，漠视条约规定的义务，或抱着不顾我国在满洲地位的态度进行交涉，则卑躬屈膝地去获得一两条铁路，实毫无意义。原来使张作霖傲慢起来的原因，大概是日本人遇事不善处理，只顾考虑企业的发展，却忽略了确保我帝国在满蒙的地位的缘故。我想今后我国官民对张作霖及其所属满洲官员，似乎绝对需要经常表示出威严的态度。"山本最后提出三项要求，希望得到外务省谅解：第一，应让满铁社长参与有关"满蒙"的外交问题；第二，"关东州"内产业方面事宜，应移交满铁管理；第三，目前满铁执行的有关行政事宜，应移交关东厅管理。出渊当即表示同意上述建议，可交由行政制度审议会一并审查。① 可以看出，满铁作为公司，非常关心铁路带来的经济利益，而外务省则将满铁视为一种外交工具，意图将攫取

---

① 《山本满铁社长与田中总理大臣对满洲问题的会谈记录》（1927 年 8 月 13 日），吉林省社会科学院《满铁史资料》编辑组编《满铁史资料》第二卷，《路权篇》第三分册，中华书局1979 年版，第 931—933 页。

的铁路利权在满铁的运作下具体化。

1927年8月20日，田中训令驻奉天总领事吉田茂、驻华公使芳泽谦吉开始交涉之后，始终不够顺利，所以在9月28日指示芳泽谦吉"应将关于解决满洲悬案的交涉暂停"。同时，为了最终能够交涉成功，又提出了两种"挽回交涉"①的办法，即电文后的附件甲号和乙号。

附件甲号是"关于解决满蒙悬案问题"，包括挽回交涉的方法、措施、手段等。第一，关于挽回交涉的方法。（1）应该让张作霖对驻华公使芳泽谦吉道歉，说明"满洲"发生之排日行动，实感遗憾，约定将来以诚意取缔之，同时让张作霖向田中义一发出上述内容的私函，作为借以挽回局面的主要机会。此外，应尽可能使对方停止打通线的工程。（2）上述事宜施行日期，如果"满洲"的排日运动状况能够马上停止，则以本庄繁归任日期之1927年10月5日为宜，但上述日期需以杨宇霆在北京停留为其前提。第二，关于挽回交涉的实施方法。让杨宇霆担任使者，到日本公使馆道歉。届时，让杨宇霆自己提议说："张作霖也有意向芳泽公使致谢，因此希望能去访问张作霖。"然后在芳泽会见张作霖的席上，让张作霖致谢。"以上系采取让中国方面自发地提出要求的形式，为了让对方做到此点，应该由本庄中将适当地向杨给予暗示。"第三，关于交涉顺序。（1）悬案问题和铁路问题，大致均应由芳泽与杨宇霆进行交涉；（2）铁路问题，可由芳泽与杨宇霆议定大纲，但应该尽量详细；（3）满铁根据芳泽与杨宇霆所议定之大纲再商妥细则，届时驻奉天总领事、驻吉林总领事等应该根据需要援助满铁；（4）关于非法征税和帽儿山领事分馆等问题，应先就大纲达成谅解，然后移交至当地交涉，但是此等问题的大纲和铁路问题不同，以在北京只达成极其概略的谅解，然后尽快移交至当地交涉为宜。第四，关于铁路线。在东方会议上决定的铁路预定线，须使其作为中国的"满蒙铁路网"的一部分全部予以承认，但是须使对方具体着手进行的铁路线，在不得已时可满足于只办成吉会线、长大线等两三条重要铁路。第五，关于交涉时的缓和手段。（1）根据"开发满蒙"的根本原则，对于东三省方面极其希望修筑

---

① 「满蒙悬案解决交涉」、外务省编纂『日本外交文書』昭和期 I 第1部第1卷（昭和2年）、外务省、1989、255—257頁。

的铁路，只要不显著妨害日本的利益，应尽量允许；（2）芳泽在必要时可以声明，"将尽量对中国方面放宽军事运输的条件；并且当新建有日本参与的中国铁路时，将尽量设法不给中国方面造成不当的损失"；（3）当解决非法增税与设立帽儿山领事分馆问题等悬案时，"将不惜采取互让的态度"。最后，特意强调："如果尽管我方采取上述文件方法，开诚布公地进行交涉，中国方面仍表示缺乏诚意的态度，以致交涉无进展时，我方应按以往的决定采取果断的手段。"① 可见，这个方案的要点有三个，即挽回日本的颜面、减少铁路线的数量要求、必要时采取强硬手段。在 1928 年年初，天羽英二和杨宇霆关于非法征税和帽儿山领事分馆问题进行了具体交涉，目的是排除"日奉合作"的障碍。②

附件乙号是田中义一拟口头通知张作霖的内容，主要是："关于本人对此次奉天发生的排日运动的想法，我想经过日前本人的特使芳泽公使的传达，阁下早已知晓。如果不揣冒昧地说，中国方面对我方简直是采取了欺人太甚的态度，日本也痛感简直是到了不能不采取果断行动的地步。我考虑此次运动给东三省播下了祸种，如不及早采取果断措施加以剿灭，恢复当地治安，结果必然导致南方以及俄国方面对阁下问鼎轻重。""倘若东三省方面不了解我方诚意，对日中携手谋求满蒙经济发展的我方希望加以蔑视"，田中认为"对日满关系的未来有重新加以严格考虑的必要"。田中最后明确指出："满洲地方在历史上、地理上，对帝国有不可分的特殊关系；帝国政府对此将给予特殊考虑，对方针的实行抱有坚定决心。我希望阁下对此事态有充分了解。"③ 田中的意向很明确，即一方面要求张作霖取消东北的排日政策，另一方面告诫张作霖日本有动用武力的准备。1927 年 8 月 29 日，田中义一在枢密院作报告时再次指出："鉴于日本在远东之特殊地位，对中国本土和满蒙，决定采

① 《田中外务大臣致驻华公使芳泽函附件的甲号》（1927 年 9 月 28 日），解学诗主编《满铁档案资料汇编》第四卷《日本独占中国东北铁路交通》，社会科学文献出版社 2011 年版，第 431—433 页。

② 「满蒙悬案解决交涉」、外务省编纂『日本外交文书』昭和期 I 第 1 部第 2 卷（昭和 3 年）、外务省、1990、3—6 页。

③ 《田中外务大臣致驻华公使芳泽函附件的乙号》（1927 年 9 月 28 日），解学诗主编《满铁档案资料汇编》第四卷《日本独占中国东北铁路交通》，社会科学文献出版社 2011 年版，第 433—434 页。

取不同对待的原则"，"万一动乱波及满蒙，治安为之紊乱，我国在该地方的特殊地位及权益由被侵犯之虞，则不问其来自何方，毫不延迟地采取适当的措施，加以保护，以保证内外人的安居与发展"。①

从以上对满铁和外务省亚洲局的"满蒙铁路网"计划的梳理，以及东方会议后田中内阁对张作霖采取的"满蒙悬案"交涉情况来看，日本此时已经决心一举解决"满蒙悬案"，在交涉不够顺利的情况下，一边借国民党北伐之机给张作霖施加压力，以断其后路相威胁；另一边对张作霖的反日态度，不惜采取武力手段。张作霖在看到奉系势力即将在北方覆灭之际，不得不考虑暂时接受日本的强硬要求，以便渡过眼前的难关。

三 吉敦铁路承造合同与中国的东北铁路网计划

1918年，日本三银行签订吉会铁路借款预备合同之后，中、日之间关于吉会铁路正式契约的交涉，因双方难以达成一致，在1922年被迫中断。此后，放弃一次性修筑吉会铁路而改为分段进行的计划便被满铁提上日程。因为此前已经有了天宝山至图们江的天图轻便铁路，所以延续吉长铁路而修筑吉敦铁路便成为日本政府和满铁的主要目标。同时，吉林省当局也想修筑吉敦铁路。

1923年1月，吉林省财政厅厅长兼交涉员蔡运升向满铁提出借款申请，要求修筑吉敦铁路，同时要求三菱会社协助修筑吉林至五常铁路。11月17日，蔡运升同满铁吉林公所的奥村慎次就吉敦、吉五、长扶三条铁路的修筑问题进行了预备协商，希望满铁给予支持。满铁由于考虑到吉会铁路与日本三银行和新银行团的关系，谋求取得政府谅解，同时派满铁理事大藏公望暗中与吉林省当局继续交涉，以备后期能快速签约。但是，由于满铁内部有人指出，仅仅与地方政府达成协议而不能得到中央政府的认可，此后将会引起不必要的麻烦，交涉遂就此中断。②

---

① 《田中外务大臣在枢密院之报告》（1927年8月29日），苏崇民主编《满铁档案资料汇编》第一卷《日本的大陆政策与满铁》，社会科学文献出版社2011年版，第257页。

② 《吉敦铁路承造合同签订经过》（1925），吉林省社会科学院《满铁史资料》编辑组编《满铁史资料》第二卷，《路权篇》第二分册，中华书局1979年版，第563页。

1925 年 4 月，满铁企图通过吉长铁路局长魏武英鼓动张作霖和交通部总长叶恭绰，从而实现吉敦铁路的修建，为此在北京交涉了四个月左右。9 月 24 日，满铁理事松冈洋右与魏武英、叶恭绰确定了吉敦铁路修筑承包合同方案，随后由魏武英携带合同方案前往奉天征求张作霖和吉林省省长王永江的同意。10 月 12 日，魏武英先后与王永江、张作霖会面，但是张作霖提出要求满铁支付 100 万日元筹备费。松冈洋右认为吉敦铁路应该像洮昂铁路那样，不打算支出一分钱的筹备费，为此即使交涉决裂也在所不惜。10 月 19 日，松冈离京返奉后，立即责令魏武英和满铁社员镰田弥助对张作霖、王永江进行强硬交涉，终于在 21 日取得两人的谅解。

1925 年 10 月 24 日，交通总长叶恭绰与满铁代表松冈洋右签订了《吉敦铁路承造合同》，规定由满铁"承造吉林至敦化之铁道工程"，核心内容是："本合同之承造工程及设备金额，作为日金一千八百万元（十足交款不折不扣），设用途有增减时，得由双方商订"，总工程师、总会计由日本人担任等。合同之后，还有附函五份、附件（承造施行细则）一份，也规定了诸多重要事项，如《附函三》规定："查吉敦与吉长线均不甚长，分别经营，耗费较多，实有统一经营之必要，应由总长于吉敦全线通车时向会社提议吉敦、吉长两路合并之法。吉长合同必要之改废，会社应允诺商议。再吉长沿线设备实不足以供吉敦线将来之需要，应在吉敦未竣工以前，赶速计划修筑，以便吉长、吉敦两路合并运输之充分发展。"[①] 10 月 29 日，在交通总长叶恭绰给吉林省省长的咨文中指出："查所议合同及附件声明书等项，尚属妥协，即经照签。"[②] 合同签订后，恰逢中国政局变动，新上台的徐世英内阁以"吉敦铁路契约手续尚不完备"为由，在 1926 年 1 月宣布契约无效。

随后，发生了一件让满铁决心"复活"吉敦铁路契约之事，即中日间达成的图们江架桥协定。1926 年 6 月 9 日，吉林延吉交涉员延吉道尹陶

---

① 《吉敦铁路承造合同》（1925 年 10 月 24 日），王铁崖编《中外旧约章汇编》第三册，上海财经大学出版社 2019 年版，第 535—542 页。

② 《交通总长致吉林省长公署咨文》（1925 年 10 月 29 日），吉林省社会科学院《满铁史资料》编辑组《满铁史资料》第二卷，《路权篇》第二分册，中华书局 1979 年版，第 574 页。

彬与日本驻间岛总领事铃木要太郎签订了《图们江架桥协定》，主要内容有：第一，"图们江桥梁为中、日两国政府所共有，此桥由中间分界，两国各自管理"；第二，"因建筑桥梁所需土地，中、日两国政府各以无偿提供之。但如有民有土地，应以相当价格收买之"；第三，"本桥之架设费以日金三十万元为度，中、日两国各担负其半额"；第四，"本桥之建设，原为便利往来行人运输货物起见，如天图、图们两铁路公司联络运输请求通行时，得由双方酌情许可之"。① 既然图们江架桥问题已经得以解决，那么尽快实现吉敦铁路以达成吉会铁路的预定目标便成为当务之急。

为解决此问题，满铁又开始与交通部和张作霖交涉。满铁也开始明白，张作霖如果得不到筹备费，是难以在实际上同意吉敦铁路的修筑的，因此满铁最后决定追加 600 万日元的工程费，从中提取给予张作霖和叶恭绰的贿赂费。1927 年 4 月 6 日，满铁会社做出决定，同意将吉敦承包工程费由 1800 万日元增加至 2400 万日元。② 芳泽谦吉在回顾吉敦铁路承造契约签订的经过时披露了此次交涉的实情：由于交通部缺乏度过旧历五月端午节难关的资金，结果便秘密向满铁提出取消上述宣布无效的公告以及以吉长铁路利润为担保的借款问题。因此，满铁对 1926 年 5 月到期的以吉长铁路利润作为担保的 100 万日元借款的延期问题，采取了一并解决的方针。③ 中国交通部如果承认吉敦铁路工程费增加额度，也就意味着取消了吉敦契约无效的公告。芳泽谦吉认为，当前日本应该采取的立场是：与日本方面所采取的态度相同，中国负责当局一旦正式签订契约，即开始有效，至于是否通过阁议，不过是中国内部手续问题，与契约的对方无涉。④ 可见，满铁借交通部申请借款之机，以吉

---

① 《图们江架桥协定》（1926 年 6 月 9 日），王铁崖编《中外旧约章汇编》第三册，上海财经大学出版社 2019 年版，第 550—551 页。

② 《吉敦铁路承造合同增加工程费日金六百万元凭函》（1927 年 5 月 30 日），王铁崖编《中外旧约章汇编》第三册，上海财经大学出版社 2019 年版，第 575—576 页。

③ 《南满洲铁道株式会社日金四十万元借款来往函》（1927 年 5 月 30 日）、《南满洲铁道株式会社日金一百万元借款展期来往函》（1927 年 5 月 30 日），王铁崖编《中外旧约章汇编》第三册，上海财经大学出版社 2019 年版，第 577—580 页。

④ 《日本驻华公使芳泽谦吉致外务大臣田中义一函》（1927 年 6 月 7 日），解学诗主编《满铁档案资料汇编》第四卷《日本独占中国东北铁路交通》，社会科学文献出版社 2011 年版，第 155—156 页。

敦铁路追加费用的方式使中国政府变相承认了吉敦铁路承造合同,以金钱为诱饵实现铁路合同的手段仍然是满铁的惯用伎俩。

东北交通委员会为加快铁路建设,曾计划在东北建设中国铁路网,在满铁线路的两侧,建设东、西两大干线,即东四线和西四线。前者包括:北宁(北平—奉天)、奉海(奉天—海龙)、吉海(吉林—海龙)、吉敦(吉林—敦化);后者包括:北宁、四洮(四平街—洮南)、洮昂(洮南—昂昂溪)、齐克(齐齐哈尔—克山)。但是满铁认为中国此举是把"满洲"的货物从满铁线路上夺走,使满铁的功能瘫痪。资金筹措方法是官民合资,或者在铁路不招致外国支配的前提下,可以接受外国资本(特别是美国、德国资本)。锦州南方的葫芦岛以德国资本为基础,开展了大规模的港口建设工程。如果东北交通委员会计划的两大干线完成,从"满洲"南北的要地经由中国铁路到葫芦岛的距离,与乘满铁去大连相比将大幅缩短,这被满铁视为一大"威胁"。

第二节　满铁攫取"满蒙新五路"

一　"山本·张作霖协约"的交涉经过

在"山本·张作霖协约"的交涉过程中,有两个中间人比较重要,即町野武马和江藤丰二。张作霖的顾问町野武马在其后来的回忆中提到,田中内阁刚刚成立之时,田中邀请他去谈话,说:中国在吉会铁路上,拿了钱却毫无结果,我打算在目前务必将"满蒙"的铁路问题彻底解决,"如果不行,那就不得不采取武力"。[①] 町野武马认为:"如果从正面提出解决办法是没有把握的,中国现在民气汹汹,交涉很难办成,必须给予巨大利益或者痛加威吓才可以;就算日本将铁路问题从正面提出,中国方面也会以违背民意之类的话而加以拒绝;这件事与其由两国政府协商,不如由满铁首先与张作霖个人接触为宜,不过由于张作霖是

---

① [日]关宽治、岛田俊彦:《满洲事变》,王振锁、王家骅译,俞辛焞校,上海译文出版社 1983 年版,第 13 页。

大元帅，日本也应该选一位相应的大人物。"田中随后说："我正打算把三本放到满铁，让他去演这出戏。"最后，田中让町野武马去拜访山本条太郎，并且田中还表示，"如果不成功，将赌国运，用武力干"。町野武马在和三本会面时，最后商议决定，"应将交涉情况严格保密，不让外务省轻举妄动"。① 随后，三本便去大连担任满铁社长。

据江藤丰二回忆：田中组阁后，山本条太郎预定入阁结果未成，于是田中便将其派作满铁社长，担负"经营满洲"的大任。东方会议上决定在"满洲"修筑七条铁路后，山本问江藤丰二满铁能否修成这些铁路？江藤表示困难很大，但愿意一试。随后，江藤丰二携带草案面见张作霖。张作霖看到草案后说："这不是日本准备与俄国开战用的铁路吗？"后来经过江藤丰二的种种说服，张作霖自己提笔在记载着铁路线的文件上圈了四条铁路，江藤丰二又趁机说："日本可以放弃两条，请再圈一条，共五条吧。"张作霖表示，在他根本不了解的地方修铁路是无法约定的。江藤丰二进一步说"多一条少一条，相差无几"。最终，张作霖又提笔圈了一条。此时，江藤丰二看到"张作霖似乎浑身都在哆嗦"，并且张作霖一再强调这只是预备性商议，暂且不要发表。但是后来由于蒋介石北伐顺利推进，作为执政党的政友会倡议出兵"援助"张作霖，铁路交涉就此搁置。江藤丰二回到大连向山本条太郎汇报了交涉经过，山本条太郎提议先派太太去北京探探张作霖的虚实，于是便让满铁派专车送山本夫人等去北京游览。张作霖闻讯后，决定由张作霖夫人主持欢迎仪式，派专车前往迎接。山本夫人等在北京停留一周，张作霖欢迎得非常热烈，而且"不是单纯礼节性的，纯粹是出于内心的款待"。山本夫人在北京停留期间，张作霖特意派专车去收集山珍海味设宴招待，派铁路官员充当向导，招待山本夫人游览八达岭长城，款待之盛是前所未有的，当山本夫人回到大连时，还带回了大量礼物。山本在得知这些消息后"认为已经没问题，这回该由他去结束交涉了"②。

根据上述町野武马和江藤丰二的回忆，可以看出其中有不少夸张的成分，最明显的就是两人都夸大了自己在交涉中的作用，似乎后来山本

---

① 山本条太郎翁伝記編纂会『山本条太郎（3）伝記』、原書房、1982、561—563頁。
② 山本条太郎翁伝記編纂会『山本条太郎（3）伝記』、原書房、1982、563—565頁。

和张作霖之间的协定能取得成功都是他们二人的功劳,其实这只是东方会议后日本的既定政策而已,主要是张作霖此时也有求于日本,故而才能暂时同意铁路交涉。

山本条太郎在接任满铁社长之后,进行了大胆的改革,被称为"满铁中兴之祖",副社长由山本的心腹松冈洋右就任。山本条太郎早在三井物产上海分店时期便展现出高明的贸易手腕,回国后曾任三井物产理事、常务董事,1920年加入立宪政友会参选国政选举并当选,1927年成为政友会干事长,是个精明强干的人。山本条太郎一贯主张"产业立国论",为了解决人口问题、粮食问题、金融恐慌、失业问题,主张以"满蒙分离"为前提,以扩充铁路网为支柱推进"满洲开发"。在此基础上,为了将"满洲"作为农业、矿业、移民的接收地,要充分利用满铁,具体来说,要充实钢铁事业和炼油事业,振兴镁、铝相关工业以及肥料工业,进一步推进移民拓殖,另外,要推进"经济化"和"实务化"口号,即谋求关联企业的合并和废除,推进经营合理化。① 此外,山本条太郎还与松冈洋右一起具体实施满铁铺设问题。

1927年10月10日,满铁社长山本条太郎抵达北京。当天下午,张作霖就按照此前日本提出的"挽回交涉"的约定,向驻华公使芳泽谦吉表示了歉意。11日、12日,山本连续与张作霖进行会谈,13日又与张作霖、杨宇霆共同会谈。在会谈中,山本条太郎提出了日本在东方会议上议决的七条铁路线:(1)吉会线;(2)长大线;(3)洮索线;(4)吉五线;(5)延海线。(6)齐黑线;(7)新丘运煤线。张作霖随后表示,齐黑线因情况不明,容日后调查后再说;新丘运煤线,因为中国已经设有轻便铁路,故难以同意。最后,张作霖与山本议定了五条铁路线:(1)吉会线;(2)长大线;(3)洮索线;(4)吉五线;(5)延海线,此即所谓的"满蒙五铁路"。此外,张作霖还向山本表示,中东铁路今后绝不允许敷设5英尺宽轨,并提出希望修筑通辽至林西的铁路,因此山本并未提出白开线。关于利率,主要是杨宇霆负责,最后商定由年息

---

① 小林英夫『〈満洲〉の歴史』、講談社、2008、79—81頁。

8%改为年息 6.5%。除了铁路交涉，山本、张作霖两人还就"满洲"治安方面的换文和日、中经济协定问题进行了会谈，但这些问题已经明显超出了满铁的权限，遭到了日本驻华公使馆的反对。

1927 年 10 月 14 日，驻北京公使馆武官本庄在发给陆军大臣白川义则的报告中指出："卑职从国家立场出发，希望其得到解决。山本会见张作霖时，曾提出关于满蒙的治安维持方面的换文问题以及日中经济合作问题（废除治外法权、内地杂居等），所幸张作霖全部接受。但是据云潘复总理、常荫槐交通次长及杨宇霆等，有正向张作霖提出反对意见的迹象。卑职从宗旨上对上述两案本无异议，但此类问题纯属于公使任务范围，而非满铁社长应为之事。其所以引起近来的意见隔阂，亦属自然。因此，卑职曾主张山本社长可暂时不必来燕，可是考虑到公使前此已经有怂恿山本来燕之举，故最后才同意社长来此，但不可参与交涉，只限于向张作霖陈述日满的利害关系，以促进公使之交涉，在北京停留一两日后即须返回。然而，不料终于提出了上述重大问题。即使这是山本社长个人的意见，如仅止于口头程度，尚勉强可以接受，如见之于文件，则中国方面必然要予以相当考虑。关于利息问题，杨宇霆终于提出较当初对我私谈远为强硬的主张，估计不能不起因于上述情况。事已至此，现已按照东京有关方面所考虑的满铁与公使在交涉中的关系问题而作的决定，就要求张作霖发出致田中总理的公函一事，开始进行非正式的交涉。现在如果对此加以督促，也无何意义，听其自然而已。但是，无论情况如何，惟有铁路问题必须使之实现。公使现在正多方设法。"[①]同时，田中也早就预料到山本的交涉一定会引起公使馆的不满，于是刻意安抚芳泽谦吉，声称："山本社长事前未同贵官进行任何商量，即同张作霖进行重要交涉，实属不当。"同时指示芳泽：当谈判时，倘若中国方面坚持主张以吉林、五常线及延吉、海林线代替新丘线及林西线，或者提出筹备费等关系时，日方则应重新考虑，希望再做请示；于重开谈判前，对满铁方面所进行的交涉经过情形，应调查清楚，务请注意使

---

① 《驻北京公使馆武官本庄给陆军大臣的报告》（1927 年 10 月 14 日），吉林省社会科学院《满铁史资料》编辑组编《满铁史资料》第二卷，《路权篇》第三分册，中华书局 1979 年版，第 950—951 页。

日方之主张切勿发生不一致之处。① 可以看出，驻华公使馆对山本私下与张作霖商谈有关两国外交交涉的问题感到不满，这不得不令人想到寺内正毅内阁时期驻华公使林权助与私设公使西原龟三之间的明争暗斗。② 在近代日本外交史中，时常能够看到外务省的官方外交路线与以首相私人代表为主导的民间路线之争。

1927 年 10 月 14 日，町野武马和江藤丰二两人，携带以山本和张作霖此前的会谈要点拟定的草案，直接要求张作霖签字，张作霖表示颇感为难，未即时签字。10 月 15 日，町野武马、江藤丰二再次带来合同要求签字，张作霖无奈之余，在合同上签了一个"阅"字，以为同意之证据。在最后的文件标题上，仅写上"协约"二字。与此前日本预定的协议内容相比，变更之处是：（1）必须修筑的铁路线减为五条；（2）删除在新铁路线上主要车站开设商埠地一项，对此项问题，张作霖、杨宇霆虽然并不根本反对，但因事关管辖问题，不宜列入铁路协约之内，故删除之；（3）删除营业监督一项。新协约的内容要点如下：第一，中国政府委托满铁承办建造下列五条铁路：（1）敦图线和老图线；（2）长大线；（3）吉五线；（4）洮索线；（5）延海线。第二，各线工程竣工移交后，应将承包款额付给满铁会社，如不支付，即按洮昂铁路承办合同之例作为借款，此时应按另纸所定之借款利率与协约附件计算利息。第三，中国政府不将打虎山至通辽铁路展修至通辽以北，将来并应与会社商议本铁路联运事宜。第四，中国政府决定修筑吉林至海龙城的铁路，将来并应与会社商议本铁路联运事宜。第五，中国政府不修筑开通至扶余的铁路。在《借款利息另约》中，规定了利息的计算方式：因会社已允许按照借款利率与协约附件第一条所载，当利润不敷支付年息 8% 的借款利息时，特别是利润未达到借款款额的 5% 时，可将借款利率定为年息 5%；利润达到 5%—8% 时，在年利 5 厘的利率外，并以利润余额

① 《田中外务大臣致芳泽驻华公使电》（1927 年 10 月 14 日），解学诗主编《满铁档案资料汇编》第四卷《日本独占中国东北铁路交通》，社会科学文献出版社 2011 年版，第440—441 页。

② 孙志鹏：《二重外交与西原借款基本构想的挫折》，《东北师大学报》（哲学社会科学版）2014 年第 3 期。

之一半作为利息；为此，会社在利息方面所受损失，中国政府应予补充，使利率能达到年息 6.5%（可再从利润余额中支出）。[①] 日本和张作霖双方都作出了一定程度的让步，可见双方各自所怀的急切心情。

1927 年 11 月 7 日，田中在发给芳泽谦吉的电文中，就山本与张作霖达成协议后的后续交涉问题作出指示，主要内容有：关于铁路建设一事，张作霖究竟有无诚意是有问题的。倘若确无诚意，尽管满铁社长带回签有"阅"字的协约，也是没有充分诚意的文件。虽然强迫使张作霖在正式文件上签字，包括缔结承办合同，恐怕张作霖也必将制造某种理由而拒绝实行。然而，满铁社长声称，既然已经同张作霖达成充分谅解，尽管对文件并不满意，仍然充分确信有可能使张作霖缔结承办合同。所以日本政府认为，目前不如暂时撒手，静观事态的变化，因而作出上述决定。但鉴于打通线及吉海线两路，"因违反日中双方之协议及谅解事项，我方曾一再提出严重抗议；日本政府考虑如对此态度暧昧，则将有引起不良影响之虞，曾认为有必要暂时将打通、吉海问题另行处理，使张作霖对贵官发出请求谅解的函件"。然而，根据满铁社长等人的意见，现在如急于索取上述函件，又唯恐杨宇霆等反对派将乘机制造纠纷，使一切化为泡影。因此，决定暂时先按照满铁社长等人的意见，与其由芳泽公使与张作霖直接进行交涉，不如利用以往的关系，由町野武马、江藤丰二在芳泽公使与张作霖之间进行斡旋，较为便捷。田中内阁"关于满蒙政策的一贯方针，在于真正维持此等地方的秩序，使满蒙成为内外人得以安居之地，并使之成为经济发展获得安全之区，以期彼我双方皆受其惠。'东方会议'上关于满蒙交涉的主要目标，曾取得一致见解，如贵官所知，乃在于使张作霖充分理解其在东三省过去、现在以及将来所处之地位，并充分理解上述我方意旨，彼此达到肝胆相照的地步。……由于町野武马、江藤丰二等暗中活动的结果，张作霖大体上允诺关于打通线等问题可发出如上所述之函件"。田中认为，上述要点是实现同中国方面谈判的经济提携、"日华共存共荣"这一目标并面对当前所应解决的各项具体问题时必须具备的前提。"上述决定，有如所

---

① 山本条太郎翁伝記編纂会『山本条太郎（3）伝記』、原書房、1982、578—580 頁。

料,乃基于东方会议决定的所谓'满蒙交涉',现在在执行中必须前进一步。如芳泽公使所知,外务省对'满蒙交涉'尤其是对铁路问题的进展予以极大注意,而收效甚微",田中认为,社会舆论必将提出种种疑问,对此等疑问,田中指示芳泽公使可作简单说明,即日本与张作霖之间已取得充分谅解,对于铁路问题之结果可以答称现在尚非公开言明之时。① 从中不难看出,田中依然采取了排斥驻华公使馆官方交涉的方式,继续支持山本条太郎以及町野武马、江藤丰二在暗中促使张作霖同意签约,同时密切关注山本条太郎与张作霖之间的交涉进展并对其提供直接指导。②

同时,对于田中的决定,参谋本部有不同意见,例如在参谋次长发给驻北京公使馆武官本庄的电文中就指出:"今后在政府间谈判正式协约时,贵官当周旋于外务省与满铁之间,力谋使双方取得充分谅解。同时,在中国方面与公使之间,则尽力给公使以援助。无论中国方面的情况如何,当前必须努力促使芳泽公使同张作霖之间的正式协约成立。而此项重大任务,实际上只有贵官最为适合担任,故望同松井顾问等共同努力,为达到最终目的而全力以赴。"③ 1927 年 11 月 30 日,芳泽向田中汇报了本庄与杨宇霆之间的交涉情况。本庄首先表示:"山本是否接受总理的意图虽不得知,然而山本终究不是日本政府的正式代表,政府的代表当为公使,凡属国际间的手续,按正式要求必须通过公使办理。何况山本与张的协定最后一条曾规定,尚须由两国政府的代表正式签字,而现在却以换文代替签字。"杨宇霆回答称:"无论如何,山本乃秉承总理的意图,作为总理的代表进行交涉,而总理的代表当无正式与非正式之别,如果说山本并非总理的正式代表,又焉能有协定之缔结?另外,国家间的交涉也并非限于公使,尚有通过特使进行的;山本协定最后一

① 《田中外务大臣致芳泽驻华公使电》(1927 年 11 月 7 日),解学诗主编《满铁档案资料汇编》第四卷《日本独占中国东北铁路交通》,社会科学文献出版社 2011 年版,第 444—445 页。

② 「山本·張鉄道交渉」、外務省編纂『日本外交文書』昭和期 I 第 1 部第 1 卷(昭和 2 年)、外務省、1989、278—314 頁。

③ 《参谋次长给驻北京公使馆武官本庄中将的电报稿》(1927 年 11 月),吉林省社会科学院《满铁史资料》编辑组编《满铁史资料》第二卷,《路权篇》第三分册,中华书局 1979 年版,第 959 页。

条关于两国政府代表签字的规定，并无重大意义，山本对上述规定只不过取其精神，而并非着重于文字；本人（杨）认为山本协定乃系草案，当根据草案另订详细具体的协定，在新协定上应由两国代表签字，而现在要求交换函件，则无异于撤销协定，因而绝不能允诺。"① 同时，本庄还向参谋次长报告，张作霖在临别时自言自语说道："本人在暗中和极端秘密里，想为日本谋利益做的一些事情，竟全部公之于日本报纸，传之中外，而日本政府又不采取任何措施加以取缔，在此种情况下，岂非任何事情也不能再向日本谈吗？"② 因此，本庄主张应该采取积极手段"援助"张作霖。

1927 年 12 月 5 日，芳泽谦吉转发了张作霖致田中的函件："田中外务大臣阁下：敬启者，日前山本社长来京所谈之事，敝意深愿以诚意商议。对于各该案详细规定，现拟饬由各该地方官逐项议订，仍令本彼此共同利益和衷商办，以敦睦谊。"随后，田中回复称，"各该案"一语有可能被解释为包括日中经济协定及东三省治安维持问题之意，尚需向张作霖解释仅就铁路问题可与山本条太郎商议。③ 12 月 9 日，田中与张作霖均同意了大纲协约，接下来的事情就是各条铁路线合同的缔结问题了。

二 "满蒙新五路"的后期交涉

1928 年 1 月 6 日，满铁社长山本条太郎携带承包合同草案由大连出发，翌日抵达北京，1 月 9 日开始交涉缔结承包合同事项。1 月 17 日，张作霖命令张作相签订铁路承包合同，并提出三项条件要求日本承认：第一，日本方面在一定期间内要严守秘密；第二，不要各线问题同时着

---

① 《芳泽驻华公使致田中外务大臣电》（1927 年 11 月 30 日），解学诗主编《满铁档案资料汇编》第四卷《日本独占中国东北铁路交通》，社会科学文献出版社 2011 年版，第 446—447 页。

② 《驻中国公使馆武官本庄致参谋次长电》（1927 年 11 月 30 日），解学诗主编《满铁档案资料汇编》第四卷《日本独占中国东北铁路交通》，社会科学文献出版社 2011 年版，第 448 页。

③ 《田中外务大臣致芳泽驻华公使电》（1927 年 12 月 7 日），吉林省社会科学院《满铁史资料》编辑组编《满铁史资料》第二卷，《路权篇》第三分册，中华书局 1979 年版，第 964 页。

手，要从一条线或两条线逐步着手；第三，政治上取得联系。同日，驻吉林总领事川越茂向外务大臣田中义一提出了在吉林省铺设总长 230 千米的铁路计划。① 1 月 23 日，满铁副社长松冈洋右提出：如果同时提出备案手续，张作相也可以作为签字人；洮索线也要与奉天省长办理签字备案手续，在备案手续办妥之前，绝不能支付筹备费；根据大纲协定，长大线当然也要在此次签字，吉会线和长大线的局长希望由魏武英兼任，如果张作霖不允许，则希望由刘树春或林鹤皋任长大线局长；倘若交涉不顺利，在吉会线与长大线两线之中只能选择其中一条时，要首先签订长大线合同。此后，双方就具体条件进行了反复磋商，但此时由于北伐军进展顺利，张作霖的北京政权朝不保夕。于是，日本担忧张作霖权势的日益下降，急欲要将密约正式签订，于是向张作霖施加压力，声称："倘使不将有关五路权利给予日本，则奉军如退回东北，将不许通过南满铁路。"② 因此张作霖等人才下定决心"撤兵至关外"，并与日本签约。③ 5 月 13 日，满铁方面将必须由张作霖签字的延海、洮索、吉五三个合同整理就绪，在盖上满铁社长的印章后交由町野武马、江藤丰二两人面交张作霖签字，张作霖也签上"阅，准行"三字并盖印，随后由交通部代理次长赵镇署名签字，在手续上表示该合同得到交通部之认可。随后由于赵镇任命日期问题，又将签字日期改为 5 月 15 日。

《洮索铁路承造合同》的要点是：第一，张作霖准许满铁会社承办建造自洮南至索伦的铁路；第二，本合同承办建造价额为 1560 万日元，年息 8 厘；第三，满铁会社在工程进行期间，派遣日本人总工程师一名及辅佐员若干名；第四，本铁路在全线交接并开车营业时，局长聘用满铁会社推荐的一名日本人为会计主任，管理本铁路之一切收支；第五，本铁路全线营业时，应从速与满铁会社商定直达联运及运费办法。④《长

---

① 外务省外交史料馆『支那鉄道関係雑件/満洲ノ部』、アジア歴史資料センター、Ref. B10074685800。

② ［日］古屋奎二：《蒋总统秘录》第七册，中央日报社译印 1974 年版，第 60—62 页。

③ ［日］关宽治、岛田俊彦：《满洲事变》，王振锁、王家骅译，俞辛焞校，上海译文出版社 1983 年版，第 29—31 页。

④ 《洮索铁路承造合同》（1925 年 5 月 13 日），解学诗主编《满铁档案资料汇编》第四卷《日本独占中国东北铁路交通》，社会科学文献出版社 2011 年版，第 459—460 页。

大铁路承造合同》《敦老铁路承造合同》《老图铁路承造合同》除了在承造金额上有所不同（长大线 1650 万日元、敦老线 1132 万日元、老图线 1222 万日元）外，其余内容基本一致，只是在《长大铁路承造合同》中将"会计主任"改为"铁路顾问"。① 以上四线在承造金额上合计5764 万日元，在线路上属于"满蒙五铁路计划"中的洮索线、长大线、敦图线（吉会线之一部分），尤其是洮索线合同的缔结，更是完全贯彻了日本陆军的意图，更展示了田中外交的强硬态度。

为了防止奉天省反对铁路契约，张作霖特意委托江藤丰二带给省长刘尚清一封信，主要内容是："海泉省长台览：东省与日本唇齿相依，素敦睦谊。从前对日外交往往因些微细故引起误会，以致悬案多年久不解决，甚属无谓。现在对日外交纯取公诚态度，所有从前悬案，如系无关紧要者，应速分别解决，不必争持；倘因关系重大，不能轻易让步者，仍应本外交方式慎重办理。此系为解决寻常悬案借敦睦谊办法。特嘱江藤君到奉面洽一切。"② 但是，令张作霖没想到的是，日本陆军在1928 年 6 月 4 日便制造了皇姑屯事件，将张作霖炸死，因此日本与东北当局的铁路交涉中断。

策划炸死张作霖的是关东军高级参谋河本大作大佐，具体执行的是关东军独立守备队的东宫铁男等人。河本大作等人企图通过杀害张作霖并拥立传闻与父亲不和的张学良，土肥原贤二认为张学良是"亲日的化身"③。关于这个事件的处理，首相田中义一向元老西园寺公望等人表明了查明真相的意向，如果确认是陆军军人参与的话，打算严厉处罚，田中也将此意禀告昭和天皇。陆相白川义则接受了田中的意见，打算查明事件的真相并加以严肃处理。但是，以上原勇作和闲院宫载仁亲王两位元帅为首的陆军长老以及其他陆军首脑，反对田中和白川的方针，白川最终决定只追究张作霖的列车被炸线路的防守责任，给予行政处分。其

---

① 解学诗主编：《满铁档案资料汇编》第四卷《日本独占中国东北铁路交通》，社会科学文献出版社 2011 年版，第 460—464 页。

② 《张作霖委托江藤面交奉天省长刘尚清的信》（1928 年 5 月 18 日），吉林省社会科学院《满铁史资料》编辑组编《满铁史资料》第二卷，《路权篇》第三分册，中华书局 1979 年版，第 988—989 页。

③ 小林道彦『近代日本と軍部 1868—1945』、講談社、2020、384—385 頁。

他内阁成员也反对田中的方针，田中因无法抵抗其压力，最终转变为只进行行政处分的方针。昭和天皇对田中的"豹变"抱有强烈的不信任感，在咨询了牧野伸显和铃木贯太郎后，责问了田中义一。①

1928 年 6 月 16 日，芳泽谦吉在发给田中义一的电文中，分析了当时的中日局势以及此后日本将采取何种政策继续与东北当局交涉铁路契约问题，主要内容有：张作霖的生死问题众说纷纭，尚未接到确凿的报告。起码目前已不能活动，因此对其继任者和东三省的未来应做好周密考虑。如果张作霖还能恢复，或者南方势力到达山海关，东三省也能抵抗住南方，排除其势力；但如果张作霖不能恢复，东三省便失去了权力中心，早晚不免要直接或间接地受南方势力的支配。至于张作霖的继任者，看样子今后可能还要有些曲折，但根据来自"满洲"的报告，最近似乎以张作相最为有力。张作相本来就优柔寡断，加上多年来在吉林的排外气氛中主持政务，逐渐助长了他的排外气焰。鉴于他具有此种倾向，对日本推行"满洲"政策来说，绝非应该欢迎的人物。如果张作相出马的话，一定需要杨宇霆之流有势力的人物作为辅佐，即使由张学良出马，杨宇霆也仍然要立于辅佐他的地位，这样实际上就会成为杨宇霆的天下。而杨宇霆等奉天新派往往是一有机会就企图与南方取得联系，所以杨宇霆等人的政策必将是利用南方势力的进展而愈益趋向排外。"总之，现在已很明显，南方势力早晚必定到达东三省。但是，目前南方也一定避免过多地干预东三省的问题，以致同日本发生正面冲突。不过，南方的一般政策是废除不平等条约、反对帝国主义、高唱反对二十一条，或者激发收回旅大运动。这都是和日本目前在满蒙的特殊地位及其优越势力相冲突的，结果必将和我们发生一些纠纷。因此，我方必须事先研究好对策。而当前必须加以考虑的是，修筑满蒙新铁路问题。对日前满铁与奉天派之间达成谅解的五条铁路，南方方面已经进行了激烈反对。此外，对于当前最为急需的吉会、长大两铁路，即便在奉天派内部也有张作相的猛烈反对，并且他还煽起官民的抗议。"现在，铁路承造合同签约人赵镇已被委任为吉长、吉敦两铁路局局长，并已经前往

---

① 伊藤之雄『日本の歴史 22 政党政治と天皇』、講談社、2010、280—281 頁。

吉林赴任。所以此刻应该探听一下吉林省当局对修筑这两条铁路的意见，如果吉林省当局表示不同意，就必须排除官民的反对，用实力把铁路修筑进行到底，否则以后必将难以实现合同。① 从中不难看出，芳泽谦吉对中国东北政局的变动虽有密切关注，但是在整体上的估计偏于保守，更加看重看似手握实权的杨宇霆，而对张学良掌控东北的决心和胆识认识不足。

以"满洲"的张作霖和"中国本部"的蒋介石这两个政权的中国分割为前提，同时与双方交涉并维护日本的权益，这就是田中的"等距离外交"。② 但是，这条外交路线却因为皇姑屯事件而崩溃了。③ 张学良隐瞒了父亲死亡的真相，冷静地处理，一边争取时间，一边重新建立体制，成了奉系军阀的继承人。1928 年 12 月，张学良举着国民政府的青天白日旗进行了易帜。张学良在 1929 年 1 月暗杀了张作霖时代的幕僚、亲日派的头目杨宇霆和常荫槐，彻底清除了亲日派。④ 田中外交就这样完全陷入了僵局。皇姑屯事件后，山本条太郎成立了临时经济调查委员会，并将其与现有的满铁调查部并存，并委托其进行更为实际的立案调查活动。

为了打开僵局，田中义一要求驻奉天总领事林久治郎一边与陆军省军务局局长取得紧密联系，以便借用军方力量，另一边在暗中援助满铁与张学良的交涉，在外交上实施强硬政策。⑤ 随后山本条太郎命令满铁理事斋藤良卫常驻奉天，由江藤丰二负责对奉天方面的张学良、杨宇霆、常荫槐、交通委员会、保安会、联省议会以及吉林方面的张作相、吉林省议会议长林鹤皋等要人进行交涉。在奉天的陆军大佐土肥原贤二、町野武马两人主要负责对张学良交涉，陆军大佐林大八主要对张作相交涉，并从侧面援助斋藤良卫理事。但是在张作霖被炸死以后，东三

① 《驻华公使芳泽致田中外务大臣电》（1928 年 6 月 16 日），解学诗主编《满铁档案资料汇编》第四卷《日本独占中国东北铁路交通》，社会科学文献出版社 2011 年版，第 465 页。

② 服部龍二『東アジア国際環境の変動と日本外交 1918—1931』、有斐閣、2001、201 頁。

③ 有馬学『日本の歴史 23 帝国の昭和』、講談社、2010、89 頁。

④ 小林英夫『〈満洲〉の歴史』、講談社、2008、79—81 頁。

⑤ 「満蒙懸案解決交渉」、外務省編纂『日本外交文書』昭和期Ⅰ第 1 部第 3 巻（昭和 4 年）、外務省、1993、1—4 頁。

省已经全面卷起了排日风潮，日本的交涉极其困难。1928 年 8 月 17 日，驻吉林总领事川越茂致电田中表示："我确信现在有必要立即决定老头沟至国境间的路线，从敦化和国境两方面同时开工，一气呵成。然而，鉴于该铁路是通过日本海连接日本和北满的一大干线，就距离、运输力量以及吞吐港口等各主要点，从大局上着眼加以衡量，选择政治上经济上最为有利的路线是理所当然的。"因此，川越认为不能委托满铁做出决定，而必须在阁议上经过更周密的审议决定，现在正是解决 20 年来悬案的良好时机，如果为了一些微不足道的内部问题而拖延下去，实在遗憾之至，为此现在渴望断然实行。① 10 月 8 日，满铁理事斋藤良卫在发给山本条太郎的函件中，指出当前的交涉面临"两大暗礁"：其一，最大的暗礁是担心中国方面是否要采取不承认 1928 年 5 月所签订的承造合同的方针，而要求重新进行交涉；其二，东三省保安会可能会对修筑新铁路提出条件。对此，斋藤良卫命江藤丰二提出将东三省铁路全部合办的方案。同时斋藤良卫揣测中国方面的条件可能有四点：其一，由中国人承包工程；其二，要求把利息再降低到北京协定的规定之下；其三，把长大、吉长、吉敦、敦图的合同合并为一；其四，要求缩小满铁代表的权限。② 10 月 31 日，江藤丰二在发给张学良的函件中指出，希望张学良能够体谅山本社长的苦心，"痛下决心，迅速派员接洽，履行合同，以昭信用"。但是，张学良等人仍然不为所动。

　　1929 年 3 月 29 日，日本驻奉天代理总领事森岛守人与张学良进行了会谈，森岛提出了要求张学良履行铁路合同和满铁坚持进行测量的问题，张学良回答的内容主要有两点：第一，就东三省来说，不仅张作相，就是张学良本人也不能负责履行此项合同。所以，尽管同张学良反复交涉，也不可能解决问题。原来此项合同是当时的中央政府——北京政府签订的，所以现在请向目前的中央政府——南京政府交涉。但即使向南京政府交涉，恐怕亦无成功的可能。第二，总领事林久治郎虽曾向

---

　　① 《驻吉林川越总领事致田中外务大臣电》（1928 年 8 月 17 日），解学诗主编《满铁档案资料汇编》第四卷《日本独占中国东北铁路交通》，社会科学文献出版社 2011 年版，第 468 页。

　　② 《满铁斋藤理事长致山本社长函》（1928 年 10 月 8 日），吉林省社会科学院《满铁史资料》编辑组编《满铁史资料》第二卷，《路权篇》第三分册，中华书局 1979 年版，第 996 页。

张学良谈过强行测量,但张学良认为:"关于解决济南问题,日本既然注意采取了中日亲善的态度,那么就不应该采取强行测量的立场";否则,张学良相信只能给日本带来不利,而毫无益处。倘由于坚持强行测量,以致发生排日运动,则张学良亦将无计可施。① 从中可以看出,尽管满铁拟采取强行测量的强硬手段逼迫张学良,但是张学良首先以中国政局变动为由拒绝了履行合同的责任,其次以民众的反日风潮回敬了日本的强硬测量主张。森岛守人据此认为:"很显然,张学良的谈话不过是拖延日本方面的借口。张学良对履行合同缺乏诚意,我相信此点毫无疑问。事到如今,合同期限迫近,为解决此项铁路问题,已如林总领事所呈请,除坚决进行测量及开工外,别无其他办法。"②

1929年5月9日,满铁社长山本条太郎也终于按捺不住,在写给张学良的信函中称:满铁会社根据1928年5月15日签订的合同,已承办建造吉敦铁路延长线与长大铁路,为此立即做好了各项准备,并不断督促中国方面任命合同内所规定的铁路局长,以便不至于妨碍满铁会社开工。然而迄今为止,中国方面并未任命局长等职,以致满铁会社未能着手动工。现在合同所规定的日期已经仅剩数日,希望张学良现在能立即任命铁路局长,以便开工,如果仍不任命铁路局长,从而拖延开工。满铁会社对此将不负责任,希望张学良谅解。③ 也就是说,满铁在正常交涉未能获得进展的情况下,决心私自履行合同,强行开工修筑。

1929年6月20日,满铁再次设立了理事会,最高职位的职务名称又变回为"总裁"。7月,田中义一辞去了首相职务。山本条太郎因为失去了田中这个后盾,于8月14日离开了满铁总裁的宝座,仙石贡就任了新总裁。④ 另外,皇姑屯事件后的1928年10月,陆军大学兵学教官石原莞尔中佐就任关东军参谋。1929年5月,板垣征四郎作为河本大作后任的高级参谋上任。7月,石原莞尔等人以"对苏作战计划的研究"

---

① 《驻奉天代理总领事森岛致外务省电》(1929年3月30日),解学诗主编《满铁档案资料汇编》第四卷《日本独占中国东北铁路交通》,社会科学文献出版社2011年版,第471页。

② 外务省编纂『日本外交年表竝主要文書1840—1945』下、原書房、1966、128—129頁。

③ 山本条太郎翁伝記編纂会『山本条太郎(3)伝記』、原書房、1982、646頁。

④ 伊藤之雄『日本の歴史22 政党政治と天皇』、講談社、2010、16—18頁。

为题,实施了约两周时间的参谋"北满旅行",从长春、哈尔滨到海拉尔、满洲里等地巡游。据说在这次旅行中,石原进行了"战争史大观"的授课,板垣征四郎对此产生了强烈的共鸣。另外,石原在旅行中一行提出了"扭转国运的根本国策——满蒙问题解决方案",为了消除日本国内的不安,需要积极解决"满蒙"问题,这是由日本领有"满蒙"的现实决定的,为此不惜对美第一次世界大战。石原莞尔还向其他人展示了满洲里的"关东军满蒙领有计划",根据该计划,在长春或哈尔滨设立总督府,实施以大将或中将为总督的军政,"日本人从事需要大规模企业及智能的事业,朝鲜人可以开拓水田,而中国人从事小商业劳动,应该发挥各自的能力,取得共存共荣的成果"。① 石原莞尔将自己的构想带入满铁,是因为 1930 年 3 月在满铁调查部的谈话摘要就是"满洲领有计划"构想本身。石原莞尔考虑到关东军的调查机能不足,请求满铁调查部协助调查。

三 中国人民激烈反对"满蒙新五路"

在满铁与东北政府当局交涉吉会线和长大线铁路合同期间,东三省甚至全国人民都纷纷发表宣言、上街游行示威,揭露日本侵华的诸种野心,东北民众的民族热情空前高涨。同时,东北民众的行为,也为张学良等人争取对中国有利的权利,提供了直接的援助。

1928 年 10 月,延吉等四县(延吉、珲春、汪清、和龙)农工商学联合会在发给吉林省督办的电文中指出:"我延边民众生命财产,系于此路。一息尚存,誓死必争。现已决定,延敦铁路尽最短期内由人民自筑;经过路线由人民集体自决;一致反对外人干涉及借用外资;并反对满铁收买天图铁路;如不达到目的,不惜罢市罢工,牺牲一切。"② 同月,吉林学生联合会在上交吉林省公署的呈文中,揭露了日本在东北的铁路网计划,要点是:日人对东省铁路计划有二端,一自韩京经会宁、

---

① 原田勝正『満鉄』、岩波書店、1981、16—18 頁。
② 《延吉等四县农工商学联合会致吉林省督办等电》(1928 年 10 月 16 日),解学诗主编《满铁档案资料汇编》第四卷《日本独占中国东北铁路交通》,社会科学文献出版社 2011 年版,第 477 页。

敦化至吉林，一自韩京经奉天、长春至吉林。此等包围计划已将告成功，是乃置东省于其势力范围之下，而彼为刀俎，我为鱼肉。谋救亡之策故多端，而旦夕不容缓，首推为至要者，则莫过于拒绝该路之建筑权。① 可见，吉林省群众对此前的安奉线与如今的吉会线均表示反对。

1928 年 11 月，东三省保路会指出："日本要求修建吉会、长大两路，意存吞并，人人切齿。虽经钧座持重于先，国人奋争于后，而强邻觊觎，迄未稍杀。际此隐患正深，允宜坚持到底。"② 北平法政大学奉天同乡会在其宣言中，甚至直指日本田中外交之失败，分析极为深刻："苟吉会、长大二路之路权再失，则日人之铁路政策告竣，危亡立至，无待龟卜。日人之所以急于要求此二路者，一鉴于中国之将统一也，将来无机可假；一因于田中外交之失败也，借此以免反对党之指责。……是日本之外交，虽外强而中干。"③ 朝阳大学的学生则从日本"大陆政策"的角度对其铁路侵略政策予以抨击："现在日本帝国主义对我国的侵略越逼越紧了。它——日本帝国主义者，一方面派员与国民政府谈判中日悬案，对国民政府予以政治的或经济的引诱和胁迫，意在使国民政府对于它所加诸中国人民的不平等条约再作一度公开的承认；同时又威胁它的小工具，承认它修筑吉会（吉林到朝鲜的会宁）、长大（长春到大赉）两铁路，以遂它日夕经营的吞并满洲的野心，实现它的所谓大陆政策。"④ 11 月 12 日，面对满铁强索吉会、长大两路，哈尔滨市民抗路联合会在滨江教育会内召开委员会，决议四条办法：（1）急电国民政府，向日本提起重要抗议，否认局部外交；（2）电奉张向日人力争，并

① 《延边四县代表曹锡龄等给吉林省公署的呈文》（1928 年 10 月），解学诗主编《满铁档案资料汇编》第四卷《日本独占中国东北铁路交通》，社会科学文献出版社 2011 年版，第 477—478 页。

② 《东三省保路会呈东三省保安总司令、吉林省保安司令文》（1928 年 11 月），吉林省社会科学院《满铁史资料》编辑组编《满铁史资料》第二卷，《路权篇》第三分册，中华书局 1979 年版，第 1000 页。

③ 《北平法政大学奉天同乡会宣言》（1928 年 11 月 7 日），吉林省社会科学院《满铁史资料》编辑组编《满铁史资料》第二卷，《路权篇》第三分册，中华书局 1979 年版，第 1001—1002 页。

④ 《朝阳大学学生会为日本在吉林强筑铁路告民众书》（1928 年 10 月），解学诗主编《满铁档案资料汇编》第四卷《日本独占中国东北铁路交通》，社会科学文献出版社 2011 年版，第 475 页。

拒绝调印;(3)电日政府,促醒其侵略"满蒙"之野心;(4)通电全国民众一致反抗。随后,哈尔滨工业大学及其他学校学生 1000 余人,举行结队示威游行,先在新市街工大集合,齐呼口号,然后出发,各执小旗,上书标语"打倒日本帝国主义""反对吉会长大路借款""收回路权拒绝签字"等,并散发各种宣传文,其宗旨有六点:"一、打倒日本之侵略满蒙政策;二、废除一切不平等条约;三、对日经济绝交;四、膺惩卖国贼赵镇;五、全国民众一致抗争;六、奋斗到底至死弗懈。"① 11 月 24 日,黑龙江省议会在发给国民政府、各省政府、各省议会、各法团、各报馆的通电指出:"天祸中国,患生东邻。万恶日本,向怀野心,久用其铁路侵略政策,以图谋奉省;今又拟建五路,进窥吉、江。此等政策如果实现,不但东省祸患迫于眉睫,即中国危亡亦近在旦夕矣。用是,凡我江省人民莫不愤懑填膺,群起反对。"②

1928 年 12 月,朝阳大学学生在上呈南京国民政府的邮电中,直接提出了"革命外交"的办法,要求南京当局电令东三省,"责其不应违背民意,实行此种卖国行为,迅将此案移归中央办理以资救济。至于从前所订一切不平等条约,尤应秉革命外交政策,立刻宣布废除。即不幸而日本帝国主义者仍不觉悟,继续其侵略之野心,虽至国交破裂,亦所不惜"。③

在对"满蒙五铁路"及日本侵华谋划的宣言和通电中,以 1928 年 12 月齐齐哈尔市拜泉县保持路权会的宣言内容较为完善和深刻,兹节录如下:"查历年日本侵我东省,不外三大毒策:一、军事侵略;二、经济侵略;三、移民政策。三者以铁路为总枢。张其军威,侵我主权;驱其流氓无赖,迫我人民;逞其纸票之多,取我之土地、原料。吾之人民、土地、原料,均被其宰割攫夺。试问吾所存者何? 日本延长吉敦、

① 《关外民众力争路权》 (1928 年 11 月 12 日),宓汝成编《中华民国铁路史资料 (1912—1949)》,社会科学文献出版社 2002 年版,第 667 页。

② 《黑龙江省议会致国民政府等通电》(1928 年 11 月 14 日),宓汝成编《中华民国铁路史资料 (1912—1949)》,社会科学文献出版社 2002 年版,第 675 页。

③ 《朝阳大学学生会致南京国民政府快邮代电》 (1928 年 12 月),吉林省社会科学院《满铁史资料》编辑组编《满铁史资料》第二卷,《路权篇》第三分册,中华书局 1979 年版,第 1004 页。

建筑长大两铁路，阳托亲善之名，阴行并吞东省之实。威迫当局，利诱国贼，刻不容缓，欲完成其最后之目的五路二港之计划也。试举五路如下：一由吉林至会宁（即吉敦延长）；二由延吉至海林；三由吉林至五常；四由长春至大赉；五由洮南至索伦。以五路之计划观之，阴险已极：一旦有事，则彼军可由旅顺军港上陆，由"南满"路线直达长春；再可由清津军港上陆，由吉会线可直趋吉林。二路汇合，奉吉两省完全被其包围，再可由长大、洮索路线进取黑龙江。此种情形，东三省之危亡可坐而待也。总之，日本欲最短期间亡东省，而完成其帝国主义侵略之阴谋。"[1] 这种军事战略角度的分析和揭露，可谓是深刻的。

日本驻吉林总领事川越茂、驻长春总领事永井在发给外务大臣田中义一的电文中，汇报了东北人民的反日情形，如吉林省城学生在市内繁华路段举行了反对吉会铁路的示威游行，高喊"打倒日本帝国主义走狗""打倒卖国贼""反对秘密签订六大铁路协定""唤起民众一致奋斗"等口号；在长春，游行队伍走到吉长铁路局门前，痛骂局长赵镇是卖国贼。[2] 1928 年 11 月 29 日，据日本外务省调查，东北的排日运动起源于"满蒙五铁路计划"，最先在延吉四县地区爆发，随后逐渐波及吉林、奉天、哈尔滨、长春以及其他各地，到处都出现了张贴标语、发放传单、组织游行的现象，例如北京师范大学东三省籍学生组织了路权保持后援会，向国民政府和张学良发出了反对修筑铁路的宣言通电，上海全国总商会联合会向保安会和张学良发出了关于吉会线问题的电报，希望能拒绝日本的要求，依靠中国资本建设。[3] 总之，日本对东三省乃至整个中国的排日、反日风潮极为关注。

森岛守人在回顾这一时期的历史时，认为"张作霖时代的排日、抗日活动一般来说还没有越出自发的、偶然的范围，也没有什么思想背景

---

① 《关于各方面对吉会路态度》（1928 年 7 月 6 日），解学诗主编《满铁档案资料汇编》第四卷《日本独占中国东北铁路交通》，社会科学文献出版社 2011 年版，第 489 页。

② 《驻长春领事永井致田中外务大臣电》（1928 年 10 月 28 日），吉林省社会科学院《满铁史资料》编辑组编《满铁史资料》第二卷，《路权篇》第三分册，中华书局 1979 年版，第 1011 页。

③ 《关于反对满蒙铁路特别是吉会铁路交涉的运动》（1928 年 11 月 29 日），解学诗主编《满铁档案资料汇编》第四卷《日本独占中国东北铁路交通》，社会科学文献出版社 2011 年版，第 497 页。

和组织体系。但是张学良时代的排日、抗日已不是个别事件的反复和继续，而是在一定的思想指导之下，基于一贯的方针，采取一定的组织形式而进行的"，最后竟然声称"学良时代的对日态度已从排日事件发展为对日攻势，而以铲除日本在满蒙的特殊地位为目标。所以，像通过新建满铁平行线和修建葫芦岛港口而采取包围满铁政策，以及收回旅大租借（地）等论调，无疑就是它的具体体现"。① 这种不反思日本的侵华政策本身而将责任归咎于张学良的"排日"政策的论调，不但是对中国人民民族主义精神觉醒的贬斥，更是森岛守人自身在战后依然对于日本的侵华战争没有根本反省的表现。

第三节　九一八事变前满铁的铁路谈判骗局

一　日本的"新满蒙政策"

1930 年 2 月 7 日，在拓务省大臣办公室，召开了一次讨论"满蒙"问题的会议，参加者有拓务大臣松田源治、满铁总裁仙石贡、满铁理事木村锐市以及外务省、拓务省的高级别官僚。在会议上，围绕"满蒙"问题提出两条决议：第一，奉天派欲将"满蒙"外交权名实共归并南京，日本对此取"外宽内严"方法以反对之；更借题发挥，强其仍以张学良为负责长官，日本以便保持其特权。第二，对奉天派之铁路网建设，须采取干涉的态度以阻止其实现，持以"迫战求和"策略，诱使其与日本协调满蒙铁路运价与货物吸收区域之限制，似此方足永保"南满"路与大连港之繁荣。②

在会议上，满铁理事木村锐市对提案进行了说明，主要内容是：木村"在奉天与林总领事及关东长官司令官等研究至再，发现下列诸外交策略。毕竟须连续的运用，方足以保留我满蒙政策之根基，而不被推

---

① ［日］森岛守人：《阴谋·暗杀·军刀——一个外交官的回忆》，赵连泰译，黑龙江人民出版社 1980 年版，第 29 页。
② 《拓务会议及木村锐市说明摘录》（1930 年 2 月 7 日），宓汝成编《中华民国铁路史资料（1912—1949）》，社会科学文献出版社 2002 年版，第 682 页。

倒。（一）以华制华。利用其内部感情，或反对派及马贼团等，以搅乱其政权，借以牵制其对日之外交，且能使欧美各国对满蒙投资，发生危惧之念。（二）恩中威。凡各事业之进行，一面予以利益，一面即借此行使威权。（三）亲中恶。精神的方面，则以亲善及平等为表面上之原则，里面则行使中伤及破坏策略。（四）对现有悬案及未实现之既得权，以日华共存共荣或合办性质，为表面上之解决方针，其实仍以取得特权并保留之为要素。（五）满蒙外交权，仍以张学良为担当长官。奉天派铁路网之东、西两大干线中，东线之奉海路，既已通至吉林，日本对此恐难以阻止其实现，故无妨做一顺水人情，但劝其许我建设吉会铁路，我不惜另以天图轻便铁路全部无偿让与之。盖满蒙特产及富源之集散地，东部虽有相当之多额，然以视西部之黑龙江及蒙古方面，其土质之肥沃，面积之广大，均瞠乎后之。且西部交通之发达可使葫芦岛因而繁盛，故西线之完成，实为日本满蒙政策之致命伤。……然帝国至此，益感满蒙之地位，必须早日确定。盖中国之统一如果实现，我之地位必然被其蹴倒，加之革命势力日盛，英美监视益严，帝国之危机间不容发。当时田中外相乃商诸关系官厅，乘革命军北伐机会，利用以华制华策略，炸害张作霖，欲助复辟派夺取满蒙，继见形势不利，转而劝告张学良独立者，无非欲确保日本在满蒙之地位"[1]。由此可见，鉴于东北政情的变动以及东北表现出的与南京政府合作的态度，日本不得不改变传统的直接与东北最高长官谈判的威压式"满蒙"政策，而需要采取"新满蒙政策"，其主要包括"以华制华"以及"恩中威""亲中恶"等两面手法，企图采用软硬兼施甚至不择手段地迫使张学良屈服。

对于日本"满蒙"政策方针的转变，中国舆论界也有所注意，《华北日报》曾予以披露，主要内容有："日人近来对于我国，咸抱忌嫉态度，殆视我国和平统一为日本之大危机。满铁当局，对华贸易者及陆军省，此种态度为尤甚焉。一般空气，渐转向于对华强硬外交。"日本政府方面有鉴于此，遂于1930年11月27—28日，由拓殖、外部两省，开协议会，密议关于"满蒙"之各项困难问题。一致议决所谓"新满蒙政

---

① 《木村理事对提案的说明》（1930年2月7日），宓汝成编《中华民国铁路史资料（1912—1949）》，社会科学文献出版社2002年版，第682—683页。

策",其详细内容,秘不宣布。"就各报舆论及一般揣测观之,约有五端:(一)东三省华方各铁路之建筑,违反中日协定及条约者,殆占其半,对此应取断然手段,积极阻止之。至于与满铁成平行线之昂齐铁路之动工,及纵断日本既得预定线之建筑,尤应严厉阻止。(二)增派警备队分驻满洲各地,制止中国方面的武力行动,并妥善保护日本之既得利益。(三)中国各铁路货运待遇不同,此与条约大相违反,予日商莫大打击,应向国民政府提出严重抗议,使其立即取消差别待遇。(四)张学良入京与蒋氏会晤,协议彻底压迫满铁、从速建设东北各铁路、防止日本资本势力等三项政策,结果蒋、张两人之间成立攻守同盟式之谅解,对此应有实力的对付方针。(五)张学良氏对日感情,近来大为恶化。有事辄以回避政策对付之,使日本陷于困境。今后应力求相当方针,使彼谅解日本态度。"最后,该报指出日本政府的上述态度恰似田中内阁之积极政策行将复活,所谓"经济主义之满蒙政策",变成"武力主义之满蒙政策"。①

1931年2月17日,《民国日报》对于当时满铁与张学良之间正在进行的铁路交涉给出如下评论:"今番之所谓铁路交涉,其发动者为日方自不待言。当客岁秋季,彼邦军人及在野政客,即群起大造空气,非曰中国进行铁路包围政策,即曰将驱逐日人在东北之势力,尤以张学良晋京时期所传为最盛。而其惟一借口之材料则为满铁路运减收,似此危词耸听之恶宣传,其为别有野心阴谋,诚属昭然若揭。然在朝之民政党滨口内阁,其对外交虽比较的稳健,而于东北铁路问题,决非忘怀其所谓特殊权益,不过能分先后缓急之别,而不肯卤莽从事耳。是以满铁路运减收,在野党固取为攻击政府'满蒙政策'之惟一材料,而滨口内阁在实际上亦未尝不加以严切之注意也。"②翌日,该报对"日本侵略东北之新计划"进行持续报道,主要内容有:中国东北铁路网计划发表以来,日本一般不识时务之守旧派相继高唱强硬外交,如参谋本部及陆军部竟

① 《东京12月9日世界新闻讯》(1930年12月13日),宓汝成编《中华民国铁路史资料(1912—1949)》,社会科学文献出版社2002年版,第687页。
② 《东北铁路交涉的发动》(1931年2月17日),宓汝成编《中华民国铁路史资料(1912—1949)》,社会科学文献出版社2002年版,第679页。

公言武力干涉。日本全国军阀派及投资"满洲"之财团，至相呼应，抨击现政府之对华让步政策。更有甚者，政友会议员在本届议会及公众集会中，开口即言币原为"卖国贼"，指币原外交为"亡国外交"，其气焰逼人可以概见。自拓相松田源治赴"满洲"视察后，即召集满铁当局要人于东京开了一次重要会议，协议"新满蒙政策"。所谓"新满蒙政策"之要点有二：第一，满铁与外务省外交权之分离。日本对东北方面之外交上发展，可分为三个时期："在初期，满铁机关、关东厅、关东军司令部及奉天总领事，于外交上为四头执权者。第二期，即田中内阁积极政策时期，以外务省为主角，上述四头外交化为统一集中之外务省独裁。迨至最近，我国统一告成，东北之外交权分给于满铁当局，避免国府不以其为交涉对象，企图牵制东北，停止其交通政策之进行。"另外，日本放任军部之对满行动，于暗中增派军队，并由"满洲"日侨组织青年团从事训练，其数达二万余，此乃亟堪注意之军事准备也。第二，大规模经济计划之进行。"新满蒙政策"之第二要点为"经济第一主义"，即以满铁会社为中心，设立各种旁系会社，其组织及计划皆取法于英国并吞印度之东印度公司。如对于未开掘煤炭矿之开掘、多狮岛钢铁制造所之新设、开发桦太煤油供应于"满洲"一带、农业之推广、农民之移植等，凡此皆大规模经济计划之内容。换言之，日本现内阁之"新满蒙政策"如果全部实现，则可使中国东三省变为日本之实质的殖民地。而其交通政策之进行尤堪注意，如发展航运、促进日本、"满洲"距离之短缩化，在朝鲜、"满洲"接壤地新设铁路，逐渐实现其"满鲜联络铁路网"；强迫敷设吉会路、建筑清津港，实行"二港三线计划"等。最近大阪《每日新闻》社又特设"东亚调查会"，专门调查"满洲"的一切情形，组织"满蒙视察团"，人数多达 16 万，其居心侵略昭然若揭。"满洲为吾国一大宝库，今日外交之危急，亦莫甚于满洲。"若不急图挽回，此大好山河，仅收回若干无足重轻之租界，未免缓急倒置。①

　　从上述中国舆论所关注的日本"新满蒙政策"可知，中国已经注意到日本将采取三种策略应对当时的东北铁路交涉：第一，以满铁与东北

---

　　① 《日本人处心积虑侵略我东北新计划》（1931 年 2 月 18 日），宓汝成编《中华民国铁路史资料（1912—1949）》，社会科学文献出版社 2002 年版，第 680 页。

当局在暗中代表政府进行秘密交涉，以免引起外交风波；第二，以"经济开发"为谈判之要点，谋求将整个"满洲"变为日本的"经济殖民地"；第三，若中国方面拒绝日本的全盘开发"满蒙"计划，则不惜动用武力。所以，就此而言，日本在币原外交下所推行的"新满蒙政策"，与前一时期在表面上处处展示强硬的"田中外交"相比，也无非是在手段上更加多样化，而且仍未排除武力手段，其实质依然是侵华外交。

二　外务省和陆军省的交涉方针

世界经济危机、日本国内银价低落、中国铁路网计划等状况交织在一起，被日本方面认为是造成 1930 年以后满铁的形势变得日益严峻的原因。1930 年日本的人口普查显示，居住在"关东州"和满铁附属地的日本人均超过了 10 万人，在满日本人直接依赖满铁及其附属公司维持生计。滨口雄幸内阁的外务大臣币原喜重郎认为，中国北伐后的恢复国权运动将朝着"满铁包围网"的方向发展，将"使满铁陷入死地"。1930 年 11 月上旬，币原喜重郎主导制定了对满铁路谈判方针，决定在悬案事项上做出一定程度的"让步"。也就是说，田中内阁时期的"山本·张作霖协定"的五条铁路中，还没有成立正式承包合同的三条铁路，即吉五线（吉林—五常）、延海线（延吉—海林）、洮索线（洮南—索伦），可以同意由中国自办。另外，也可以同意中国自行铺设长大线（长春—大赉），吉会线中的敦化至老头沟间由日本敷设，并且要保留关于老头沟至图们江间的日本敷设权利，企图以此缓和中国方面的国权回收热潮。但是，中国方面预定敷设的铁路中，郑家屯至长春、郑家屯至彰武两线，对于满铁来说是"致命"的。对于作为满铁平行线的吉海线和打通线（打虎山—通辽），日本决定以满铁和中国铁路之间缔结永久性的联络协定为条件而撤回"抗议"。[①]

1930 年 11 月 14 日，日本外务大臣币原喜重郎将以日本"新满蒙政策"为基础制定的铁路交涉方针通知驻华主要官员，包括驻华中重光代

---

① 臼井勝美『満州事変』、中央公論社、1974、10—12 頁。

理公使、驻哈尔滨八木总领事、驻奉天林总领事、驻吉林石射总领事、驻间岛冈田总领事、驻牛庄荒川领事、驻安东米泽领事、驻齐齐哈尔清水领事、驻郑家屯大和久领事、驻满洲里丰原代理领事、驻长春田代领事。这一函件的主要内容有：关于"满洲"铁路问题，日本外务省鉴于最近两三年的事态发展，认为有必要研究其对策。近来曾根据满铁方面的意见，探讨了大体方针，1930 年 3 月 18 日还同满铁总裁仙石贡进行了协商。现在看来，不仅修筑满铁"营养线"有困难，中国方面还自行修筑竞争线，可能将满铁置于死地。"当此之际，在贯彻我方共存共荣的根本精神的同时，对今后中国方面修筑置满铁于死地的竞争线时，虽应竭力设法加以阻止，但政府以及满铁却都不应该受过去做法的束缚，要尽可能地对中国方面表示宽大的态度，以期调整中、日之间的关系，实属重要。"①

在该函件之后，以"附件第一号"的形式列举了关于交涉问题的大体方针，包括三点内容，其中第三点因陆军省提出异议，容后再述。前两点的主要内容是：日本在"满洲"的铁路计划，自 1913 年的"满蒙五路"和 1918 年的"满蒙四路"以来，主要是拟作为满铁的"营养线"修筑的。"鉴于最近的事实，满铁营养线计划的实现可能性甚微；相反，目前在满铁干线的东西两侧，出现了中国方面的两大竞争线：其一，位于满铁东部的吉海、奉海两线，两线相连并与京奉线联络；其二，位于满铁西部以京奉线打虎山站为起点的打通线。该线经通辽—郑家屯线、郑家屯—洮南线，形成与洮昂线相连接的纵贯路线。其中吉海线还要向北延长；并据传闻打通线计划直接与洮南相连。不仅如此，中国方面还把满铁置诸度外，在本国铁路和借款铁路之间缔结了联络运输协定；并且为了谋求车辆的充实和统一，把从京汉、京绥、津浦、京奉以及其他各线扣留的车辆，分配到满铁借款线的四洮、洮昂、吉长、吉敦各线以及本国建设的铁路。为了把满铁集结的货物吸收到中国铁路，还拟定了汽车等其他计划。总之，可以想象，中国方面是计划依靠这些竞争线，将满铁两侧的货物运往连山湾或营口，使满铁的势力范围仅限于两侧 64

① 《日本外务大臣币原喜重郎致代理驻华公使重光葵等函》（1930 年 11 月 14 日），宓汝成编《中华民国铁路史资料（1912—1949）》，社会科学文献出版社 2002 年版，第 683 页。

千米—80 千米的地区范围之内，以便逐渐置满铁于死地，最后达到收回满铁的目的。不过，中国方面的上述企图的现实性如何，还要看上述两竞争线的发展和效率；特别是要看必须与上述两线连接的连山湾等能否建成为与大连相颉颃的一个良港。从现在的势态来看，上述两条竞争线能否立即达到预期的发展，值得怀疑。此外，连山湾尽管具有输出、入大港的基础，但所需大规模改筑经费并非易于筹措。无疑，日本绝对不必立即悲观；只是，中国方面既然已朝着上述目标有计划地进行，并且已着手输入日本以外的外资，如此等事态是不容轻视的。"①

据上述币原做出的指示而言，其中心主题只有一个，即如何突破中国的"满铁包围网"计划。至于具体的首要措施，便是对于中国铁路网计划的关键部分打通线和吉海线的修筑，尽全力阻止其实现。

陆军省在研究了外务省的提案之后，首先在总体上确定了陆军省的铁路交涉方针，在"关于满洲铁路问题"的附件中指出："中国方面的对满政策系出于政治目的，因而善意地谅解谋求共存共荣无疑是不可能的，如果作为暂时的对策，亦不能期待其效果会具有持续性。有必要采取措施，使他们从经济观点认识到和日本对抗竞争是不可能的，从而彻底打消这种念头。为此，无疑地要控制中国铁路，使其不能在经济上和日本铁路相竞争；促进吉会线的修筑和朝鲜北部港湾以及多狮岛港的修筑，使其和已有的满铁干线、安奉线以及大连港并列，形成三条干线和三个港湾，即三线三港主义。"② 依靠上述铁路和港湾的营运，至少可将满铁干线以东地区的物资吸收进日本的经济势力范围之内。同时，还必须努力修筑三条干线的"培养线"。然而"满洲"的现状，不允许等待此项大计方针的实现。因此，作为应急之策，同意外务省的方案，进行部分修改，付诸实行。③ 陆军省对外务省提案的修正，主要体现在原案

① 《日本外务大臣币原喜重郎致代理驻华公使重光葵等函》（1930 年 11 月 14 日），宓汝成编《中华民国铁路史资料（1912—1949）》，社会科学文献出版社 2002 年版，第 683—684 页。

② 《三港三系统主义》，苏崇民主编《满铁档案资料汇编》第五卷《垄断东北铁路和海港》，社会科学文献出版社 2011 年版，第 667—668 页。

③ 《陆军省小矶军务局长致外务省亚洲局长谷正之函》（1930 年 12 月 3 日），宓汝成编《中华民国铁路史资料（1912—1949）》，社会科学文献出版社 2002 年版，第 686 页。

第三点中，修正后的内容如下。

关于"满洲"铁路问题，陆军省希望日本政府今后按下列计划进行。

第一，竞争线问题是最重要的问题，并考虑到中国方面的铁路计划系出于政治目的，日本政府或满铁可根据下列方针采取适当的措施：（1）中国方面的铁路，用本国资金修建已达 11 线，总长约达 1600 千米。今后伴随着葫芦岛筑港和其他港湾的竣工，估计还要建设与此相适应的铁路。其中如郑家屯至长春间、郑家屯至彰武间、洮南至哈尔滨间、通辽至洮南间、太平川至扶余间、开通至扶余间等铁路，中国方面如果修建，考虑到这些铁路对满铁几乎有致命的影响，与打通线、吉海线等情况不同，"中国方面倘着手修建，必须采取一切手段阻止之"。（2）对满铁无致命影响的各线，宜在中国修建时给予援助。（3）一直成为问题的打通线和吉海线，在签订永久性的联运协定的条件下，可撤销抗议。"倘若中国拒绝签订协定，即采取手段阻止中国铁路的联运。"

第二，关于借款铁路和承造铁路的修筑。满铁和中国政府之间已经过具体协商的敦化至会宁、长春至大赉（以上二线已有正式承造合同）、延吉至海林、吉林至五常、洮南至索伦（以上三线尚无正式承造合同）等五线，可按下述方针采取措施。（1）尚未签订正式承造合同的三线，可全由中国自行修筑；当敦化至会宁间铁路建设完成，应迅速修建延吉至海林间的铁路。（2）长大线的正式承造合同虽已签订，但从现状来看，使中国方面迅速履行合同的希望甚其渺茫。"因此日本在保留权利的同时，援助地方上有力的中国人，促使中国作为自办铁路进行修筑。"（3）敦化至会宁线虽难以实现，但日本政府与满铁应不断探讨实现的时期和方法，"努力寻找机会进行修筑"。

第三，进行上述第一、第二项计划的同时，"尽可能消除中国方面反对满铁的原因，亦即把满铁与中国之间的长期悬案，例如借款利息减轻问题、签订借款合同问题以及核准借款本金等问题，尽可能由满铁采取适当措施以符合中国的愿望"。①

---

① 《附件：关于满洲铁路问题》（1930 年 12 月 3 日），宓汝成编《中华民国铁路史资料（1912—1949）》，社会科学文献出版社 2002 年版，第 686 页。

从以上陆军省对外务省提案的修改来看，主要表现在两点：其一，对于原案中"设法融洽同中国方面的感情，努力贯彻共存共荣的真谛"予以删除，即表明陆军省坚持强硬主张，放弃所谓的"日中共存共荣"的缓和式方针。其二，尽管陆军省同意了借款利息减轻以及核减借款利息等问题，但是对于外务省提出的缩小满铁的管理权以及吉长线委托经营的改废问题却予以删除，表明陆军省仍然希望满铁在铁路交涉中能够扮演主要角色。

同时，中国舆论也仍然持续关注日本动向，尤其注意通过日本国内报纸获悉日本政府的交涉方针，《华北日报》曾将日本的新交涉方针总结为五个方面，主要内容是：第一，铁路交涉之方针，按现在情形，一切交涉应委诸满铁，作为地方问题与东北接洽；第二，东北若以交通权业经移归南京政府为理由，不肯从事地方的解决，则依正式外交手段，使林总领事在沈阳、使重光代理公使在南京同时交涉；第三，原则上日本政府承认打通路、海南及吉海路等已设铁路，但计划敷设培养线路时，不承认中国单方面的敷设，应采利益折半主义，对于"南满"路，应承认其敷设培养线；第四，通辽、洮南联络线，违背了1905年所订"满洲"善后协定，有使"南满"铁路运输政策陷于死地之虞，绝对不承认；第五，日本对于中国方面在"满洲"之铁路政策，不必始终固执抗议之态度，要在确定"日中共存共荣主义"之原则，要求研究在东、西两翼实现机会均等之方法。① 从其内容上来看，中国舆论对日本新交涉方针的总结与日本外务省的原定计划基本一致，只是在交涉的决心和最后手段上，对陆军省的强硬态度还是缺乏必要的心理准备。

前满铁副总裁、政友会议员松冈洋右始终强调"满蒙"的重要性，声称"满蒙"是日本的"生命线"。② 松冈认为日本之所以在"满蒙"扩张势力，是因为中国在威胁朝鲜的独立、苏联在威胁日本的生存，日本在甲午战争和日俄战争中胜出，从而使列国承认了日本在"满

---

① 《日本政府交涉方针》（1930年10月），宓汝成编《中华民国铁路史资料（1912—1949）》，社会科学文献出版社2002年版，第688页。

② 松冈洋右『満鉄を語る』、第一出版社、1937、1頁。

蒙"的特殊权益，现在的"满蒙"已经成为日本国民经济自立不可或缺的地区。[①] 但是，松冈认为目前日本正面临着"国防"危机，批评币原外交是"软弱外交"，主张用武力强硬地解决问题。满铁也认为，张作霖、张学良父子的政策导致"帝国大陆政策的前途愈加黯淡"[②]。

三　满铁与东北当局的交涉

1931 年 1 月 22 日，满铁理事木村锐市与张学良进行了第一次有关东北铁路的会谈。木村锐市首先向张学良说明了来满铁就任的原因，为此放弃了多年来在外务省的官职，以便不受体面或法制的拘束，作为一名普通国民立于可以坦率交换意见的地位，争取铁路问题能够圆满解决，希望能够通过与张学良"推心置腹"的交流，以彻底实现真正的"日中共存共荣"的第一步。木村随后称，此次交涉的真正目的，无须涉及中国的法制以及东北和中央的政治、外交权限问题，只希望从事务性的问题出发，非正式地进行商讨；当经过商讨，在大体上得出成案之后，在必要时再征求两国政府同意。随后，木村锐市正式提出了四个问题。

第一，将来应敷设之铁路，并与日本有条约及合同关系者，在目前情况下难以求得迅速解决。

第二，关于在日、中两国间成为政治外交问题的平行线铁路，已纠纷数年，情况极为复杂。"与本问题有实际利害关系的铁路当局，有通过技术性和事务性的方法予以解决之可能。两国政府如能承认铁路当局解决具体业务之妥协方案，则政治外交问题即可化为乌有。"

第三，关于日、中铁路竞争问题。在同一地区存在数条铁路时，其竞争乃不可避免。"外界流传之中、日双方铁路收入减少一事，系世界不景气之结果，乃实属必然。"因此，"目前应虚心坦怀，以互让的态度解决铁路之连接、联运以及运费协定问题，才是对双方都属有利的良策。"上述平行线问题，亦可与本问题联系起来加以解决。

第四，满铁对于中国铁路借款整理问题。例如吉敦、洮昂两铁路的

---

① 大門正克『全集日本の歴史第 15 巻戦争と戦後を生きる』、小学館、2009、34 頁。

② 南満洲鉄道株式会社編『南満洲鉄道株式会社三十年略史』、南満洲鉄道株式会社、1937、2 頁。

承造合同,"当然应改为借款合同",但迄今未见正式借款合同的成立,早应更新的合同仍然处于未解决的状态;关于借款利息之整理亦未决定,其金额颇巨。

最后,木村锐市竟然说"喧嚣一时的所谓满蒙交涉的内容,原来是颇为简单明了的问题"。对于木村提出的四项问题,张学良答称:"东北政界要人对日本的诚意和态度,是始终不渝的;但不仅在日本,即使在中国,由于某种政治原因,处于负责地位的人,其言行往往被歪曲宣传。国际外交是极其微妙而复杂的。当事人各有其立场,因而处理问题时必须以互相同情、互相谅解的精神对待彼此的处境;何况现在是尊重民意的时代,国民思想变化颇大,周围情况变化急剧,因而当政者为了妥善处理,就必须慎重考虑,以便得出可以使国民感到满意的结果。"①

从木村锐市和张学良的此次会谈中可以看出,木村锐市的策略是将铁路交涉问题作为纯粹的铁路技术和事务性问题予以处理,有意将其与外交事务分离开,即企图引诱张学良放弃政治立场,借此将政治外交问题"化为乌有"。而张学良也早已察觉到日本的意图,所以一方面与木村虚与委蛇,另一方面以铁路问题复杂拟交手下办理为借口,结束了此次会谈。

徐明翼曾对木村与张学良的交涉予以分析,首先指出木村的交涉要旨有四点:(1)吉敦、洮昂二路改为借款性质,仿吉长、四洮路办法,由中、日合办;(2)中、日间既订有"满蒙四路"等条约,中国建筑与满铁线相平行之吉海、沈海等路,何不取得日本同意,殊背既订条约;(3)建筑长大铁路;(4)延长吉敦路至延吉,改天图路为广轨,使二路衔接,以发展延边产业。随后由于上述要旨未能获得圆满结果,旋改为另外比较强硬的四个先决条件:(1)不承认中国建打通、锦县二路;(2)速敷设吉会路;(3)改订洮昂、吉敦借款契约;(4)中、日协定铁路运费。或许由于日本方面自己都知道不可能同时满足以上四个先决条件,而又放弃前两项,只提出后两项。②但是,无论日本对提出的条

---

① 《满铁理事木村锐市与张学良第一次会谈纪要》(1931年1月22日),宓汝成编《中华民国铁路史资料(1912—1949)》,社会科学文献出版社2002年版,第689—690页。

② 《东北的铁路交涉》(1931年2月20日),宓汝成编《中华民国铁路史资料(1912—1949)》,社会科学文献出版社2002年版,第681页。

件做出怎样的修正或改变，只要其不谋图改变"铁道侵略之政策"，则一切会谈和交涉都将落空。

对于满铁对张学良的积极接触，国民政府甚至东三省部分官员纷纷发表意见，一方面指责日本和满铁的铁路侵略野心，另一方面奉劝张学良不可向日本屈服。例如，中国国民党天津特别市党务整理委员在发出的通电中指出："夫日本帝国主义者，挟其政治、经济之侵略，外假亲善之美名，阴存割据之野心；是以年来对华政策，亟事压迫，横行无忌。五卅惨案之碧血未干，日兵殴警毁旗之案继起；强筑吉会路驱鲜民四十万于东省，不啻以我国之领土，为其第二殖民地。更以我国建筑满蒙铁路为排日之宣传，积极阻止筑路。窃其用心必欲攫满蒙为其所有而后已。凡我国民，当全体兴起，一致反抗，为政府之后盾，督促东北官吏，遵照中央施政之方针，实现东北筑路之计划。"① 奉天省省长刘尚清甚至直接提出五点建议，劝请张学良对日强硬：（1）满铁铁路问题日趋严重，最好移归中央办理交涉；（2）筑路为中国固有之国权，拒绝日方之均衡要求；（3）准许铁道部派员列席满铁路务交涉；（4）对日不得签订任何条约；（5）组织东北筑路委员会，由中央、东北会同办理筑路交涉事宜。② 不久，蒋介石正式派遣吴铁城与津浦路委员长陈延炯为"观察满蒙铁路交涉员"，以便监督该项交涉。吴铁城衔命赴东北观察铁路交涉情况后，张学良向南京中央政府提出了三点要求：（1）筑路需款至巨，中央应接济半数，至少接济三分之一；（2）如依照交涉新方针，前程自难乐观。中央须负无限后盾责任，必要时，移归中央办理交涉；（3）希望中央开诚布公指示办理交涉之具体方针，以免陨越。张学良还强调，以上三者，如一项中央不肯诚意地负责，则东北铁路交涉便不能十分满意解决。随后，吴铁城提出："如中央能作后盾，彼绝不放弃一切铁路利权，次第实施东北固定之铁路网，并制止日本在满蒙之一切经济侵略计划。惟事体重大，非东北单独力量所可

① 《中国国民党天津特别市党务整理委员会致南京中央执行委员会、国民政府暨各省市党部、各省市政府、各报馆通电》（1931年2月5日），宓汝成编《中华民国铁路史资料（1912—1949）》，社会科学文献出版社2002年版，第690页。
② 《刘尚清致张学良电》（1931年2月8日），宓汝成编《中华民国铁路史资料（1912—1949）》，社会科学文献出版社2002年版，第691页。

做到者。"① 可以看出，在面对日本的威压政策之时，张学良也将东北铁路交涉以及谋划的铁路网计划在实施上存在的困难，一一向南京政府说明了情况，希望南京政府真正提供资金和外交援助，而非仅限于口舌。吴铁城因为体会到了张学良本人以及东北的实际困境，所以才建议中央支持张学良。

1931年7月16日，黑龙江省党务指导委员会发出通电，内称："维系东北存亡及全国休戚之中日铁路交涉问题，业由酝酿声中而趋于实际谈判矣……夫日本以蕞尔三岛，力谋侵略；自明治维新以来，对于我国即行其一贯之大陆政策。而首当其冲者，厥为满蒙……欲以经济侵略为主干，用武力作掩护，实行其榨取剥夺主义，必置东北于死地，达到吞并目的而后已……查日人此次欲提出交涉者，约有四项：一、与满铁竞争之平行线问题；二、由日本包工之各路所欠日方工程费改为借款问题；三、与日本有条约协定之各路兴筑问题；四、在同一区域各路改订运价及将来不作运价竞争问题。综观日本目标所在，乃侧重吉会路之完成，及破坏我国铁路形势，纯属片面利益，确怀有绝大野心与目的……窃以为我方交涉应根据下列二原则进行：甲、在经济上力求平等不含政治意味。乙、日本必须放弃一切不平等条约上所得之权利。在此范围内者，愿以和平稳健方法，互谋解决；否则，决不进行，虽会议停顿，亦所不惜。"② 从中可以看出，国民党依然坚持"革命外交"的理念，若日本坚持不肯反省其侵略政策，势必将采取否认一切不平等条约的方针。

在与张学良会谈之后，木村锐市也感觉到张学良无意与日本进行真正的铁路谈判，于是准备返回大连。但是，外务次官永井柳太郎在接到消息后，马上致电木村："中国方面的态度终于有些积极表现。当此之际，如果暂时停止交涉返回大连，我认为，不仅会给原来就有意回避交涉的中国方面，可能招来如下后果，即给予乘虚而入的机会。"并且，对于日本议会内动辄策划日、中和日、满关系发生纠纷

---

① 《吴铁城致孙科电》（1931年3月5日），宓汝成编《中华民国铁路史资料（1912—1949）》，社会科学文献出版社2002年版，第691页。
② 《黑省党整会唤起全国民众注意中日铁路交涉问题》（1931年7月26日），宓汝成编《中华民国铁路史资料（1912—1949）》，社会科学文献出版社2002年版，第693页。

的人以可乘之机。① 可以看出，外务次官一边安抚木村，一边劝其留在奉天继续交涉。1931 年 2 月 27 日，木村与张学良举行了第二次会谈，但仍然未有结果。② 但是，木村从张学良的态度和言谈举止中感到，张学良并非绝对回避纯属与政治有关的重大悬案，不过张学良的地位和性格导致他不能轻易相信别人，因此此时张学良似乎尚未达到可以吐露真情实意的地步，为此还需要相当的时间和耐心，努力创造私人会谈的机会。3 月 6 日，木村与张学良任命的代表即东北交通委员长高纪毅继续进行铁路交涉，但是由于高纪毅没有被授权谈判有关政治性和外交性事务的权限，故而两人在谈判中只是协商成立专门的交涉机构。③ 3 月 10 日，东北政务委员会批准成立专门委员会，会址设在奉天市（沈阳市）北宁路辽宁办公处，以高纪毅为委员长，郭续润、万国宾、何瑞章、劳勉、李铭书、尹寿松六人为委员，自 3 月 26 日起开始办公，调查各项卷宗，预备每周开会三次，直至因九一八事变而停止。

1931 年 8 月 16 日，汤尔和作为张学良的代表前往大连访问满铁总裁内田康哉，对当时日、中关系的恶化，特别是日本陆军的反张学良运动颇感忧虑。④ 参与会谈的木村锐市认为："如果对少壮军人的活动只是加以压制，反而有使他们做出爆发性活动的危险，对外同志会等对华强硬论则自不必说，即日本全国舆论亦将同情少壮军人的立场，有使之进一步过激化的忧虑。"而避免这种危险的方法，"即在日本全国舆论尚未对中国方面提出强烈要求之前，中国方面如果能先发制人地主动提出建设吉会、长大两线的全新提案，以使日本全国舆论感到意外，估计一部分强硬论者肯定会烟消雾散"⑤。但是，中国方面的舆论

---

① 《外务次官致木村理事电》（1931 年 1 月 27 日），解学诗主编《满铁档案资料汇编》第四卷《日本独占中国东北铁路交通》，社会科学文献出版社 2011 年版，第 512 页。

② 「東北（滿蒙）鉄道懸案関係」，外務省編纂『日本外交文書』昭和期Ⅰ第 1 部第 5 卷（昭和 6 年）、外務省、1995、69 頁。

③ 「東北（滿蒙）鉄道懸案関係」，外務省編纂『日本外交文書』昭和期Ⅰ第 1 部第 5 卷（昭和 6 年）、外務省、1995、74 頁。

④ 「東北（滿蒙）鉄道懸案関係」，外務省編纂『日本外交文書』昭和期Ⅰ第 1 部第 5 卷（昭和 6 年）、外務省、1995、121—122 頁。

⑤ 《木村理事致外务省亚洲局长电》（1931 年 8 月 17 日），解学诗主编《满铁档案资料汇编》第四卷《日本独占中国东北铁路交通》，社会科学文献出版社 2011 年版，第 520—521 页。

始终主张断然拒绝日本的要求,木村的建议是不可能实现的。此后,日本军部的激进派便策划了九一八事变,此后满铁与"满蒙铁路网"计划便进入了另一种状态。

在关东军中,以石原莞尔为中心,"满蒙领有论"逐渐具体化。当然,在这之前也曾有过像"二十一条"时期的明石元二郎等陆军内部的"领有论",但石原莞尔的这一主张已经进展到设立具体行政组织的程度,无论在实践性还是计划性上,此前的"领有论"都不是能与其相比的。石原莞尔的"满蒙领有论"原本只是在考虑"世界最终战论"的基础上,是"满洲"加上"中国本土"的"领有论",如果不这样的话,就无法确立长期持久战的自给自足体制。另外,关东军队内部也有"开放门户,尊重机会均等主义"的观点,其中的中心人物是板垣征四郎。板垣征四郎的意见是,随着事变的长期化,"满蒙领有论"已不合时宜,取而代之的是"独立国家建立论"的兴起,板垣的话语权逐渐增强。①

---

① 小林道彦『近代日本と軍部 1868—1945』、講談社、2020、423—424 頁。

第五章

"军事铁路网"计划与满铁的消亡
（1931—1945）

"纵贯大陆的旷野并在国防和经济文化开发上肩负着重大使命的满洲铁路，如今早早地就突破了期望的一万千米，可以说大步迈进了交通报国的新阶段。……铁路是国家的大动脉。一个国家的铁路反映了它自身经济文化的情况，并将规定它的未来发展。其中，在开拓国防铁路的功能上，满洲铁路具有特别重大的意义。日本过去35年间，以满铁作为大陆经营的前卫机关，满铁以铁路为中枢担当国策遂行之责。特别是满洲事变后，以日、满协力合作为根干，更加重视铁路应有的使命。如今遭遇中国事变，在东亚新秩序建设的基础上，满洲的铁路亦将作为推进力的新生命沐浴时代的荣光。"① 这是1940年满铁铁道总局在庆祝满铁经营里程超过一万千米时发表的"感慨"，从中明确反映出满铁自身的铁路扩张思想以及作为"国策遂行机关"的侵略意识，谋求所谓的"东亚新秩序建设"。

日本在1931年的外交讹诈手段未能奏效后，悍然发动了九一八事变，直接对东北实行了军事侵略，而满铁则在东北各省强行占领辽宁、吉林、黑龙江三省的中国国有铁路。随后，关东军与满铁之间达成了一系列铁路决议，将"满蒙铁路""委托"给满铁垄断经营。满铁也"不负重托"，策划了长达七期的庞大筑路计划，通过修筑"新线"和改良"国线"构筑"满蒙军事铁路网"，以完成"国防及开拓"的侵略目标。

---

① 　山内利之编辑『満洲の鉄道』、満鉄鉄道総局弘報課、1940、序。

伴随日本"北进"政策的推进，满铁策划了对中东铁路的阴谋活动，随后在日本、伪满、苏联三方的非法谈判中，日本以 1.7 亿日元的价格"收买"了中东铁路，满铁则通过伪满洲国的"委托经营"协议最终"接管"了中东铁路，使满铁基本完成了"满蒙铁路网"的整体布局。日本偷袭珍珠港发动太平洋战争后，很快就在战场上节节失利，昭和天皇最终发布投降诏书。随着日本的战败，满铁也迎来了自身的覆亡，"满蒙铁路网"计划也随之烟消云散。

第一节　满铁垄断经营"满蒙"铁路与"军事铁路网"计划

一　日本发动九一八事变

1927 年，永田铁山、冈村宁次、小畑敏四郎等人组成了"二叶会"①，以人事革新、总动员体制的确立、"满蒙"问题的早期解决为目标。同年 11 月，铃木贞一等参谋本部作战科员们组织了"木曜会"②，在 1928 年 3 月做出决议，"为了帝国的自存"，决定对"满蒙"确立完全的政治权力。1928 年 10 月石原莞尔成为关东军作战主任参谋，1929 年 5 月板垣征四郎成为关东军高级参谋。1929 年 5 月，"二叶会"和

---

①　"二叶会"又称为"同人会"，是日本帝国主义陆军中校级军官的法西斯组织。1923 年，曾在欧洲各国任武官等职并参加制定"巴登巴登密约"的永田铁山少校、小畑敏四郎少校和冈村宁次少校返回日本后，为推行其扩充军队、扩大侵略战争的方针，他们组织校级军官，经常在东京一家法式餐厅"二叶亭"集会，故名"二叶会"。通过这个组织，永田铁山等人宣扬法西斯主张、扩大政治影响。"二叶会"会员有陆军士官学校 14 期的小川恒三郎，15 期的河本大作、山冈重厚，16 期的永田铁山、小畑敏四郎、冈村宁次、小笠原数夫、矶谷平介、板垣征四郎、土肥原贤二、黑木亲庆、小野弘毅，17 期的东条英机、渡久雄、工藤义雄、松村正员、饭田贞固，18 期的山下奉文、冈部直三郎、中野直三。

②　"木曜会"又称为"无名会"，也是一个日本军人法西斯组织。陆军士官学校第 22 期的铃木贞一（当时任参谋本部作战课课员）等少壮派军官效仿"二叶会"，于 1927 年 11 月成立了"木曜会"，对外声称其宗旨是研究军事装备和国防方针。会员有永田铁山、冈村宁次、东条英机、关龟治、石原莞尔、坂西一良、铃木贞一、横山勇、根本博、铃木宗作、村上启作、澄田睐四郎、深山龟三郎、土桥勇逸、本乡义夫、高岛辰彦、石井正美、山冈道武。

"木曜会"联合成立了"一夕会"①，议决了人事革新、武力解决"满洲"问题、拥立非长州系三将官等问题。同年 8 月，冈村宁次成为陆军省人事局助理课长，永田铁山成为军务局军事课长。1929 年 11 月永田在"满洲"出差时，与石原等人约定将攻城用的 24 厘米的榴弹炮发送出去，并于 1931 年 7 月安装在步兵第 29 联队的庭院里。

1931 年 3 月，"一夕会"制定了主张彻底解决"满蒙"问题的"昭和六年度形势判断"，同年 6 月，以参谋本部第二部长建川美次为委员长，陆军省军务局军事课长永田铁山、人事局助理课长冈村宁次、参谋本部编制课长山胁正隆、欧美课长渡久雄、中国课长重藤千秋组成的所谓"五课长会议"，决定了一年后在"满蒙"行使武力的"满洲问题解决方针大纲"。1931 年 8 月，在九一八事变之前，陆军中央的主要职位基本上由"一夕会"会员掌握。同月，编制课长东条英机代替山胁正隆参加了"五课长会议"，加上参谋本部作战课长今村均和教育总监部第二课长矶谷廉介，召开了"七课长会议"。作战课长今村均根据"满洲问题解决方针大纲"，在 8 月末之前制定了作战上的具体方案。陆军中央部的永田铁山、铃木贞一以及关东军的石原莞尔、板垣征四郎等人开始行动，做好了九一八事变的准备。"一夕会"派系的幕僚结托陆军中央部，促使内阁推进了九一八事变。

1931 年 9 月 18 日夜，盘踞在中国东北的日本关东军按照精心策划的阴谋，由铁道"守备队"炸毁沈阳柳条湖附近日本修筑的"南满"铁路路轨，并嫁祸于中国军队，日军以此为借口，炮轰中国东北军北大营，制造了震惊中外的九一八事变。② 由于当时张学良的策略是"不抵抗主义"，至 1932 年 2 月，东北全境沦陷。九一八事变是由日本蓄意制

---

① "一夕会"主张陆军人事安排要以陆军大学出身者为主，努力谋取陆军省与参谋本部的要职；对外主张以武力解决中国东北和内蒙古问题，取得日本在中国东北的权益。"一夕会"利用冈村宁次担任陆军部人事局副局长的职务之便，在军部大肆安插"一夕会"成员，如任命永田铁山为陆军部军务局军事课课长，东条英机为参谋部总务部编成动员课课长，新田贞固为陆军部军务局马政课课长等。经过一系列的运作，"一夕会"逐渐渗透进入陆军部及参谋部，掌控了陆军部的主要职位，成为日本军部侵华的骨干力量。

② 「満州事変の勃発」、外務省編纂『日本外交文書』満州事変第 1 巻第 1 冊（昭和 6 年）、外務省、1977、1—3 頁。

造并发动的侵华战争,是日本帝国主义侵华的开端。九一八事变也是世界反法西斯战争的起点,揭开了第二次世界大战东方战场的序幕。

在经历了皇姑屯事件和中东路事件后,日本便企图乘中国政局不稳之机,谋求在东北的军事行动。九一八事变爆发前的典型活动便是所谓"万宝山事件"和"中村大尉事件"。①

1931 年,中国人郝永德私自成立长农稻田公司,在未经当地政府批准租地许可权的情况下,首先骗取了万宝山村附近 12 户农民的土地,随后便将这些土地非法转租给 100 余名朝鲜人耕种。为了种植水稻,上述朝鲜人截流筑坝,开挖了长达 20 里的水渠。但是,这一行为损害了当地 50 余户中国农户的利益。5 月 20 日,中国农民遂上告,吉林省政府发出《指令》,"令朝侨出境"。此时,日本驻长春领事田代重德竟然派遣警察前来,限令朝鲜人在 7 月 5 日前筑渠完毕。7 月 1 日,中国 400余名农民对水坝进行拆除。翌日,日本增派警察前来"镇压",双方形成对峙局面。同时,日本利用《朝鲜日报》记者金利三散布谣言,谎称多达数百名朝鲜人在万宝山被杀,并驱逐朝鲜人,导致朝鲜半岛出现排华行为。7 月 4 日晚,在朝鲜京城府外新堂里出现朝鲜人与中国人的冲突,结果有一名朝鲜人死亡、一名中国人重伤,中国人住宅被纵火焚毁,财产损失 9 万多日元。7 月 14 日,金利三在《吉长日报》公开承认了受日本领事馆愚弄而散布谣言的事情经过。随后,中、日政府间进行了 12 次谈判,但此事并未得到圆满解决。

中村震太郎是日本关东军陆军大尉,供职于日本关东军情报二部,负责搜集中国军事情报,直接受关东军特务机关长土肥原贤二领导。1931 年 6 月,中村震太郎奉命到中国东北执行秘密军事侦察任务,中村与随同者三人化装成中国农民,到兴安岭索伦山一带进行军事地理调查。在准备经洮南返回的途中,于 6 月 26 日在兴安区葛根庙附近被当地中国驻军关玉卫指挥的屯垦军拘获。经搜查,在他们身上和随身物品中发现了调查笔记、军用地图、寒暑表、指北针、测绘仪器、手枪等。6月 27 日,中村被中国驻军判定为间谍并秘密处决。日本陆军在得到消

---

① [日] 关宽治、岛田俊彦:《满洲事变》,王振锁、王家骅译,俞辛焞校,上海译文出版社 1983 年版,第 101—102 页。

息后，不但不承认中村等人的间谍活动，居然还在8月17日发表了中村一行的"遇难声明"，声称这是"帝国陆军和日本的奇耻大辱"。日本内阁发表态度强硬的声明并佯作交涉，关东军参谋石原莞尔甚至提出直接派兵进行武力威胁。关东军虽然开始了调查，但因真相不明而被转移到外交谈判上，奉天总领事林久治郎进行了强硬的交涉。由于中国方面主张这是日本的阴谋，关东军态度强硬，日本舆论沸腾，"认为必须在满蒙使用武力"，开始声讨中国，日、中关系陡然紧张。"与此相反，币原外交却在国内政局中越来越孤立了。"① 军事课课长永田铁山和外务省亚洲局长谷正之等人制作了《关于解决满洲问题的备忘录》，准备采取包括行使武力在内的所有手段。②

上述事件发生后，蒋介石曾指派宋子文与日本驻华公使重光葵进行秘密会谈，希望以外交途径来消弭东北的危机。但是，日本关东军依然采取了军事冒险行动。

1931年8月的"中村大尉事件"披露之后，日本政府命外务省密切关注东北局势。9月15日，日本驻奉天总领事林久治郎致电外相币原喜重郎："关东军集结军队，携出弹药器材，最近有采取军事行动之势。"③参谋本部作战部部长建川美次奉命前往东北传达日本政府命令，但关东军高级参谋板垣征四郎提前得知消息，便赶在建川美次郎尚未到达关东军司令部之时，就提前发动了事变。事变当晚，日本驻奉天领事森岛守人在得知中国的不抵抗政策后，连夜拜访板垣，要求停止军事行动，但板垣拒不接受。④

1931年9月19日上午7点，陆军省参谋本部联合召开了省部首脑会议，出席者有陆军次官杉山原、军务局长小矶国昭、参谋次长二宫治重、总务部长梅津美治郎、作战课长今村均（建川美次第一部长的代

---

① ［日］关宽治、岛田俊彦：《满洲事变》，王振锁、王家骅译，俞辛焞校，上海译文出版社1983年版，第103页。

② 川田稔『満州事変と政党政治』、講談社、2010、56頁。

③ ［日］关宽治、岛田俊彦：《满洲事变》，王振锁、王家骅译，俞辛焞校，上海译文出版社1983年版，第196页。

④ ［日］关宽治、岛田俊彦：《满洲事变》，王振锁、王家骅译，俞辛焞校，上海译文出版社1983年版，第222—227页。

理)、第二部长桥本虎之助以及实质上受到局长待遇的军事课长永田铁山。会上,军务局长小矶国昭发言说"关东军这次行动全部是最恰当的",其他人没有异议,决定向内阁会议提议增加兵力,接受省部首脑会议的决定。作战课讨论了朝鲜军的紧急派兵和第 10 师团(姬路)的动员派遣,军事课开始着手准备内阁会议提交议案。9 月 19 日上午,陆军次官杉山原、参谋次长二宫治重、教育总监部本部长荒木贞夫达成了"解决满蒙问题的动机"这一方针,意在完全确保条约上的既得利益,暂时没有涉及整个"满洲"的军事占领。同时,日本召开紧急内阁会议,南次郎强调这是关东军的自卫行动,但是并未提议增援关东军,暂时采取了不扩大的方针,而外务大臣币原喜重郎怀疑这是关东军的阴谋,试图通过外交手段解决。当天下午,作战课认为关东军绝对不可能恢复旧态,如果内阁不承认的话,即使采取陆相辞职逼迫内阁瓦解也在所不惜,同时制定了"满洲局势善后政策",得到了参谋本部内首脑会议的承认。作战课表示,如果不承认关东军维持现状和全面解决"满蒙"问题,将坚决实行陆军政变。尽管内阁会议已经决定了"不将事态进一步扩大"的方针,然而关东军还在不断扩大军事行动。

1931 年 9 月 19 日上午,朝鲜军司令官林铣十郎向朝鲜军报告称,朝鲜军队早上派遣了 2 个飞行队,还准备出动混合旅团。[①] 9 月 20 日下午,在陆军三长官会议上,内阁会议决定向关东军增派兵力。当时张学良指挥的东北边防军总兵力约 45 万,而关东军的兵力仅为 1 万,因此无论如何都需要增援兵力。因此在 21 日,陆军以保护侨民为名义,把第二师团主力派到吉林,朝鲜军司令官林铣十郎擅自命令混成第 39 旅团越境,下午部队越过国境并纳入关东军的指挥之下。在昭和天皇的干预下,朝鲜军队的出兵在事后得到批准,成为正式派兵。

关东军在东北的侵略非常迅速。在日军独立守备队袭击北大营的同时,关东军第 29 团向沈阳发起偷袭,至 1931 年 9 月 19 日先后攻占了沈阳、四平、营口、凤凰城、安东等"南满"铁路和安奉铁路沿线的 18 座城镇。9 月 20 日,长春陷落。9 月 21 日,日军占领吉林。9

---

① [日]关宽治、岛田俊彦:《满洲事变》,王振锁、王家骅译,俞辛焞校,上海译文出版社 1983 年版,第 235 页。

月 24 日，日本发表了关于"满洲事变"的政府声明，竟然将责任归咎于中国，并宣称要保护满铁沿线的安全。[①] 10 月，关东军侵占了四洮铁路沿线主要城镇。11 月 19 日，日军攻陷齐齐哈尔。12 月 15 日，关东军开始进攻锦州。12 月 7 日，日本陆军中央增派本土部队并从朝鲜调兵增援关东军。12 月 28 日，日军渡过辽河进攻锦州。12 月 30 日，进攻打虎山。1932 年 2 月 5 日，日军占领哈尔滨。[②] 不难看出，日本关东军的主要侵略目标都是东北铁路沿线主要城市，也为此后满铁夺取各省铁路奠定了"基础"。这也显示出，日本陆军和满铁积极筹谋攫取"满蒙铁路网"的军事企图所在。

1931 年 12 月 11 日，若槻礼次郎内阁总辞职。12 月 13 日，犬养毅出任首相兼外相，任命荒木贞夫为陆军大臣。作为荒木贞夫陆相的就任条件，犬养毅承诺在"满洲"问题上与军部合作积极解决，内阁书记长官森恪积极推进事变。另外，大藏大臣由高桥是清就任，坚决禁止黄金出口（停止黄金解禁），从紧缩财政政策转变为积极财政政策。结果，以三井财阀为首的各财阀都获得了巨额利润。12 月 23 日，陆军制定了以"建设满蒙独立国家"为目标的"时局处理纲要案"。1932 年 1 月 6 日，由陆军省、海军省、外务省相关课长制定了允许独立国家建设的三省协定案"中国问题处理方针纲要"。以对华强硬方针为标榜，在 2 月 20 日的总选举中，执政党政友会取得了压倒性的多数。

1932 年 3 月，国际联盟派出调查团调查事变始末，调查团视察了东京、上海、南京、汉口、北京等地，对"满洲"地区进行约 1 个月的实地调查。6 月视察结束，10 月向国际联盟提交了报告书。1933 年 2 月 24 日，以李顿报告书为基础的劝告案在国际联盟特别大会上被采纳。该调查团在发表的报告书中指出，日本发动的"事变"是侵略中国的行为。同时，国联调查团拒绝承认"满洲国"是一个独立国家。但是，日本对国联的谴责未予接受，并于 2 月 27 日发表声明退出国联，继续

① 「満州事変の勃発」、外務省編纂『日本外交文書』満州事変第 1 卷第 1 冊（昭和 6 年）、外務省、1977、68—69 頁。
② ［日］关宽治、岛田俊彦：《满洲事变》，王振锁、王家骅译，俞辛焞校，上海译文出版社 1983 年版，第 329—364 页。

在"满洲"的侵略行动。

与此同时，苏联出于本国利益和它在中国"北满"的巨大权益，为避免与日本发生直接的军事冲突，苏联政府在九一八事变后曾两次向日本致函，表示对于中日冲突将采取"不干涉主义"的中立立场。1931年11月19日，苏联外交人民委员李维诺夫（Maxim Litvinov）向日本驻苏大使广田弘毅表示，苏联政府重视维护和巩固与日本现存的关系，对各国间的冲突奉行严格的不干涉政策。苏联的不干涉表态，打消了日本对苏联干预的顾虑，客观上鼓励了日军在中国东北扩大侵略行动。美国对九一八事变的反应，经历了一个消极观望、与国联合作、不承认的过程。九一八事变前一天，美国国务卿史汀生（Henry Lewis Stimson）与日本驻美大使出渊胜次达成一项秘密谅解：美国保证不干涉日本在中国东北的行动，日本则保证其在中国东北的行动应限于锦州以北。事变发生后，美国政府消极观望、默不作声，直到日本侵占锦州，并向锦州以南进犯时，美国国务卿史汀生在1932年1月7日正式照会中国和日本，宣布日本对中国东北的侵略是对中国领土主权的干涉，违反了《凡尔赛和约》，美国政府对此不予承认。对美国的"史汀生主义"，中国和欧洲各国普遍表示赞同。但是，由于美国并没有真正采取遏制日本侵略的实际行动，"史汀生主义"并未取得实质性效果，只是一种类似"门户开放"那种有保留的口头宣言而已。

与上述国际反应相比，九一八事变后，随着中国人民民族意识的空前觉醒，国共两党再次合作，开创了团结御侮、共同抵抗日本帝国主义侵略的新局面。

二　满铁夺取东北各地铁路并被"委托经营"

1931年7月23日，"满蒙研究会"将其印刷的小册子免费赠送给会员，在"日中两国唇齿相依、共同承担亚细亚兴废之责任"的幌子下，明确强调"日本在满蒙的特殊权益"[①]。在九一八事变刚刚爆发之时，关东军司令官本庄繁就认为，"最低限度有必要确保铁路方面的既

①　满蒙研究会『満蒙に於ける日本の特殊権益』（満蒙研究叢書第 2 輯）、满蒙研究会、1931、115 頁。

得权益"。① 九一八事变爆发后不久，满铁便想借此时机彻底解决"满蒙铁路"悬案问题。② 10 月 6 日，满铁向关东军司令部提出四点希望事项：（1）四洮、洮昂、吉长、吉敦各铁路由满铁管理；（2）与张学良政府有关的沈海、吉海、呼海、洮索、齐克各铁路，改为中日合办形式；（3）尽速敷设吉会和长大铁路；（4）中国方面无视条约所敷设的部分铁路，根据"满铁中心主义"，予以改筑。③ 10 月 10 日，本庄繁在发给满铁总裁内田康哉的电文中指出："此次事变，对统制满蒙各铁路、整备国防来说，是绝好的机会"，希望满铁会社从速着手实施下列各项，"军部自当极力支持和协助"。第一，满铁会社拥有借款关系的铁路以及其他中国各铁路的委托经营；第二，满铁会社已同中国订立合同的铁路及军部希望的铁路的修建。此外，铁路收益金的一部分有可能拨充守备费。④ 就这样，关东军支持满铁占据"满蒙"铁路，而满铁则回报给关东军军费，在获取侵华利益上两者达成"合作谅解"。

1931 年 12 月 16 日，关东军司令官本庄繁在发给满铁总裁内田康哉的函件中指出："军部认为，从将来的国策特别是作战上的角度看来，同吉会线一起修建一条拉法站、五常、哈市线，然后经过呼海线连接齐克线的铁路为方今之急务，应即从速完成。"其理由是：第一，"帝国在北满的势力通过此次事变将无比增大，而对苏作战的必要准备亦须相应地进一步加强。因此，在我方威力还达不到中东铁路的情况下，单靠满铁线作为唯一联络线这一点，对帝国说来一时也不能安心。亟应尽速完成从吉会方面经过哈尔滨、克山到达齐齐哈尔的一线，以便一方面从满铁经四洮、洮昂，另方面从吉会经哈尔滨易于进入西方或北方国境。这种必要性远非事变前可比"。第二，"事变前，中东铁路同我方竞争，四洮、洮昂也处于同我方半竞争立场，只有长大线对我方是不可或缺的一

① 《满洲事变后国有铁道处理经过报告概要》（1932），解学诗主编《满铁档案资料汇编》第四卷《日本独占中国东北铁路交通》，社会科学文献出版社 2011 年版，第 529 页。

② 陆军省调查班编『満蒙諸懸案に就て』、陆军省调查班、1931、2—8 页。

③ 《"满铁"希望事项》（1931 年 10 月 6 日），宓汝成编《中华民国铁路史资料（1912—1949）》，社会科学文献出版社 2002 年版，第 694 页。

④ 《关东军司令官本庄繁致满铁总裁内田康哉》（1931 年 10 月 10 日），宓汝成编《中华民国铁路史资料（1912—1949）》，社会科学文献出版社 2002 年版，第 694 页。

条铁路，但是现在，齐克、四洮、洮昂完全在我威力之下，呼海最近亦将进入我方势力范围。在这种情况下，极应从速使所有这些铁路和吉会、满铁线贯通起来，以便在经济方面压制中东，并借此驱逐苏联势力"。① 可见，九一八事变后，关东军已经开始筹谋"北进"对苏作战的问题，企图一举将整个"满蒙"地区纳入日本的控制之下，为此首先要将吉林省和黑龙江省南部的重要铁路全部攫夺到满铁手中。

九一八事变后，关东军和满铁以及东北的傀儡政权已经开始相互勾结，通过成立伪东北交通委员会，将"满蒙铁路"控制在该组织之下。② 该委员会先后谋夺了沈海铁路、吉林省各铁路、呼海铁路、奉山铁路（北宁铁路）关外段等。

日军占据辽宁和吉林之后，即欲攫夺全东北之铁路，或将其置于满铁支配之下，或改为满铁之"营养线"。满铁之经营重心，遂由大连移至沈阳。此前，在九一八事变发生之时，东北各铁路最高机关东北交通委员会委员长高纪毅正在北京，其他委员多数相继离开东北，东北各铁路的负责人也有多人避走东北，东北交通委员会失去了实际的组织功能。随后，东北交通委员会声明移至北京办公，但是其指令已经无法控制东北。③ 在这种情况下，关东军、满铁以及一部分旧东北交通委员会委员便开始策划并准备成立新的东北铁路统治机关。1931 年 10 月中旬，满铁理事十河信二、村上义一抵达沈阳，积极协助关东军，策划交通委员会举行集会，审议了组织方针、日本顾问人选、中国方面的委员和顾问等，并且着重调查了中国方面人员的亲日和排日倾向，随后在 10 月 22 日正式召集各铁路代表设立筹备协商会。该会系由沈海铁路伪局长丁鉴修、四洮铁路伪局长阚铎、洮昂铁路伪副局长万咸章、吉长和吉敦铁路伪局长金璧东、沈阳市伪市长赵欣伯等，在沈海铁路总局会议室协议

---

① 《关东军司令官致满铁总裁函》（1931 年 12 月 16 日），宓汝成编《中华民国铁路史资料（1912—1949）》，社会科学文献出版社 2002 年版，第 697 页。

② 《满洲事变给满洲各铁道和满铁的关系带来的影响》（1933 年 2 月），苏崇民主编《满铁档案资料汇编》第五卷《垄断东北铁路和海港》，社会科学文献出版社 2011 年版，第 353 页。

③ 解学诗主编：《满洲交通史稿》第十三卷，社会科学文献出版社 2012 年版，第 7—9 页。

而来，并且制作了宗旨书及誓约书，呈请日本军部认可后成立。① 10月23日，正式宣布成立了同名的"东北交通委员会"，在该会发布的《誓约书》中，竟然声称："查东北四省内所有各铁路，现为谋路政完全发达维持交通机关间连络统制计，组织东北交通委员会，以为吾铁路之最高机关。关于所有铁路交通行政，各受其指导与监督，努力达成铁路本来之使命，以期共谋商民便利。特此誓约。"② 该会委员长为丁鉴修，代理首席顾问为村上义一。此外，满铁职员佐藤应次郎、山叶助、金井章次三人为顾问。可见，新拼凑的东北交通委员会，完全处在满铁的控制之下。在交通委员会设立计划大纲中，叙述了几个要点：第一，"对外的名义。为了搞好各铁路的运转联络和金融，便利一般商民，由各铁路负责人组成交通委员会，统辖各路，与一切政治无关，为完成铁路本来的使命而努力"。第二，"内部的目的。（1）明确各铁路的经营管理主体，收拢动荡中的人心；（2）把铁路从各独立政府中分离出来，以便于建立新政府；（3）将各铁路置于政治斗争圈之外，以加速恢复一般经济；（4）和平占据军事占领所未及的中东、洮昂、吉海、齐克、北宁、打通等线；（5）制造解决铁路悬案的主体"。第三，关于交通委员会的运用方法。交通委员会只掌握政策大纲，各铁路的经营委托各铁路进行；掌握各铁路的利润和金融机关；解决各铁路附带的铁路问题；拟定从经济上渗入各铁路的方案以及各铁路沿线的治安政策。③ 从其对内和对外的名义上看，这完全是满铁协助关东军侵略东北的组织。

在伪东北交通委员会成立前夕，满铁已经伙同关东军和沈阳伪政权夺取了沈海铁路。九一八事变爆发后，沈海铁路全线停运。1931年9月21日，关东军抚顺守备队占领了沈海铁路抚顺车站，9月24日将沈阳总站置于军事管理之下，营盘以南列车运行完全停止。随后，关东军把满铁的营业科长叫到沈阳，研究整顿中国铁路的方法，满铁理事十河信

---

① 解学诗主编：《满洲交通史稿》第十三卷，社会科学文献出版社2012年版，第10—18页。

② 《对东北交通委员会的誓约书》（1931年10月23日），解学诗主编《满铁档案资料汇编》第四卷《日本独占中国东北铁路交通》，社会科学文献出版社2011年版，第555页。

③ 《东北交通委员会布告》（1931年10月23日），解学诗主编《满铁档案资料汇编》第四卷《日本独占中国东北铁路交通》，社会科学文献出版社2011年版，第554—555页。

二、村上义一也参与会议,策划恢复沈海铁路。根据沈阳市政公署的陈情,在伪市长土肥原贤二的主持下,同旧东北交通委员会丁鉴修等人就恢复沈海线问题进行了协商。作为准备工作,首先设立沈海铁路保安维持会,整顿铁路秩序,然后谋求恢复通车。10 月 11 日,沈阳市政公署批准了沈海铁路公司的请愿,任命土肥原贤二为沈海铁路保安维持会监事长,直接指挥会长及理事会。

吉林省在满铁的整个"满蒙铁路网"计划中,位于地理上的中心位置,因此在九一八事变后,对吉林省路权的攫取规模最为庞大。1931 年10 月 19 日,在满铁吉林公所所长滨田发给满铁总务部长的函件中,长篇大论地陈述了当时吉林省伪官员的媚日态度,为吉会、吉海、长大、吉长、吉敦等铁路的解决办法提供意见,主要内容有。

第一,关于吉林省地方政府的对日态度以及军部对"满蒙"铁路的希望。"吉林新政府的对日氛围,极为良好,熙洽长官等显要人物均以亲日为标榜,对所有重要案件,如无日本军部谅解,即不着手。因此,现在提出需要解决的各项悬案,按轻重缓急加以处理是很重要的。关于铁路问题,军部的意向是非常重视吉会线的修筑,其他新线建设和既设的吉长、吉敦、吉海等线的解决,亦希尽早获致头绪。看来军部殷切希望满铁对这些问题采取积极行动。吉林新政府内部的氛围是,此刻有意承认日本的全部要求,特别对军部希望的事项认为没有反驳的余地。"

第二,关于吉会铁路问题。虽然吉林新政府内部"有一部分人担心一举着手多年悬案会引起民间反感,但如果知道这是日本军部的意旨,他们终将无话可讲。日本方面特别是满铁一向是过高估计了民间反抗的声浪,其实现在不必过于介意,假如迟迟不着手解决,反倒会引起反对的气焰,而毅然行之,则必归于镇静"。

第三,关于吉长、吉敦铁路问题。熙洽"愿意充分尊重同日本签订的条约和日本的既得利益,只要从外界有所诱导,他会主动地提出修建问题。新任吉长、吉敦局长金璧东也极力标榜亲日,已经表明了尽速修建吉会线的意愿,并于昨日来到吉林,可能已对熙洽长官有所建议。……军部很希望满铁立即行使最大的权力,派遣多数人员进行实际管理工作。中国方面好像预计到日本会对这一问题提出某种交涉,但迄今为止毕竟还没有听到任何意见"。

第四，关于吉海等线。吉林新政府正苦于最近的收入锐减，为了寻求某种暂时打开难关的方法，日前熙洽曾表示是否可以商议同沈海线的联络运输以挽救吉海减收。但是，单独解决吉海线的局面是有困难的，铁路问题既然是日本权益中最重要的一项，那么只好同时解决吉林省内其他铁路问题。长大、吉图等线，随着上述各铁路问题的解决，无疑地自可获得解决。

第五，关于处理"满洲"铁路问题的策略。"铁路问题是全满范围内需要根本解决的问题，而且和外交有着密切的关系，似乎应该慎重处理才是。但是，从'趁热打铁'的观点来看，并鉴于吉林的上述情况，采用能够适应全满铁路政策的方法，局部地加以解决，把整个外交方面的问题留待事后解决，好像也未为不可。我认为，会社积极地行动起来同军部密切联系，诱使吉林新政府责令吉长局长提出吉敦线延长问题，以此为开端，一举解决全部铁路问题是适当的。我觉得过去的吉长铁路委托经营是有名无实的，所以必须趁此机会没收该路使之成为社线，或者至少由日本人占据路局的重要职位，过半数人员由日本人充任，同时，运费政策可不顾中国的意见而由满铁自由拟定。吉敦线也要按吉长处理，吉海也同样由满铁驾驭。"① 可以看出，吉林公所长的意见是在吉林省对日"畏惧"的情况下，尽快展开各种有利于满铁方面的交涉，将多年的悬案一并解决，以免错失良机。

满铁总务部长在接到吉林公所长的函件之后，经过研究和综合考虑之后，立即将其汇总为三大问题向满铁社长请示。第一个问题是：吉林省当局正式向满铁会社提请建设新线时，会社是否可以积极响应与其交涉，必要时是否可以把熙洽和新成立的东北交通委员会同时作为对手进行交涉？第二个问题是：关于新线的范围，估计吉林省方面可能提议首先修筑吉敦延长线（敦图线），是否可以允许与之进行关于修筑该线的交涉，或者更进一步交涉长大线、吉五线和延海线？第三个问题是：关于新线的经营方法，是否可以根据此前满铁社长山本条太郎同张作霖之

---

① 《满铁吉林公所所长致满铁总务部长函》（1931年10月19日），宓汝成编《中华民国铁路史资料（1912—1949）》，社会科学文献出版社2002年版，第695页。

间的协约与中国进行交涉，或者通过交换备忘录的形式，在铁路建成后作为满铁会社受托经营的方针进行交涉？随后，满铁总务部长阐述了自己对上述诸线路的分析：根据以往的经验，"这些订有合同的铁路多有纷争，不仅妨碍了铁路的合理经营，中国方面并且滥用权限，对会社采取了对抗态度，使会社很难达到修建铁路的目的，同时，就连会社的借款利息都不能支付。根据这些情况来看，最好的办法是，在铁路完工后委托会社经营。吉敦延长线承造合同应该和吉敦线一样，规定完工后同意协商与吉长铁路统一经营的问题。现在中国方面正在企图合并吉长、吉敦两局，并且把吉长的委托经营范围加以扩大。此事如能实现，就有可能进一步通过吉敦延长线合并于吉长、吉敦线的方法，实现全线的委托经营。"另外，吉长线已经归日本委托经营，天图轻便铁路是日、中合办铁路，吉敦线及其延长线又规定应与吉长线统一经营，"在条约和合同上满铁就有理由完全当作委托经营铁路"。不但如此，满铁认为吉会铁路在日本的"国策"上颇为重要，因此其委托经营必须比现在的吉长铁路更加彻底。满铁总务部长最后指出："吉林省当局如提出修建吉敦延长线的问题，就有必要交换一项备忘录，规定完工后应该与吉长线合并，并把吉长、吉敦、吉敦延长线三线合并为一，委任满铁经营。"①可见，其总体目标仍然是变相地攫取日本梦寐以求的吉会铁路。

1931 年 10 月 28 日，在尚未得到社长的明确回复时，满铁总务部长根据自己的判断，认为社长很有可能会同意与吉林省地方当局的交涉，于是向吉林公所长传达了满铁会社的意见："地方性的问题，希与地方政权进行交涉，以便逐步寻求解决悬案的途径。所以，假使吉林省当局的趋势，果如来函所述，正在向前发展，会社认为，这实系整理多年悬案之良机。因此，将就森林问题、土地问题等，逐步制订具体方案与贵公所协商，故对有关此类的问题无妨积极进行活动。不过，铁路问题，尤以修建新铁路问题，由于问题性质事关重大，难以轻易处理，并且亦未到会社给以具体指示的时期。但是有关吉林省的各铁路，迟早必将修

---

① 《满铁总务部长致在东京的内田总裁电》（1931 年 10 月 26 日），解学诗主编《满铁档案资料汇编》第四卷《日本独占中国东北铁路交通》，社会科学文献出版社 2011 年版，第563—564 页。

建，所以如果有必要尽量诱导吉林省当局对于修建新铁路的热诚，公所长可从此见地出发，与该省当局周旋，适当指导之。"① 果不其然，10月29日，满铁总务部长得到了总裁内田康哉的指示："如吉林省当局提出修建新铁路的请求时，希暂时应允，并按贵电所述方针进行交涉。"② 10月30日，吉林公所长向总务部长报告："吉林政府熙洽长官30日下午四时对军部表示，正式同意将吉长、吉敦铁路合并延长到朝鲜国境和修筑长大线。"③ 同日，吉长铁路局长金璧东、副局长齐耀塘联名向满铁代表中川增藏发出公函，声称："查吉长铁路管理局与吉敦铁路工程局，两路关系密接。线路均不甚长，各自经营非但颇感不便，而且不利。殊非为发达运输营业之道。兹该两路应行合并，订定名为吉长吉敦铁路管理局，应即依据吉长铁路合同及编制专章实行经营。"④ 10月31日，中川增藏认为解决长期悬案的时机终于到来，在与吉林公所长滨田等人商议了铁路合并的程序问题，并征求了当地日本军部的同意，同时向满铁总务部长传达："（关东）军司令官认为合并经营吉长、吉敦铁路和把它向东延长到朝鲜国境，向西延长到大赉两线对开发地方极为重要，仰即尽速实施。"⑤

　　1931年11月1日，吉林省政府代表熙洽与满铁总裁内田康哉签订了《吉长吉敦铁路借款及经营合同》，其主要内容有：第一，借款金额为3630万日元，年息7.5%；第二，借款期限50年，自第11年起开始偿还，但期限未满之前不得全部还清；第三，本铁路利益金的分配为事业费50%、政府所得30%、会社所得20%；第四，在借款还清之前，委托满铁会社经营一切；第五，满铁会社设置代表一人担当本铁路经营任

---

① 《满铁总务部长致吉林公所所长函》（1931年10月28日），宓汝成编《中华民国铁路史资料（1912—1949）》，社会科学文献出版社2002年版，第696页。

② 《满铁总裁致总务部长电》（1931年10月29日），解学诗主编《满铁档案资料汇编》第四卷《日本独占中国东北铁路交通》，社会科学文献出版社2011年版，第565页。

③ 《吉林公所所长致满铁总务部长电》（1931年10月30日），宓汝成编《中华民国铁路史资料（1912—1949）》，社会科学文献出版社2002年版，第696页。

④ 《吉长铁路局长金璧东副局长齐耀塘致满铁代表函》（1931年10月30日），解学诗主编《满铁档案资料汇编》第四卷《日本独占中国东北铁路交通》，社会科学文献出版社2011年版，第565—566页。

⑤ 《吉长铁路局满铁代表中川增藏致满铁总务部长函》（1931年10月31日），解学诗主编《满铁档案资料汇编》第四卷《日本独占中国东北铁路交通》，社会科学文献出版社2011年版，第566—567页。

务;第六,本铁路建设支线或延长线时,满铁会社应选派总工程师一名监督建设,修筑资金由满铁会社提供借款。① 这个合同的主要内容,也成了此后满铁与东北各政府间签订铁路协约的范本,其中借款利率、借款期限、利润分配比例、聘任满铁代表和总工程师等项,在其他合同中均保持了一致。在签订该合同的同一天,熙洽与内田康哉之间还有七份"换文",包括关于吉敦延长线及长大线的换文、关于吉五线的换文、关于延海铁路的换文、关于依兰铁路的换文、关于扶余铁路的换文、关于拉法起经五常至呼海铁路的换文、关于吉敦延长线等借款与经营的换文。尤其是在最后一份"换文"中,要求吉林省与满铁之间尽快签订上述铁路契约,即"关于吉敦延长线、长大线及其支线自扶余接续呼海铁路线、吉五线、吉敦线自拉法接续呼海铁路线、延海及其延长线依兰线,现已按贵社与敝国订立承办建造合同决定建造,兹拟上记各铁路完成后,速按吉长吉敦铁路借款及经营合同订立借款及经营合同"②。吉林省与满铁的交涉属于暗中进行,因此满铁总务部长特意提醒总裁:"关于此点,如果泄露出去,恐将遭到反对,军部要求暂应严守秘密。"③ 此后,吉林省省长官熙洽继续出卖路权。11 月 28 日,熙洽与内田康哉交换了吉海铁路备忘录,其中指出:"查吉海铁路,其距离短而沿线之出产不富,不但由经济方面观察不适为独立经营,而且由政治方面观察,本铁路原来系违反中日条约,受日本政府屡次抗议。如本铁路照旧存在,有发生最困难问题之虞。在此谋圆满解决,且使本铁路为交通机关完成开发地方之使命起见,确信以所有一切经营委托南满洲铁道株式会社为适宜之方策。"④ 同日,两人签订了《吉海铁路经营合同》,其主要

---

① 《吉长吉敦铁路借款及经营合同》(1931 年 11 月 1 日),解学诗主编《满铁档案资料汇编》第四卷《日本独占中国东北铁路交通》,社会科学文献出版社 2011 年版,第 1125—1126 页。

② 《熙洽与满铁总裁关于吉敦延长线等借款与经营的换文》(1931 年 11 月 1 日),解学诗主编《满铁档案资料汇编》第四卷《日本独占中国东北铁路交通》,社会科学文献出版社 2011 年版,第 570 页。

③ 《满铁总务部长致在东京的总裁电》(1931 年 11 月 2 日),解学诗主编《满铁档案资料汇编》第四卷《日本独占中国东北铁路交通》,社会科学文献出版社 2011 年版,第 571 页。

④ 《关于吉海铁路经营觉书》(1931 年 11 月 28 日),吉林省社会科学院《满铁史资料》编辑组编《满铁史资料》第二卷,《路权篇》第四分册,中华书局 1979 年版,第 1130 页。

内容与上述《吉长吉敦铁路借款及经营合同》基本一致。12月1日，四洮铁路管理局局长阚铎与满铁总裁内田康哉签订了《四洮铁路借款及经营合同》，除借款金额为4900万日元外，[1] 其余合同要点也与《吉长吉敦铁路借款及经营合同》基本一致。

除了在辽宁和吉林两省攫夺铁路之外，关东军和满铁同时也将触角伸入黑龙江省。1931年12月28日，黑龙江省省长张景惠与关东军参谋板垣征四郎交换了一份铁路协定，准备与日本商议下列铁路事宜：（1）将齐克铁路延长到海伦；（2）将洮昂、齐克两路合并为一，委任满铁经营；（3）将洮索铁路延长到海拉尔及满洲里；（4）将齐克铁路延长到大黑河；（5）将呼海铁路连接可于将来建设之扶哈铁路（扶余至哈尔滨）。[2] 随后，在1932年1月8日，以黑龙江省官银号复业资金借款的名义，张景惠将呼海铁路的经营权委任给满铁会社，而仅仅得到300万日元的借款。同日，张景惠与内田康哉签订了《呼海铁路经营合同》，其主要内容与《吉海铁路经营合同》基本一致，只是根据呼海铁路的情况，在第八条中规定："本铁路须连接齐克铁路及将来以哈尔滨为起点或终点而新设之铁路，将该两路合并经营之。"[3] 九一八事变之后，洮昂铁路的官员不得不承认满铁顾问的权限，洮昂铁路原本打算与齐克、洮索两铁路合并，进而签署类似吉长吉敦铁路借款及委任经营合同，但在伪满洲国成立前未能立即实现。[4]

满铁在攫取中国资本自办铁路时，可谓风卷残云，但是在面对有英国资本参与的奉山线（北宁线）关外段时，其畏惧之态毕露无遗。关东军参谋长曾对辽宁省政府顾问金井章次下达指示，内称：奉山线关外段，历来是由东北交通委员会接受南京铁道部委任进行管理的，"现在

① 《四洮铁路借款及经营合同》（1931年12月1日），解学诗主编《满铁档案资料汇编》第四卷《日本独占中国东北铁路交通》，社会科学文献出版社2011年版，第572—573页。

② 《张景惠与关东军参谋板垣交换的铁路协定》（1931年12月28日），吉林省社会科学院《满铁史资料》编辑组编《满铁史资料》第二卷，《路权篇》第四分册，中华书局1979年版，第1133—1134页。

③ 《呼海铁路经营合同》（1932年1月8日），吉林省社会科学院《满铁史资料》编辑组编《满铁史资料》第二卷，《路权篇》第四分册，中华书局1979年版，第1137页。

④ 解学诗主编：《满洲交通史稿》第十三卷，社会科学文献出版社2012年版，第233—238页。

东北政权已经崩溃，奉天省政府已经不承认南京政府。在这种情况下，由奉天省政府管理省内的关外线是理所当然的"。为此，今后由辽宁省政府管理关外线，设立奉山铁路局。同时，辽宁省政府应该以口头通知的方式向英国驻沈阳总领事声明，此后由辽宁省政府管理关外线，铁路借款中的英国债权部分由辽宁省政府负责偿还。① 1932 年 1 月 4 日，在交通委员会首席顾问、满铁理事村上义一和关东军统治部长驹井的商议下，当天即决定将奉山线关外段从该线分离，改为独立经营，并任命四洮铁路局局长阚铎为奉山铁路局局长。同时，根据英国要求，奉山线关外段聘用了英国人担任工程师。② 由此可见，关东军和满铁在面对比自己强大的帝国主义国家时，立即采取了与对待中国不同的策略，以保持"协调外交"为名掩饰自身的畏惧心态。

1932 年 3 月 15 日，满铁总裁内田康哉致函拓务大臣秦丰助，希望拓务省对此前满铁与东北各地方政府签订的铁路借款及委任经营合同"予以事后的认可"，最后日本政府在 4 月 19 日的阁议上，作为谅解事项承认了满铁的上述合同。5 月 9 日，秦丰助复函内田，承认协定有效。

另外，关东军在 1932 年 2 月之前占领了东三省的大部分地区，2 月 5 日占领哈尔滨以及马占山表示与日本"合作"的姿态之后，在"满洲"成立独立政权的动向急剧高涨。东三省的要人访问了关东军总司令官本庄繁，开始了关于"满洲"新政权的协议。2 月 16 日，关东军在沈阳召开了有黑龙江省省长张景惠、辽宁省省长龚式毅、吉林省省长熙洽、马占山参加的所谓"四巨头"会议，组织了以张景惠为委员长的东北行政委员会，马占山被任命为黑龙江省长官。2 月 18 日，公开了"与党国政府脱离关系，东北省区完全独立"的分裂宣言。2 月 24 日，形成了以下基本构想，即元首的称号是"执政"，国号是"满洲国"，国旗是"新五色旗"，年号是"大同"。③ 3 月 1 日，在张景惠家召开了东北行政

---

① 《关东军参谋长给辽宁省政府顾问金井章次、交通委员会顾问古山胜夫的指示》（1931 年 1 月 5 日），吉林省社会科学院《满铁史资料》编辑组编《满铁史资料》第二卷，《路权篇》第四分册，中华书局 1979 年版，第 1139 页。

② 解学诗主编：《满洲交通史稿》第十三卷，社会科学文献出版社 2012 年版，第 266—271 页。

③ 臼井胜美『満州事変』、中央公論社、1974、202—207 頁。

委员会，在上述"四巨头"中，加上热河省的汤玉麟、内蒙古的扎里木盟长等人，宣布建立以清朝的废帝爱新觉罗·溥仪为"执政"的伪满洲国，长春改名为"新京"，"国务院"总理为郑孝胥。① 新成立的伪满洲国虽然号称人口 3400 万，面积达 115 万平方千米，宣称"五族共和"，但实权操之于关东军之手，是名副其实的傀儡政权。② 第二次若槻礼次郎内阁总辞职后，立宪政友会的犬养毅继任首相。尽管 3 月 12 日犬养毅向天皇上奏了"难以立即承认满洲国"，但是犬养毅内阁的基础是政友会，而政友会一向倡导积极外交方针。不过，首相犬养毅却在"五·一五事件"中被暗杀，③ "这也意味着政党政治的最后终结"。④ 继任首相是海军出身的斋藤实，斋藤内阁得到政友会、民政党的支持，成为"举国一致内阁"，同时民间舆论狂热支持"满洲事变"。⑤ 9 月 15 日，日本全权大使武藤信义和伪满洲国"国务总理"郑孝胥签订了《日满议定书》，日本最终承认了伪满洲国。⑥

三 关东军命令满铁修筑"军事铁路网"

早在 1930 年 1 月，黑龙会主干内田良平就从"国防"以及"全满

---

① 解学诗主编：《满洲交通史稿》第十三卷，社会科学文献出版社 2012 年版，第 296—317 页。

② 有马学『日本の歴史 23 帝国の昭和』、講談社、2010、121—123 頁。

③ 1932 年 5 月 15 日，在日本发生的少壮军人叛乱事件。全副武装的海军青年军官们闯入总理大臣官邸，杀害了内阁总理大臣犬养毅。"五·一五事件"是继"血盟团事件"之后的第二波"昭和维新"，海军中尉古贺清志负责该事件的计划制订和现场指挥，古贺不仅汇总了倡导昭和维新的海军青年将校们，还从大川周明等人那里拿到了资金和手枪，同时说服了农本主义者橘孝三郎，让他主持的爱乡塾的塾生们作为农民敢死队组织起来，还说服陆军的预备役少尉西田税、后藤映范等 11 名陆军士官候补生加入暗杀计划。在具体计划中，参加者被分成 4 组，5 月 15 日下午 5 点 30 分开始行动。第一阶段，海军青年将校率领的第一组袭击总理大臣官邸，第二组袭击内大臣官邸，第三组袭击立宪政友会本部，另外由对"昭和维新"产生共鸣的两名大学生向三菱银行投掷炸弹。第二阶段，前三组汇合后袭击警视厅，另外以农民敢死队为别动队袭击了东京附近的几个变电站，使东京停电。事后，东京实施了戒严令，在此期间建立了军阀内阁，进行国家改造。"五·一五事件"为近代日本短暂的政党内阁时代画上了终止符。

④ ［日］重光葵：《日本侵华内幕》，齐福霖等译，解放军出版社 1987 年版，第 52 页。

⑤ 小林道彦『近代日本と軍部 1868—1945』、講談社、2020、462—463 頁。

⑥ 「満州国の成立と日本の承認」、外務省編纂『日本外交文書』満州事変第 2 巻第 1 冊（昭和 6 年 12 月—昭和 7 年 10 月）、外務省、1979、621—622 頁。

蒙的资源"角度,提出了《全满蒙铁路统一意见书》,并绘制了《全满蒙铁路统一网计划线表》和《满蒙铁路统一图》,以供日本政府和军部参考。[①] 九一八事变后,关东军为了完成"在大陆的新使命",认为应当尽快建设"真正的国防国家"。[②] 作为其必要条件,必须尽快完善"满蒙"的"军事铁路网"。

1932年3月1日,溥仪在"新京"宣布就任"执政",年号"大同",伪满洲国就此成立但"满洲国中枢的指导权掌握在(日本)陆军手中"。[③] 日本学者山室信一将"满洲国"比喻为"奇美拉","奇美拉是只狮头、羊身、蛇尾的勘合体怪物,狮子象征关东军,羊象征天皇制国家,蛇则象征中国皇帝或近代中国"。[④] 这个傀儡政权成立伊始,3月10日溥仪便致函本庄繁,声称:"此次满洲事变以来,日本竭力维持满蒙之治安,以致日本军队及人民均受重大之损害,本执政深怀感谢。且确认此后满洲国之安全发展,必赖日本之援助指导。"具体是:(1)伪满洲国关于日后之"国防"及维持治安,委诸日本,而其经费,均由伪满洲国负担;(2)伪满洲国承认日本军队,凡为"国防"所必要,将已修铁路、港湾、水路、航空路之管理并新路之布设,均委诸日本或日本所指定之机关。[⑤] 同日,本庄繁与内田康哉还就伪满洲国铁路、港湾等一切设施经营及新建事项"委托"满铁一事签订了协定,主要内容有:第一,关东军将"委托"满铁经营伪满洲国的铁路等设施;第二,满铁在经营伪满洲国的铁路、港湾、河川,以及制定各种相关规章时,需要接受关东军的指挥、监督和同意;第三,关东军委任满铁总裁为关东军最高顾问,委任满铁主要负责人为关东军顾问;第四,关东军在伪满洲

① 内田良平『全満蒙鉄道統一意見書:附·全満蒙鉄道統一計画調査書』黑竜会出版部、1930、1—14、410—411 页。

② [日]重光葵:《日本侵华内幕》,齐福霖等译,解放军出版社1987年版,第62页。

③ 苏崇民主编《满铁档案资料汇编》第一卷《日本的大陆政策与满铁》,社会科学文献出版社2011年版,第575页。

④ [日]山室信一:《满洲国的实相与幻相》,林琪祯等译,新北:八旗文化出版社2016年版,第19—20页。

⑤ 《关东军司令官本庄繁与溥仪的换文》(1932年3月10日),解学诗主编《满铁档案资料汇编》第四卷《日本独占中国东北铁路交通》,社会科学文献出版社2011年版,第592页。

国铁路、港湾、河川的改善措施，有权对满铁作出军事上必要之指示，关东军为了使上述设施的军事用途更加完善，需要配置军官；第五，关东军认为有"国防"的必要时，可以修改本协定内容。① 也就是说，在溥仪尚未与关东军签约的情况下，关东军已经将伪满洲国的铁路等"委托"给满铁经营了。在该协定之后的"附表"中，详列了各条铁路线。其中，既成线包括：（1）四洮线，即四平街—洮南；（2）洮昂线，即洮南—昂昂溪；（3）洮索线，即洮南—索伦；（4）齐克线，即齐齐哈尔—克山；（5）呼海线，即呼兰—海伦；（6）吉长线，即吉林—长春；（7）吉敦线，即吉林—敦化；（8）吉海线，即吉林—海龙城；（9）沈海线，即沈阳—海龙城；（10）奉山线，即奉天（沈阳）—山海关；（11）打通线，即打虎山—通辽。新建设线分为三期，第一期包括：（1）敦图线，即敦化—图们江；（2）拉哈线，即拉法—哈尔滨；（3）海克线，即海伦—克山。第二期包括：（1）通热线，即通辽或锦县—赤峰—热河；（2）长大线，即长春—大赉；（3）延佳线，即延吉—海林—依兰—佳木斯。第三期包括：（1）大赉—洮南线；（2）齐克线一站—大黑河线；（3）洮南—索伦—满洲里或海拉尔线；（4）开原—西安线；（5）抚顺站—沈海抚顺站线；（6）新丘—义州—大凌河站线；（7）公主岭—伊通线；（8）铁岭—法库门线；（9）瓦房店—复州线。② 综观这一"军事铁路网"计划，与此前满铁和亚洲局提出的"满蒙铁路网"计划相比，向北、向西均有所延长，即关东军制订的这个"军事铁路网"计划，更明显是针对"北满"和"东蒙"地区，即准备实施"北进"计划。

　　同时，本庄繁和内田康哉还签署了一份《备忘录》，主要内容是：关东军司令官将对以下事项极力给满铁总裁以协助：（1）铁路、港湾建设及其他所需资金之筹措；（2）吸收中东铁路方面的货物；（3）建议政

---

　　① 《关东军司令官与满铁总裁关于铁道港湾河川委托经营及新建等协定》（1932年3月10日），解学诗主编《满铁档案资料汇编》第四卷《日本独占中国东北铁路交通》，社会科学文献出版社2011年版，第593页。

　　② 《关东军司令官与满铁总裁关于铁道港湾河川委托经营及新建等协定》（1932年3月10日），解学诗主编《满铁档案资料汇编》第四卷《日本独占中国东北铁路交通》，社会科学文献出版社2011年版，第594—595页。

府对为建设新线筹集资金而发行的新股，保证 10 年的六成分红。① 可以说，这就是关东军和满铁在九一八事变后相互合作攫取利权的一份利益交换协定。

1932 年 3 月 12 日，就在伪满洲国发布《对外公告》的同时，日本在内阁会议上强调"以满蒙之地作为对俄、对中的国防第一线"②。为了将关东军和满铁从伪满洲国攫取的铁路利权合法化，日本政府在 4 月 11 日和 4 月 15 日连续做出阁议决定，对此前的铁路借款合同予以认同，并指出了其中存在的问题以及需要注意之处。上述阁议的主要内容有：第一，为确定"新国家"的财政经济政策，巩固"建国"基础，并提高对外信用，进而施行"日满"产业统制、实现统一的自给自足经济体，需要有权威的指导者。为此需要做到以下两点：其一，应该使伪满洲国从日本聘用有权威的顾问作为财政经济问题和一般政治问题的最高指导者；其二，伪满洲国的"参议府、中央银行及其他机关"的领导岗位，必须任命有能力的日本人。第二，鉴于日本及伪满洲国的"国防"及经济方面的需要，伪满洲国的铁路和其他交通机关，必须由日本方面掌握管理实权。第三，对于伪满洲国，日本虽暂时不予承认，但应该努力以伪满洲国为对象，采取非正式的方法与之结成事实上的关系，以便实现和扩大日本的帝国权益，并造成既成事实。第四，伪满洲国"执政"与关东军司令官之间的信件属于地方性协定，符合此前的阁议决定精神，政府将予以承认；日本政府将采取给满铁会社以绝对机密指令的形式，使关东军与满铁间的协议生效。第五，在日本和满铁同伪满洲国的关系"正常化"时，需要考虑到日本和伪满洲国的对外关系，尤其是门户开放、机会均等原则以及与新银行团规约之间的关系，可作出适当的调整。第六，满铁会社接受"委托"的铁路，不包括会社的原有铁路，满铁的"委托经营"应该设立特别会计。第七，"委托经营"的利润中，5% 应为满铁会社所得；

---

① 《关东军司令官与满铁总裁关于铁道港湾河川委托经营及新建等协定》（1932 年 3 月 10 日），解学诗主编《满铁档案资料汇编》第四卷《日本独占中国东北铁路交通》，社会科学文献出版社 2011 年版，第 595 页。

② ［日］山室信一：《满洲国的实相与幻相》，林琪祯等译，新北：八旗文化出版 2016 年版，第 162 页。

"委托经营"的总收入，应该按照下述顺序扣除：营业费、新借款利息、旧借款利息的一半、"委托经营"者所得款、上缴款。① 从中不难看出，日本政府一边在"委托经营"中为满铁股票的持有者谋求利益，一边从外交层面出发提醒关东军和满铁注意国际影响，以免这些合同出现不必要的纷争。可以说，与关东军和满铁的"蛮干"相比，日本政府的考虑更加"全面"。

1932 年 4 月，对军部持批判态度的满铁副总裁江口定条因接近宪政会而被解职，总裁内田康哉随即提出了辞呈，但在军部的挽留下，内田康哉撤回了辞呈。同年 7 月，内田康哉为了就任斋藤实内阁的外务大臣而辞去满铁总裁职务，林博太郎成了新总裁。②

1932 年 5 月 15 日，关东军司令对满铁下达了一条"指令"，完全从军事和所谓"国防"的角度，对满铁"委托经营"的铁路线提出了军事标准的要求，主要内容有：第一，当建立运输体系时，因为"四平街—齐齐哈尔—克山—海伦—拉法站—罗津"连接线构成了"国防"上军事运输的干线，必须考虑在平时的经营当中就拥有相当能力。第二，建设敦图线、拉法站—哈尔滨线、海克线时，局部设施虽可按照现状力求简化，但鉴于上述精神，线路的基础部分即坡度、曲线、半径、铁轨及桥梁强度等，必须是永久性设施，以备战时能充分发挥军事运输干线的机能。为此，还应该注意以下两点：其一，桥梁应具有可行驶满铁大型车辆的强度；其二，车站及桥梁哨所的构造，要便于进行防卫设备。第三，既设和新建铁路工厂要有必要的防护设施，其要领应根据参谋本部的要求，由军部与满铁另行商定。③ 在该"指令"后还有两份附录，其中"附录一"详细规定了关东军对于"满洲"铁路线及竣工日期的军事性要求，主要内容有：第一，第一次修建的铁路。因军事上急需修成，故等待沿途治安得以维持后，应立即开工，尽快完成。这些铁路具体是指：（1）敦图铁路（包括朝阳川至上三峰的改建部分）；（2）拉滨铁

---

① 《关于满洲国铁道港湾河川处理方针》（1932 年 4 月 11 日），解学诗主编《满铁档案资料汇编》第四卷《日本独占中国东北铁路交通》，社会科学文献出版社 2011 年版，第 596—597 页。

② 原田勝正『満鉄』、岩波書店、1981、171 頁。

③ 《关东军司令官对满铁的指令》（1932 年 5 月 15 日），解学诗主编《满铁档案资料汇编》第四卷《日本独占中国东北铁路交通》，社会科学文献出版社 2011 年版，第 599—600 页。

路；（3）海克铁路；（4）齐克铁路的未完成部分（泰安至郭家店）；（5）齐克支线延长线（拉哈至讷河）。第二，修建上述铁路时，满铁与伪满洲国应该签订修建合同，并取得关东军同意；上述铁路中尚未测量完毕者可根据估算制定合同，在测量和设计完成后再协商承包款额。第三，各铁路应该按下列期限完工：（1）敦图铁路，应该在开工后一年内修至不妨碍行驶火车的程度，朝阳川至上三峰一段以及铁路的全部附属设备，应该于1933年年末竣工。（2）拉滨铁路，拉法站40千米以内的路段立即开工，应于1933年6月竣工；40千米以北至哈尔滨间，在治安得到维持以后开工，并在一年内达到不妨碍行驶火车的程度，附属设施在开工后一年半以内竣工；横断中东铁路的地方，开工和竣工日期另行指示。（3）齐克铁路的未完成部分，于1932年9月竣工；齐克支线即拉哈至讷河段，至1932年11月竣工；海克铁路，在维持治安以后立即开工，尽快竣工。第四，在敦图铁路、拉滨铁路、海克铁路及齐克铁路的预定线路上，应架设两条军用通讯线。第五，委托经营以后，满铁新办的事业，须取得日本军方的同意；满铁会社应尽快建立适应于铁路、港湾、河川的组织，以期逐步实现统一经营。① 这一指令反映出满铁的行为已经完全被置于关东军的掌控之下，已经变成了听从军部指令的战争机器。从铁路修筑的路线和日期上看，关东军对苏作战已经被提上日程。

1932年8月7日，关东军司令本庄繁与伪满洲国"总理"郑孝胥签订了一份《关于满洲国政府的铁道、港湾、水路、航空路等的管理及路线的修筑、管理协约》，拟将伪满洲国上述设施的有关对日债务整合到一起，签订一个整体的对日借款契约，为此将伪满洲国的铁路等"委托"满铁经营。② 在"附表一"中详列了"委托经营"的既成线，包括：（1）四洮线，即四平街—洮南；（2）洮昂线，即洮南—昂昂溪；（3）洮索线，即洮南—索伦；（4）齐克线，即齐齐哈尔—克山；（5）呼海线，即呼兰—海伦；（6）吉长线，即吉林—长春；（7）吉敦线，即吉林—敦化；

---

① 《关东军司令官对满铁的指令》（1932年5月15日），解学诗主编《满铁档案资料汇编》第四卷《日本独占中国东北铁路交通》，社会科学文献出版社2011年版，第600—603页。
② 《关于满洲国政府的铁道、港湾、水路、航空路等的管理及路线的修筑、管理协约》（1932年8月7日），解学诗主编《满铁档案资料汇编》第四卷《日本独占中国东北铁路交通》，社会科学文献出版社2011年版，第603—604页。

（8）吉海线，即吉林—海龙城；（9）沈海线，即沈阳—海龙城；（10）奉山线与打通线，即奉天（沈阳）—山海关、打虎山—通辽。在"附表二"中详列了新建设线，包括：（1）敦图线，即敦化—图们江，包括朝阳川—上三峰线；（2）拉哈线，即拉法—哈尔滨，连接呼海线；（3）海克线，即海伦—克山；（4）拉哈站—墨尔根—大黑河线、海克线一站—大黑河线；（5）通辽或锦县—赤峰—热河线；（6）敦海线，即敦化—海林线；（7）王爷庙—索伦—满洲里或海拉尔线；（8）长春—大赉—洮安线；（9）延吉—海林—依兰—佳木斯线；（10）新丘—义州—巨流河站线。[①] 与此前溥仪和本庄繁所签订协议的"军事铁路网"相比，在新建线部分又有所调整，尤其是新增的（6）（7）（10）三线，一方面将北满的铁路网更加细密化，另一方面注重对新丘煤矿资源的攫取，提前将煤炭等战略物资控制在关东军手中。

1932年8月8日，关东军首脑人事变动，陆军大将武藤信义担任司令官，中将小矶国昭、少将冈村宁次分别担任正、副参谋长，板垣征四郎、石原莞尔转职参谋本部。伪满洲国"成立"以后，满铁的监督机关是日本在伪满洲国"特命全权大使"，但是到了8月8日，关东军司令官兼任在满全权大使和关东厅长官，权限急剧扩大，满铁事实上被纳入了关东军的直接统治之下。

1933年1月10日，关东军司令官对满铁总裁再次下达"指令"，对满铁的经营方法、人事行政、缔结合同、附属事业、改良扩建、监督等事项做出纲要性指示。具体内容有：第一，经营方法。伪满洲国铁路、港湾、水路委托经营，应与满铁会社之铁路、港湾经营加以区别，在会社内另设机构。当设置该机构时，会社必须事先取得关东军的承认。第二，人事行政。"委托经营"初期的人事行政，应以不引起工作人员的动摇为首要原则。为此，现职人员基本上保持现状，部分重要职务应任用有为的伪满洲国人。关于重要人事需事先经关东军承认。第三，缔结合同。满铁会社和伪满洲国应该缔结借款、"委托经营"、新线建造合同，原则有三点：（1）既设铁路（包括附属港湾及水路）借款"委托

---

① 「満州国の成立と日本の承認」、外務省編纂『日本外交文書』満州事変第2卷第1册（昭和6年12月—昭和7年10月）、外務省、1979、625—627頁。

经营"契约；（2）新设铁路建造借款及"委托经营"契约；（3）关于合并铁路借款和"委托经营"契约。缔结或修改上项各种契约之前，需取得关东军承认。第四，附属事业。决定第一条规定的附属事业是指：现在属于铁路、港湾、水路经营的土地、矿山、学校、医院、旅馆、苗圃等，以及将来适合附属于主体事业经营的上项事业、汽车营业、小搬运业、仓库营业、林业等事业而言。各项附属事业连同债权、债务，应原封交接。满铁会社拟创设或改废上述事业时，需事先取得关东军的承认。第五，改良扩建。铁路、港湾、水路的修建及其他重要改良和扩建工程，经关东军及会社协商后决定。第六，监督。监督权由关东军交通监督部长行使。① 不难看出，与 1932 年 5 月 15 日更加强调铁路建造的技术性"指令"相比，这次的"指令"明显带有关东军全面掌控满铁的人事权、缔约权、财产权等，满铁已经甘心沦为关东军的侵略工具。

在上述"指令"的规定下，满铁在准备与伪满洲国签订有关铁路借款和"委托经营"的契约之前，满铁总裁林博太郎在 1932 年 2 月 4 日向关东军司令官武藤信义特意提出申请，2 月 7 日武藤信义复函"批准"。在得到关东军的批准后，满铁总裁林博太郎才在 2 月 9 日与伪满洲国"交通部长"丁鉴修签订了《满洲国铁道借款及委托经营契约》，主要内容是：第一，伪满洲国确认，关于吉长、四洮、洮昂、吉敦、沈海、呼海（包括松花江及与之有关的水路的水运事业）、吉海、齐克、洮索、奉山（包括打通县及附属港湾）各铁路，伪满洲国对满铁会社所负债务，至本契约签字当日为止，共为 133654472 日元，以上项债务总额为借款总额。第二，借款利率为年息 7.5%，以第一条记载的铁路之一切财产及其收入为本借款本利之担保。第三，借款本利须以利润偿还，但经满铁同意得以其他财源偿还。一旦从利润中扣除借款利息及其他费用仍有剩余，则商定按年偿还本金比率。第四，奉山线有关中英公司借款部分，在该借款问题未获解决以前，应予除外。② 在该契约的

---

① 《关东军司令官对满铁的指令》（1933 年 1 月 10 日），解学诗主编《满铁档案资料汇编》第四卷《日本独占中国东北铁路交通》，社会科学文献出版社 2011 年版，第 609—610 页。

② 《满洲国铁道借款及委托经营契约》（1933 年 2 月 9 日），宓汝成编《中华民国铁路史资料（1912—1949）》，社会科学文献出版社 2002 年版，第 700 页。

"附表"中，详列了各条铁路线的所谓"借款金额"，包括：吉长铁路9746491.83日元、四洮铁路52397321.97日元、洮昂铁路32192583.385日元、吉敦铁路31829677.93日元、沈海铁路3107671.00日元、呼海铁路1469012.00日元、吉海铁路138230.58日元、齐克铁路648161.345日元、洮索铁路120131.01日元、奉山铁路（包括打通线及附属港湾）2005191.39日元，以上合计133654472.44日元。也就是说，满铁通过将此前对东北各条铁路的借款、垫款、积欠的本金、利息等合并在一起，最后汇总成一个整体借款，即伪满洲国共欠满铁会社约1.3365亿日元。正是通过这种所谓"借款"的形式，满铁会社在手续上实现了对伪满洲国铁路的完全攫夺。

随后，伪满洲国还与满铁签订了上述借款铁路之外的其他铁路契约，主要包括《敦化图们江及其他二铁路建造借款及委托经营契约》《天图轻铁收买资金贷款契约》。在《敦化图们江及其他二铁路建造借款及委托经营契约》中，满铁会社提出建造计划书，详列了需要建造的铁路及完工日期，包括：（1）敦化—图们江铁路，1933年8月末完工；朝阳川—龙井村—朝鲜国境铁路，1934年3月末完工；上述两线建造费合计3982.9万日元。（2）拉法—哈尔滨铁路（连接呼海铁路），1934年9月末完工，建造费3609.9万日元。（3）泰东—海伦铁路（含拉哈—讷河线），1933年11月末完工，建造费2563.6万日元。以上各线建造费合计1.01564亿日元。[1] 在《天图轻铁收买资金贷款契约》中，规定收买资金为635万日元。上述借款利息均为年息7.5%，契约期限20年。[2]

在签订完上述契约之后的同一天，伪满洲国与满铁会社之间又签订了一个"合并契约"，即《关于满洲国铁路等借款及委托经营合并契约》，主要内容是：伪满洲国和满铁之间在1933年2月9日缔结的《满洲国铁路借款及委托经营契约》《松花江水运事业委托经营细目契约》

---

① 解学诗主编：《满铁档案资料汇编》第四卷《日本独占中国东北铁路交通》，社会科学文献出版社2011年版，第613—618页。

② 《天图轻铁收买资金贷款契约》（1933年2月9日），解学诗主编《满铁档案资料汇编》第四卷《日本独占中国东北铁路交通》，社会科学文献出版社2011年版，第615页。

《敦化图们江及其他二铁路建造借款及委托经营契约》《天图轻铁收买资金贷款契约》，以及将来关于伪满洲国铁路、港湾、水路及其附属事业双方可能缔结的契约被确认"作为整体来处理"是适当的。根据此等各个契约，就借款及"委托经营"的合并、缔结契约如下：第一，根据各个契约的"委托经营"，由满铁会社合并执行。合并经营的收入及支出一律加以合并计算，从总收入中扣除营业费总额的总利润合并处理之。第二，各个契约所指定的担保，应作为各个契约借款本利的共同担保。第三，本契约自签字之日起生效。① 伪满洲国"交通部"将各铁路出卖于满铁会社并订立契约之后，诚恐引起民众反对，于是又发表了所谓"委托经营"之"理由"，主要内容如下："第一，满洲国为确保治安并为发展其交通事业计，尤以关于全国之铁路事业为急不容缓之图。第二，现在满洲国内各小铁道分立，经营纷歧，不利实大，殊非统一交通之途；况在国内铁道网计划尚未普及之前，亟应将现在各铁路统一，以谋合理经营，而期达到经济上、技术上有效率之目的。第三，满洲国将全国铁路委托满铁统一经营，本于技术上之见地，因满铁有多年之经验，最为适当也。第四，满洲国政府对于满铁，曾负有 1.3 亿日元之巨额债务，基于双方之便利，委托债权者经营，尤称允当。"② 可以看出，这些"理由"无非是"开发"伪满洲国交通、"取消"伪满洲国对满铁背负的巨额债务、满铁的铁路经营经验等冠冕堂皇的借口，其实就是伪满洲国向满铁出让国家权益，是卖国的表现。

关东军和满铁在伪满洲国所进行的种种攫夺铁路利权的行为，早已为列国所关注，拓务省也曾经提醒满铁总裁：在实行满铁和伪满洲国之间的铁路协定时，"希考虑帝国及满洲国的对外关系，特别是门户开放机会均等的原则以及对新银行团规约的关系"③。为此，日本政府将此次满铁与伪满洲国签订的契约分为两类：甲类是《满洲国铁路借款及委托

① 《关于满洲国铁路等借款及委托经营合并契约》（1933 年 2 月 9 日），宓汝成编《中华民国铁路史资料（1912—1949）》，社会科学文献出版社 2002 年版，第 701 页。
② 宓汝成编：《中华民国铁路史资料（1912—1949）》，社会科学文献出版社 2002 年版，第 702 页。
③ 《拓务次官给满铁总裁的通知》（1932 年 5 月 9 日），解学诗主编《满铁档案资料汇编》第四卷《日本独占中国东北铁路交通》，社会科学文献出版社 2011 年版，第 599 页。

经营契约》《松花江水运事业委托经营细目契约》《敦化图们江及其他二铁路建造借款及委托经营契约》《天图轻铁收买资金贷款契约》；乙类是关于上项各契约和今后伪满洲国与满铁就铁路、港湾、水路所要缔结的契约之经营担保、共同核算契约。对于甲类契约，日本政府认为，"甲类各种契约成立的事实很难保守秘密，而且考虑到实际承担业务的满铁的立场时，在某种程度上予以公布反而有不使第三国产生怀疑的好处"。为此，需要向各国解释将伪满洲国铁路"委托"满铁经营的理由，即为确保伪满洲国治安并发展其产业，主要靠国内交通尤其是铁路的完备和发达，然而现下伪满洲国内非但没有充分普及的铁路网，而且小铁路分立，难以提高其经济及技术效率，为达此目的，莫过于"委任"多年以来熟悉铁路经营的满铁进行统一经营；此外，对于处理伪满洲国在铁路方面对满铁所负的巨额债务也甚为方便；再者，这样做也符合《日满议定书》第二项关于日、"满"两国共同防卫的精神。对于乙类契约，日本政府认为"应绝对保守秘密"。而对于日本在伪满洲国的排外举措即违反门户开放、机会均等原则的行为，日本政府提出了如下理由："此次的各契约并不表明日本在满洲国铁路事业上获得了普遍的排他的垄断权，而是在和日本的利害关系较深，并在满洲国有其特殊必要的铁路方面缔结了借款建造以及委托经营的契约；同时，铁路事业在性质上属于国家事业，与国家生存有着重大关系，对外国人的门户开放和机会均等主义，自应在适用范围之外；此次契约不外是资金和经验极其丰富的满铁会社代替满洲国本身出资建造和经营而已。"① 可以看出，日本依然坚持早在 1920 年前后与新银行团谈判期间就提出的"满蒙除外"原则，完全是一种"满洲关门"的政策，这一点也引起了各国尤其是美国的不满，为此后的日、美冲突埋下了隐患。

1933 年 3 月 1 日，满铁开始实施"委托经营"，满铁在沈阳设置了"铁路总局"，在大连的满铁总部内设立铁路建设局。② 伪满洲国管辖下

---

① 《关于满洲国铁路水运借款、修筑及委托经营各契约的对外处理》（1933），解学诗主编《满铁档案资料汇编》第四卷《日本独占中国东北铁路交通》，社会科学文献出版社 2011 年版，第 620—623 页。

② 《满洲事变后的满洲铁道情况》，苏崇民主编《满铁档案资料汇编》第五卷《垄断东北铁路和海港》，社会科学文献出版社 2011 年版，第 357 页。

拥有所有权的铁路被称为"国线",总长 22939.1 千米,满铁原本拥有的线路被称为"社线"。随后,满铁开始实施新线路建设计划,包括长期悬而未决的路线以及关东军认为对苏作战需要的"东满"和"北满"的铁路网。①

1931 年 12 月,关东军要求满铁尽快完成敦图线、拉滨线、海克线合计总长 774 千米的铁路,这也成为九一八事变后满铁新修筑的第一批铁路线,即所谓第一次线。同时,满铁为了修筑这三条新线以及应对将来的铁路修筑任务,设置了铁路建设部、铁路建设局等机构,专门负责新线修筑事宜。1932 年 5 月,满铁开始动工修筑第一条新线敦图路,并于 1933 年 2 月完工,同年 9 月正式营业;1934 年,拉滨线全线竣工。这两条新修筑的线路与朝鲜铁路相连,比通过安奉铁路和"南满"铁路到达哈尔滨的路线更快,实现了满铁自创社以来梦寐以求的日本—朝鲜—"满洲"间的"最短"路线,其战略意义自不待言。② 随后,满铁又修筑了图佳线、海克线,与上述铁路一起将中东铁路横断为四段,使中东铁路失去了军事价值,同时满铁实现了在"北满"修成循环铁路的愿望,更加有利于满铁掠夺"北满"的农产品、矿产、林业等资源,经济价值不言而喻。

1933 年 12 月,关东军再次向满铁发布命令,要求满铁修建第二次线和第三次线,总长 3646 千米,多数线路均在七七事变前完工。1934 年 3 月,满铁修建完成了北安至辰清间的铁路,随后将其延长至黑河,于 1935 年 11 月开通北黑线。北黑线与"南满"线南北相连,构成了纵贯南北"满洲"的交通干线,明显是出于对苏作战的考虑。1934 年 12 月,满铁开始修筑叶柏寿至赤峰的铁路,目的是配合关东军侵略东蒙地区,该铁路于 1935 年 9 月完工,12 月正式营业。1937 年 4 月,关东军命令满铁开始修筑汪清至东宁的六条铁路,即第四次线,总长 1735 千米。建成的绥佳线是一条与滨绥线平行的铁路,它在东边连接图佳线、西边连接滨北线,将"北满"铁路和"东满"铁路形成循环,并与通往

---

① 原田勝正『満鉄』、岩波書店、1981、158—161 頁。
② 《所谓日满最短线路的开通》,苏崇民主编《满铁档案资料汇编》第五卷《垄断东北铁路和海港》,社会科学文献出版社 2011 年版,645—650 页。

齐齐哈尔的铁路一起构成横穿东北北部的大动脉，是一条重要的军事和经济干线。1937 年 7 月，关东军又命令满铁开始修筑安东至通化等六条铁路，即第五次线，总长 818 千米，这些铁路主要是以对已建成干线的延长和连接朝鲜国境日军驻地的支线。为了加紧对苏作战的准备，1939 年 4 月，日本参谋本部要求满铁修筑第六次线，总长 1448 千米。1939 年 10 月，满铁铁路营业里程超过了 1 万千米。此时，满铁发行了以越南型机车为图案的纪念邮票，并举行了盛大的纪念仪式，还制作了纪念电影。[①] 1940 年，满铁开始修筑阿尔山至杜鲁尔等四条铁路，总长 764 千米，同时修筑昂昂溪至牙克山总长 395 千米的复线工程。1940 年，满铁的资本金增加到了 14 亿日元。

满铁在关东军和参谋本部的指令下，修筑的七次线路如下所示。

第一次线：（1）敦图线，191.9 千米，1933 年 8 月 31 日移交；（2）天图线，59.5 千米，1934 年 3 月 31 日移交；（3）拉滨线，290.9 千米，1934 年 8 月 31 日移交；（4）奉克线，30.8 千米，1933 年 11 月 30 日移交；（5）海克线，162.3 千米，1933 年 11 月 30 日移交；（6）拉讷线，38.8 千米，1933 年 11 月 30 日移交。以上六线总长 774.2 千米。

第二次线：（1）坂凌线，156.8 千米，1934 年 11 月 30 日移交；（2）北辰线，136.8 千米，1934 年 11 月 30 日移交；（3）图宁线，248.7 千米，1935 年 6 月 30 日移交；（4）凌泉线，87.2 千米，1935 年 9 月 30 日移交；（5）辰黑线，166.1 千米，1935 年 10 月 31 日移交；（6）叶峰线，146.9 千米，1935 年 11 月 30 日移交；（7）泉承线，97.4 千米，1936 年 6 月 15 日移交；（8）讷墨线，93.5 千米，1937 年 6 月 30 日移交。以上八线总长 1133.4 千米。

第三次线：（1）京大线，213.6 千米，1935 年 10 月 31 日移交；（2）洮大线，119 千米，1935 年 10 月 31 日移交；（3）怀索线，119.8 千米，1935 年 10 月 31 日移交；（4）宁林线，110 千米，1936 年 6 月 30 日移交；（5）林密线，170.9 千米，1936 年 6 月 30 日移交；（6）索兴线，130.8 千米，1936 年 6 月 30 日移交；（7）四西线，82.5 千米，

---

① 小池滋、青木栄一、和久田康雄编『鉄道の世界史』、悠書館、2010、636—637 頁。

1936 年 8 月 31 日移交；（8）林佳线，221.5 千米，1937 年 6 月 30 日移交；（9）兴温线，15.4 千米，1937 年 9 月 30 日移交；（10）义邱线，78.1 千米，1937 年 9 月 30 日移交；（11）邱立线，53.4 千米，1937 年 9 月 30 日移交；（12）梅通线，130.2 千米，1937 年 10 月 31 日移交；（13）密虎线，160.9 千米，1937 年 11 月 30 日移交；（14）龙丰线，22.4 千米，1938 年 9 月 30 日移交；（15）鲁北线，192.3 千米，1937 年 6 月 30 日移交；（16）通辑线，121.8 千米，1939 年 9 月 30 日移交；（17）绥宁线，91.1 千米，1939 年 11 月 30 日移交。以上十七线总长 2033.7 千米。

第四次线：（1）绥神线，135.8 千米，1939 年 10 月 31 日移交；（2）佳莲线，12.7 千米，1939 年 12 月 15 日移交；（3）鹤冈线，54.3 千米，1939 年 12 月 15 日移交；（4）神南线，93 千米，1940 年 11 月 30 日移交；（5）莲南线，140.3 千米，1940 年 11 月 30 日移交；（6）兴宁线，216.1 千米，1940 年 12 月 15 日移交；（7）墨霍线，103.6 千米，1940 年 12 月 15 日移交。以上七线总长 755.8 千米。

第五次线：（1）承古线，106.3 千米，1938 年 10 月 31 日移交；（2）溪碱线，86 千米，1939 年 11 月 30 日移交；（3）通临线，113 千米，1940 年 12 月 15 日移交。以上三线总长 305.3 千米。

第六次线：（1）龙青线，51 千米，1940 年 6 月 30 日移交；（2）梨鸡线，44.5 千米，1941 年 10 月 31 日移交；（3）京滨线（团山—车家），35.3 千米，1940 年 9 月 30 日移交；（4）图佳线，31.5 千米，1940 年 12 月 15 日移交；（5）虎林线，90 千米，1942 年 10 月 31 日移交；（6）牡绥线，192 千米，1942 年 10 月 31 日移交；（7）哈杜线，349 千米，1943 年 3 月 31 日移交；（8）京滨线（一间堡—团山），117.2 千米，1943 年 3 月 31 日移交；（9）京滨线（车家—顾家屯），73.6 千米，1943 年 3 月 31 日移交。以上九线总长 984.2 千米。

第七次线：阿杜线，39.5 千米，1942 年 10 月 31 日移交。[①]

截至 1939 年 10 月，满铁自己经营和被委托经营的有三种线路，即

---

① 苏崇民：《满铁史》，中华书局 1990 年版，第 500—502 页。

"社线" 11 条合计 1231.2 千米、"北鲜线" 7 条合计 352.4 千米、"国线" 42 条合计 8862.8 千米。[①] 1943 年 10 月 1 日，满铁已经建成通车的铁路共有新线 5150 千米、复线 888 千米。可以说，伴随着侵华战争和对苏备战，满铁加紧了"满蒙军事铁路网"的建设，并且不断向华北地区伸展铁路触角。

伪满洲国成立后，日本在"满洲"的经营中心从满铁转移到关东军，伪满洲国聘请了日本人作为高级官僚，受其挟制。关东军认为，如果不能控制满铁，就无法控制满铁经营的工业部门，因此表示要将满铁所支配的各种公司从满铁分离出来作为特殊公司，将满铁仅作为铁路和调查部门。1935 年，日本与伪满洲国间达成了铁路出售协议，"满洲"铁路在形式上归伪满洲国所有。在这种情况下，自 1935 年开始成为满铁总裁的松冈洋右提出了"大调查部"的构想，意图强化调查部门。[②]伪满洲国成立后，作为"国策"鼓励了"满洲"移民，扩大了"开拓地"，从对苏作战的观点出发，致力于建设面向"满洲"北部和东部的路线，北黑线和虎林线是其代表。[③] 另外，1936 年满铁启动了产业开发五年计划，目标是投资 25 亿日元，重点培养钢铁、煤炭、武器、汽车、飞机等重工业，指导计划进展的中心人物就是战后内阁总理大臣岸信介。如果由日本政府直接投资，会有各种各样的限制。于是，岸信介采取了将在当时被称为新兴财阀的鲇川义介的日本产业株式会社（日产）引入"满洲"的方案，日产旗下拥有日产汽车、日立制作所、日本矿业、日本化学工业等 130 家公司，从业人员 15 万人。1937 年 12 月，日产在"满洲"的公司名称改为"满洲重工业开发会社"（通称"满业"），资本金为 2.25 亿日元。矿山开掘和森林采伐在伪满洲国成立以前就在进行，其中以鞍山制铁所为中心的钢铁业和以抚顺煤矿为中心的煤炭尤其得到了满铁的大力支持。1938 年 3 月，满铁向满业提供了以鞍山制铁所为首的重工业部门，如此一来，昭和制钢所和"满洲"煤矿等重工业的大部分集中在满业。此外，为了确保"满蒙"开拓团的殖民

① 山内利之编辑『満洲の鉄道』、満鉄鉄道総局弘報課、1940、27—29 頁。
② 平塚柾緒『図説写真で見る満州全史』、河出書房新社、2010、164—167 頁。
③ 小池滋、青木栄一、和久田康雄編『鉄道の世界史』、悠書館、2010、636—637 頁。

地，在关东军的指示下，满业子公司东亚劝业进行了土地收购。伪满洲国成立时，满铁资本金为 4.4 亿日元，铁路、港口、煤矿三大事业加上附属地 4.9 万公顷，到 1936 年为止旁系公司达到了 77 家，资本金超过了 7 亿日元，满铁的持股达到了 49.3%。[①] 可以说，九一八事变后满铁在伪满洲国的产业和资本实力愈加"发达"和"雄厚"。

第二节　满铁对中东铁路的阴谋活动与"接管"

一　满铁破坏中东铁路的阴谋

九一八事变后，关东军和满铁便为了扩大铁路控制范围，开始谋划侵占中东铁路哈长段，将日本的势力完全伸入"北满"。[②] 但是关东军又鉴于苏联在西伯利亚地区的军事实力，不敢贸然出兵占领中东路。因此，日军和满铁通过策划一系列的阴谋活动，首先破坏中东铁路的正常运输，导致中东路一时瘫痪，以便伺机而动。自 1932 年 4 月 14 日的成高子铁桥爆炸案后，日本和苏联两国围绕着中东铁路的一系列案件，如苏联对日军和伪满洲国警察擅自拘押和审讯中东铁路苏联公民的谴责和抗议等，开始在舆论和外交上，进行了一系列宣传、交涉和对抗。

1932 年 6 月，苏联方面指出，4 月 14 日的中东铁路列车爆炸事件是日本帝国主义参谋本部的沈阳特务机关以在"满洲"的白卫军为爪牙，为了得到对苏干涉的口实而进行的阴谋，在随后逮捕了中东路上无辜的苏联工作人员，并加以严刑拷问，对 4 名中国工作人员也进行了惨无人道的拷问。[③] 但是日本和伪满方面却否认存在严刑逼供之事。日本、伪满、苏联之间的另一个主要争端就是中东铁路西线至后贝加尔铁路的直通货车问题。时任伪满洲国"中东铁路督办"李绍庚在 1933 年 3 月 18 日向苏联代表库

---

① 原田勝正『満鉄』、岩波書店、1981、166—171 頁。
② 贾小壮：《日本对中国东北的殖民统治》，江苏人民出版社 2022 年版，第 175 页。
③ 《日伪特务机关逮捕并拷打苏联公民》（1932 年 6 月 20 日），吉林省社会科学院《满铁史资料》编辑组编《满铁史资料》第二卷，《路权篇》第四分册，中华书局 1979 年版，第 1191 页。

兹涅佐夫提出通告，要求苏联立即停止上述列车的运行，但是苏联方面以苏德大豆合同为由拒绝停运。3 月 28 日晚，中东铁路路警处督察员费德罗夫带领 5 名伪满洲国巡警和 2 名日本便衣警察，将第 50 号转辙器上锁，并命令 2 名伪满洲国巡警进行监视，由此堵塞了中东铁路通往后贝加尔铁路的通路。随后，苏联方面提出严重抗议。此外，还有所谓的"E 型机车事件"，苏联方面声称这些机车是被苏方租赁，拒绝交还，而日本和伪满洲国则以牙还牙，禁止中东铁路和"南满"铁路的联运，同时对苏联运华货物征收高额关税。苏联认为日本此举旨在"驱逐苏联在满洲的经济势力，垄断中东铁路"。

1933 年 4 月 16 日，苏联副外交人民委员加拉罕向日本驻苏大使太田为吉发出一份声明，阐述了九一八事变后直至当时日、苏之间一系列的纠纷和摩擦，主要内容有：

第一，日本曾多次保证绝不侵犯苏联在"北满"的权益，但是当前却采取了一系列违背上述保证的行动。

第二，苏联政府促使日本政府注意下述主要事项，包括伪满洲国当局强占了中东铁路转运码头、通过中东铁路转运日军的运费积欠、破坏中东铁路的一系列事件、中东路两旁的土匪活动、机车所有权、逮捕苏联公民等问题。

最后，加拉罕指出："上述种种，虽非侵害苏联权益的全部事例，但苏联政府愿意提请日本政府注意其所做出的关于不侵犯苏联权益的保证，并坚持要求采取足以保障苏联权益不遭任何侵犯的有效措施。"[①]

对于加拉罕代表苏联政府提出的上述问题，日本驻苏大使太田为吉在 1933 年 5 月 26 日发表了对此声明的复文，站在日方立场对声明中提到的种种问题进行"反驳"，主要内容是：第一，日本目前仍然并不否认曾做出尊重苏联在"北满"权益的保证。

第二，那些与日本政府有关的事实，已责令有关地方当局对这些问题进行详细调查，查清的"事实真相"如下：

----

① 《苏联副外交人民委员加拉罕对日本大使太田的声明》（1933 年 4 月 16 日），宓汝成编《中华民国铁路史资料（1912—1949）》，社会科学文献出版社 2002 年版，第 706 页。

（1）关于日本军事人员占领哈尔滨转运码头办事处的问题。

（2）关于支付运输日军运费问题的谈判，几乎已经取得协议。

（3）在中东铁路东线地区，本年春季确曾发生过窜入山里的土匪不时出没并袭击列车和绑架公民的事件，但这仅是一时的现象。

（4）在满日本当局从来没有介入"满"苏之间的最近争端。

（5）1932年4—5月，伪满洲国当局逮捕了数量颇多的苏联公民，"逮捕是与旨在直接或间接危害日军的事件相联系的"。

最后，太田为吉指出："日本政府相信，通过上述，苏联政府会完全了解，日本军队和日本当局在其行动中从来无意使中东铁路的局势尖锐化，从来没有在中东铁路上造成严重局势。至于说中东铁路营业中产生的争端，则应通过作为共同经营的有关方面苏联和满洲国当局之间的谈判来解决。保持苏联和满洲国之间的和睦关系，这是远东普遍和平的极其重要的基础。鉴于日满协定赋予日本政府的义务，日本政府对维持满洲国的社会秩序和安宁始终感到关切。有鉴于此，日本政府不能不对上述争端的根源予以严重注意，同时也不能不表示殷切的希望，这些争端能够尽快获致公正合理的解决。"①

通过上述苏联和日本政府之间的"声明"和"复文"，可以看出此时两国政府还是仅在外交辞令层面反复地阐释本国立场并试图反驳对方观点，其实这无非是两国政府互相推诿责任的"口水战"而已，对于解决中东铁路乃至日苏关系而言并无多大帮助，反而有增加两国互疑的可能性。因此，苏联方面首先改变了方针，准备进行实质性谈判。苏联方面当时的考虑是：当时日军在"满洲"的行动迅速且活跃，苏联政府从整体形势看到缔结《苏日互不侵犯条约》是困难的，因此为了防止可能发生的远东纠纷，决心让售被日本觊觎的中东铁路，以暂时起到互不侵犯条约的作用。在军事人民委员会中说服了伏罗希洛夫等对日强硬派后，经过部长会议讨论，苏联政府决定私下向日本表示愿意出卖中东铁路的意向，以观察日本政府和舆论的反应。

---

① 《日本政府致苏联4月16日声明的复文》（1933年5月26日），宓汝成编《中华民国铁路史资料（1912—1949）》，社会科学文献出版社2002年版，第709—710页。

二 苏联与日伪"售买"中东铁路

1933 年 5 月 2 日，苏联外交人民委员李维诺夫向日本驻苏联大使太田为吉正式提出了让售中东铁路的建议。对此，日本政府考虑，伪满洲国建立以后，苏联在中东铁路的强势地位会对伪满洲国的施政带来巨大影响，因此只要价格和其他条件合适，即使在经济方面疲于应对，但从政治的角度出发还是必须收买中东铁路。在交涉方式上，日本政府认为既然伪满洲国已经成立，所以不如以伪满洲国作为让售对象，而交涉地点可以设在东京，以便日本政府居中斡旋。① 5 月 29 日，太田将日本政府同意谈判的复文转交苏联政府。5 月 31 日，苏联政府发表声明称："苏联政府决心消除对苏日之间现存睦邻关系起不良影响的争端的根源，具有为出售中东铁路进行谈判的诚意；努力巩固苏日间的睦邻关系，是苏联和平政策的内容之一。苏联政府有理由希望，日本政府也将会严格按照同样意愿行事。"② 此后，伪满和苏联各自选派了代表。伪满洲国代表是："驻日公使"丁士源（首席）、"外交部次长"大桥忠一。苏联代表是：驻日大使尤列涅夫（首席）、外交人民委员远东部长柯兹洛夫斯基、中东铁路副理事长库兹涅佐夫。日本方面，则主要由外务省官员负责出面。

1933 年 6 月 25 日，苏联与伪满在东京举行了第一次正式会议，双方就谈判的原则性问题分别阐述，苏联代表一再强调此次出售中东铁路会议的"根本精神在于增进日苏友好关系的真诚愿望和苏联爱好和平的努力"③。苏联代表声明在对中东铁路进行估价时，是以建筑铁路所消耗的实际费用和铁路现时的实际价值作为依据。在苏联代表团提出的备忘录里，表示了苏联出售中东铁路的条件，主要是：第一，出售对象是全

① 宓汝成编：《中华民国铁路史资料（1912—1949）》，社会科学文献出版社 2002 年版，第 711 页。

② 《苏联政府对日本政府复文的声明》（1933 年 5 月 31 日），宓汝成编《中华民国铁路史资料（1912—1949）》，社会科学文献出版社 2002 年版，第 710 页。

③ 《在第一次正式会议上苏联首席代表发言》（1933 年 6 月 25 日），吉林省社会科学院《满铁史资料》编辑组《满铁史资料》第二卷，《路权篇》第四分册，中华书局 1979 年版，第 1223 页。

长 1726 千米的铁路干线及其他支线，此外还包括一切附属事业，如全部机车、发电厂、医院、电话局、林场、印刷厂等。第二，中东铁路及其全部所属资产的收买总额为 2.5 亿金卢布（折合 6.25 亿日元）；其中一半可以商品支付，在两年内分四期进行；另一半以货币支付的部分，其中一半（即总额的 1/4）以现金支付，一半以伪满洲国债券支付（债券年息四分，四年内还清）。第三，苏联员工的退职金或解雇金由伪满洲国支付。① 同时，苏联代表在提出的备忘录中，始终强调中东铁路所具有的"北满"干线和欧亚交通价值及其国际意义，显而易见是为了让日本和伪满洲国不再还价。但是，让苏联方面感到吃惊的是，伪满洲国代表提出的方案，仅准备出资 5000 万日元购买，而且中东铁路员工的退职金由苏联承担。伪满洲国也说明了理由：其一是中东铁路的让售问题不是纯粹的经济问题，而是一项政治性问题，所以在商议价格时，不能按照商业模式，而要考虑"政治性议价"；其二是目前中东铁路已经出现亏损情况，收不抵支，作为铁路的经济价值已经微不足道；其三是中东铁路目前已经老化和损毁严重，伪满洲国在后期还需要修复或购买机车、路轨，在将来修筑平行线时还将投入巨额资金。因此，伪满洲国从政治大局着眼，不能够接受超出 5000 万日元的价格。② 结果，日本方面认为 2.5 亿金卢布是一个"荒唐的谎价"，而苏联方面认为 5000 万日元显然是"不负责任的价格"③。

1933 年 7 月 5 日，苏联代表对于伪满洲国的声明，表示"看到其中含有对苏联政府所进行的一连串难以容忍的谴责和攻击"，同时再次强调苏联的"诚意"。日本的《赤旗报》甚至表示"苏联已作出最大的让步"，认为苏联提出 2.5 亿金卢布的价格是以中东铁路为苏联所有为依据，同时参考了此前苏联在该路上的投资，并从和平意愿出发做

---

① 《在东京谈判中苏联代表团提出的备忘录》（1933 年 7 月 3 日），吉林省社会科学院《满铁史资料》编辑组编《满铁史资料》第二卷，《路权篇》第四分册，中华书局 1979 年版，第 1227—1229 页。

② 《在第三次会议上满洲国方面的提案》（1933 年 7 月 3 日），吉林省社会科学院《满铁史资料》编辑组编《满铁史资料》第二卷，《路权篇》第四分册，中华书局 1979 年版，第 1233 页。

③ 吉林省社会科学院《满铁史资料》编辑组编：《满铁史资料》第二卷，《路权篇》第四分册，中华书局 1979 年版，第 1285、1288 页。

了很大让步。①

1933 年 8 月 4 日，苏联代表提出了在原价上减少 1/5 即总额 2 亿金卢布的新价格，但是伪满洲国方面依然表示难以接受。此后，谈判一度陷入僵局，而且在 9 月 24 日，驻哈尔滨的日本和伪满洲国警察逮捕了中东铁路机务处长加林、财务处长库布里、总工厂厂长拉弗罗夫、调度室主任阿布洛夫，日本边防部队在满洲里车站逮捕了满洲里车站站长阿布拉缅科，同日夜间伪满洲国"边防部队"在绥芬河车站逮捕了绥芬河站站长卡帝尔。对此，苏联首席代表尤列涅夫在会见日本外务大臣广田弘毅时提出了严重抗议，声明："苏联政府认为，日本当局对中东铁路采取的这种行动，不能不视为对于正在进行的关于出售中东铁路的谈判的破坏。日本政府要完全承担这种破坏行动引起的一切后果。"② 此次逮捕事件，导致会谈中止达半年之久。

1934 年 2 月 26 日，日本、伪满、苏联三方恢复了谈判。苏联代表根据政府指示，提出三个条件：（1）价格为 2 亿日元；（2）伪满洲国继承中东铁路的所有债权和债务；（3）职工退职金由伪满洲国负担。③ 对于苏联的新条件，外务大臣广田弘毅对尤列涅夫表示，解雇职工的退职金和中东铁路的债权及债务等收买内容的范围不够明确，提议组织专门委员会进行公平议价，随后苏联代表从哈尔滨方面获得了基础数据。4 月 21 日，广田弘毅建议苏联与伪满洲国直接会谈。于是在 4 月 26 日，双方进行了第六次中间会议。会议上，伪满洲国代表提出四个条件：（1）价格提高至 1 亿日元；（2）苏联职工退职金等由苏联政府负担；（3）在上述 1 亿日元中，以现金支付 3000 万日元，以商品抵付 7000 万日元；（4）伪满洲国应接受中东铁路的一切债权和 1934 年 3 月 21 日苏联代表团经日本外务大臣提出的借贷表中的债务（苏联职工存款和铁路

---

① 《日共〈赤旗报〉报道苏联已作出最大的让步》（1933 年 7 月 11 日），吉林省社会科学院《满铁史资料》编辑组编《满铁史资料》第二卷，《路权篇》第四分册，中华书局 1979年版，第 1248 页。

② 《苏联驻东京的全权代表尤列涅夫的声明》（1933 年 9 月 28 日），吉林省社会科学院《满铁史资料》编辑组编《满铁史资料》第二卷，《路权篇》第四分册，中华书局 1979 年版，第 1262 页。

③ 《从恢复交涉到交涉再度停顿》（1935），吉林省社会科学院《满铁史资料》编辑组编《满铁史资料》第二卷，《路权篇》第四分册，中华书局 1979 年版，第 1272 页。

给予的附加款除外），但苏联政府须确认，中东铁路不负担上述以外的任何债务，并对上述以外的第三者的一切要求负责。① 苏联方面对伪满洲国代表的提案表示完全不满意，特别是根本不能同意有关退职金的支付方法。5 月 3 日，苏联代表尤列涅夫访问外务大臣广田弘毅，传达了莫斯科对伪满洲国新提案的意见，表示这样的提案作为交涉基础是没有任何讨论价值的，希望伪满洲国方面重新做出实际而又具有诚意的回答。

1934 年 5 月 9 日，在第七次中间会议上，苏联代表柯兹洛夫斯基提出三项条件：（1）伪满洲国提出的包含退职金在内的让售价格 1 亿日元，只是表面上装作提高数额，不能被认为有任何诚意；（2）从道理上说，退职金的支付，自然应该由即将成为买主的伪满洲国负责；（3）总之，伪满洲国的提案，只不过是再次把交涉引向暗礁的策略。对此，伪满洲国代表大桥忠一声称：（1）如果不能准确地估量退职金以及其他支付款额，在决定让售价格上是非常困难的；（2）退职金由原经营者共同负责支付是适宜的；（3）假如新建中东铁路，按专家的计算，建设费也不过 1.3 亿日元，把这样老朽的中东铁路让收价格定为 1 亿日元是合适的。② 结果双方互不相让，得不出任何共同结论。

1934 年 5 月 14 日，在第八次中间会议中，双方依旧固执己见，没有任何结果，交涉再度面临停顿的危机。随后，广田弘毅有意让伪满洲国提出 1.5 亿日元的方案，但是遭到了军部强硬派的反对。5 月 25 日，苏联代表尤列涅夫再次访问广田弘毅，声称伪满洲国对苏联政府的所谓最大限度让步是缺乏诚意的，对此表示遗憾，而苏联方面为了表示自己的诚意，愿意再将价格降低 1000 万日元即总额 1.9 亿日元，但退休金需要由伪满洲国负担。但是广田弘毅认为仅仅减少 1000 万日元，与伪满洲国提案相比还有很大差距，希望苏联再多做一些让步。同时，广田弘毅提议总价仍为 1 亿日元，但是退职金可由伪满洲国承担。6 月 28 日，

---

① 《从恢复交涉到交涉再度停顿》（1935），吉林省社会科学院《满铁史资料》编辑组编《满铁史资料》第二卷，《路权篇》第四分册，中华书局 1979 年版，第 1275 页。

② 《从恢复交涉到交涉再度停顿》（1935），吉林省社会科学院《满铁史资料》编辑组编《满铁史资料》第二卷，《路权篇》第四分册，中华书局 1979 年版，第 1276 页。

尤列涅夫声称已得到苏联政府指示，为将打开僵持的局面把问题解决，提议再将总价格降到1.7亿日元。广田弘毅认为，这的确是苏联方面的让步。随后，伪满洲国"代表"大桥忠一提出了"最后方案"：拟以1.35亿日元的价格、苏联职工退休金3000万日元，即1.65亿日元的总价收买中东铁路，并且大致得到了日本政府的谅解。但是，根据军部收到的情报判断，苏联能够接受的最低价格是1.5亿日元，所以上述提案立即被否决。此后，苏联方面没有提出任何新的提案，依然坚持1.7亿日元。

1934年7月23日，为了表示交涉成功的决心，日本外务大臣广田弘毅召见苏联代表尤列涅夫，提出了自己最终的让售方案，其要点如下：（1）铁路收买价格1.2亿日元，其中3000万日元在三年内分四期以现金支付，其余9000万日元在6年内以商品支付；（2）退职金由伪满洲国负担。[1] 对于广田的提案，陆军方面持有强烈的反对意见，例如陆军次官柳川平助在大桥忠一说明提案时插话称，过去一年间伪满洲国确定了5000万日元的价格，并已向中外声明，今天忽然提出1.2亿日元的价格，实在难以理解。7月30日，尤列涅夫再次访问广田弘毅，对广田弘毅7月23日的提案做了回答，要点如下：（1）为了表示苏联的诚意，将总价降为1.6亿日元，退职金由伪满洲国负担；（2）苏联政府同意售价的2/3用商品支付，而不是原来坚持的1/2，但是要求在两年内分四期支付完毕，而不能同意6年；（3）用现金支付的部分，其半数应该在签署协定时支付现款，另外一半在三年内分四期支付；（4）建议在签署中东铁路让售条约的同时，签署关于苏联和伪满洲国之间的交通运输协定。[2] 广田弘毅最后指出，7月23日的提案与苏联的回答在价格方面相差4000万日元，而价格是根本问题，因此不能再继续交涉。尤列涅夫认为广田弘毅的回答，实际上是"最后通牒"，苏联对此难以理解。

1934年8月10日，尤列涅夫最后一次会晤广田弘毅，声称1.6亿

---

① 《从恢复交涉到交涉再度停顿》（1935），吉林省社会科学院《满铁史资料》编辑组编《满铁史资料》第二卷，《路权篇》第四分册，中华书局1979年版，第1279页。

② 《从恢复交涉到交涉再度停顿》（1935），吉林省社会科学院《满铁史资料》编辑组编《满铁史资料》第二卷，《路权篇》第四分册，中华书局1979年版，第1281页。

日元的价格是苏联的底线,不能再让。但是,广田弘毅针锋相对,也指出日本方面1.2亿日元已经是最后提案,坚决不同意苏联提案。此时,伪满洲国代表团认为,谈判已经陷入僵局,继续留在东京已经毫无意义。8月13日,伪满洲国代表大桥忠一访问尤列涅夫,表示如果苏联能够接受广田的提案,即可恢复交涉,而目前自己要离开东京返回"满洲"。8月14日,伪满洲国代表团全部撤离东京,交涉再次中断。

三 满铁"接管"中东铁路

在交涉再度中断之后,苏联和日本开始相互发出照会推诿责任,都把对方说成是导致谈判中止的祸首。1934年8月22日,苏联驻东京全权代表尤列涅夫在发给日本外务大臣广田弘毅的照会中指出:8月13—14日,在中东铁路东线,有19名中东铁路的苏联职工遭到逮捕,被捕者主要是铁路的领导人员;8月16日,又有3人遭到逮捕。这两次逮捕实际上使中东铁路东线失去了领导人员,因而给该线今后的工作造成了困难。苏联政府认为这一切与"日满"方面实际中断出售中东铁路谈判同时发生的行为,是对铁路工作秩序的破坏,是对苏联根据条约对中东铁路拥有的权利的粗暴的侵犯。苏联政府认为伪满洲国当局和日本政府要对上述行动负责。[①] 9月4日,广田弘毅回复上述照会称:日本政府十分关心这些阴谋是由哪方面指挥的。与此相关,"这些列车颠覆事件都发生在中东铁路东部线,被害列车大部分是军用列车,不掠夺货物,被害者主要是日本和伪满洲国人员,几无苏联人员,等等,其现象与普通的列车被害事件完全不同,此次逮捕的东部线职工几乎全都参加了企图扰乱伪满洲国治安的非法组织。……认为一部分苏联人与这些计划有某种关系是理所当然的"。[②] 日本驻伪满洲国"大使"菱刈隆在发给外务大臣的报告中披露:"溯自本年春季开始,满洲国方面对于中东路已采取若干步骤。为防止中东路车辆之驶离,遂将勃格拉尼契那雅站路道交

---

① 《苏联驻东京全权代表致广田外务大臣的照会》(1934年8月22日),吉林省社会科学院《满铁史资料》编辑组编《满铁史资料》第二卷,《路权篇》第四分册,中华书局1979年版,第1290页。

② 《广田外相给苏联全权代表的照会》(1934年9月4日),吉林省社会科学院《满铁史资料》编辑组编《满铁史资料》第二卷,《路权篇》第四分册,中华书局1979年版,第1292页。

通截断。为使东京购买中东路会议有利于我方起见，最近亦已采取若干手段。满洲方面不愿使上述步骤之实行，表示为对东京会议之压迫，是故力言此类步骤纯为对内性质。"① 由此报告可见，中东路附近发生的一系列事件，均是由日本和伪满洲国共同策划的。

1934年8月底，日本外务省代表提议恢复谈判。9月6日，广田弘毅向尤列涅夫表示，伪满洲国可以将收买中东铁路的总额提高到1.3亿日元，即在原来的价格基础上增加1000万日元。12日，尤列涅夫声明，谈判已经拖延了15个月，不应该在没完没了的讨价还价上停滞不前，应该以认真的态度将谈判尽快结束。随后提出将苏联方面的1.6亿日元和日本、伪满方面的1.3亿日元的差价进行平均，即总价定为1.45亿日元是合适的。但是，广田弘毅建议将价格锁定在1.4亿日元。19日，尤列涅夫表示苏联不愿意让谈判再拖延下去，同意1.4亿日元的价格，但不包括退职金部分。此外，双方还议定：2/3的赎金以货物偿付，1/3的赎金以现金支付，以及有权将现金转拨国外，而一俟条约签字，立即缴清现金付款额的半数。另外，还在原则上达成一项协议：如果因为贬值，日元低于规定额时，现金付款额将按照黄金行市重新计算。② 至此，苏联和日本终于在最关键的价格问题上达成一致。

1935年3月11日，日本、伪满、苏联三方关于中东铁路问题达成了最后的协议，签订的文件包括：（1）苏联与伪满洲国之间的总协定；（2）苏联、日本和伪满洲国之间的三国议定书；（3）苏联和日本关于出售中东铁路的换文。关于苏联和伪满洲国之间的协定，主要包括以下内容：第一，苏联将其对中东铁路的全部权利转让给伪满洲国，而获得1.4亿日元的代价（应付给被解雇的苏联职工的退职金3000万日元不包括在内）。第二，上述金额的1/3即4670万日元以现金支付，而且其中的2330万日元需在协定签字时立即付清；剩下的一半现金赎款，则应作为伪满洲国债务，在三年之内以年息3厘计算分四期付清；协议后附

① 《日本驻伪满大使菱刈隆致东京外务大臣的报告》（1933年9月），宓汝成编《中华民国铁路史资料（1912—1949）》，社会科学文献出版社2002年版，第712页。
② 《塔斯社消息》（1934年10月31日），吉林省社会科学院《满铁史资料》编辑组编《满铁史资料》第二卷，《路权篇》第四分册，中华书局1979年版，第1298页。

有日元含金量的证书,即今后日元如果贬值,苏联所得的付款需相应地增加。其余的 2/3 赎金即 9330 万日元,应以日本和"满洲"公司按照苏联驻日贸易代表机构的定货供应商品的形式,在三年内付清,这类商品的供应,由伪满洲国"驻日大使"通过日本产业银行进行。第二个文件是《苏、日、满议定书》,其中包括一些旨在保证为商业代表机构在日、满公司中分配定货的活动提供正常条件的条文。首先规定,这些定货应当按正常价格进行。其基本精神是:为市场货物规定市场价格,为日本、伪满出口货物规定出口价格,为非出口货物规定日本、伪满市场现行的批发价格。为了解决贸易代表机构和公司在价格、提供货物、支付条件和付货上以及完成定货上可能产生的分歧,组织一个专门评价调解委员会,该委员会由苏联代表两人,日本、伪满洲国代表各一人组成。最后,在签订条约时,日本政府向苏联全权代表递交专门照会,担保由于出让对中东铁路的权利而需偿付苏联的全部现金付款和货物付款的支付;在另一份照会中,日本政府担保全部支付给苏联的款项可以转账过户。①

在三方签订协议的第二天,日本内阁作出阁议决定,"中东铁路仿照满洲国有铁路的前例,委托满铁会社经营"。1935 年 3 月 23 日,在"希望维护远东和平,解决北满铁路问题"的名义下,苏联和伪满洲国正式签订了《关于中东铁路的让渡协定》,主要内容是:第一,苏维埃社会主义共和国政府关于"北满"铁路上所有权利,让渡于伪满洲国;伪满洲国对此应以日本国通货 1.4 亿元之数额为代价交给苏联政府;第二,"北满"铁路上苏联政府所有权利,自本协定实施同时转让给伪满洲国;同时,"北满"铁路为伪满洲国完全所有并置于其单独管理之下。② 同日,日本外务大臣广田弘毅与苏联驻日大使尤列涅夫进行换函:"日本国及满洲国间鉴于现在具有紧密且特殊之关系,日本国政府依照前项协定第七条所规定让渡之结果,满洲国政府对苏维埃社会主义共和

---

① 《塔斯社关于草签出售中东铁路文件的通告》(1935 年 3 月 12 日),宓汝成编《中华民国铁路史资料(1912—1949)》,社会科学文献出版社 2002 年版,第 718 页。

② 《关于中东铁路的让渡协定》(1935 年 3 月 23 日),宓汝成编《中华民国铁路史资料(1912—1949)》,社会科学文献出版社 2002 年版,第 720 页。

国联邦政府所负之金钱及物品上之一切支付义务，在上项协定所规定之各期内，保证满洲国政府正确履行。"① 也就是说，根据此前的协议，日本承诺担保伪满洲国对苏联的偿付义务。当天，伪满洲国立即与满铁之间签订了《北铁委托经营契约》，内称："此次满苏两国间北满铁道协定，已签字完毕；北满铁道完全为满洲国国有铁道。先是，伪满洲国国有诸铁道的经营，认为交由多年在满洲经营铁道的满铁承担之为最适当而委托该社经营。从来为满洲国内铁道系统上惟一异例的北满铁道，若依旧委托满铁经营，则全满铁道方可成为一元的统一经营，不仅将发挥其经济的、技术的能率也可期望其在发展国内交通、促进产业开发上做出贡献。故满洲国政府此次仍与满铁缔结契约，委托满铁经营北满铁道。"②

在苏联和伪满洲国签订协约之前，满铁已经开始派人准备接收中东路的准备。1935 年 3 月 13 日，满铁代表平田与中东铁路管理局局长路德依进行会晤，在派遣人员的住宿问题、列车运行等问题达成谅解，当日满铁便有 51 名宿营准备人员向中东铁路全线出发，在军方协助下着手准备宿舍。3 月 22 日，东、西两线的所需物品全部配置完毕。在伪满洲国主持的接收仪式结束之后，在中东铁路管理局办理了交接手续，中东铁路的苏联员工也停止上班。随后，满铁与伪满洲国、苏联方面进行了善后处理，正式"接管"了中东铁路。

需要特别指出的是，日本、伪满、苏联三方所进行的上述"让售""售买"中东铁路的行为，中国政府从来都是明确表示坚决反对的。1933 年 5 月 9 日，中国国民政府外交部声明："关于中东铁路之地位与管理，最近似已发生某项问题。中国政府兹特郑重声明，认为仅中、俄两国在该路享有合法权益。中国在该路之权利，绝不以任何方面之行动而受丝毫之影响或损害。至任何方面无合法地位，或非法占据该路经过之地域，其行动自更不足以影响中国之权利。关于中东路之一切事宜，

---

① 《日本外相广田弘毅与苏联驻日大使尤列涅夫换函》（1935 年 3 月 23 日），宓汝成编《中华民国铁路史资料（1912—1949）》，社会科学文献出版社 2002 年版，第 720 页。

② 《北铁委托经营契约》（1935 年 3 月 23 日），宓汝成编《中华民国铁路史资料（1912—1949）》，社会科学文献出版社 2002 年版，第 721 页。

应继续依照 1924 年中俄两国所订之协定处理，由中俄两国取决，而不容第三者干涉，自不待言。任何新订办法，未经中国同意者，自属违反前项协定，应视为无效。中国政府绝不承认，并由驻俄颜惠庆大使晤俄外副加拉罕面致节略。加拉罕答称：苏联政府并未提议出售中东路，日伪亦均无购买该路之准备。渠深信日人之策略，系用种种方法，破坏该路，使其在经济上财政上成为毫无价值之物，而无待于收买。"[1] 5 月 13日，外交部在发给驻苏大使颜惠庆的电文中再次强调："苏联政府在1924 年 5 月 31 日两国所缔结的中俄协定第九条第二节中，允诺中国政府赎回中东路，而绝未允诺任何其他政府势力可以取得该路。复按该条第五节之规定，最为明确，即中东路之前途只能由中俄两国取决，不许第三者干涉。……中国政府基于上述法律暨政治之理由，不得不提出极严重之抗议，反对苏联出售中东路。"[2] 所以，在没有中国政府参与的情况下，私自"让售"中东铁路的行为完全是违反中、苏既定条约的行为，中国政府绝不承认日本、伪满、苏联三方之间的有关协定。

第三节　抗日战争的胜利与满铁的覆亡

一　日本发动太平洋战争

1935 年 10 月 7 日，广田弘毅内阁正式向中国驻日大使蒋作宾提出了"广田三原则"：（1）中国国民政府应放弃以夷制夷政策，不得依赖英、美牵制日本，所有排斥日货及排日教育均须一律停止；（2）中国国民政府应尊重"满洲国"之存在，并设法促进华北与"满洲"之文化、经济联络；（3）中国国民政府应与日本合作"防俄""防共"。[3] 随后，

---

① 《外交部声明》（1933 年 5 月 9 日），宓汝成编《中华民国铁路史资料（1912—1949）》，社会科学文献出版社 2002 年版，第 721 页。

② 《外交部致驻苏大使颜惠庆电》（1933 年 5 月 13 日），宓汝成编《中华民国铁路史资料（1912—1949）》，社会科学文献出版社 2002 年版，第 722 页。

③ 「日中外交関係一般（いわゆる三原則交渉を含む）」、外務省編纂『日本外交文書』、昭和期Ⅱ第 1 部第 4 卷上卷（昭和 10 年）、外務省、2006、68—70 頁。

又开始了要求中国国民政府承认的交涉。[①] 在未能得逞的情况下，1936年8月7日，广田弘毅内阁提出 "国策基准"，要求 "在外交和国防两方面确保帝国在东亚大陆的地位，同时还要向南方海洋方面扩张发展"，即同时把 "南进" 和 "北进" 作为 "国策方针"。[②] 为了实现 "国策基准"，日本发动了全面侵华战争，试图实施中间突破，但是却陷于中国战场而无力自拔。于是，日本急需从 "南进" 或 "北进" 上寻找突破口，谋求打开僵局。于是，在日本陆军的主导下，采取了 "北进" 策略，先后挑起 "张鼓峰事件" [③] 和 "诺门坎战役" [④]，结果对苏作战均以失败告终，"北进" 战略遭受重大挫折。[⑤] 在这种情况下，海军的 "南进" 战略被正式提上议程。

太平洋战争是第二次世界大战中以日本帝国主义为首的轴心国和以美、英两国为首的同盟国于1941年12月7日至1945年8月15日进行的战争，范围遍及太平洋、印度洋和东亚地区。太平洋战争以日本偷袭珍珠港为先导，直至日本战败投降结束，参战国家多达37个，涉及人口超过15亿人，交战双方动员兵力在6000万人以上，历时3年零8个月，伤亡和损失难以统计。

1940年4月15日，外务大臣有田八郎宣称日本与东南亚诸国及南洋地区有着不可分割的联系，日本对这一地区的任何变化都 "不能置之不理"，并在6月29日发表了 "建设大东亚新秩序" 的演说。7月26

---

① 「広田三原則承認問題」、外務省編纂『日本外交文書』、昭和期Ⅱ第1部第5卷上卷 (昭和11—12年7月)、外務省、2008、4—12頁。

② [日] 重光葵：《日本侵华内幕》，齐福霖等译，解放军出版社1987年版，第81—86页。

③ "张鼓峰事件" 是1938年7月末至8月初，日、苏两国围绕着张鼓峰、沙草峰两个高地进行的一场军事冲突，伪满军队也卷入了这场冲突。8月11日，根据日方的建议，双方停止战斗。苏军控制了张鼓峰、占领了沙草峰，将其划为 "苏满界山"，并将其在洋馆坪一带的控制区推进到图们江边，而日军撤退到图们江东岸，放弃了一向坚持的边界线。后来双方又签署了协定书，边界维持现状不变。

④ "诺门坎战役" 又称 "诺门罕战役" "哈拉哈河战役"，是1939年日本、苏联在中蒙边境发生的一场战役。日、苏双方的军队分别以伪满洲国及 "蒙古国" 的名义交战，但日、苏双方并没有向对方正式宣战，战事以日本关东军失败结束。此后直至1945年8月苏联进攻关东军，日苏间在东北未再发生军事冲突。

⑤ [日] 重光葵：《日本侵华内幕》，齐福霖等译，解放军出版社1987年版，第149—153、180—183页。

日，第二次近卫内阁炮制《基本国策纲要》，制定了所谓的《适应世界形势演变的时局处理纲要》，提出日本的根本方针是"为脱离历来受英、美拘束之情势，而以日、满、华为基干，以印度以东及澳大利亚、新西兰以北的南洋区域为一圈，确立自给自足之态势"①。8月1日，外务大臣松冈洋右正式提出了建立"大东亚共荣圈"的口号，叫嚣要把东南亚和西太平洋地区变成日本的殖民地，建立一个"自给自足经济圈"，日本最终确立了"南进"政策。1941年3—12月，日本和美国进行了长达9个月的马拉松式谈判，但没有达成最终协议。② 在此期间，日本完成了南方作战兵力的部署，提高了军备生产能力。1941年，日本年产生铁600万吨、钢550万吨、飞机5000余架、下水舰艇48艘（包括5艘航母、1艘战列舰、1艘巡洋舰），完成了战争的最后准备。

1941年10月16日，近卫文麿内阁被东条英机内阁取代，天皇下达"白纸还原"③ 的谕旨，企图摆脱"和""战"莫衷一是的纷乱局面。④ 11月5日，在日本的御前会议上，决定对美国太平洋舰队和英国在东南亚的殖民地同时发动进攻。12月8日，日军偷袭了美国海空军基地珍珠港，事后甚至得意地将其比喻为"桶狭间之战"。⑤ 偷袭珍珠港事件是日本实施"南进"政策的重要步骤，同时也宣告了太平洋战争的爆发。此次偷袭，由日本海军第一航空舰队司令南云忠一率领，出动飞机约360架、军舰55艘，连续两次偷袭珍珠港的美国军舰和机场，击沉和击伤军舰20余艘（包括8艘战列舰），击毁、击伤飞机260余架。美军死伤3000多人，太平洋舰队主力几乎全被摧毁。珍珠港事件意味着美国孤立主义外交和防务政策的破产，美国终于放弃了对日妥协的幻想，正式对日宣战。

1942年，日军占领了新加坡、缅甸、新几内亚、所罗门群岛、印度

① 服部卓四郎『大東亜戦争全史』第1卷、原書房、1979、95頁。
② ［日］重光葵：《日本侵华内幕》，齐福霖等译，解放军出版社1987年版，第302—303页。
③ "白纸还原"意为授权新内阁另起炉灶，不受前内阁既定政策的约束。
④ ［日］日本防卫厅战史室编：《日本帝国主义侵华资料长编》（上），天津市政协编译委员会译校，四川人民出版社1987年版，第701页。
⑤ ［日］日本防卫厅战史室编：《日本帝国主义侵华资料长编》（上），天津市政协编译委员会译校，四川人民出版社1987年版，第800页。

尼西亚、菲律宾等地，"大东亚共荣圈"的范围达到顶点。同时，美军实施了一次报复行动。4 月 18 日，杜立特中校率领 16 名 B-25 轰炸机机组人员，从海军航空母舰"大黄蜂号"上起飞，成功空袭东京，在心理上给予日本朝野极大震撼。尤其是在 1942 年的珊瑚海海战、中途岛战役以及 1943 年的菲律宾海战之后，日本海军彻底转入防御，美军逐渐掌握了太平洋的主动权。1944 年 2 月，美军攻占了马绍尔群岛及其周边岛屿，战场形势对盟军越来越有利。10 月 20 日，美军在莱特岛登陆，当天麦克阿瑟在菲律宾发表了著名演讲——"我回来了"。1945 年 3—6 月，美军在付出沉重代价后，占领了硫磺岛和冲绳岛，迫近日本本土。5 月，德国宣布无条件投降。为了保住本土和朝鲜，日本进行了空前的战争动员，叫嚷"本土决战"。但是，1945 年 8 月 6 日、9 日，美军先后用原子弹轰炸了广岛和长崎，日本此时如梦方醒。在经过激烈的争论后，日本最后决定接受《波茨坦公告》①。1945 年 8 月 14 日，昭和天皇亲自宣读《终战诏书》并录音，在 15 日通过日本放送协会正式对外广播，日本战败投降。②

二 中国抗日战争的胜利

1932 年 1 月 28 日，日军进攻上海，淞沪抗战爆发，这是中、日军队第一次全面对抗和较量。随后，日本开始策划"华北五省自治"，企图将华北变成第二个"满洲"。1937 年 7 月 7 日，日军在北平附近挑起卢沟桥事变，中日战争全面爆发。

1937 年 7 月至 1938 年 10 月，是中国抗日战争的战略防御阶段。日本挑起卢沟桥事变后，中国军民奋起抵抗，抗日民族统第一次世界大战线正式形成，中国人民掀起了全民族抗战的高潮。1937 年 7 月 8 日，中

---

① 1945 年 7 月 17 日，美、英、苏三国首脑在柏林近郊波茨坦举行会议，会议期间发表了对日最后通牒式公告。该公告由美国起草，经英国同意，中国虽然没有参加会议但是在公告发表前征得了蒋介石的同意。1945 年 7 月 26 日，中、美、英三国以宣言形式发布《波茨坦公告》（Potsdam Declaration），全称《中、美、英三国促令日本投降之波茨坦公告》，简称《波茨坦公告》或《波茨坦宣言》。这篇公告的主要内容是声明中、美、英三国在战胜纳粹德国后，一起致力于战胜日本，以及履行《开罗宣言》等对战后日本的处理方式的决定。1945 年 8 月 8 日，苏联对日宣战后加入该公告。

② ［日］重光葵：《日本侵华内幕》，齐福霖等译，解放军出版社 1987 年版，第 424 页。

共中央发布通电,号召全中国军民团结起来,抵抗日本的侵略。13 日,毛泽东在延安号召"每一个共产党员与抗日的革命者,应准备随时出动到抗日的最前线"。15 日,中共代表团向蒋介石政府提交了《中共中央为公布国共合作宣言》,显示了中国共产党以民族利益为重,促成国共两党正式合作抗日的诚意。17 日,蒋介石先后发表"最后关头"演说,指出"如果战端一开,那就是地无分南北,人无分老幼,无论何人,皆有守土抗战之责任,皆抱定牺牲一切之决心",号召全民族抗战。7 月31 日,蒋介石发表《告抗战全体将士书》,声明"自从九一八以后,我们愈忍耐退让,他们愈凶横压迫,得寸进尺,了无止境,到了今日,我们忍无可忍,退无可退了。我们要全国一致起来与倭寇拼个他死我活!"9 月 25 日,为了配合第二战区的友军作战以阻挡日军攻势,在八路军115 师师长林彪、副师长聂荣臻的指挥下,充分发挥近战和山地战的特长,在平型关首次集中较大兵力对日军进行了一次成功的伏击战,取得平型关大捷,鼓舞了全国人民的抗战信心。国民政府也先后组织了太原会战、南京保卫战、徐州会战、武汉会战等大型战役。尤其是在历时 4个多月的武汉会战中,中国军民以巨大的牺牲迎来了战争的转折。

1938 年 10 月至 1943 年 7 月,抗日战争进入战略相持阶段。1938 年10 月下旬,在广州、武汉相继失守以后,全国抗日战争进入战略相持阶段。鉴于战线过长、兵力不足,日军被迫调整侵华政策,逐渐将其主要兵力用于打击在敌后战场的八路军和新四军,而对国民党政府则采取以政治诱降为主的方针,敌后战场逐渐成为抗日战争的主要战场。1940 年 3月 30 日,原国民党副总裁汪精卫在日本的"保护"下前往南京,以"还都"的名义成立汪伪国民政府。1940 年 8 月 20 日,八路军发起百团大战。在三个半月的战斗中,八路军粉碎了日军的"囚笼政策",极大地消耗了日军的有生力量,增强了全国军民取得抗战胜利的信心。美国对日宣战之后,在 1942 年 1 月 1 日,中、苏、美、英等 26 国代表在华盛顿共同签署《联合国家宣言》,中国成为与美、英、苏共同领衔签字的四大国之一。

1943 年 7 月至 1945 年 9 月,是抗日战争的战略反攻阶段。中国抗日战争的战略反攻,是在世界反法西斯战争发生根本转折和日军逐渐失去战略主动权的形势下进行的。中国对日战略反攻包括局部反攻和全面反攻两个阶段。从 1943 年 7 月开始，中国共产党领导的敌后军民在华北、华中、华南地区，对日伪军普遍发起局部反攻。9 月 8 日，意大利宣布投降，并投入同盟国一方。从此，德、意、日法西斯轴心实际上解体，日本法西斯更加孤立无援。1943 年 10 月和 1944 年 5 月，中国驻印军和远征军在缅北、滇西也开始反攻作战。1944 年 4 月，日本动用 41 万人的庞大兵力，在中国发动了豫湘桂战役，企图打通中国大陆交通线，将日本和东南亚、西南太平洋战线连接起来，以挽救太平洋战场的危局。豫湘桂战役历时 8 个月，是中日战争史上规模最大的一次战役，宣告了日本"长期战"战略的破产。1944 年 5 月，中国远征军强渡怒江，发起滇西反攻，先后攻克日军防守坚固的松山、腾冲、龙陵，收复西南失地，成了日本在中国战败的转折点。1945 年 7 月 26 日，美、英、中三国共同发表《波茨坦公告》，敦促日本无条件投降，否则将予以日本"最后之打击"。苏联红军也根据《雅尔塔协定》，在 8 月 8 日对日宣战，发动"八月风暴行动"，出兵中国东北，迅速击溃了日本关东军。

1945 年 8 月 9 日，中共中央主席毛泽东发表《对日寇的最后一战》，表示"对日战争已处在最后阶段，最后的战胜日本侵略者及其一切走狗的时间已经到来了"，号召中国人民的一切抗日力量立即举行全国规模的反攻，与苏联及其他盟国一起对日本作战。[①] 8 月 10 日、11 日，中国共产党延安总部向八路军、新四军、华南游击队连续发布 7 道反攻命令，并限令敌伪向中共武装缴械投降。8 月 15 日，日本天皇宣布无条件投降，中国人民取得了抗日战争的最后胜利。

三 日本战败与满铁的消亡

1945 年 1 月，关东军面对越来越严峻的形势，向满铁下达指令，要求满铁社员"谋求确立必胜不败的信念和死守岗位的责任观"[②]。在日本战败投降的前夕，大陆铁道司令部连续向满铁发出两项命令：其一，要

---

① 《对日寇的最后一战》（1945 年 8 月 9 日），《毛泽东选集》第三卷，人民出版社 1991 年版，第 1119—1120 页。

② 《昭和 20 年度满铁总力动员要纲》（1945 年 1 月），解学诗主编《满铁档案资料汇编》第十五卷《文献补遗与满铁年表》，社会科学文献出版社 2011 年版，第 518 页。

求满铁为关东军司令部迁往通化编组列车,将军人的家属优先向朝鲜输送;其二,按伪满政府、特殊会社的顺序,将家属从"新京"(长春)向朝鲜疏散,为此而编组列车,并要求1月13日前完成疏散。8月12日,关东军在撤往通化的途中,要求满铁总裁一同前往关东军司令部和伪满洲国政府迁移的目的地通化,将输送机关的中枢设在通化附近的梅河口。满铁总裁山崎元干一行在14日经吉林市到达梅河口,第二天就听到了日本天皇的投降广播。8月17日,山崎元干要求关东军司令山田乙三委托自己负责收拾满铁残局,但是山田表示自己已经失去所有权限,"满铁的事情只能交给总裁了"。① 于是,山崎元干向满铁全体人员发出布告,要点有四:第一,满铁接替关东军担负起处理善后的重大责任,维持输送秩序,保护在满日本人以及"满洲"的安宁;第二,负责同苏联红军交涉关于铁路及生产设施的管理、职工的保护,要求所有人员留在岗位,努力确保输送及生产机能;第三,关于社员及家属的保护,采取一切办法同当地防卫军以及各地区预定分别设立的日本人保护机关合作;第四,当苏军进驻时,应遵奉圣旨,严禁一切轻举妄动,满足苏联的要求。② 8月20日,苏军司令官卡瓦略夫到达长春,山崎元干立即前往拜会,并表示满铁愿意与苏军合作,维持治安、保护公共利益。苏军立即向满铁提出紧急要求,马上修理长春至白城子间的铁路和铁桥破坏之处,要求满铁编组和配置军用列车。

1945年8月14日,中国国民政府外交部部长王世杰与苏联外交部部长莫洛托夫签署了《友好同盟条约》,在《照会一》中规定:"关于大连与旅顺口海港及共同经营中国长春铁路,在会商过程中,苏联政府以东三省为中国之一部分,对中国在东三省之充分主权重申尊重,并对其领土与行政之完整重申承认。"③ 同日,中苏签订了《关于中国长春铁路之协定》,其第一条规定:"中东铁路及南满铁路由满洲里至绥芬河及由哈尔滨至大连、旅顺之干线合并成为一铁路,定名为中国长春铁路,

---

① 原田勝正『満鉄』、岩波書店、1981、202頁。
② 《满铁的解体》(1945年8月9日至9月30日),解学诗主编《满铁档案资料汇编》第十五卷《文献补遗与满铁年表》,社会科学文献出版社2011年版,第526页。
③ 《友好同盟条约》(1945年8月14日),王铁崖编《中外旧约章汇编》第三册,上海财经大学出版社2019年版,第1232页。

由中苏共同所有并共同经营；为一纯粹商业性质的运输事业。"① 在法律程序上，将满铁对中国东北铁路的控制权取消。

1945年9月27日，中长铁路苏联代表加尔金中将向满铁总裁山崎元干宣告：截至9月22日，满铁的法人资格消灭，丧失了管理权，满铁的理事全部解职。9月28日，山崎元干摘下了挂在"新京"支社大楼的满铁牌匾，并在满铁"新京"本部大门挂出山崎元干亲笔书写的木牌，上书"满铁事业活动以今日为历史最后一页而停闭"，② 满铁在中国大陆彻底消失。③ 10月，中国官员到达长春接手。11月初，前满铁总裁向苏联方面表示：满铁会社是由日本政府出资和监督的"国策会社"，因此全部财产处分权限的移交在满铁理事权限之外，此次所移交的只是管理和利用的权利。11月19日，山崎元干将一份备忘录交给加尔金，向苏军移交了满铁财产管理权。此后，满铁财产的一部分被苏军作为战利品运往苏联，其余一部分转交给中长铁路公司。在日本国内，1945年9月30日，联合国军最高司令官总司令部（GHQ）发布了第74号备忘录，即《关于关闭外地银行、外国银行及特别暂时机关问题》，满铁是其中的指定关闭机关，即日解散。满铁在日本的东京支社及其管理下所有事务所都被封闭，满铁全体理事都被解职，12月31日前也将满铁全体社员解雇。1946年1月15日，苏联军队开始从中国东北撤退。

1950年2月14日，新中国政府与苏联签订了《友好同盟互助条约》，同时在《关于中国长春铁路、旅顺口及大连的协定》第一条中规定："缔约国双方同意苏联政府将共同管理中国长春铁路的一切权利以及属于该路的全部财产无偿地移交中华人民共和国政府。"④ 至此，东北的铁路主权终于收回中国人民手中。1957年4月13日，满铁在东京完成了财产清算工作并登记在册，满铁在法律意义上也彻底消亡。

---

① 《关于中国长春铁路之协定》（1945年8月14日），王铁崖编《中外旧约章汇编》第三册，上海财经大学出版社2019年版，第1235页。

② 《满铁的解体》（1945年8月9日至9月30日），解学诗主编《满铁档案资料汇编》第十五卷《文献补遗与满铁年表》，社会科学文献出版社2011年版，第530页。

③ 苏崇民：《满铁史》，中华书局1990年版，第843页。

④ 《中华人民共和国与苏维埃社会主义共和国联盟关于中国长春铁路、旅顺口及大连的协定》（1950年2月14日），中华人民共和国外交部编：《中华人民共和国条约集》第1集（1949—1951），法律出版社1957年版，第3页。

结　　论

在 1906—1945 年的近 40 年间，满铁自成立至消亡，其重要活动便是对"满蒙铁路网"的策划与攫取。日本的"满蒙铁路网"计划，最早可追溯至《马关条约》签订时的坊间传闻，其后便是满铁即将成立时后藤新平的日本—朝鲜—"满蒙"铁路联运计划。此后，以满铁的成立为起点，满铁对"满蒙铁路网"的策划与攫取活动便真正开始具体化了。经过前文的叙述，满铁与"满蒙铁路网"计划的关系呈现出三个特点。

第一，满铁的"满蒙铁路网"计划经历了一个延续、扩展、修订、变异的复杂过程，其具体表现便是 1913 年的"满蒙五路"、1918 年的"满蒙借款五路"、1927 年的"满蒙新五路"以及 1932 年启动的"军事铁路网"计划。

如果暂时抛开满铁成立前后各种秘密的"满蒙铁路网"计划不谈，作为日本和满铁的正式"满蒙铁路网"计划，可以说是从 1913 年的"满蒙五路"开始的。这五条铁路线包括：（1）四洮线（四平街—郑家屯—洮南）；（2）开海线（开原—海龙）；（3）吉海线（吉林—海龙）；（4）长洮线（长春—洮南）；（5）洮承线（洮南—承德）。据这些铁路线在"满蒙"的地理分布及其功能而言，前四条线路集中在"南满"人口和资源比较密集的地区，属于满铁的"营养线"，最后一条铁路则纵贯"南满"与热河，已经显露出满铁企图向关内扩张铁路势力的动向。在第一次世界大战末期，寺内正毅内阁利用西原借款攫取了中国七条铁路借款权，即"山东二铁路"、吉会铁路、"满蒙四铁路"，后两者可统称为"满蒙借款五路"。这五条铁路线包括：（1）吉会线（吉林—会宁）；（2）吉开线（吉林—海龙—开原）；（3）长洮线（长春—洮南）；（4）洮热线（洮南—热河）；（5）洮热线间某一点至某海港。与 1913 年的"满蒙五路"相比，此次的"满蒙借款五路"中，吉开线、长洮线、洮热线是原封不动延续下来的，吉会线与洮热线间某一点至某海港的线路是新提出的。吉会线是连接朝鲜铁路与"南满"铁路的东西干线，比安奉铁路到达长春的距离更短，具有无可替代的军事价值，是日本军部梦寐以求的路线。而洮热线间某一点至某海港的线路在当时虽未明确，但初步计划是赤峰至葫芦岛间的线路，这是想在大连港之外，在东北建设第二个大型港口，以便将"满蒙"腹地的各种资源向外运输，具有很高的经济价值。所以说，1918 年"满蒙借款五路"是 1913 年"满蒙五路"的延续与扩展。

1923 年前后，满铁与外务省亚洲局之间就"满蒙铁路"的未来发展计划进行了"充分"的交流，最后各自拟订了内容大致相同的"满蒙铁路网"计划，只待时机成熟便准备立即实施。1927 年的东方会议，正是满铁期待的"良机"。东方会议期间，田中义一内阁确定了"将满蒙与中国本部相分离"的侵华"国策"，并预定了七条铁路线与奉系军阀张作霖交涉。在 1927 年满铁总裁山本条太郎与张作霖的交涉过程中，满铁与日本政府采取威逼利诱的卑鄙手段，胁迫张作霖签订了"满蒙新五路"协约，这五条铁路线包括：（1）吉会线（敦化—图们段）；（2）延海线（延吉—海伦）；（3）吉五线（吉林—五常）；（4）长大线（长春—大赉）；（5）洮索线（洮南—索伦）。当张作霖看到满铁提出的"满蒙新五路"计划时，便认为这是日本对苏作战的计划。的确，这五条线路中，因 1925 年满铁已经获得吉敦铁路的借款权，所以此次敦图线是吉会线的东段，长大线则是长洮线的南段，可见这是对 1913 年"满蒙五路"和 1918 年"满蒙借款五路"中吉会线与长洮线的延续。值得注意的是，延海线、吉五线、洮索线均是直指"北满"，即苏联势力范围的线路，其军事价值要远远超过其经济价值。故而可以认为，这三条铁路线的提出，反映了满铁暂时搁置通向热河与关内的铁路而专注于"北进"战略，在一定程度上是对此前的"满蒙铁路网"计划的修订。

九一八事变后，关东军与满铁狼狈为奸，通过军事占领的手段先后攫取了辽宁省的沈海铁路，吉林省的吉长、吉敦、吉海、四洮等铁路，黑龙江省的呼海铁路，随后为掩人耳目，开始在"手续"上大做文章。在伪满洲国傀儡政权成立后，关东军和满铁便以"委托经营"的名义，将伪满洲国的"国线"、朝鲜半岛的"北鲜线"、收购自苏联的"中东铁路"均"委托"给满铁经营。而且，自九一八事变起，满铁便开始修筑新线，并在关东军的直接监督和指挥下，实施"军事铁路网"计划。此时期的显著特征是，满铁无须与中国政府经过谈判后再修筑铁路，而是拥有了铁路修筑的"全权"。不过，需要指出的是，此前关于"满蒙铁路网"的策划，满铁拥有较大的"自主权"，可能首先从会社经营和能否盈利的角度出发制订铁路计划，而现在铁路计划的策划完全是根据关东军的"指令"进行，满铁已经丧失了"满蒙铁路网"的策划权，仅仅成为一个修筑和经营铁路的技术性工具。如果从满铁自主时代的"殖民地经营优先"转变为关东军监督时代的"军事战略优先"这一视角观察，可以说满铁的"满蒙铁路网"计划发生了一定程度的变异。但是，无论是经济侵略优先还是军事侵略优先，或者无论在哪些向度出现了变异，在共同侵略中国这一点上，满铁与关东军可谓沆瀣一气，并无根本不同。

第二，满铁的"满蒙铁路网"计划之复杂变化，与日本国内的"二重外交"体制与近代东北亚国际政治的"大国博弈"密切相关。

在近代日本外交史中，一个重要命题便是所谓"二重外交"体制，即在外交决策上军部与外务省的对立。满铁作为日本的"国策会社"，其运营本身自然会受到日本国内政治局势变动的影响，进而"累及""满蒙铁路网"的策划与实施，其主要影响因素是首相、外务省和关东军，满铁与三者的关系经历了戏剧性的变化。在1913年"满蒙五路"计划前后，满铁与外务省关系较为密切，因为在与中国进行铁路借款谈判时，外务省才是对华交涉的官方代表，满铁通常从铁路经营的角度提出希望获得的线路，外务省则负责通过外交手段为满铁谋取这些线路。而且，在新奉铁路和吉长铁路交涉期间，中国人民对满铁的巧取豪夺甚为不满，反对满铁参与铁路修筑的声浪很高，故而前期的铁路借款债权人只能由横滨正金银行充任，待铁路借款契约签订之后，再将材料买卖和铁路修筑权委托给满铁。满铁、外务省、横滨正金银行三者之间形成了稳定的三角关系，协同攫取"满蒙"的铁路利权。到了 1918 年"满蒙借款五路"时期，由于是出身陆军的寺内正毅担任首相，便采取了以大藏省为中心的"借款外交"方针，再加上作为首相"密使"的西原龟三穿梭于中、日高层之间，寺内正毅内阁进行了一系列对华秘密"借款外交"以及攫取"满蒙铁路"利权的活动，外务省、横滨正金银行与满铁均被排除在外，尤其是"满蒙借款五路"中被视为"放弃利权"的契约本身，打乱了此前满铁攫取铁路利权的"标准模式"，更是引起满铁的忿忿不平。可以说，这是"二重外交"体制对满铁产生的不利影响，也在一定程度上牵连了此后"满蒙铁路网"计划的实施。然而令满铁意想不到的是，1927 年田中义一内阁在东方会议上确立了"分离满蒙"的"国策"，而解决"满蒙悬案"以及攫取"满蒙铁路"利权便成为关键性步骤，所以同样是出身陆军的田中义一虽然直接兼任外相，但在重要的"满蒙悬案"交涉上再次撇开了外务省，同时一反寺内正毅内阁时期排斥满铁的政策，暗中通过满铁总裁山本条太郎与张作霖进行秘密谈判，最后获得了"满蒙新五路"的"成果"，满铁也通过与首相的直接联系增强了自身在"满蒙"交涉中的发言权。但是，这种远离外务省、接近陆军出身的首相的另一个结果，便是满铁逐步被军部势力渗透，满铁的"殖民地经营"计划从此让位于关东军的对苏军事计划，"满蒙铁路网"的地理指向开始由南而北，满铁对"满蒙铁路网"的掌控力逐渐萎缩。关东军虽然在满铁初建时就拥有监督满铁的职权，但基本是各自为政，满铁对关东军的年度汇报更像是"例行公事"。在经历了九一八事变、七七事变、发动太平洋战争后，军部和外务省之间的"二重外交"斗争以外务省的"惨败"告终，满铁也彻底沦为关东军的奴仆和帮凶。

　　另外需要指出的是，"二重外交"这一概念本身在战前和战后的政治话语指向是有差别的。在战前，驻华公使林权助曾将寺内正毅削弱外务省对华外交权力的行为称为"二重外交"，抱怨外务省权力被压制，其政治话语指向是要求恢复外务省的外交权限；在战后，不少外务省官员乃至当前的部分日本学者在阐述近代日本的"二重外交"时，埋怨军部在外交事务上的独断专行，谴责军部将日本引向战争深渊的"开战外交",其政治话语指向是为了推卸外务省的"战争责任"。其实,在对华侵略上,外务省和军部并无根本差别,只是在外务省所擅长的外交诈术面前,凸显出军部外交的匹夫之勇与颟顸无能,所谓"二重外交"体制只是外务省官员刻意创造的政治寓言。

在近代东北亚国际政治结构中,"大国博弈"发挥了制约性作用,这一点自然会影响满铁的"满蒙铁路网"计划。除中国之外,近代东北亚地区始终存在俄国(苏联)、日本、美国三个国家的角逐,而英国基本上属于附议美国。自日俄战争后美国提出"满洲铁路中立化"计划时起,日、俄、美三国就开始围绕"满蒙铁路网"计划展开了竞争。日俄战争后,面对美国对"满蒙"铁路的插手,本来身为宿敌的日、俄两国居然携手"合作",自1907年至1916年连续签订了四次日俄密约,将"满蒙"划分为南北"满洲"、东西内蒙古两大势力范围,各自占领。在1917年俄国革命以及随后美、日等国出兵西伯利亚期间,美国势力再次短暂地介入"满蒙",企图以中东铁路和西伯利亚铁路为根干,再次谋划横跨欧亚的大铁路计划,但是由于美国从西伯利亚撤兵、苏俄势力迅速恢复与再次主导"北满","满蒙"地区再次形成日、苏分占南、北的对抗性权力均势结构,一直持续至九一八事变爆发。日、俄(苏)、美三国博弈的这种结果,直接影响了满铁和关东军"满蒙铁路网"计划的制订,即满铁主张避开"北满"而有意向"南满"和"东蒙"方向拓展势力,而关东军则对"北进"计划念念不忘。结果,九一八事变期间,关东军挟制满铁共同"北进",满铁得到的回报则是将中东铁路纳入管理之中,实现了纵贯南、北"满洲"的铁路联运计划。伴随着苏联退出"北满"势力范围以及日本陆军全面侵华战略的实施,日本加快了发动太平洋战争的步伐,美国再次主动介入东亚国际政治博弈之中,并且很快便在军事上将日本彻底遏制。苏联也在美国向日本投掷原子弹之后,迅速出兵东北击溃了日本关东军。在这种"大国博弈"的棋局中,满铁也伴随日本帝国的覆灭而在美军占领日本时期终结了"国策会社"的命运。

第三,满铁的"满蒙铁路网"计划之实施,在九一八事变前后呈现出从"蚕食"到"鲸吞"的特征,这既体现了中国人民抵抗日本侵略的坚定性意志与多样化行动，也反映出满铁作为"国策会社"所负有的战争责任。

一个明显的事实是，满铁在九一八事变前实际攫取的"满蒙铁路网"很有限，可以说采取了一种"蚕食"策略；而在九一八事变后则通过"委托经营"的手段迅速控制了整个"满蒙铁路网"，可谓呈现出一种"鲸吞"状态。

九一八事变前，除"南满"铁路以及安奉铁路等通过日俄战争而攫取的线路外，满铁在"满蒙"地区通过与中国政府的谈判而实际攫取的铁路，以四大借款铁路为代表，即1909年的吉长铁路、1919年的四洮铁路、1924年的洮昂铁路、1925年的吉敦铁路。从满铁攫取铁路的长度和时间间隔而言，与清末沙俄攫取的中东铁路及南部支线相比，其"成果"可谓"一般"。满铁也曾对此"抱怨"不已，认为按照这种速度还需要几百年时间才能达到日本北海道的铁路水平。固然，这只是侵略者的"不满"而已。但是，从另一个角度而言，自1906年满铁成立至1931年九一八事变爆发的25年间，满铁为何"举步维艰"？除了上述的"大国博弈"因素外，最主要的原因就是中国人民尤其是作为直接受害者的东北人民对日本和满铁"满蒙铁路网"侵略政策的反对与抵制。如前文所述，每次日本和满铁通过威逼利诱的手段获得一项铁路利权时，中国人民便会掀起抗议的热潮，尤其是对吉会铁路和长大铁路，其反对之势更是达到了九一八事变前民众保路运动的顶点。除了人民的反抗外，张作霖、张学良父子在主政东北期间，也开始或明或暗地阻止满铁在东北的扩张，其典型例证便是20世纪20年代的东北自建铁路计划，即日本所谓的"满铁包围网"。张作霖通过在满铁东、西两侧布置可与京奉线联运的打通线、奉吉线以及修筑葫芦岛港等，把东北的客货运输从满铁手中争夺过来，将东北的开发权掌握在自己手中，进而让满铁陷入经营困境，促其自然消亡。尽管这些计划伴随皇姑屯事件和九一八事变而未能全部实施，但充分展现了中国人民以及部分地方官员抵抗日本侵略的意志和行动，这是满铁不得不采取"蚕食"策略的主要原因。

九一八事变后，满铁在关东军的"军事协助"下，不再遮遮掩掩、一条一条地攫取铁路利权，而是与关东军密谋，通过所谓"委托经营"的欺瞒手段，一次性地"鲸吞"了整个现有的"满蒙铁路网"以及"新线建设"的权利。在九一八事变期间，满铁也积极协助关东军运输军队、武器、弹药、军需物资等，是直接参与侵华战争的机关。此后，满铁进一步配合关东军，在伪满洲国积极修筑"军事铁路网"，这虽然可以说是在关东军的军事"指令"下行事，但从另一方面来说，满铁自身也在修筑"军事铁路网"的过程中，承包了整个伪满洲国的客运以及煤炭、铁矿、木材、农产品等的货运，谋取了巨额的殖民经济利益。所谓"满蒙开发"只是资源掠夺和榨取殖民地经济的一种托词，满铁在"满蒙"地区的所有经济行为，首先都是为了满铁自身或与其有关的利益集团的殖民地经营考虑，即使客观上在"满蒙"地区可能会产生一些看似"开发"的迹象，这也只不过是以日本为中心的现代性殖民经营的副作用而已，绝非着眼于殖民地人民的生活品质提升。整体而言，满铁非常自觉地迎合并主动承担着自身作为"国策会社"的"使命感"，无论是从协助关东军进行军事占领和扩大侵略方面，还是从满铁积极攫取殖民地经济利益方面，满铁都负有不可推卸的战争责任，这一点不容抹杀。

总之，对满铁在"满蒙铁路网"计划上的一系列具有连续性的策划与攫取活动的研究，既明确了满铁作为"国策会社"通过一步步攫取中国东北铁路利权而积极参与日本侵华战争的历史过程，也揭穿了"满蒙开发论"与"殖民现代性论"的反事实谬论，同时更提供了以学术性历史实证主义揭露日本右翼政治性"历史修正主义"的有力证据。

满铁历任总裁（理事长、社长）一览表

届次	称谓	人物	任职时间	毕业院校	任职前单位或职务
1	总裁	后藤新平	1906. 11. 13—1908. 7. 14	须贺川医学校	台湾总督府
2		中村是公	1908. 12. 19—1913. 12. 18	东京帝国大学	台湾总督府
3		野村龙太郎	1913. 12. 19—1914. 7. 15	东京帝国大学	铁道院副总裁
4		中村雄次郎	1914. 7. 15—1917. 7. 31	陆军兵学寮	贵族院敕选议员
5	理事长	国泽新兵卫	1917. 7. 31—1919. 4. 12	东京帝国大学	铁道省
6	社长	野村龙太郎	1919. 4. 12—1921. 5. 31	东京帝国大学	满铁原总裁
7		早川千吉郎	1921. 5. 31—1922. 10. 14	东京帝国大学	三井合名会社
8		川村竹治	1922. 10. 24—1924. 6. 22	东京帝国大学	贵族院敕选议员
9		安广伴一郎	1924. 6. 22—1927. 7. 19	庆应义塾	枢密顾问官
10		山本条太郎	1927. 7. 19—1929. 8. 14（1929. 6. 20 改称总裁）	共立学校	立宪政友会干事长
11	总裁	仙石贡	1929. 8. 14—1931. 6. 13	东京帝国大学	九州铁道社长
12		内田康哉	1931. 6. 13—1932. 7. 6	东京帝国大学	外务大臣
13		林博太郎	1932. 7. 26—1935. 8. 2	东京帝国大学	贵族院伯爵议员
14		松冈洋右	1935. 8. 2—1939. 3. 24	俄勒冈大学	驻中华民国总领事
15		大村卓一	1939. 3. 24—1943. 7. 14	札幌农学校	关东军交通监督部
16		小日山直登	1943. 7. 14—1945. 4. 11	东京帝国大学	满铁
17		山崎元干	1945. 5. 5—1945. 9. 30（1945. 4. 11 代理总裁）	东京帝国大学	"满洲电业"副社长

日本与中国签订的东北
铁路主要合同一览表

序号	签订时间	合同名称	线路·备注
1	1905.12.22	《会议东三省事宜正约》	《附约》第六款：改筑安奉铁路（安东县—奉天）
2	1907.4.15	《新奉吉长铁路协约》	新奉铁路（新民府—奉天） 吉长铁路（吉林—长春）
3	1908.11.12	《新奉吉长铁路借款续约》	同上
4	1909.8.18	《新奉铁路借款细目合同》	新奉铁路（新民府—奉天） 借款32万日元，折扣93
5	1909.8.18	《吉长铁路借款细目合同》	吉长铁路（吉林—长春） 借款215万日元，折扣93
6	1909.8.19	《安奉铁路节略》	安奉铁路轨距与京奉铁路相同
7	1909.9.4	《东三省交涉五案条款》	新法铁路（新民屯—法库门） 大营铁路（大石桥—营口）
8	1910.4.4	《鸭绿江架设铁桥协定》	鸭绿江朝鲜边境至安东县
9	1913.10.5	《铁路借款预约办法大纲》（"满蒙五路"）	四洮铁路（四平街—郑家屯—洮南） 开海铁路（开原—海龙） 吉海铁路（吉林—海龙） 长洮铁路（长春—洮南） 洮承铁路（洮南—承德）
10	1915.5.25	《关于南满洲及东部内蒙古之条约》	"南满"及安奉两铁路展期99年；改订吉长铁路借款合同

续表

序号	签订时间	合同名称	线路·备注
11	1915. 12. 17	《四郑铁路借款合同》	四郑铁路（四平街—郑家屯） 借款 500 万日元；年息 5%
12	1916. 9. 25	《溪碱铁路公所觉书》	溪碱铁路（本溪湖—碱厂）
13	1917. 10. 12	《吉长铁路借款合同》	借款 650 万日元； 年息 5%；折扣 91.5
14	1918. 6. 18	《吉会铁路借款预备合同》	吉会铁路（吉林—会宁） 借款 1000 万日元；年息 7.5%
15	1918. 9. 28	《满蒙四铁路借款预备合同》 （"满蒙四路"）	吉开铁路（吉林—海龙—开原） 长洮铁路（长春—洮南） 洮热铁路（洮南—热河） 洮热线间某一点至某海港之铁路 借款 2000 万日元；年息 8%
16	1919. 9. 8	《四洮铁路借款合同》	四洮铁路（四平街—郑家屯—洮南） 借款 4500 万日元；年息 5%
17	1922. 11. 8	《合办天图轻便铁路公司合同》	天图轻便铁路 （天宝山—老头沟—铜佛寺— 延吉—龙井村—图们江岸）
18	1924. 9. 3	《承办建造洮昂铁路合同》	洮昂铁路（洮南—昂昂溪） 费用 1192 万日元； 单线，标准轨距 1478.28 毫米
19	1925. 10. 24	《吉敦铁路承造合同》	吉敦铁路（吉林—敦化） 费用 1800 万日元
20	1927. 10. 15	《山本·张作霖协约》 （"满蒙新五路"）	吉会铁路（敦化—图们段） 延海铁路（延吉—海伦） 吉五铁路（吉林—五常） 长大铁路（长春—大赉） 洮索铁路（洮南—索伦）

满铁经营路线一览表（1945）

一 满铁经营的"社线"（单位：千米）

序号	线名	区间	里程	线路原名·备注
1	连京线	大连—"新京"（长春）	701.4	本线（1921.7.20开业） "满洲"本线（1925.3.31开业） 连长线（1932.10.31开业）
		大连埠头—沙河口［货］	6.9	通称"埠头线"
		大连—吾妻［货］	2.9	通称"吾妻线"
2	安奉线	安东—苏家屯	260.2	
3	金城线	金州—城子疃	102.1	
4	抚顺县	苏家屯—抚顺	52.9	
5	旅顺线	周水子—旅顺	50.8	
6	营口线	大石桥—营口	22.4	
7	甘井子线	南关岭—甘井子埠头	11.9	运货线
8	入船线	沙河口—入船埠头	5.8	运货线
9	浑榆联络线	浑河—榆树台	4.1	运货线
10	烟台煤矿线	烟台—烟台煤矿	15.6	煤矿线、非营业线
11	柳树屯线	大房身—柳树屯	5.8	停运线

二 日本政府"委托"满铁经营的"北鲜线"（单位：千米）

序号	线名	区间	里程	线路原名·备注
1	北鲜西部线	南阳—清津	170.2	图们线（朝鲜总督府铁路）
2	北鲜东部线	图们—雄基	147.3	图们线（朝鲜总督府铁路）
3	雄罗线	雄基—罗津埠头	18.2	
4	雄基线	雄基—雄基站埠头	3.0	运货线

续表

序号	线名	区间	里程	线路原名·备注
5	罗津线	罗津站—罗津站埠头	3.0	运货线
6	清津线	清津站—清津站埠头	2.0	运货线
7	会宁煤矿线	会宁—鸡林	11.7	煤矿线

三　伪满洲国"委托"满铁经营的"国线"（单位：千米）

序号	线名	区间	里程	线路原名·备注
1	奉山线	奉天（沈阳）—山海关	419.6	奉山铁路（沈山铁路）
2	大郑线	大（打）虎山—郑家屯	366.2	奉山铁路（大虎山—通辽） 四洮铁路（通辽—郑家屯）
3	新义线	新立屯—义县	131.5	
4	河北线	沟帮子—河北	91.1	奉山铁路
5	锦古线	锦县—古北口	542.3	奉山铁路（锦县—口北营子）
6	北票线	金龄寺—北票	17.9	奉山铁路
7	叶峰线	叶柏寿—赤峰	146.9	
8	葫芦岛线	锦西—葫芦岛埠头	12.1	奉山铁路
9	奉吉线	奉天（沈阳）—吉林	447.4	沈海铁路（沈阳—朝阳镇） 吉海铁路（朝阳镇—吉林）
10	梅辑线	梅河口—辑（集）安—满浦	255.5	
11	高新线	高台山—新立屯	60.6	
12	新通化线	通化—新通化	4.2	
13	大栗子线	鸭园—大栗子	112.3	
14	平梅线	四平—梅河口	156.1	
15	京图线	"新京"（长春）—图们	528.0	吉长、吉敦铁路（长春—敦化） 敦图铁路（敦化—哈尔巴岭）
16	龙丰线	龙潭山—大丰满	22.4	
17	金珠线	江北—金珠	18.8	吉林铁路（新吉林—金珠）
18	朝开线	朝阳川—上三峰	60.6	
19	和龙线	龙井—和龙	61.1	
20	图佳线	图们—佳木斯	580.2	
21	兴宁线	新兴—城子沟	216.1	

续表

序号	线名	区间	里程	线路原名·备注
22	虎林线	林口—虎头	335.7	
23	恒山线	鸡宁—恒山	12.4	
24	拉滨线	三棵树—拉法	265.5	
25	煤窑线	舒兰—煤窑	30.4	吉林铁路
26	京滨线	"新京"（长春）—哈尔滨	242.0	"北满"铁路
27	滨洲线	哈尔滨—满洲里	934.8	"北满"铁路
28	滨绥线	哈尔滨—绥芬河	546.4	"北满"铁路
29	开道回线	亚布洛尼—横道河子	59.2	
30	东门联络线	东门信号场—新香坊	6.2	
31	城鸡线	下城子—西鸡家	103.4	穆棱铁路（下城子—梨树镇）
32	绥宁线	河西—东宁	91.1	
33	滨江线	哈尔滨—三棵树	8.8	"北满"铁路（哈尔滨—滨江）
34	哈尔滨埠头线	哈尔滨—哈尔滨埠头	2.9	"北满"铁路（哈尔滨—八区）
35	滨北线	三棵树—北安	326.1	呼海铁路（新松浦—海伦） 海克铁路（海伦—北安）
36	绥佳线	绥化—佳木斯	381.8	
37	鹤冈线	莲江口—鹤冈	54.3	
38	北黑线	北安—黑河	302.9	
39	齐北线	齐齐哈尔—北安	231.5	齐克铁路（齐齐哈尔—泰安） 泰克铁路（泰安—克山） 海克铁路（克山—北安）
40	宁霍线	宁年—霍龙门	284.0	齐克铁路（宁年—拉哈）
41	平齐线	四平—齐齐哈尔	571.4	四洮铁路（四平—洮南） 洮昂铁路（洮南—三间房） 齐克铁路（三间房—齐齐哈尔）
42	京白线	"新京"（长春）—白城子	332.6	
43	白杜线	白城子—杜鲁尔	376.5	洮索铁路（白城子—宁家）
44	榆树线	榆树屯—昂昂溪	6.4	齐克铁路
45	溪碱线	宫原—田师府	86.0	
46	奉裕联络线	奉天（沈阳）—裕国	17.5	运货线
47	于洪联络线	于洪信号场—大成信号场	4.6	运货线

续表

序号	线名	区间	里程	线路原名·备注
48	皇姑屯联络线	皇姑屯沈阳北	2.8	运货线
49	沈阳联络线	沈阳北—沈阳	10.7	运货线
50	将军堡联络线	抚顺—将军堡信号场	3.6	运货线
51	抚顺城联络线	抚顺—抚顺城	4.5	运货线
52	小新联络线	小姑家—新站	9.1	运货线
53	佳木斯埠头线	佳木斯—佳木斯埠头	3.6	运货线
54	汪清联络线	汪清—小汪清	9.0	运货线
55	香坊联络线	香坊—东门信号场	5.1	运货线
56	三棵树埠头线	滨江—三棵树	4.0	运货线
57	江南联络线	太平桥—江南信号场	2.2	运货线
58	莲江口埠头线	莲江口—莲江口埠头	3.5	运货线
59	黑河埠头线	黑河—黑河埠头	4.2	运货线
60	合水联络线	萱穗信号场—合水信号场		运货线

参考文献

一　档案与史料类

（一）中文档案与史料

（清）李鸿章撰，吴汝纶编：《李文忠公奏稿》，《续修四库全书》编纂委员会编《续修四库全书》506（史部·诏令奏议类），上海古籍出版社 2015 年版。

（清）王彦威辑，王亮编，王敬立校：《清季外交史料（光绪朝）》，书目文献出版社 1987 年版。

（清）文庆等纂辑：《筹办夷务始末（同治朝）》，中华书局 1964 年版。

"中研院"近代史研究所编：《中俄关系史料·中东铁路》，"中研院"近代史研究所 1968 年版。

"中研院"近代史研究所编：《中日关系史料·路矿交涉》，"中研院"近代史研究所 1976 年版。

"中研院"近代史研究所编：《中日交涉史料·二十一条交涉》，"中研院"近代史研究所 1985 年版。

《清实录》，中华书局 1987 年版。

财政科学研究所、中国第二历史档案馆编：《民国外债档案史料》，档案出版社 1991 年版。

对外贸易部海关总署研究室编：《帝国主义与中国海关》，科学出版社 1959 年版。

黄纪莲编：《中日"二十一条"交涉史料全编》，安徽大学出版社 2001 年版。

吉林省社会科学院《满铁史资料》编辑组编：《满铁史资料》，中华书局

1979 年版。

解学诗主编：《满铁档案资料汇编》，社会科学文献出版社 2011 年版。

解学诗主编：《满洲交通史稿》，社会科学文献出版社 2012 年版。

宓汝成编：《中国近代铁路史资料（1863—1911）》，中华书局 1963 年版。

宓汝成编：《中华民国铁路史资料（1912—1949）》，社会科学文献出版社 2002 年版。

上海市档案馆、财政部财政科学研究所：《中国外债档案史料汇编》，1988 年。

苏崇民主编：《满铁档案资料汇编》，社会科学文献出版社 2011 年版。

王铁崖编：《中外旧约章汇编》，上海财经大学出版社 2019 年版。

张蓉初译：《红档杂志有关中国交涉史料选译》，生活·读书·新知三联书店 1957 年版。

赵尔巽等撰：《清史稿》，中华书局 1977 年版。

中国人民解放军政治学院党史教研室编：《中共党史参考资料》，中国人民解放军政治学院党史教研室 1979 年版。

中华民国交通铁道部编：《交通史路政编》，交通铁道部交通史编纂委员会（出版时间不详）。

（二）日文档案与史料

「南満洲鉄道株式会社ニ関スル件」、国立公文書館『御署名原本・明治三十九年・勅令第百四十二号・南満洲鉄道株式会社ニ関スル件』、アジア歴史資料センター、Ref. A03020674400。

「日本帝国の国防方針」、防衛省防衛研究所『日本帝国の国防方針　明治 40 年』、アジア歴史資料センター、Ref. C14061024600。

外務省外交史料館『満蒙諸鉄道敷設計画一件』第一巻、アジア歴史資料センター、Ref. B04010979800。

「山東二鉄道及満蒙四鉄道借款本契約締結商議ニ関スル経過」、外務省外交史料館『大正中期ニ於ケル政務局第一課所管支那関係懸案要領』、アジア歴史資料センター、Ref. B03030292200。

外务省外交史料馆『満洲ニ於ケル商権掌握ノ為メ軍用鉄道利用一件』、アジア歴史資料センター、Ref. B04010942500。

外务省外交史料馆『満洲ニ於ケル占領鉄道事業開始一件』、アジア歴史資料センター、Ref. B04010941500。

外务省外交史料馆『吉長鉄道関係雑纂』第三巻、アジア歴史資料センター、Ref. B04010944100。

外务省外交史料馆『吉会鉄道関係雑纂』、アジア歴史資料センター、Ref. B04010959500。

外务省外交史料馆『開海鉄海両鉄道関係雑纂』、アジア歴史資料センター、Ref. B04010960700。

外务省外交史料馆『四洮鉄道関係雑纂』、アジア歴史資料センター、Ref. B04010985000。

外务省外交史料馆『洮斉鉄道関係一件』、アジア歴史資料センター、Ref. B04011005300。

外务省外交史料馆『洮熱鉄道関係雑纂』、アジア歴史資料センター、Ref. B04010984000。

外务省外交史料馆『西比利亜及東支鉄道管理一件』、アジア歴史資料センター、Ref. B04010989700。

外务省外交史料馆『新奉鉄道関係雑纂』、アジア歴史資料センター、Ref. B04010952500。

外务省外交史料馆『支那鉄道関係雑件/満洲ノ部』、アジア歴史資料センター、Ref. B10074685800。

外务省外交史料馆『呼海鉄道関係雑件』、アジア歴史資料センター、Ref. B04011007300。

外务省外交史料馆『安奉鉄道関係雑纂』、アジア歴史資料センター、Ref. B04010948600。

外务省外交史料馆『賓黒鉄道関係雑纂』、アジア歴史資料センター、Ref. B04010985900。

「満州ニ関スル日清条約締結ノ件」（1905）、外務省編纂『日本外交文書』第 38 巻第 1 冊、外務省、1958。

「南満州鉄道株式会社設立ノ件」、外務省編纂『日本外交文書』第 39
　巻第 1 冊、外務省、1959。

「第一回日露協商一件」、外務省編纂『日本外交文書』第 40 巻第 1 冊、
　外務省、1960。

「安奉鉄道関係一件」、外務省編纂『日本外交文書』第 40 巻第 2 冊、
　外務省、1961。

「営口支線延長一件」（1909）、外務省編纂『日本外交文書』第 41 巻
　第 1 冊、外務省、1961。

「満州ニ関スル日清協約締結一件」（1909）、外務省編纂『日本外交文
　書』第 42 巻第 1 冊、外務省、1961。

「第二回日露協商一件」、外務省編纂『日本外交文書』第 43 巻第 1 冊、
　外務省、1962。

「満蒙鉄道交渉ニ関スル件」、外務省編纂『日本外交文書』大正 2 年第
　2 冊、外務省、1964。

「満蒙鉄道借款細目交渉ニ関スル件（四平街鄭家屯鉄道借款）」、外務
　省編纂『日本外交文書』大正 3 年第 2 冊、外務省、1965。

「大正 4 年 5 月ノ日中条約締結後ノ対満施策ニ関スル件」、外務省編纂
　『日本外交文書』大正 4 年第 2 冊、外務省、1965。

「対中国諸問題解決ノ為ノ交渉一件」（1915）、外務省編纂『日本外交
　文書』大正 4 年第 3 冊上巻、外務省、1968。

「満蒙鉄道借款細目交渉ニ関スル件（四平街鄭家屯鉄道借款）」、外務
　省編纂『日本外交文書』大正 7 年第 2 冊上巻、外務省、1969。

「対支借款善後ニ関スル覚書」（1918 年 10 月 29 日）、外務省編纂『日
　本外交文書』大正 7 年第 2 冊下巻、外務省、1969。

「四洮鉄道ニ関スル件」、外務省編纂『日本外交文書』大正 9 年第 2 冊
　下巻、外務省、1973。

「四鉄道鄭白支線ニ関スル件」、外務省編纂『日本外交文書』大正 10
　年第 2 冊、外務省、1975。

「四洮鉄道ニ関スル件」、外務省編纂『日本外交文書』大正 11 年第 2
　冊、外務省、1976。

「東支鉄道管理問題」、外務省編纂『日本外交文書』大正 12 年第 1 冊、外務省、1978。

「中ソ協定及ビ奉ソ協定関係」、外務省編纂『日本外交文書』大正 13 年第 2 冊、外務省、1981。

「東三省鉄道問題」、外務省編纂『日本外交文書』大正 14 年第 2 冊下卷、外務省、1984。

「東三省鉄道問題」、外務省編纂『日本外交文書』大正 15 年第 2 冊下卷、外務省、1987。

「東方会議」、外務省編纂『日本外交文書』昭和期 I 第 1 部第 1 卷（昭和 2 年）、外務省、1989。

「満蒙懸案解決交渉」、外務省編纂『日本外交文書』昭和期 I 第 1 部第 1 卷（昭和 2 年）、外務省、1989。

「山本・張鉄道交渉」、外務省編纂『日本外交文書』昭和期 I 第 1 部第 1 卷（昭和 2 年）、外務省、1989。

「満蒙懸案解決交渉」、外務省編纂『日本外交文書』昭和期 I 第 1 部第 2 卷（昭和 3 年）、外務省、1990。

「吉会鉄道問題」、外務省編纂『日本外交文書』昭和期 I 第 1 部第 2 卷（昭和 3 年）、外務省、1990。

「満蒙懸案解決交渉」、外務省編纂『日本外交文書』昭和期 I 第 1 部第 3 卷（昭和 4 年）、外務省、1993。

「東北（満蒙）鉄道懸案関係」、外務省編纂『日本外交文書』昭和期 I 第 1 部第 3 卷（昭和 4 年）、外務省、1994。

「東北（満蒙）鉄道懸案関係」、外務省編纂『日本外交文書』昭和期 I 第 1 部第 4 卷（昭和 5 年）、外務省、1994。

「東北（満蒙）鉄道懸案関係」、外務省編纂『日本外交文書』昭和期 I 第 1 部第 5 卷（昭和 6 年）、外務省、1995。

「東北（満蒙）鉄道懸案関係」、外務省編纂『日本外交文書』昭和期 II 第 1 部第 1 卷（昭和 7 年）、外務省、1996。

「満洲国との諸案件交渉」、外務省編纂『日本外交文書』昭和期 II 第 1 部第 2 卷（昭和 8 年）、外務省、1998。

「日中外交関係一般（いわゆる三原則交渉を含む）」、外務省編纂『日
　本外交文書』昭和期Ⅱ第1部第4巻上巻（昭和10年）、外務省、2006。

「広田三原則承認問題」、外務省編纂『日本外交文書』昭和期Ⅱ第1部
　第5巻上巻（昭和11—12年7月）、外務省、2008。

「満洲事変の勃発」、外務省編纂『日本外交文書』満洲事変第1巻第1
　冊（昭和6年）、外務省、1977。

「満洲国の成立と日本の承認」、外務省編纂『日本外交文書』満洲事変
　第2巻第1冊（昭和6年12月—昭和7年10月）、外務省、1979。

外務省編『日本外交年表竝主要文書1840—1945』下、原書房、1966。

二　著作类

（一）中文著作
李岳瑞：《春冰室野乘》，上海世界书局1922年版。

苏崇民：《满铁史》，中华书局1990年版。

中国社会科学院近代史研究所译：《顾维钧回忆录》，中华书局1993
　年版。

陈鹏仁编：《近代日本政军外交人员职名录》，中华书局2014年版。

武向平：《满铁与国联调查团研究》，社会科学文献出版社2015年版。

解学诗主编：《关东军满铁与伪满洲国的建立》，社会科学文献出版社
　2015年版。

崔国因：《出使美日秘日记》，朝华出版社2018年版。

孙志鹏：《菊分根：西原借款与日本的大陆政策》，台北：翰芦图书出版
　有限公司2021年版。

贾小壮：《日本对中国东北的殖民统治》，江苏人民出版社2022年版。

（二）中文译著
［日］大岛与吉：《满蒙铁路网》，太平洋国际学会译，太平洋国际学会
　1931年版。

［苏］罗曼诺夫：《帝俄侵略满洲史》，民耿译，商务印书馆1937年版。

［英］肯德：《中国铁路发展史》，李抱宏等译，生活·读书·新知三联

书店 1958 年版。

［美］泰勒·丹涅特：《美国人在东亚》，姚曾廙译，商务印书馆 1959 年版。

［日］森岛守人：《阴谋·暗杀·军刀——一个外交官的回忆》，赵连泰译，黑龙江人民出版社 1980 年版。

［日］关宽治、岛田俊彦：《满洲事变》，王振锁、王家骅译，俞辛焞校，上海译文出版社 1983 年版。

［日］满史会编著：《满洲开发四十年史》，东北沦陷十四年史辽宁编写组译，1987 年。

［日］重光葵：《日本侵华内幕》，齐福霖等译，解放军出版社 1987 年版。

［日］日本防卫厅战史室编：《日本帝国主义侵华资料长编》，天津市政协编译委员会译校，四川人民出版社 1987 年版。

［日］《产经新闻》社撰，古屋奎二主笔：《蒋介石秘录》，《蒋介石秘录》翻译组译，湖南人民出版社 1988 年版。

［日］夏目漱石：《满韩漫游》，王成译，中华书局 2007 年版。

［日］山室信一：《满洲国的实相与幻相》，林琪祯等译，新北：八旗文化出版 2016 年版。

（三）日文著作

安藤彦太郎編『満鉄：日本帝国主義と中国』、御茶の水書房、1965。

北岡伸一『日本陸軍と大陸政策：1906—1918』、東京大学出版会、1978。

川田稔『満州事変と政党政治』、講談社、2010。

大島與吉『満蒙の鉄道網』、大阪屋号書店、1927。

大門正克『全集日本の歴史第 15 巻戦争と戦後を生きる』、小学館、2009。

大山梓編『山縣有朋意見書』、原書房、1966。

飯塚一幸『日本近代の歴史 3 日清·日露戦争と帝国日本』、吉川弘文館、2016。

服部龍二『東アジア国際環境の変動と日本外交 1918—1931』、有斐閣、2001。

服部卓四郎『大東亜戦争全史』第1巻、原書房、1979。

福田滋次郎編『今上詔勅集』、晴光館書店、1910。

高橋泰隆『日本植民地鉄道史論：台湾、朝鮮、満州、華北、華中鉄道の経営史的研究』、日本経済評論社、1995。

古屋哲夫『日露戦争』、中央公論社、1966。

鶴見祐輔『後藤新平』第2巻、後藤新平伯伝記編纂会、1937。

黒川雄三『近代日本の軍事戦略概史』、芙蓉書房、2003。

加藤聖文『満鉄全史：国策会社の全貌』、講談社、2019。

井上馨侯伝記編纂会編『世外井上公伝』第5巻、原書房、1968。

井上勇一『東アジア鉄道国際関係史：日英同盟の成立および変質過程の研究』、慶応通信、1989。

井上勇一『鉄道ゲージが変えた現代史：列車は国家権力を乗せて走る』、中央公論社、1990。

臼井勝美『満州事変』、中央公論社、1974。

鈴木武雄監修『西原借款資料研究』、東京大学出版会、1972。

陸軍省調査班編『満蒙諸懸案に就て』、陸軍省調査班、1931。

満蒙研究会『満蒙に於ける日本の特殊権益』（満蒙研究叢書第2輯）、満蒙研究会、1931。

満鉄太平洋問題調査準備会編『満蒙鉄道網の發達』、南満洲鉄道株式会社、1931。

南満洲鉄道株式会社編『南満洲鉄道株式会社二十年略史』、南満洲鉄道株式会社、1927。

南満洲鉄道株式会社編『南満洲鉄道株式会社三十年略史』、南満洲鉄道株式会社、1937。

南満洲鉄道株式会社編『南満洲鉄道株式会社十年史』、南満洲鉄道株式会社、1919。

南洋庁長官官房『南洋庁施政十年史』、南洋庁、1932。

内田良平『全満蒙鉄道統一意見書：附・全満蒙鉄道統一計画調査書』、黒竜会出版部、1930。

片山慶隆『小村寿太郎』、中央公論新社、2011。

平山勉『満鉄経営史：株式会社としての覚醒』、名古屋大学出版
　　会、2019。

平塚柾緒『図説写真で見る満州全史』、河出書房新社、2010。

浅田喬二、小林英夫編『日本帝国主義の満州支配：十五年戦争期を中
　　心に』、時潮社、1986。

山本条太郎翁伝記編纂会『山本条太郎（3）伝記』、原書房、1982。

山内利之編輯『満洲の鉄道』、満鉄鉄道總局弘報課、1940。

勝田主計述『菊の根分け』、同労舎、1918。

松岡洋右『満鉄を語る』、第一出版社、1937。

宿利重一『児玉源太郎』、国際日本協会、1942。

天野博之『満鉄特急「あじあ」の誕生：開発前夜から終焉までの全
　　貌』、原書房、2012。

外務省編纂『小村外交史』、外務省、1953。

小池滋、青木栄一、和久田康雄編『鉄道の世界史』、悠書館、2010。

小林道彦『近代日本と軍部 1868—1945』、講談社、2020。

小林和幸編『明治史講義（テーマ篇）』、筑摩書房、2018。

小林英夫『〈満洲〉の歴史』、講談社、2008。

小林英夫編『近代日本と満鉄』、吉川弘文館、2000。

星田信隆『満蒙鉄道網と交通問題』、満鉄鉄道總局弘報課、1932。

伊藤之雄『日本の歴史 22 政党政治と天皇』、講談社、2010。

有馬学『日本の歴史 23 帝国の昭和』、講談社、2010。

原田勝正『満鉄』、岩波書店、1981。

原田勝正『史話日本の歴史 32 大東亜の幻』、作品社、1991。

塚瀬進『中国近代東北経済史研究：鉄道敷設と中国東北経済の変化』、
　　東方書店、1993。

佐藤篁之『「満鉄」という鉄道会社：証言と社内報から検証する40年
　　の現場史』、交通新聞社、2011。

三　论文类

（一）中文论文

仇华飞：《诺克斯计划：美国与日俄在华利益的争夺》，《同济大学学报》（社会科学版）2003 年第 3 期。

范丽红、褚凤义：《"满蒙铁路悬案"交涉与日奉关系》，《兰台世界》2001 年第 2 期。

高翠：《1909—1910 年英国对待中国东北铁路问题的态度》，《北京科技大学学报》（社会科学版）2009 年第 3 期。

高乐才：《日俄战争前后美国远东扩张政策与日美对中国东北铁路的争夺》，《东北师大学报》2004 年第 3 期。

侯文强：《张作霖、张学良与东北铁路建设》，《南京政治学院学报》2003 年第 3 期。

胡玉海：《近代东北铁路修筑权与铁路借款交涉》，《辽宁大学学报》（哲学社会科学版）2004 年第 3 期。

李花子：《中日"间岛问题"和东三省"五案"的谈判详析》，《史学集刊》2016 年第 5 期。

李淑云：《九一八事变前的东北铁路建设》，《辽宁大学学报》（哲学社会科学版）1999 年第 3 期。

马东玉、邸富生：《论中日东三省五案交涉》，《北方文物》1987 年第 3 期。

任松：《"满铁"与日本独霸东北铁路权益》，《龙江社会科学》1995 年第 2 期。

任松：《从"满蒙铁路交涉"看日奉关系》，《近代史研究》1994 年第 5 期。

任松：《张作霖与日本"满蒙铁路交涉问题"考略》，《辽宁大学学报》（哲学社会科学版）1982 年第 3 期。

宋金玲、刘素范：《九一八事变前后的满铁》，《北京交通大学学报》（社会科学版）2004 年第 3 期。

孙志鹏：《二重外交与西原借款基本构想的挫折》，《东北师大学报》（哲学社会科学版）2014 年第 3 期。

王凤贤、王希亮：《殖民语境下的"满蒙悬案"交涉》，《学习与探索》2020 年第 7 期。

王伟：《试论美国的东北铁路中立化计划》，《社会科学战线》2011 年第 10 期。

习五一：《"满蒙铁路交涉"与日奉矛盾的激化》，《近代史研究》1992 年第 5 期。

徐墀：《天图铁路问题》，《东方杂志》第 20 卷第 3 号，1923 年。

易丙兰：《田中外交在东北——以 1927—1929 年的"满蒙悬案"交涉为中心》，《兰台世界》2020 年第 3 期。

张洁：《"九一八"事变后日本攫取中国东北铁路权探析》，《辽宁大学学报》（哲学社会科学版）2009 年第 6 期。

周武、陈先春：《论第一次世界大战期间日本对华政策》，《史林》1992 年第 3 期。

梁大伟：《司戴德"满洲开发计划"研究》，博士学位论文，吉林大学，2014 年。

（二）日文论文

「満蒙の鉄道」、『地学雑誌』39（10）、1927。

谷寿子「寺内内閣と西原借款」、『東京都立大学法学会雑誌』（1）、1969。

尾形洋一「第二次幣原外交と満蒙鉄道交渉」、『東洋学報：東洋文庫和文紀要』57（3・4）、1976。

芳井研一「満蒙鉄道交渉と世論」、『人文科学研究』（68）、1985。

芳井研一「第一次大戦後の満蒙鉄道問題」、『日本史研究』（284）、1986。

芳井研一「満蒙鉄道問題の展開と田中内閣」、『人文科学研究』（69）、1986。

佐藤元英「満蒙鉄道問題に関する第二次幣原外交の基本方針」、『中央史学』（11）、1988。

馬場明「1910 年代の満蒙鉄道問題」、『国学院雑誌』100（8）、1999。

浜口裕子「満鉄改組問題をめぐる政治的攻防——1930 年代半ばを中心
　として」、『法学研究』（731）、2000。

杉山照夫「満州事変直前における満蒙鉄道懸案解決交渉」、『駒澤大学
　大学院史学論集』（43）、2013。